匡亚明 主编

中国思想家评传丛书

全祖望评传

王永健 著

南京大学中国思想家研究中心

南京大学出版社

中国思想家评传丛书

全祖望像

（苏州大学图书馆提供）

全祖望手迹

（天一阁文物保管所提供）

《中国思想家评传丛书》序

匡亚明

伟大的中华民族在长达五千年连绵不断的曲折发展过程中，像滚滚东流的长江那样，以磅礴之势，冲破了重重险阻，奔腾向前，现在更以崭新面貌，雄姿英发，屹立于世界民族之林。这是人类历史上的一个奇迹。产生这一奇迹有诸多原因，其中十分重要的一点，就是我们勤劳、勇敢、智慧的各族人民，在长期的生产活动、社会活动、思维活动和对外交往以及抗击外来侵略过程中，逐渐创造、积累、发展了具有以生生不息的内在思想活力为核心的优秀传统思想文化。这是一种伟大、坚强的精神支柱，是我们民族凝聚力和生命力之所在，是历史留给我们所有海内外炎黄子孙引以自豪的无价之宝。

当然，和各国各种不同传统思想文化一样，在中华民族的思想文化传统中，也是既有精华，又有糟粕，因而全盘肯定或全盘否定，不对；一知半解、信口开河或裹足不前、漠然置之，也不对。郑重而严肃的态度应该是对它进行实事求是的科学的研究和分析，取其精华，弃其糟粕，继承和弘扬这份瑰宝，振兴中华，造福人类。人类历史发展的连续性，就是在不断去粗取精、继往开来和改革创新过程中实现的。继往是为了开来，开来不能离开继往。民族虚无主义和复古主义，都是违背历史发展的辩证规律的。

现在我们国家正处在一个新的继往开来迈向四化的关键时刻。继往就是继民族优秀传统之往，开来就是开社会主义现代化建设之来。对中国传统思想文化从广度和深度上进行系统研究，实现去粗取精的要求，正是继往开来必须完成的紧迫任务。我认为这是中国各族人民，首先是文化界、学术界、理论界义不容辞的光荣职责。但面对这一时间上长达五千年，内容上涉及人文科学、自然科学等各个领域的传统思想文化，将从何着手呢？毛泽东同志早在1938年就说过："从孔夫子到孙中山，我们应当给以总结，承继这一份珍贵的遗产。"① 这是很有远见而又切合实际的英明建议。从孔子到孙中山这两千余年是中国历史上思想文化最丰富的时期，如果总结了这段历史，也就基本上总结了五千年传统思想文化的主要内容。当然，基本上不等于全部。孔子以前和孙中山以后的情况，可以另行研究。因此，我认为首先最好是在时间上从孔子开始到孙中山为止，方法上采取《中国思想家评传丛书》的形式作为实现这一任务的开端。这就是从这段历史的各个时期、各个领域和各个学科（包括文、史、哲、经、教、农、工、医、政治等等）有杰出成就

① 毛泽东《中国共产党在民族战争中的地位》，《毛泽东选集》第2卷，人民出版社1952年版，第522页。

的人物中,遴选二百余人作为传主(一般为一人一传,少数为二人或二人以上合传),通过对每个传主的评述,从各个侧面展现那些在不同时期、不同领域中有代表性人物的思想活力和业绩,从而以微见著、由具体到一般地勾勒出这段历史中中国传统思想文化的总体面貌,揭示其积极因素和消极因素的主要内涵,以利于开门见山、引人入胜地批判继承、古为今用,也为进一步全面系统地总结中国传统思想文化打下基础。自从毛泽东同志提出上引建议后,半个世纪以来,不少专家学者已从各个方面做了许多工作,但对全面完成这个任务来说还远远不够,还要在深度和广度上继续努力。作为"抛砖引玉",本《丛书》只是这个继续努力所应完成的工作的一部分。《丛书》凡二百部,约四千万言,自 1990 年开始陆续出版,争取十到十五年全部出齐。

《丛书》所以用"中国思想家评传"命名,主要是考虑到中国传统思想文化中的核心是生生不息的内在思想活力,而历史事实也反复证明,凡是在各个不同时代不同领域和学科中取得成就者,大多是那些在当时历史条件下自觉或不自觉地认识和掌握了该领域事物发展规律的具有敏锐思想的人。他们取得成就的大小,取决于思想上认识和反映这些规律的程度如何。思想并非先验之物,它所以能反映和掌握这些规律,主要是通过社会实践和对前人思想成果的借鉴和继承。思想一旦形成,反过来在一定程度上又对实践起决定性指导作用。韩愈说的"行成于思,毁于随"[①],列宁说的"没有革命的理论

---

① 韩愈《进学解》,中华书局《四部备要》东雅堂本《韩昌黎全集》卷十二第 3 页。

就不会有革命的运动”①,这些话,虽所处时代和所持立场不同,所要解决的问题的性质也不同,但就认识论中思与行、理论(思想的高度概括)与实践的关系而言,确有相通之处,即都强调思想对实践的指导意义和作用。因此我们以“中国思想家评传”命名,就是力图抓住问题的核心,高屋建瓴地从思想角度去评述历史人物,以便对每个传主在他所处时代的具体情况下,如何在他所从事的领域中,克服困难,施展才华,取得成功,做出贡献,从思想深处洞察其底蕴。历史上各个时代富有思想因而能在有关方面取得成就的人,直接阐述自己思想观点的论著虽亦不少,但大量的则是其思想既来自实践(包括对前人、他人实践经验的吸取)、又渗透在自己创造性实践之中,集中凝聚在他自己的业绩和事功上,而没有留下论著。另一些人却只留下著作而无其他功绩,对这些人来说,他那些有价值的著作就理所当然地是他的伟大业绩和事功。如果论述一个人的思想而不联系他的业绩(包括著作),必将流于空洞的抽象;同样,如果只讲一个人的具体业绩而不结合他的思想活动,又必将成为现象的罗列。评价思想和评价业绩,两者不应偏废。而不断在实践中丰富和深化的思想活力则是经常起主导作用的因素,强调这个因素,引起人们的正视和反思,正是我们的主旨和目的。当然,思想和思想家,思想家和实践家,都是既有区别又有联系的不同概念,忽视这一点是不对的。《丛书》的重点则是放在两者的联系和结合上。至于如何使两者很好联系和结合而又着意于剖析其思想活力,各占多少篇幅或以何种方式表达,则自当由作者根据传主的具体情况创造性

① 列宁《怎么办》,《列宁选集》第1卷,人民出版社1976年版,第241页。

地作出妥善安排。

自从人类历史上产生了马克思主义，不仅全人类解放和发展有了划时代的明确方向，学术研究也有了更严密的科学方法，即辩证唯物主义和历史唯物主义的世界观和方法论。根据这一科学方法，在研究和总结中国传统思想文化，特别是联系到《丛书》的撰著时，我认为下列几点应特别引起重视。

一、坚持实事求是的原则。实事求是是贯串在马克思实际活动和理论研究中的主线，离开了它也就离开了马克思主义。只有切实掌握了客观情况，才能得出正确的认识和判断。前者为“实事”，后者为“求是”，二者相结合，就叫实事求是。事不实则非夸即诬。为了弄清情况，就必须对情况的本质与现象、整体与局部、真与伪、精与粗，作出区别、梳理和取舍，这样才能掌握情况的实质，达到“实事”的要求；然后进一步加以分析研究，找出事物本身固有的真相而非主观臆测的假象，并验证其是否符合人民利益和人类历史前进方向，是否反映科学、技术、文化、艺术的发展规律，这样才能得出正确的认识和判断，达到“求是”的要求。实事求是是治学的基本功夫，是对每个传主的功、过、是、非作出公正评价的必要前提。不论古今中外，对历史人物过高或过低的不公正评价，大都由于未能认真坚持实事求是原则的缘故。

二、坚持批判继承的原则。马克思主义学说就是批判的学说，而批判是为了继承、发展和创新。这就需要我们在实事求是的基础上，既要继承发扬传主业绩和思想中的积极因素，又要批判清除其消极因素。凡传主业绩和思想中体现了诸如爱国主义、民主意识、科学见解、艺术创造和艰苦奋斗、克己奉公、追求真理的精神，即在符合历史前进要求的“立德”、“立功”、“立言”诸方面有显著成就等积极因素者，必须满腔热情地加以继承和弘扬，并紧密结合当前社会主义建设实际，使之深入人心，蔚然成风；凡反映有诸如封建迷信、专制独裁、愚昧落后、丧失民族尊严和违背科学进步等消极因素者，必须以历史唯物主义的观点加以批判，清除其一定程度上至今尚起作用的消极影响，而消极因素经过彻底批判后可转化为有益的教训；凡积极因素和消极因素相混者，更当加以认真清理和扬弃，既发扬其积极因素又摒弃其消极因素。我们力求一点一滴、切实认真地探索各个传主思想和业绩中珍贵的积极因素，使之成为全国各族人民正在从事的继往开来伟大历史工程的组成部分。

三、坚持“百花齐放”、“百家争鸣”的原则。“百花齐放”和“百家争鸣”，是发扬学术民主、促进学术繁荣的正确原则和巨大动力。前者强调一个“齐”字，后者强调一个“争”字，是表示学术上平等、民主和自由的两种不同状态；前者突出的是统一与和谐，后者突出的是区别与争论；两种状态又统一于不断地相互促进和相互补充、转化的持续发展提高过程之中。“百花齐放”、“百家争鸣”的原则体现在撰著评传时，应从“齐放”和“争鸣”出发，综合中外各个时期对有关传主的不同评价，吸取符合客观存在的对的东西，摒弃其违反客观存在的不实的东西，然后创造性地提出经过自己独立思考的、赶前人或超前人的一家之言。同时，对整个《丛书》而言，也有个共性、个性又统一又区别的问题。这就是一方面作者应把“实事求是”、“批判继承”和“百花齐放”、“百家争鸣”这几点作为大家的共性（统一与共识）；另一方面，对每部评传的立意、结构和行文（文体、文风和文采等），则主要是作者的创造性思维劳动和雅俗共赏的文字表达艺术的成果，是彼此的个性（区别），不宜也不应强求一律。评传作者都有充分自由去发扬这一个性，力求在对每一传主的评述中探索和展示其积极因素，使之和正在变革中国面貌的伟大社会主义建设实践融为一体，丰富其内容，促进其发展，而不是仅仅停留在对传主思想业绩的一般性诠释上。

我认为，以上三点大体上可以表达《丛书》所遵循的主要指导思想，但也不排除用其他思想和方法得出的有价值的研究成果。

感谢所有关心和支持《丛书》工作的单位和个人，特别感谢《丛书》的名誉顾问和学术顾问。他们的热情关心、支持和指教，使《丛书》工作得以顺利进行。更要感谢所有承担评传撰著任务的老中青学者，他们都以严谨的治学态度，作出了或正在作出对学术，对民族，对历史负责的研究成果。没有他们的积极合作，《丛书》工作的开展是不可能的。《丛书》副主编和中国思想家研究中心、南京大学出版社，在制定《丛书》规划，约请和联系国内外学者，审定书稿以及筹划编辑出版等方面，克服重重困难，做了大量工作，他们的辛勤劳动是《丛书》能按预定计划出版的必要前提。

现在《丛书》开始出版了，我作为年逾八旬的老人，看到自己迫于使命感而酝酿已久的设想终于在大家支持合作下实现，心情怡然感奋，好像回到了青年时代一样，体会到“不知老之将至”的愉悦，并以这种愉悦心情等待着《丛书》最后一部的问世；特别盼望看到它在继承中华民族传统思想文化的珍贵遗产方面，在激励人心、提高民族自尊心和爱国主义思想方面，在促进当前建设有中国特色的继往开来的社会主义现代化物质文明和精神文明的历史性伟大事业中，能起到应有的作用。我以一颗耄耋童心，默默地祝愿这一由一批老中青优秀学者经长年累月紧张思维劳动而作出的集体性学术成果能发出无私的熠熠之光，紧紧伴照着全民族、全人类排除前进道路上的各种障碍，走向和平、发展、繁荣、幸福的明天！

热诚欢迎国内外同仁和各界人士不吝赐教，以匡不逮。是为序。

1990年10月7日

内容简介

全祖望是生活于清代“康乾盛世”的史学家、文学家和思想家，他的经史研究和诗文创作，具有鲜明的个性特点，贯穿着这样一个宗旨：为明清易代之际坚持抗清斗争的“故国忠义”树碑立传，歌功颂德。

本评传从全祖望生活的时代——从“天崩地裂”到“康乾盛世”，从清初的反理学思潮到“乾嘉学派”，全祖望的故乡——甬上的“邹鲁醇风”和“山川灵气”，全祖望的家世——“先人风格”和祖父辈的投身抗清斗争，以及全祖望的交游诸方面，全面地论述了全祖望的生活和思想；深入地探讨了全祖望之所以在经史研究和诗文创作方面，能够切实贯彻“经世致用”的原则，并具有鲜明的个性特点的原因。作者用评、传相结合的方法，从主客观两个方面，解答了这样一个问题：全祖望为什么无法实现其“倜傥指挥天下事”的伟大理想，而在“风骚驱使古人书”方面，却成就卓著，影响深远！

A Brief Introduction

Quan Zuwang was a historian, thinker and man of letters living in "the heyday of Emperors Kang Xi and Qian Long" of the Qing Dynasty. His studies in classics and history and his creative work in poetry and literary essays are distinctly characterized by an aim of gloryfying and eulogizing "the loyalty and righteousness" of the struggle against the Manchus during the period of change from the Ming to the Qing Dynasty.

The present critical biography discusses Quan's life and thought in an all-round way, treating of the age he lived in (i. e. the age from "heaven and earth falling apart" to "the heyday of Emperors Kang Xi and Qian Long" and from the trend of thought against Neo-Confucianism in the early Qing Dynasty to "the school of thought in the reign of Emperors Qian Long and Jia Qing"), of his hometown (with "the simple customs harded down from the times of Confucius and Mencius" and "the spirit of mountains and waters" on the Yin River), of his family (with "the brilliant examples of his grandfather and father" and their personal participation in the anti-Manchu struggle), and of his wide association with friends. It explores the reasons why Quan was able to carry out the principle of "applying the art of government" in his studies in classics and history as well as in his creative work in poetry and literary essays and to display his distinct characteristics therein. In combining the biographical with the critical treatment, the author answers such a question from both subjective and objective angles: why did Quan fail to fulfil his great ideal of "freely administering the affairs of state", whereas he succeeded in "achieving literary and academic excellence" and exerting his far-reaching influence?

目　次

A CRITICAL
BIOGRAPHY OF QUAN ZUWANG

CONTENTS

第一章　全祖望的时代

全祖望生于清康熙四十四年(1705 年),上距明亡六十一年,下离郑克塽以台湾降清,清廷统一全国仅仅二十二年;卒于乾隆二十年(1755 年)。他的一生历康熙、雍正和乾隆三朝。对于明清易代时期的“天崩地裂”,全祖望既有强烈的感受;对于“康乾盛世”的实际情况,全祖望更有深切的体会。“康乾盛世”这个特定的历史时代,不止对全祖望的生活和思想至关重要,对他的经史研究和诗文创作亦有深刻的影响。

一、“康乾盛世”

清初有不少知名之士,不约而同地用“天崩地裂”(或

“天崩地坼”、“天崩地解”)①来形容明清易代之际的形势，这是很耐人寻味的。明清易代，不止是改朝换代，明亡清兴；而且“被发左衽”，“以夷变夏”。故而对于亲身经历过这场社会巨变的汉族士夫文人，其刺激是异常深刻的，冲击也极为沉重。令人颇感兴趣的是，当全祖望在回忆或描述明清易代之际的人与事时，也曾多次使用“天崩地裂”这个词语。从此不难窥见，生活于“康乾盛世”的全祖望，不仅难以忘怀当年的这场历史性巨变；六十多年前的“天崩地裂”，还在相当大的程度上影响着全祖望的人生道路和治学方向。

清初人用“天崩地裂”这一词语，或针对李自成率农民义军攻入北京，明朝中央政权覆灭的甲申(1644 年)之变；或直指清兵铁骑南下，弘光小朝廷垮台的乙酉(1645 年)之变；或就甲申、乙酉统而言之；或指丙戌(1646 年)之后南明诸政权的相继败亡。“天崩地裂”，当然是指农民军的攻入北京，明朝中央政权覆灭；清兵入关，清王朝的建立，以及南明诸政权的败亡等一系列的巨大事变。这就是所谓的“朝更世变”②。但是，笔者以为，除此之外，还应包含经历了明末农民大起义，以及清初汉族人民反抗民族压迫的残酷斗争，终于又出现了的全国大一统局面。面对现实，由明清易代所生发的一系列问题，不能不引起清初有识之士的反思和总结，而

① 参见顾炎武《顾亭林诗文集·先妣王硕人行状》；黄宗羲《南雷文集》卷二《留别海昌同学彦》；全祖望《鲒埼亭集外编》卷二十九《残明东江丙戌历书跋》转引王正中上鲁王表，全祖望《续甬上耆旧诗集》卷二十三董德偁《予从癸未秋下第回……》。

② 语见孔尚任《桃花扇》(暖红室刻本)加二十一出《孤吟》第三支[甘州歌]眉批。

他们的内心又不可避免地会出现新旧思想的矛盾和斗争。

“桑田眼见几回更，世事纷纷不可名。”[1]清初的有识之士，无不采用各种形式，从各个方面，对明清易代之后的“纷纷不可名”的“世事”，作出了自己的判断和评价。比如，同样是杰出的思想家，黄宗羲猛烈抨击封建君主专制的“一家之法”；他还提出了均田的主张，并提倡“以工商业为本”。顾炎武高举“经学即理学”的旗帜，反对“以明心见性之空言”，提倡“引古筹今”，“经世致用”。王夫之则对传统的“理气”、“道器”和“知行”等哲学命题，作出了唯物主义的解释。这三位思想家的治学方向虽各有侧重，但他们都为“天崩地裂”后的社会开出了疗救的药方。明清易代之际的这段历史，以及黄、顾、王等人的思想和实践，对全祖望的影响是明显而深刻的。

当然，全祖望尽管深受“天崩地裂”的事变，以及清初诸大儒的影响，但他生活的时代毕竟距离明清易代已有六十余年。这是清王朝大一统的全盛时代，史学家称之为“康乾盛世。”

康熙二十年（1681 年），历时八年，波及十省的“三藩”之乱，终被平定。康熙二十二年（1683 年），郑成功之孙克塽又以台湾降清。“三藩”声名狼藉，虽然打着“反清”的旗号，他们的叛乱并没有得到广大人民的支持，其失败乃历史之必然。台湾郑氏政权的降清，则标志着持续了几十年的汉族人民抗清复明斗争的结束。郑氏政权的降清，对于献身于抗清复明斗争的“故国忠义”来说，无疑是十分痛苦的事。可是，

---

① 《续甬上耆旧诗集》卷六十六张立中《感怀》。

国家的统一，政治的稳定，有利于经济和文化的发展。康熙二十年(1681年)以后，“海内始有起色”[1]，这与国家的统一和政治的稳定显然是分不开的。

从明朝三百年基业的一朝覆灭，以及自甲申、乙酉之变，直到台湾郑氏政权降清的几十年残酷斗争中，清王朝的统治集团认真地吸取了历史的经验教训。于是，从经济基础到上层建筑采取了相应的变革措施，从而巩固了新王朝的封建统治，促进了经济的恢复和发展。至于汉族士夫文人中的绝大多数人，他们痛定思痛，一方面不能不承认清王朝的现实统治，并为国家的统一、政治的稳定和经济的发展而欢呼；另一方面，在他们的内心深处却仍然念念不忘已经灭亡了的故国，并千方百计地表彰明清易代之际的“故国忠义”。乾隆年间的著名史学家王鸣盛(1722—1797年)，在《范蔚宗以谋反诛》一文中，曾说过这样一句话：“故国之思，既已绝无；新朝之恩，则又甚渥。”[2]在笔者看来，包括全祖望在内的一部分汉族士夫文人，其处境和心态，套用王鸣盛的话，应该是“新朝之恩，虽则甚渥；故国之思，难以绝无”。

明朝覆亡之后，汉族士夫文人对于现实的态度，以及他们所采取的行动，有各种不同的情况。遗民诗人杜浚的《樵青歌为黄仙裳作》，对此有极为生动的描绘。诗曰：

当时同学十数人，两人引颈先早露，一人万里

① 语见陆陇其《论直隶兴除事宜书》，载贺长龄辑《清廷经世文编》卷二十八《户政》三。

② 文载《十七史商榷》卷六十一。

足重茧，一人入海随烟雾；三人灭迹逃空门，四人墙东长闭户；一人卖药不二价，一人佯狂以为污。黄生计划无复之，门前便是青山路；昆吾宝剑千金值，改铸腰镰应有数。黄生终日无踪迹，上山清晨下山暮；有时昏黑犹在山，痛哭身当猛虎步。不知为樵定何意？黄生安肯言其故。但闻有一海陵樵，时时偷访钟山树。①

或为明朝殉国；或因改朝换代而遁迹空门，卖药佯狂，隐居山林；或为反对民族压迫而拿起剑和笔进行顽强的战斗，这可说是顺治一朝和康熙初期汉族士夫文人的主流。死心踏地效忠于清朝的人是少数；廉耻丧尽的士林败类，如为全祖望所笔诛的谢三宾之流，更是寥寥无几。即使那些迫于生活，或其他原因，不得不违心地应试和出仕的人，亦不能忘情故国，甚至终身愧悔不已。且不说众所周知的吴伟业，就以全祖望的同乡沈延嗣来说，他因复应清朝的科举考试而耿耿不安，诗作不时流露出愧恨之情。针对沈延嗣的这种思想和心态，全祖望指出：

当国初时，吾乡故家岌岌不保门户，故有弃诸生已久而复强应之者。有司方事招来，当其弃时，本不落其籍；及其出，则安之。然诸公此中之耿耿，终未尽忘。如先生之诗，未尝不时流露。亦可见胜国

① 诗载《变雅堂诗集》卷一。

养士之报，而吾乡风俗之厚矣！[①]

由于南明政权的腐败，“大兵之下江南也，望风而靡，所向几不血刃。”[②]即使最难下之地，如江西之赣州（今赣州市），江南之江阴（今属江苏）和泾县（今属安徽），甬上之翁洲（今浙江舟山市），抗清义军最后也都以失败而告终。不过，清廷可以用武力残酷地镇压各地的抗清武装，却难以使广大的汉族士夫文人心悦诚服于新王朝的统治。对于汉族士夫文人、特别是江南的士夫文人的反抗和不合作，以及他们强烈的民族意识，清朝的统治者是有清醒认识的。恩威并用，软硬兼施，加强思想文化领域的封建专制统治，这就是他们的对策。从顺治朝开始，经康熙、雍正到乾隆朝，清廷一方面严禁结社讲学，禁毁、删削有“违碍”的书籍；并屡兴科场案和文字狱，残忍地杀一儆百。与此同时，又积极尊孔崇儒，强化程朱理学。顺治十四年（1657年），福临“复孔子位号曰至圣先师”[③]。康熙二十五年（1686年），玄烨诏告天下曰：“自古经史书籍，所重发明心性，裨益政治。诸子百家，泛滥诡奇，有乖经术；其他异端诐说，概不准收录。”另一方面清廷又开科取士，荐举山林隐逸，诏举博学鸿词特科，以笼络汉族士夫文人。同时，诏开“明史馆”，编纂《明史》；并大规模地编纂经籍图书，借以网罗各方面的人材为其所用，消磨汉族士夫文人的意志。

① 参见《续甬上耆旧诗集》卷八十四沈延嗣小传。

② 参见《鲒埼亭集外编》卷十四《翁洲刘将军祠堂碑》。

③ 参见《清史稿·世祖本纪》。

应该承认，随着社会经济的逐步恢复和发展，政治形势越来越有利于满、汉地主阶级的联合专政。清廷的上述那种恩威并用、软硬兼施的双管齐下对策，是起到了作用，收到了效果的。比如，开馆编纂《明史》，就吸引了一大批著名的学者，连黄宗羲也让其儿子和门人参与其事。又如，御用文人徐乾学在太湖洞庭东山编纂《一统志》，阎若璩、顾祖禹也曾参与其事。到了全祖望的时代，清廷这种两手策略的社会效果，则更为明显。但是，也应看到，清廷的高压这一手，可以杀害一大批汉族士夫文人；清廷的笼络这一手，可以使更多的汉族士夫文人就范，而入其彀中。不过，无论是高压，还是笼络，都无法阻止意识形态领域里反清朝统治、反君主专制思想的传播，以及肇始于明末的反理学思潮的继续发展。明清易代之际涌现出来的思想界精英的杰出代表——顾炎武、黄宗羲和王夫之等大儒，他们既是抗清斗争的坚强战士，又是站在时代前列的一代伟人。清廷的软硬两手，对他们并没有起什么作用。而他们的反清政治倾向和初步民主主义思想，却在全祖望时代，对汉族士夫文人仍然有着巨大的影响。

明清易代之际的“天崩地裂”，对全祖望来说，可谓记忆犹新，影响至深。康熙、雍正两朝，阶级斗争和民族斗争虽然依然相当尖锐和复杂，可是，无可否认，全祖望的时代，清王朝在政治上是统一、稳定的；社会经济是繁荣发展的，统治者对封建文化是大力提倡的。在中国历史上，这是又一个欣欣向荣的有高度封建文化的时代，史学家称它为“康乾盛世”并不为过。“圣世风霆”终于过去了，出现了“阳和”的盛世[①]。那末,全祖望对于他生活的这个时代,又是如何认识和评价的呢?

基于一切“皆命也”的观点,全祖望对代明而兴的清王朝是肯定的。在他的诗文中,曾明确地说:“天命在圣朝,虽有善者无可如何也。”[②]他为“生逢太平之世”而庆幸。[③]全祖望赞颂大一统的稳定的太平盛世,憎恶“三藩”之流的叛乱,也反对边陲少数民族反动头目的分裂活动。对于康熙朝的三次抗击沙俄的入侵,全祖望更是歌颂备至。[④]至于明清易代之际坚持抗清复明斗争的志士仁人,全祖望虽然誉之为“故国忠义”、“故国忠烈”、“古之逸民”,并从弘扬民族气节、民族意识和传统道德的角度,给予了充分的肯定,大力的表彰。但是,从历史发展的规律来审视,全祖望又明确指出,在大局已定的形势之下,明代遗老遗少们的反抗斗争和不合作态度,是无济于事的愚蠢行动。[⑤]应该指出的是,全祖望肯定清王朝,歌颂太平盛世,反对叛乱和分裂活动,是出于肺腑之言,决非为避免文字狱的迫害而做的表面文章。全祖望既竭力表彰“故国忠义”之“介”,又批评其“愚”,更不说明他的政治态度的不鲜明。全祖望对于他生活的这个时代的认识和评价,以及他所持的政治立场,是符合历史发展规律和广大人

---

① 全祖望《鲒埼亭诗集》卷一《禅琴集·即事》曰“圣世风霆亦易过,竚看转眼降阳和。”

② 参见《鲒埼亭集外编》卷三十《明大学士熊公行状跋》。按:全祖望这里所谓“天命”,含有对明朝腐败政治的否定,对清朝新兴力量的肯定。

③ 参见《鲒埼亭集外编》卷二十五《九日行庵文讌图序》。

④ 参见《鲒埼亭集》卷一《圣清戎乐词一十六篇》。

⑤ 参见《鲒埼亭集外编》卷二十五《朋鹤草堂序》。

民根本利益的明智选择，是一个深受儒家思想熏陶，又能认清历史发展方向的史学家的高见卓识。

当然，全祖望对清廷对付汉族士夫文人的羁縻、笼络这软的一手，并没有洞察其居心叵测的政治目的。他对于诏举博学鸿词科的热衷，充分说明了这一点。全祖望对开设明史馆，诏修《明史》，也是积极支持的，连书六通《移明史馆帖子》，就是明证。全祖望只能从儒家“学而优则仕”的传统观点，以一个史学家的眼光来评估清廷的诏举鸿博和设馆修史。后人可以责备全祖望缺乏政治头脑，也可以指出这是他的历史和阶级的局限性。但是，作为主要生活于雍正和乾隆时代的思想家和史学家，全祖望如此处理问题，是十分自然的。

为巩固封建专制统治，而大兴“莫须有”的文字狱，并不自清代始。但是，清代的文字狱，其次数之多，迫害之残忍，是前代所未有的。当然，清代的历次大文字狱，并非都是针对怀有异心的汉族士夫文人，但其残酷性和造成的严重后果，则并没有什么不同。比如，雍正四年(1726 年)汪景祺《西征随笔》案，同年查嗣庭“维民所止”案，这是雍正帝借文字狱以打击党附诸王的势力。康熙五十年(1711 年)，戴名世《南山集》案，雍正六年(1728 年)吕留良、曾静案，这是用文字狱消灭反清势力。至于康熙二年(1663 年)的庄廷鑨《明史稿》案，则是借文字狱严禁直书满洲贵族先世臣服明朝的历史事实。

对于残酷的文字狱，全祖望持批判态度。不过，在当时那样的政治条件下，他的批判是巧妙的，也是不彻底的。清初有几次大文字狱，皆针对浙江的学者。雍正帝就因浙江的士夫文人抗清最为激烈，又连续发生了吕留良、汪景祺和查嗣庭等人的案件，对浙江人（包括士夫文人和民间氓庶）深恶痛绝。其七年（1729 年）上谕曰："朕向来谓浙江风俗浇漓，人怀不逞，如汪景祺、查嗣庭之流，皆谤讪悖逆；甚至民间氓庶，亦喜造言生事，皆吕留良之遗害也。"对于最高统治者的这种意向，聪明的全祖望当然是清楚的。因此，他的《江浙两大狱记》，对于庄廷铣《明史稿》和戴名世《南山集》之祸，主要是作了客观的记述，不加评论，且劈头就先声明："予备记其始末，盖为妄作者戒也。"①实际上，此文充分暴露了文字狱的残酷性，也表明了作者谴责这种政治迫害的倾向性。

社会风气和社会思潮，全祖望在文章中称之为"时风众势"，对此他是相当重视的。全祖望对他生活时代的"时风众势"，颇多不满。比如，他对"方穷老尽气于帖括，而未有极出于己者"的"时风众势"，就十分反感。② 对于人心不古，道德沦丧方面的"时风众势"，全祖望更是深恶痛绝。他尝感慨系之地说：

> 呜呼，世教衰薄，大伦乖剌！有以前母之子而凌其后母者，有以后母之子而催挫前母所生者。履霜之痛，芦花之悲，圣贤尚遭此厄。至于嫡庶之间，尤所不免。③

---

① 文载《鲒埼亭集外编》卷二十二。

② 参见《鲒埼亭集外编》卷二十三《礼记辑注序》。

③ 《鲒埼亭集外编》卷七《墨云董丈墓志铭》。

对“当世弊”熟视无睹，却不择手段地追名逐利，也是当日的“时风众势”。为此，全祖望极为推重林晴江之高尚品性：“直道抗言当世弊，孤粮耻傍要人津。”[①]对于家乡的年青一代忘却了前辈们抗清的正义斗争，对“故国忠义”事迹漠然置之的情况，全祖望极为气愤，在《碧樵先生集序》中指出：“近者，吾乡后学茫然于桑梓典型之望，如先生者，不过谓能书，岂知其诗古文词；纵稍耳食其诗古文词，要不知其经学、史学之深沉博大。至于故国大节足以丽日星而降霆电者，则几无一人能言之。”[②]正是有鉴于此，全祖望才不遗余力，不怕风险地搜辑乡邦文献，表彰“故国忠义”，以先烈和先贤们的动人事迹、崇高品德来教育年青一代，并借此发扬传统的美德，以改变不良的“时风众势”。

二、从清初的反理学思潮到“乾嘉学派”

王国维《沈乙庵先生七十寿序》指出：“国初之学大，乾、嘉之学精，道、咸之学新。”[③]全祖望的时代，恰好处于“国初之学”向“乾嘉之学”转变的时代。所谓“国初之学大”，是指清初由于顾、黄、王等大儒的倡导和实践，在思想领域和学术研究方面，由反对空疏无用，转向经世致用，形成了一股强大的反理学思潮；所谓“乾嘉之学精”，则指乾、嘉年间的思想领域和学术研究，又由经世致用转向精于考据的实

① 参见《鲒埼亭诗集》卷四《百五春光集·追哭林晴江太常》。

② 文载《鲒埼亭集外编》卷二十五。

③ 文载《观堂集林》卷二十三。

学。全祖望对清初的反理学思潮既有深切的感受，又是以考据为学的“乾嘉学派”的先驱者之一。他深受“国初之学”的影响，又对“乾嘉之学”的形成作出了自己的贡献。

“乾嘉学派”的形成，是“康乾盛世”的产物。它既与清廷的屡兴文字狱，强化政治思想领域的封建专制主义有一定的关系，更是清初反理学思潮发展的必然结果。

明代后期，学术思想界已经酝酿起反理学的思潮。其实，对理学的怀疑和批判，并不始于明末。理学有一个形成和发展的过程，随着它的昌盛，其弊害也日益显露，于是对它的怀疑和批判也便逐步深入。[①]

宋真宗赵恒认为，“三教之设，其旨一也”；但他又强调“儒术污隆，其应实大，国家崇替，何莫由斯！”由此可见，宋真宗是要在思想学术领域建立以儒学为主，释道为辅的体系，为其封建专制政权效劳。正是在这样的政治背景下，经过周敦颐、邵雍、张载、程颢、程颐等人的著书立说，鼓吹宣扬，理学便创立起来了。集北宋五子之大成，而以程颐的思想为正宗的，是南宋的朱熹。因此，后世称之为“程朱理学”。程朱理学经元代延及明、清，便成了统治阶级的官方哲学和正统思想。在南宋，与朱熹同时，陆九渊创“心学”之宗，从此理学出现了朱、陆两大学派。明代正德、嘉靖年间，王阳明为挽救明王朝的政治危机，达到“破山中贼”与“破心中贼”相辅相成的目的，继承并发展了陆九渊的“心学”理论，提出了“知行合一”、“致良知”的学说。程朱理学的最高宗旨是“存天理，灭人欲”。王阳明则说：“我今说个知行合一，

① 费密《弘道书》中曾列举对理学提出怀疑和批判的学者，达百余人之多。

正要人晓得一念发动处，即是行了。发动处有不善，就将这不善的念先克倒了。须要彻根彻底，不使那一念不善潜伏在胸中，此是我立言宗旨。”[①]在本质上，王学与程朱理学并没有什么不同。王阳明反对的是朱学“从册子上钻研，名物上考索”，因为在他看来，“知识愈广，而人欲愈滋；才力愈多，而天理愈蔽。”[②]王阳明强调“天理”即是“良知”，“心即理也”，本心具足，圣贤共有。明代后期，王学风靡天下，其原因也就在于此。王阳明提出其心学理论，本意是为了补救日益腐败的封建专制统治。可是，却给晚明要求冲破传统思想的束缚、批判程朱理学的社会新思潮大开了方便之门。植根于市民阶层的“王学左派”，正是沿着王阳明“致良知”说的指示，一直走到了王学以至宋明理学的反面。诚如黄宗羲所指出的，其学说“乃掀翻天地，非名教之所能羁络”[③]。

王学的风靡，标志着程朱理学的衰颓；而“王学左派”的诞生，以及晚明心学的泛滥，又说明了陆、王心学的衰颓。明朝末年，面对日益加剧的社会危机，理学家皆束手无策。无论是程、朱之“理”，陆、王之“心”和“良知”，对于内外交困、大厦将倾的朱明王朝来说，都只能是“可怜无补费精神”。反理学思潮正是伴随着宋明理学这两大学派的衰颓而出现的。

在中国哲学的一系列重大问题上，程、朱与陆、王有着原则的分歧，王阳明对朱熹更是针锋相对。宋明理学发展到

① 参见《传习录》下。
② 参见《传习录》上。
③ 参见《明儒学案》卷三十二《泰州学派》。

清初，已处于最后的崩溃阶段。其突出的特点，就是朱、王之学的门户纷争愈演愈烈。这种门户纷争，恰恰表明理学已经走上了末路，这就为汉学的崛起创造了有利的条件。

晚明王学盛极而衰，清初更成强弩之末。于是“空谈误国”的王学，便成了众矢之的。面对如此严峻的形势，王门三位大将，北方的孙奇逢纂《理学宗传》，南方的黄宗羲撰《明儒学案》，西方的李颙则作《二曲集》，竭力维护王学在宋明理学中的正宗地位。[①] 所谓“由濂、洛而来，且五百有余年矣，则姚江（指王阳明）岂非紫阳（指朱熹）之贞乎”？[②] 可是，由于资本主义生产关系的萌芽以及改朝换代，明末清初的时风众势，实处于不得不变之际，故而孙、黄、李三人，对王学亦已有所修正。其共同性就在于希望从调停朱、王入手，以探求新的出路。孙奇逢隐居苏门山，与同社会友“均抱用世之才，俱有脱尘之想”[③]。尝言：“不开眼界，不大心胸，不去取圣贤，未许读书。”[④]正由于孙奇逢有此“眼界”和“心胸”，他虽未找到理学的新出路，却为后来的反理学思潮导夫了先路。黄宗羲不仅撰《明儒学案》，肯定了王学的历史地位；又纂《宋元学案》，为宋元理学作了理论上的总结。由于黄宗羲早期曾亲与抗清之役，对封建专制政治又有深刻的认识和批判；同时，他在经史之学和天文、历算等方面，皆有卓越的成就。其学注重经世致用，虽远绍阳明，实非王学

① 参见《鲒埼亭集》卷十二《二曲先生窆石文》。

② 《夏峰先生集》卷四《理学宗传序》。

③ 参见《夏峰先生集》卷十一《苏门会约》。

④ 《四书近指》（晚年批定本）卷十七《不如无书章》。

所能范围。黄宗羲无愧于清初反理学思潮的开创者之一。至于李颙，同样折衷于朱、王之间，主张“上达”从王，“下学”从朱，“下学与上达，一以贯之”。换言之，他要以朱熹的“格物”达到阳明的“致知”。[①] 但李颙关心经济，重视经世致用。他谈论井田，认为“民有恒产，然后可望其有恒心”[②]，这种思想显然又是王学的变异。须要先提一下的是，全祖望的师长和忘年交李绂，他以继承陆、王遗绪自任，又“志荆公之志，以皋夔自命”[③]。在李绂看来，“虽为学者，苟有志于圣贤之学，躬行实践可矣，何必言心性。”[④]他虽推崇阳明，但强调“躬行实践”，实际上也是对王学的修正。由此可见，王门健将在为王学争历史地位的同时，不得不对王学有所修正，倡导“经世致用”和“躬行实践”，这充分说明了清初王学的衰颓已无可挽回，复兴王学只是难以实现的梦想罢了。

在王学处于这样的情势之下，朱学的现状和命运又如何呢？

为了巩固大清王朝的封建专制统治，顺治帝福临、康熙帝玄烨和雍正帝胤禛皆积极尊孔崇儒，大力提倡程朱理学。全祖望尝言：“圣祖推崇朱子至矣，而论经间有不同者。世宗亦然。”[⑤]康熙五十八年（1712 年），玄烨特颁谕，将朱熹由孔庙

① 参见《二曲集》卷十五《富平答问》。

② 参见《四书反省录》卷八《孟子续录》。

③ 李绂《穆堂初稿序》。

④ 《穆堂初稿》卷十八《心体无善恶说》。

⑤ 参见《鲒埼亭集》卷一《尊经志学也》九章。

两庑升祀大成殿四配十哲之次。① 他认为,“惟宋儒朱子注释群经,阐发道理,凡所著作及编纂之书,皆明白精确,归于大中至正。今经五百余年,学者无敢疵议。朕以为孔、孟之后,有裨斯文者,朱子之功最为弘钜”②。玄烨还辑刊朱熹全集,并亲为作序,称赞曰:“非此不能知天人相与之奥,非此不能治万邦于衽席,非此不能仁心仁政施于天下,非此不能外内为一家。”③康熙一朝宰辅中,以理学名者,前有魏裔介,后有李光地和熊赐履。在魏、李、熊之前,张履祥和陆陇其是尊尚程朱理学的代表人物。不过,张履祥以物为本,对“万物皆备于我”的解释亦较平实。同时,他亦讲究经济之学,重视农田水利,强调躬行之重要。④ 陆陇其是清代第一个获从礼孔庙的“理学名臣”,他讲学专宗朱熹,对王学的批判极为严厉,甚至将明朝的覆亡归罪于王学:“明之天下不亡于寇盗,不亡于朋党,而亡于学术。学术之坏,所以酿成寇盗、朋党之祸也。”⑤对于朱熹和朱学,陆陇其则崇拜得五体投地。在他看来,“孔子集群圣之大成,朱子集诸儒之大成,犹文、武、周公损益二代之制,以成一王之法也。”⑥

熊赐履和李光地标榜朱学,深得康熙帝的宠信,皆官至极品。但他们只是重复宋、明朱学家的论调,并无发明创见。李光地更是个不学无术、言行不一的伪君子。由于迎合玄烨

---

① 参见《清圣祖实录》卷二四九。

② 参见《清圣祖圣训》卷十二。

③ 参见《御纂朱子全书序》。

④ 参见《杨园先生全集》卷三十九《备忘录》,卷四十《备忘录》(二)。

⑤ 参见《三鱼堂文集》卷二《学术辨》(上)。

⑥ 参见《松阳钞存》。

竭力表彰程朱理学的政治需要，李光地这个御用理学家在康熙朝颇有地位和影响。为此，全祖望深为感慨："近日耳食之徒，震于其门墙之盛，争依附其学，殊为可悲！"[1]对于李光地的人品，全祖望更给予了无情的揭露，指出："榕村大节为当时所共指，万无可逃者。其初年则卖友，中年则夺情，暮年则居然以外妇之子来归，足称'三案'，大儒固如是乎？"[2]至于李光地的学术，全祖望在《答诸生问榕村学术帖子》中，亦作了尖锐的批评：

> 榕村之学术，即其相业，可以想见。倘谓其能推崇朱子，足接坠绪，则梼昧无知之言也已。榕村于明儒中稍立门户者，皆加力诋，其于同里尤诮石斋，具见其语录中。

对李光地之讥诮黄石斋（道周），全祖望更是愤懑。接着上文，他反唇相讥地说："予谓石斋风节有余，干略诚不足。但榕村承眷之久，所以补天下之治者几何？以是诮石斋，得无有目而不见其睫者乎！"全祖望之所以如此深恶痛绝李光地其人其学，当不止是其人品之卑劣和不学无术，恐怕也反映了他对玄烨重用李光地之流，鼓吹程朱理学的一种不满情绪。

康熙年间，从表面上看来，程朱理学高踞于庙堂之上，似呈中兴局面，而陆、王心学则气息奄奄。但是，发端于晚明，经"天崩地裂"之变，而越来越明显的反理学倾向，由于顾

---

① 参见《鲒埼亭集外编》卷四十四《答诸生问榕村学术帖子》。

② 参见《鲒埼亭集外编》卷四十四《答诸生问榕村学术帖子》。

炎武等大师的发扬光大，到康熙朝已形成了不可阻挡的社会思潮。它有力地批判了陆、王心学和程朱理学，从学说到方法，皆为复兴汉学开辟了道路。由康熙经雍正到乾隆年间，考据实学大兴，而程、朱，陆、王之学皆黯然失色。从此，清代的学术和中国思想史，便进入了一个崭新的阶段。

顾炎武否定了心学，在他看来，从经学中去寻找义理，这才是“务本源之学”。因此，他所提出的“经学，理学也”的命题，实际上是要以经学取代陆、王心学和程朱理学。[①]亭林一生以“明学术，正人心，拨乱世以兴太平之事”[②]为己任，积极探求“国家治乱之源，生民根本之计”[③]。他这种力主经世致用的治学特点，一扫晚明“空谈误国”的恶习，充分体现了“天崩地裂”时代之精神，这也是反理学思潮之精髓所在。

清初的反理学思潮，在治学方法上，是以考经证史为其特点。亭林所说“读九经自考文始，考文自知音始”[④]，很好地概括了这个特点。而考经证史，乃是“理学，经学也”在方法论上的反映。众所周知，汉代产生了对儒家经典著作进行朴实考据、训诂为其特色的古文经学。唐初，儒家的古文经学，通过孔颖达等撰成的《五经正义》，便确立了它在经学史上的正统地位。宋明理学家虽以理学取代经学，但作为其思想材料和理论依据的，仍然是古文经学家们所作传注的儒家

---

① 参见《日知录》卷十八《朱子晚年定论》、《心学》，《亭林文集》卷四《与周籀书书》、卷三《与施愚山》。

② 《亭林文集》卷二《初刻〈日知录〉自序》。

③ 《亭林佚文辑补·与黄太冲书》。

④ 《亭林文集》卷四《答李子德书》。

经典。在清初，反理学的大师们，既把汉代的古文经学学说看作为探求经世致用的实学的思想武器，于是古文经学派所运用的考据、训诂方法，也自然地成了他们研究这种实学的手段。可是，随着清廷政局的稳定，以及思想文化领域封建专制主义统治的强化，特别是屡兴文字狱的现实威胁，继顾、黄、王等反理学大师而起的阎若璩、胡渭、毛奇龄等人，已不再突出经世致用这个反理学思潮之精髓，却走上了远离现实，以及与国计民生无直接关系的经学考据。到乾隆初年，随着惠栋等人的步上学术界，“乾嘉学派”（又称“乾嘉汉学”、“乾嘉考据学”）也便登上了清代的学术舞台。乾隆中叶至嘉庆前期，则是“乾嘉学派”的鼎盛阶段。①

从清初的反理学思潮到“乾嘉学派”的形成，这是全祖望时代的思想文化领域的一大特点。那末，全祖望又是如何看待清初的反理学思潮，他与“乾嘉学派”的形成又有什么关系呢？

全祖望“生承诸老之后，渊源既深，通籍馆阁，闻见更广”②。他虽非清初反理学思潮的代表人物，但深受清初反理学“诸老”的影响；虽非“乾嘉学派”的代表人物，却是“乾嘉学派”的先驱。全祖望的思想是与清初的反理学思潮一脉相承的，从治学的内容到方法，他与“乾嘉学派”又有一定的联系。

---

① 以上部分参考了杨向奎《清儒学案新编》(一)(齐鲁出版社 1985 年版)，陈祖武《从清初的反理学思潮看乾嘉学派的形成》(《清史论丛》第六辑)，并采用了他们的一些观点和说法，特此说明。

② 章学诚《章氏遗书外编》卷二《乙卯劄记》。

“老成几尽，学统将沦；梨洲慎独，用征求仁。谁更灌灌，揭之斯人。”[①]全祖望的友朋无不确认他是继承黄宗羲学统之人，全祖望虽感叹“嗟我仅私淑，未得揖让于其时”[②]，亦当仁不让，以梨洲学统为己任。他全面地继承了梨洲之学，但又有所发展。[③]

对于顾炎武，全祖望同样敬仰不已。他的《题宁人先生神道表后》[④]一诗，对亭林的道德文章推崇备至。在诗中，全祖望还援引亭林之语，特别指出了亭林和梨洲同属反理学阵营。在《亭林先生神道表》[⑤]中，全祖望对于亭林之学作了概括，给予了极高的评价。在全祖望看来，亭林读书和撰著，“尤留心经世之学”，“有关于民生之利害者，随录之，旁推互证，务质之今日所可行，而不为汎古人之空言”（如《天下郡国利病书》）。亭林重视实地调查研究，且不耻下问，以“探原委，言言可以见之施行”（如《肇域志》）。亭林提出了“经学即理学”的哲学命题，认为“有舍经学以言理学者，即邪说以起。不知舍经学则其所谓理学者，禅学也”。亭林之学“本朱子之说，参之以慈溪东发（黄震）《日钞》。所以归咎于上蔡（谢良佐）、横浦（张九成）、象山（陆九渊）者甚峻。于同时诸公，虽以苦节推百家（阎若璩）、二曲（李颙），以经世之学推梨洲，而论学则皆不合”。亭林论文，亦强调“文不关于经术致理之大，不足为也”。而《日知录》三十卷，“尤为

① 参见《鲒埼亭集外编》卷五《五岳游人哀词》。

② 参见《鲒埼亭诗集》卷九《双韭山房夏课·灌浦郑氏秋丁祭黄子》。

③ 详见本书第三章。

④ 诗载《鲒埼亭诗集》卷八《望岁集》。

⑤ 文载《鲒埼亭集》卷十二。

先生终身精诣之书，凡经史之粹言具在焉。”从上述亭林之学的概括评价，不难窥见亭林之学对于全祖望的立身行事、经史研究和诗文创作的启迪和影响。

全祖望源本王学，其学术思想和倾向不出王学和梨洲的范围，但亦有新的特点和超越。对于理学的认识和评价，全祖望持折衷朱、陆，和同受益的态度。他非常重视躬行实践，强调经世致用。在他的心目中，“粹然真儒”，一要立身行事符合儒家传统的道德；二能潜心正学，不入异端，不佞佛；三要“以躬行为务，不徒从事于口耳”[①]；四要在学术上既有继承创新，又能“和会诸家”。全祖望特别反对“门户之病”，这显然是针对清初理学界热衷于门户之争的有感而发。他指出：“门户之病，最足锢人。圣贤所重要在实践，不在词说。故东发虽诋心学，而所上史馆札子，未尝不服慈湖（杨简）为己之功。”[②]在全祖望看来，“陋儒门户妄相功，言朱言陆总朦胧。”[③]他赞赏明代的杨文懿与黄南山共讲学，“不专主朱，亦不专主陆，深造实践，而未有后来门户纷争之习”[④]。他肯定“宗朱而不尽合于朱”的治学路子，“尝笑近世之自署为朱学者迂疏陈腐，但欲奉章句传注而墨守之，不敢一字出于其外。以是为勿畔，锢其神明，塞其知觉，而朱学反自此而晦。盖举博学、审问、慎思、明辨之功，一切废之，朱学岂其然乎？曷亦观或问、语录、文集之谆谆，盖有甫越信宿而别多折衷

① 参见《鲒埼亭集外编》卷十六《石坡书院记》。
② 《鲒埼亭集外编》卷十六《杜洲六先生书院记》。
③ 《勾馀土音》卷二《杨文元公旧里》。
④ 参见《鲒埼亭集外编》卷二十七《题杨文懿公诸经私钞》。

者。”[1]

梁启超尝言:“若问我对于古今文集最爱读某家,我必举《鲒埼亭集》为第一部了。”在评介《鲒埼亭集》时,梁启超又强调指出,全祖望“他是个史学家,但他最不爱发空论,象苏明允、张天如一派的史论文章,全集可说没有一篇。他这部集子,记明末清初掌故约居十之四五,订正前史讹舛约居十之二三,其余则为论学书札及杂文等”。[2]

全祖望对于经史的考证,既有浓郁的兴趣,又有深厚的功力。李绂等人在读了全祖望的行卷和著述后,誉之为“深宁(王应麟)、东发以后一人”[3],把他看作为刘原父(北宋为欧阳修所折服的刘敞)一流的博学者[4],这决非溢美之词。从三笺《困学纪闻》,七校《水经注》,以及《经史问答》等著述,足以窥测全祖望在经史考证方面的非同一般的水平和成就。“国初多稽古洽闻之士,至康熙中叶而衰。”[5]全祖望则可谓上继国初的“稽古洽闻之士”,而在“稽古洽闻”方面颇有创见,对后学又大有启示的思想家。他的经史著述,涉及到史实考证的,占有相当的比例。考证的方面也相当广泛,举凡历史事件,人物传记,职官世系,学术师承,地理沿革,郡县设置,律历演变,字义疏证等等,皆有考订释笺。综观全祖望的经史考证文字,有三个特点:一是简明精当,不繁琐;二

① 《鲒埼亭集外编》卷十六《横溪南山书院记》。

② 以上引文,均见《中国近三百年学术史》,复旦大学出版社 1985 版《梁启超论清史学二种》。

③ 参见董秉承《全谢山年谱》(以下简称《董谱》)乾隆十年谱。

④ 参见《董谱》康熙五十九年谱。

⑤ 《鲒埼亭集》卷十七《翰林院编修赠学士长洲何公墓志铭》。

是重在分析，有创见；三是从考证中可以看出其思想和理论，换言之，他不是为考证而考证。梨洲当年研究《春秋》，亦是"先令其徒，荟萃大略，辑为丛目。只篇首'春王正月'一条，草卷至五大册，尚未定"，于是只好作罢。全祖望对于如此研究儒家经典，大不以为然。在他看来，研究《春秋》当着重研究它的"笔削之旨"。①

阮元尝对万斯同、全祖望的经史考证作了很高的评价。他说：

> 吾观象山、慈湖诸说，如海上神山，虽极高妙，而顷刻可成；万、全之学，如百尺楼台，实从地起，其功非经年工力不可。②

此话虽不无偏颇，但亦自有其道理。高妙的哲学理论，亦难"顷刻可成"；但科学的考证，确"非经年工力不可"。全祖望以经史之学为中心，又旁及目录校勘、辨伪辑佚、水利天算、典章制度、金石律吕、文字音韵等方面，其学既强调经世致用，又重视严谨的考据。因此，从清初的反理学思潮到"乾嘉学派"的演变过程中，全祖望是一位承前启后而颇有影响的重要人物；而他的生活和思想，以及治学方向和经史研究，又与这种历史性的演变息息相关。

① 参见《鲒埼亭集外编》卷二十三《春秋辑传序》。
② 《经史问答序》。

三、“康乾盛世”与文化的发展

全祖望曾不厌其烦地声称，他所生活的“康乾盛世”，是一个不讳的时代。甚至说什么“圣天子荡然尽除文字无忌”[①]。当然，这并不说明，全祖望对当时严酷的思想文化统治，以及残忍的文字狱之祸熟视无睹。他之所以强调这是一个不讳的时代，一方面自有其良苦用心，那就是为了使他撰写的大批表彰“故国忠义”之文，免遭文字狱的牵连；[②]另一方面，作为一个别具只眼的史学家，全祖望认为当时的文化出现了欣欣向荣的局面。或者可以这样说，全祖望是想借强调不讳来促进当时文化的进一步发展。今天，我们以历史唯物主义的观点，对康熙、雍正和乾隆三代的文化学术领域作实事求是的考察，应该说，全祖望的看法是正确的。对于“康乾盛世”，我们既要看到民族矛盾和阶级斗争这一面，也应正视全国大一统，各民族大融合的另一面；既要看到清廷采用科场案、文字狱等高压统治的这一面，也要承认它并非“万马齐瘖”，文化学术确实得到了蓬勃发展的另一面。一言以蔽之，既要重视全祖望所谓的“风霆”，也应研究全祖望所谓的“阳和”。

康、雍、乾三代，是清王朝的全盛时期。这个时期，国家统一，政治稳定，经济发展，国力强盛，文化思想界人才辈出，在朝公卿亦多以述作名世。玄烨、胤禛和弘历，这三位

① 参见《鲒埼亭集》卷十《梨洲先生神道碑文》。

② 《梨洲先生神道碑文》的开头一段文字，很能说明这一点。

封建皇帝，作为出类拔萃的满族封建政治家，从维护其满、汉地主阶级联合专政的封建政权的长治久安出发，亦都相当重视吸收和发展汉族的传统文化和学术。他们一以贯之地召开鸿博，开馆修史，设局纂书，编纂汇集了各种大型的史书、丛书、类书和其他图书。这当然有其网罗、羁縻汉族士夫文人的企图，也删改、销毁了不少宝贵的文献资料。但是，《明史》、《佩文韵府》、《渊鉴类函》、《全唐诗》、《全唐文》、《康熙字典》，以及"三通"(《清通典》、《清通志》、《续文献通考》)等二百余种经籍图书的编纂和刻印，特别是从康熙朝开始，直到雍正三年(1725年)才完成的《古今图书集成》，以及乾隆朝的《四库全书》的编纂和刻印，使搜书、编书和藏书蔚然成风，既培养造就了当代的学者，又为更多的士子提供了读书治学的有利条件，对于后人整理历史遗产，弘扬中华文化，更作了不可估量的贡献。

晚明，西方文明已经开始传入我国。"康乾盛世"，由于玄烨重视西方文明，是位酷爱科学技术的皇帝，[①]我国传统的科学技术，在西方文明的刺激和影响下，也有所变革和发展。不仅在天文、数学、地学等领域取得了显著的成就，而且部分学者的文化观念也有了更新。比如，王锡阐(1628—1682年)通中西历算之学，又重视观测实践，尝自立新法，用以

---

① 《康熙几暇格物编》是玄烨日理万机之暇，对天文、地理、古生物、动物、植物、医学等学科的一些知识(如培养新稻种)所做的调查和实验的记载。全书共记九十二事，其中不乏真知灼见。此书反映了玄烨善于吸收新知识，重视科学实验，反对人云亦云的科学务实精神。上海古籍出版社已收入"中国古代科技名著丛书"，1993年出版了译注本。又：全祖望《观天志神算也》(载《鲒埼亭集》卷一)，对玄烨精通"奥学"，歌颂备至。

测日、月蚀,不爽秒忽。他倡导“考古法之误而存其是,择西说之和而去其短”①。他所撰著的《晓庵新法》、《三晨晷志》、《五星行度解》等天文、历法著作,就是运用中西结合的新方法研究的成果。又如,《古今历法通考》的作者梅文鼎(1633—1721年),他的天文、历算研究,亦能吸取“西说之长”。尝谓:“法有可采,何论东西;理所当然,何与新旧。”②当玄烨读了梅文鼎的《历学疑问》,亲笔批曰:“无疵谬。”康熙六十年(1721年),梅文鼎逝世,玄烨特命地方官经纪其丧事,又派江南织造曹頫监修其茔墓。③ 玄烨对自然科学家的尊重,由此可见一斑。另外,全祖望所推重的刘继庄,也曾吸取“西说之长”,创制了《新韵谱》。④

全祖望对于自晚明开始传入中国的西方文明,是重视和关注的,但也有困惑和疑虑。他有首题为《明司空汤若望日晷歌》的诗⑤,很值得研究。该诗原注曰:“得之南雷黄氏。”可见汤若望日晷原为梨洲所有,从此亦透露了梨洲对西方文明的态度的消息。

汤若望(1591—1666年),日耳曼人,明末来华的天主教

---

① 参见《清史列传·王锡阐传》;阮元《畴人传》卷三十四、三十五《王锡阐》。

② 参见《堑堵测量》卷二,阮元《畴人传》卷三十七、三十八。

③ 梅曾亮《柏枧山房文集·谒墓记》,记述了他拜谒祖坟之事曰:“……乙亥,至独山,谒定九公墓及正谋公墓。墓有碑曰:‘江南织造曹頫监造。’圣祖仁皇帝特恩也。”又,据全祖望《观天志神算也》注,吏部侍郎梅瑴成“未谙其祖文鼎文学,圣祖召入南书房,一一授之”。

④ 参见《鲒埼亭集》卷三十八《刘继庄传》。

⑤ 诗载《鲒埼亭诗集》卷二《虬骨集》。

耶稣会传教士。天启二年(1622 年)来华,初在北京学习汉语,后到西安传教。崇祯三年(1630 年),被召至北京,修订历法,编纂《崇祯历年》,尝监制大炮,并传授用法。清顺治二年(1645 年),任钦天监监正。四年(1647 年),以杨光先斥汤若望新法十谬,汤若望及所属各员俱罢黜治罪。著有《火攻絜要》、《远镜说》等书,并与徐光启、罗雅谷等合撰《西洋历法》三十六卷。[①] 全祖望在《明司空汤若望日晷歌》末注曰:"吴志伊、王寅旭、梅定九皆与先生言历相合。"可见,梅文鼎等学者的新观念,与汤若望等西方来华科学家的影响是分不开的。

在《明司空汤若望日晷歌》中,全祖望虽然认为"测天量日真古学,九章五曹远可寻",可是,对汤若望所制日晷仍赞不绝口:"司天大监汤匭使(若望以通政使掌监事),日晷精妙空古今。"全诗结尾,全祖望还表达了他对汤若望日晷的宝爱说:"大荒有此亦奇儿,摩挲置我堂之襟。"不过,也毋庸讳言,全祖望对于西方文明的认识是有其局限性的。在诗中他面对西方科学技术的输入,不胜感叹地说"可惜唐、邢诸先辈,扶中抑西力不禁",就是明证。当然,全祖望的这种"扶中抑西"思想,也是"康乾盛世"清廷对外关系总政策在文化学术领域中的一种反映。

① 参见阮元《畴人传》卷四十五,《清史稿》卷二七二《汤若望传》。

第二章　全祖望的家世和生平

乾隆十三年(1748 年),胡期恒卒于扬州,全祖望在悼诗中引用了胡氏的两句诗曰:"最怜拓落者,闲却圣明时。"胡期恒生前常吟此诗句以惜全祖望,尝曰:"谢山有用之才,今置之荒江寂寞之滨,而渠亦遂不肯一出,不能为国家惜。逢所知官浙中,必语之曰:'谢山固穷甚矣,幸勿恝置之。'"①

全祖望,字绍衣(亦作裔),小字补(亦作阿补、补儿)②,号谢山,亦自署鲒埼亭长③、双韭氏④、双韭山民⑤、孤山社

---

① 参见《鲒埼亭集》卷十八《故甘抚复翁胡公墓碑铭》。

② 参见董秉纯《全谢山年谱》康熙四十四年谱,严可均《铁桥漫稿》卷七《全绍衣传》,吴骞《拜经楼诗话》。

③ 《鲒埼亭集外编》卷二十六《迎銮新曲题词》,赵昱《春草园小记》。

④ 《勾馀土音》卷二、卷六署名。

⑤ 《水经注》五校本《题词》。

小泉翁[1]、勾曲山人[2]、子全子[3]，学者称谢山先生。浙江宁波府鄞县(今宁波市)人。全家原住宁波城外沙港口(今桐桥乡沙港村)，旧宅虽屡经改造，仍可见当年旧貌。旧宅西侧原有朝南三开间的全氏祖堂一进。今祖堂已圮，存有"齿德堂"匾一块。[4] 谢山故居，在宁波城内月湖西岸桂花井的白坛里(今桂井街宁波第二中学附近)，惜无遗迹可寻。

全祖望生于康熙四十四年(1705 年)，卒于乾隆二十年(1755 年)。[5] 纵观全祖望的一生，确乎可谓"圣明时"的"拓落者"。那么，像全祖望这样的"有用之才"，又幸奉"圣明时"，为何"置之荒江寂寞之滨"，终于成了一名"拓落者"呢？这就需要联系上一章的时代背景，全面考察和研究甬上之"山川灵气"和"邹鲁醇风"，全祖望的家世以及生平思想和心路历程了。

一、甬上的历史、地理、人文和风俗对全祖望的影响

古人认为，文章写得好，乃是"俊得江山助"。其实，一个人的成长，也离不开故乡"山川灵气"的熏陶，同样"俊

---

① 《韩江雅社》署名。

② 《鲒埼亭诗集》卷七《漫兴初集·会谷林》。

③ 《鲒埼亭集外编》卷三十一《题真西山》。

④ 参见鄞县文物管理委员会办公室编《鄞县文物志》，1990 年 5 月内部油印本。

⑤ 谢山之墓至今保存完好，在宁波城南的祖关山，参见附图。

得江山助”。全祖望对于家乡的感情十分深厚，在诗文中提到他的家乡的山水花木、风土人情和历史地理，总是洋溢着自豪和挚爱：

鲒埼亭下是侬家，雪后沙螺旧所夸①。

浙东列城虽褊小，风俗由来拟邹鲁②。

勾馀一片土，畴昔最清嘉。接叶诗书泽，连甍公相家。到今无恙者，犹有青山川。③

全祖望的家乡，它的历史和地理，人文和习俗，也确实值得称道和心仪。

浙东甬上，是我国历史悠久，素负盛名的“人文渊薮”之邦。面向海洋的宁波，又是我国东南沿海对外贸易的著名港口城市。明代中叶以后，这里理所当然地成了我国资本主义生产关系最为发达的地区之一。四明山水，景色旖旎。“鄞之山水，自四明洞天，四面有二百八十峰，其在鄞者居多”④。各地“梵宇矜三佛，仙经重九天”，“古窑宗正宅，困学尚书林”。⑤名胜古迹，令人神往。全祖望当年漫游探胜之时，不止勾起了思古之幽情，还激发了他那诗文创作和经史研究的灵感。大雷山的静水洞，据云有晋代谢朓的“读书处”，谢山有诗咏叹曰：

---

① 《鲒埼亭诗集》卷十《度岭集·牂柯江上偶然作》。

② 《鲒埼亭诗集》卷三《五甲集·姚江赠同年施明府蘖斋》。

③ 《鲒埼亭集》卷六《偷儿弃馀集·宁守杜君过扬来询里社近状》。

④ 《鲒埼亭集外编》卷十五《桓溪旧宅碑文》。

⑤ 《宁守杜君过扬来询里社近状》。

诸谢遗踪遍浙东，钓矶琴屋不可数。大雷静水尤清奇，云是玄晖读书处。晴岚夹道泻瀑流，故应酿出惊人句。想见搔药问天时，瑶草仙葩助思趣。诸谢诗格各入神，玄晖俊逸尤独具。唐风亦自玄晖开，青莲低首拜白纻。①

唐代的房琯，由御史贬睦州司户参军，迁慈溪令，却赢得了甬上百姓的爱戴。谢山有次经过慈水的房太尉凫矶驿，曾赋诗歌颂道："吾乡慈湖中，太尉尝牵丝。清风江浦满，遗爱邮亭重。"在诗中，谢山并由杜甫的《悲陈陶》引出了"乃知古论人，原不掩醇疵"的感叹。② 王安石曾知鄞县，留下了"王文公祠"古迹。"至今去思留山中，斗门惠泽垂东谷。文公本负皋夔志，青苗误祖周国服。"谢山肯定王安石推行的青苗法"得人亦造福"，并指出："文公行之吾乡时，鄮山之民编尸祝。"③曾巩于熙宁中以度支员外郎守明州，他积极修城郭，治西湖（宁波城外的东钱湖）。为此，谢山认为"吾乡法应祀南丰，城郭湖山并有功。"④

自从南宋建都临安，"直把杭州作汴州"，大批来自中原的贵族显官和士夫文人侨居甬上。"当年湖上多朱门"⑤，"勾

① 《勾馀土音》卷一《大雷山静水洞谢玄晖读书处》。
② 参见《勾馀土音》卷一《慈水过房太尉凫矶驿》。
③ 以上引诗，均见《勾馀土音》卷三《王文公祠》。
④ 参见《勾馀土音》卷一《赋得南湖曾鲁公祠》。
⑤ 参见《勾馀土音》卷二《灊山先生信天缘堂》。

馀多公相”[1]。但是,这里也诞生了为数众多的儒学大家和学者、诗人;在后来的抗元斗争中,又涌现出一批忠义之士。最突出的一例是,鄞县的东皋(东城市井区),自晁景迁以降,杨简、楼昉、李巩、孙枝、史蒙卿等人皆曾寓居于此,而他们则分别宗陆象山、吕祖谦、杨简、陈亮和朱熹之学,故而谢山颇感自豪地说:“南宋儒林五派,俱萃于此,叹为盛哉!”[2]只要我们查一查《宋元学案》,以及李邺嗣所编纂的《甬上耆旧诗集》和全祖望续编的《续甬上耆旧诗集》,甬上的学者、诗人和志士仁人之多,简直令人惊讶。而谢山在《宋元学案》、《勾馀土音》和《续甬上耆旧诗集》等学术著作和诗文创作中,为历代甬上各方面精英的树碑立传和歌功颂德,可谓不遗余力。不言而喻,甬上的历代精英,对谢山的影响是多方面的,也是相当深远的。

谢山尝言:“吾乡远在海隅,隋、唐以前,儒林阙略。有宋奎娄告瑞,大儒之教偏天下。”[3]他又有诗赞曰:“元祐遗臣传硕学,咸淳故老重清门。”[4]元祐(1086—1094 年)北宋哲宗赵煦的年号,咸淳(1241—1253 年)是南宋理宗赵昀的年号。“元祐遗臣”和“咸淳故老”对甬上的影响(包括政治上和学术上)是十分巨大的。其中尤以“甬上四先生”(又曰“明州四先生”,指杨简、舒璘、袁燮和沈焕),以及王应麟和黄震最为著名,也最受谢山的景仰。在《宋元学案》和《四

① 参见《勾馀土音》卷二《泛舟小江湖,即赋湖上故迹及土物十首》。
② 参见《勾馀土音》卷三《芍庭招游城东即赋东皋》。
③ 《鲒埼亭集外编》卷十四《淳熙四先生祠堂碑文》。
④ 《勾馀土音》卷二《泛舟南湖即赋湖上故迹八首》。

先生祠堂碑文》等著作中，谢山纠正了《宋史》之讹，理清了四先生的学术渊源，并对“四明之学”作了精当的评论。至于“有元儒林世系，鲁斋（许衡）、白云（许谦）专主朱学，静修（刘因）颇祖康节，草庐（吴澄）兼主文安，其足以辅翼二许者，吾乡程敬叔兄弟（弟时叔）最淳。鲁斋得之江汉赵氏（赵复），白云得之仁山（金履祥），而敬叔兄弟得之静清史先生（史蒙卿）”。[①]而明初之甬上学统，谢山概括地介绍说：“吾乡之学朱、陆二派并行，而明初如桂王傅清溪、乌高士春风、向献县遵博，皆出宝峰赵氏（赵偕）之传，宗主慈湖（杨简）。”[②]

明末清初，“甬上当是时经史之学蔚然”[③]，崛起了一个以黄宗羲和万氏兄弟为代表的新的浙东学派。黄宗羲“自言生平师友皆在甬上”，并说：“甬上多光明俊伟之士，足为吾薪火之寄。”[④]而全祖望则无愧于传黄宗羲之学以及新的浙东学派薪火的“光明俊伟之士”中的佼佼者。从政治方面来说，甲申、乙酉之变后，南明的鲁王监国于浙东，甬上便成了当时江南抗清的重要基地。诚如谢山所指出的：“明季遗民，莫如甬上。”[⑤]“自东江建国，继以翁洲，又继以林门，吾乡志士如云。”[⑥]面对“鄞士尚节义”的历史事实，谢山深为感动地说：

① 参见《宋元学案》卷八十七《静清学案》附：谢山《静清书院记》。

② 参见《宋元学案》卷九十三《静明宝峰学案·文裕桂清溪先生彦良》后附录：谢山《横溪南山书院记》。

③ 参见《鲒埼亭集外编》卷二十六《永乐宁波府志题词》。

④ 参见《续甬上耆旧诗集》卷三十黄宗羲小传。

⑤ 参见《续甬上耆旧诗集》卷二十董守谕小传。

⑥ 参见《继甬上耆旧诗集》卷四十二高宇泰小传。

> 百年以来，诸公之死，或生，不必尽同，而其趋则一（按：指尚节义）。吾乡遂以成邹鲁之俗，其功大矣！是非世俗之所知也。此予之所以过草堂（按：指骆国挺的精舍——寒厓草堂），低徊留连不能自已也。①

甬上，全祖望的故乡，就是这样一个令人神往和启人反思的山川灵秀之地、“忠义之邦”②和学术之乡，又是一个资本主义生产关系萌芽最早，面向域外的沿海港口城市。谢山生于斯，长于斯，长期著书立说于斯，最后又逝世于斯。他无比热爱这勾馀的一片土，并熟谙它的历史和地理，民风和习俗。可以毫不夸张地说，谢山既深得甬上之“山川灵气”，又深受这个“醇风小邹鲁”的熏陶。他之所以成长为一代杰出的思想家，与甬上的山川之秀和风俗之醇，以及历代先贤的学统和文统，也有一定的关系，这是毋庸置疑的。

二、家 世 考

全祖望尝曰：“夫数典而忘祖，不可为也；扳援华胄而诬祖，尤不可为也。”③谢山对待家世和祖先，皆能作实事求是

① 《鲒埼亭集》卷三十《访寒厓草堂记》。

② 《鲒埼亭集外编》卷二十二《祭甲申之忠记》：“呜呼！桑海之交，吾乡死国者六十余人，遂为忠义之邦。”

③ 《鲒埼亭集外编》卷二十五《董氏重修族谱序》。

的记载，既不"数典而忘祖"，亦不"扳攀华胄而诬祖"，充分体现了一个史学家的风范。至于家世和祖先对全祖望的影响，也是多方面的、深远的。

> 吾家自西汉时出京兆(汉代京畿的行政区划名，属三辅之一，即今陕西省西安市以东至华县之地)，至东汉之季，已居钱塘(今浙江杭州市)。由是三国而六朝，史传可考。而唐、五代稍隐约，然皆居钱塘，非盩厔(汉武帝时置，属扶风。今作周至，属陕西省)。先侍御公始由钱塘迁甬上，其弟始由甬上居山阴，在太平兴国间。非随南渡，并非由钱塘竟迁会稽也。①
>
> 吾全氏出自周官泉府之后，以官为民，其后以同音通于全。……全氏之著名于旧史者，自东汉桂阳太守柔始，其子大司与钱塘侯琮，以勋伐起，孙吴尚主，于是江左戚里莫如吾家。②
>
> 吾家自侍御公居(桓)溪上，八百余年于此矣。社木与墓木森然相望，其自洞桥两岸而余下，皆吾家也。③

在这里，谢山对于全氏的远祖，特别是甬上这一支，作了简

---

① 《鲒埼亭集》卷三十四《辨吾家启东墓志世系与樊榭》。按：此文是谢山为纠正《宋史》的讹舛而作。

② 《鲒埼亭集外编》卷十四《桓溪全氏祠堂碑记》。

③ 《鲒埼亭集外编》卷二十一《鹊巢碶记》。

要而明确的介绍。文中提到的先侍御，即全权，字仲衡，是谢山的始祖。他于宋太平兴国年间(976—984 年)中进士，累官侍御史，知青州(今山东省益州县)。他奉其父(全大贤)始由钱塘迁居鄞县之桓溪。从此，“居溪上者，已八百年，孙枝骈盛，代出而有列于朝。”①

全家系南宋的两朝戚畹。理宗赵昀(1225—1264 年)之母慈宪太妃，度宗赵禥之妻仁安皇后、福王之妃芮夫人，皆出全氏山阴一支。理宗潜龙学于鄞时，曾访问外家戚属于桓溪之上。他即位之后，“推恩诸眷，溯源自鄞，大赍官爵。而吾桓溪诸祖，不欲攀外戚之宠，以邀恩泽，相约不出。有司高之，乃署其居旁之碶(qì，闸外出入之处)曰：‘鹊巢’以表焉。”②为此，当时城南之人，皆呼全家为“鹊巢全氏”。直到明代正德年间(1506—1521 年)所修家谱，仍然称之为《鹊巢全氏家谱》。对于先世的显贵，以及他们的高尚品性，谢山是引以为荣的。他曾指出：“我家固宋室之世戚也，三王四公重圭叠组，先太尉(全永坚，其父全璧，号泉翁)位在二府矣。”③在全祖望的时代，全家尚存有鹊巢坊故迹。谢山有咏《鹊巢坊》诗曰：

为笑黄须叟，宫门泣受笞。底须因女子，暂尔壮门楣。副马虽通籍，高人早见几。鹊巢表古渡，鸿

---

① 参见《鲒埼亭集外编》卷二十一《宝积庵记》。
② 参见《鲒埼亭集外编》卷十四《桓溪全氏祠堂碑记》。
③ 《鲒埼亭集》卷三十二《冬青议士祠祭议三与绍守杜君》。

羽落高逵。[①]

谢山在《先公墓石盖文》中，谈及其父的高、曾、祖父时这样说：

> 吾全氏自宋侍御公迁鄞，二十三传而至先公。五世祖讳元立，明掌翰林院学士，工部侍郎。高祖讳少微，和州(今属安徽省)同知。曾祖讳天授，知应山县(今属湖北省)。祖讳大和，国子监生。本生祖讳大程，以诸生徵。父讳吾骐，以布衣徵，今赠翰林院庶吉士。世德清白，为勾馀望。[②]

谢山的高祖全天授，知应山县，"文学渊奥，牵丝作吏，未报最遽卒。应山(天授)伯子讳大和，字介石，号他山，国子监生。叔子讳大程，字襄孙，号式公，府学生。他山府君无子，以式公府君为之后。"[③]全大和即谢山曾祖，明崇祯中以荐举入京，见时事日非，不求仕而归。三子俱卒，以弟大程之子吾骐为后，明清易代之际，大和、大程兄弟"以遗民尤相睦"。谢山的本生曾祖大程，鲁王监国时，曾参与庄元辰、钱肃乐等抗清幕府，官太常寺丞。事败，携子避地东钱湖之

① 《勾馀土音》卷三《吾家故迹十首》。《吾家故迹十首》分别以鹊桥坊、本心书院、义田局、魏笏亭、崇让里、归鹤庄、五桂堂、桃花隄、百尺西楼和思旧馆为题，每诗题后，均有详注，诗中洋溢着谢山对历代全氏先人高风亮节的怀念和敬仰。

② 《鲒埼亭集外编》卷八。

③ 参见董秉纯《全氏世谱》。

童嚣。高隐学叹曰:“谢皋羽弃子隐遁,终身不相闻问;郑所南则无子,未若全氏之骈聚也!”他是鄞县唯一的托于黄冠的残明遗老,康熙六年(1667年)病逝。①

“公自国变始为诗,然每年多不过十数首,少或一、二首,甚至竟岁不作一字。”全大程《薄社吟》一卷,不满百首,“从未尝出以示人”。其好友高隐学《薄社吟序》赞美全大程:“超然高蹈,随口而成,若不经意者。顾其行墨间,生趣迸出,方寸流露,……而关系旧史,自写生平,足以角立其间,则以其表忠里孝,无一语无所为,所不求工而自工也。……《薄社吟》一卷,因当长留天地间作空山千年哭声也夫!”②谢山编纂《续甬上耆旧诗集》,选录大程诗作十二首。现录一首,以尝鼎一脔。此诗系感其兄及从子而作,很可窥见大程的思想和心态。此诗题目犹如小序:《讹言日闻,心胆俱丧;而此间又有海上之祸,大索诸故家,犹子闲亦预焉。念先兄非堂先生以乙酉而不肯削发,野死,曾有挽诗,今佚去矣。闲也不愧其父,然门户之痛,何能自已,况重以天末之凶问乎》,诗曰:

> 世事已如此,吾曹合息机。独怜游落落,何处掩柴扉?故国遗老尽,衰门空照微(先兄晚号空照居士)。应怜汝痴叔,残喘亦几唏。

---

① 参见《鲒埼亭集》卷十四《明故兵部员外郎蘖庵高公墓石表》。《续甬上耆旧诗集》卷三录全大和《新笋二十韵》诗一首,并有小传。

② 以上引文,均见《续甬上耆旧诗集》卷二十四全大程小传。

李昭武尝谓："桑海之际，吾乡世家以报国自知。"谢山的曾祖大程和祖父吾骐，亦置身于"父子同荷戈行间者"的行列，故颇受时人的称颂。[①]

全吾骐，字聿青，一字北孔，大程长子。生于明崇祯已巳（二年，1629年）。据谢山的记载，"乙酉（1646年）六月，太常（大程）在钱、庄二公幕府，大父十七，从行。议赴都堂授官，力辞。已而事出，谢意仕进。"及吾骐侍父避地东钱湖，施公子宗玠、杜秀才懋俊、王评事家勤，以山寨应冯京第军。事泄，王评事走大程处，大程适外出，吾骐匿之，劝其伏处观变。事定，大程、吾骐父子从童嶴返城，"城居已为兵所踞，并藏书一无存者。太常悒悒以卒。大父东迁西徙，然不肯妄交一人，以是穷益甚。"[②]自丙戌（1646年）后，吾骐与"同里所往还者，只一二遗老"[③]。晚年，与陆春明、李昭武辈倡诗社于湖上之"不波航"楼，"日唱酬焉，望见之者，皆以为咸淳以上人也！"卒于康熙三十五年丙子（1696年），年六十八。[④] 著有《梓里诸忠传略》二卷、《听涛楼集》二卷，《方氏事略》。[⑤] 另外还有一部《乙丙之际存湖录》，记载乙酉、丙戌甬上时事颇详。[⑥]

---

① 以上引文，均见《续甬上耆旧诗集》卷六十三全吾骐小传转引李昭武《听涛楼集序》。

② 以上引文，均见《续甬上耆旧诗集》卷六十三全吾骐小传。

③ 参见《鲒埼亭集外编》卷二十二《尚书职方郎陈公墓碣铭》。

④ 参见《鲒埼亭集外编》卷八《先曾王父先王父神道阙铭》。

⑤ 参见《鲒埼亭集外编》卷八《先曾王父先王父神道阙铭》、光绪《鄞县志》"艺文"七、三。

⑥ 参见《鲒埼亭诗集》卷九《双韭山房夏课·五令君诗》之一原注。

全吾骐，“性至峻，子弟至前者不敢妄有言笑。终日危坐啸咏，或临风陨涕。”[①]为人耿直。尝把误国奸佞比作青蝇，深恶痛绝之。同里李文纯尝自叹曰：“昔人恨无知己，欲以青蝇为吊客。吾犹嫌其闹，未若枯竹顽石，相与赏心，风味殊不恶。”吾骐谐之曰：“青蝇岂仅嫌之而已也！”在列举了北都之青蝇，如周延儒、温体仁；南都之青蝇，如马士英、阮大铖；越都之青蝇，如谢三宾等人之后，全吾骐又指出：“是营营者乘时而化，不可方物。或为枭、为獍，或为鬼、为蜮，方当投畀豺虎，尚忧不食。而移床以远之，闭门以拒之耶！如吾戒庵（李文纯）者，犹忠厚之论焉。”[②]

全吾骐为“思旧馆八子”之一[③]，诗作以清苦不求人知，亦不多作，晚年手钞一卷，所存只百余首，余皆删之。谢山编纂《续甬上耆旧诗集》，录吾骐诗作四首，载卷六十三，现全录如下：

《乙酉三月十九日》

苍梧不返已经年，四海呼号泪正悬。谁向秦庭悲放虎，但同蜀道惨啼鹃。三年缟素同仇日，一代君臣望祭天。清帝已应诛国贼，钟山王气启周宣。（时贼已入陕，又贼走向楚。）

---

① 参见全吾骐小传。

② 参见《鲒埼亭集外编》卷二十五《耕石老人诗集序》。

③ 全吾骐尝筑“思旧馆”于管江，以纪念殉国的王石雁、施仲茂也。参见《吾家故迹十首·思旧馆》“原注”。

《南中故太子之难,事后或言为王之明也,感赋》:

成遂亦何苦,王郎空自痴。竟成悍师祸,莫解举朝疑。在昔抚军诏,足为灵武基。先皇如见用,半壁讵崩离。

果能成恢复,何必忌东宫。翕翕竟附会,纷纷难折衷。满朝已瓦解,万姓尚愚忠。辛苦孟津老,鬓眉一旦空。

《琅江赴至》

六狂生挽蛟关辔,六大营连闽海艌。南岳诸刘岂天废,厓山三相见凶终。可怜野死同硕甫,犹幸全归胜老熊。瓜里诸军如昨梦,想遗一个更堪恫。(谓彤庵先生)

《挽杨山碧》

一代有忠臣,盛哉三杨裔。元方难为兄,季方难为弟。更复雄其间,碧血孤山□。殄灭嗟无路,镜川泪涕涕。

“北空之诗,苍酸凉楚,写其心,写其照,宛在日前,故国之音铿然欲绝。”①从以上四首诗,不止可见全吾骐诗歌之风格

① 李昭武《听涛楼集序》。

特点，亦足窥测其于明清易代之际的思想和心态大概。忠于朱明王朝，仇恨农民义军，参与抗清斗争，可说是当日爱国遗民的共同之处。全吾骐亦不例外。大父的这种立场和思想，对全祖望的影响是显而易见的。

全吾骐有二子，长子书，字吟园，即谢山之父；次子馥，字子修。至于《续甬上耆旧诗集》卷二十陆符小传所说："先伯父仲友先生求得其残本而钞之"，"先生之集，先伯父所存者，皆甲申之前作"。这里的先伯父，并非谢山的亲伯父，当系高祖天授仲子之孙。蒋天枢先生《全谢山先生年谱》卷一，据此说谓"是先生尚有伯父，亦早卒"。这是不正确的。查谢山《先曾王父先王父神道阙铭》明确地指出，祖父有"子二，先君既仲父也"[①]。谢山的这位仲父，生于康熙六年(1667 年)，卒于雍正十二年(1734 年)。谢山父亲则生于康熙二年(1663 年)，卒于乾隆三年(1738 年)。

谢山祖母早逝，其父和仲父皆由祖父养育。谢山《双韭山房藏书记》曰："难定，先赠公授徒山中，稍稍以束修之入购书。其力未能购者，或手钞之。先君偕仲父之少也，先赠公即以钞书作字课。"[②]吟园从小随父周旋于诸遗民间，有关故国遗事轶闻所知甚夥。尝对谢山曰："吾年十五，随汝祖拜公(按：指都御史林时对)床下，自是常抠衣请益。每问及桑海诸公一事，必举数十种野史或文集以证之，其博如此。尝语野史之难信有二：'彭仲谋《流寇志》，伪错十五，出于传闻不审，是君子之过。邹南漪所作，则有心淆乱黑白，是小

① 文载《鲒埼亭集外编》卷八。

② 文载《鲒埼亭集外编》卷十七。

人之过。而《绥寇纪略》为流満所窜,深为可恨。'先公问曰:'然则公曷不著为一家,以存信史?'公笑而不答。盖是时方有所著而讳之。"[①]吟园"尝手葺《宋元甬上诗》十六卷,以补杲堂(李邺嗣)之阙,至数十家。命不肖曰:'吾所见书不能备,汝可随所见续之。'"[②]对于"甬上四先生"的业绩,吟园极为推重,有心发扬这些乡先贤之学。"尝欲置书院于鄞,以复当年肄业之盛,且以志(杨)文元发祥之地。"[③]吟园"性伉直,不设城府,与人言,洞示肝膈,胸中有不可,辄面折之。虽素憎其人,有善勿掩也。尤以尊祖尊宗为急。群姓中,或废弃先人之遗业,必力争之;败坏先人之遗教,必痛责之。不改,则疾之若仇,几不欲与相见"[④]。吟园精于考证,爱读史,常用历史上的人与事,对照现实生活,以教育谢山。谢山《陈卜年志》记载说:

> 先君尝曰:"吾读前史,心爱东西京人物,重然诺,判生死,朋友急难何其厚也。至唐已衰,以柳易播之事,仅而见之。今乃遇之卜年,虽然卜年以祭酒布衣死墉下,声名安得立,行将泯与无闻者等,其可伤矣!"予闻先君之言,为之凄然![⑤]

吟园以经术、诗词教授乡里,"竭束修所入,拮据参答,家日

---

① 参见《续甬上耆旧诗集》卷三十五林时对小传。

② 参见《鲒埼亭集外编》卷二十五《增补宋元甬上耆旧诗序》。

③ 参见《鲒埼亭集外编》卷十六《碧沚杨文元公书院记》。

④ 《鲒埼亭集外编》卷八《先公墓石盖文》。

⑤ 文载《鲒埼亭集》卷二十二。陈卜年,字坊世,鄞人。

益困”。“平日不轻著述，比其晚岁，始多作诗。至其考证吾家文献，则所学之精，可概见焉。”①谢山为“故国忠义”所作传记之文，有些就出于吟园之意。例如，谢山撰《天多老人墓志》，表彰杨秉紘，就是“先公之意”；文中的材料亦多为“先公所闻于老人者”。谢山所编纂的《续甬上耆旧诗集》，既是李邺嗣《甬上耆旧诗集》的续集，也是乃父《宋元甬上诗》的发展。

谢山母亲蒋氏，生于康熙十一年(1672年)，卒于乾隆四年(1739年)。她是封建时代典型的贤妻良母。谢山外祖父蒋芬，以祭酒有名诸生，早逝。时蒋氏二岁，其兄蒋拭之四岁，外祖母以女红抚养成人。② 蒋氏年十九，归吟园。谢山《先太孺人行述》曰：“予家自丧乱以来，久已消落。大父赠公老而多病，又丧大母，性素峻，不轻言笑。”③可是，对于这位媳妇却赞许备至，曾对吟园说：“新妇贤孝，天必昌汝后，以为报从。”蒋氏“阃政甚肃，古人所谓不识厅屏，不闻笑声者，盖允蹈之”④。谢山在补诸生后，“以学使者交河(今属河北省)王公(王兰生，雍正五年，以司业任提督浙江学政)之荐应赴都下，自以终鲜兄弟，力辞得请。次年(按：雍正七年，1729年)，以拔萃贡成均，再辞，不许。”其母对谢山说：“欧阳詹求有得而归，以为亲荣。夫但云有得，尚不过世俗之

---

① 参见《先公墓石盖文》。

② 参见《续甬上耆旧诗集》卷一三八蒋蓼厓小传。

③ 文载《鲒埼亭集外编》卷十一。

④ 《先太孺人引述》。

荣。倘能有得而又有闻焉,是则吾所望于汝也,其行矣!”[①]蒋氏工诗,但极少形之纸笔,认为“此非闺阁之急务”。谢山还特别指出,他母亲“性不佞佛,比丘无敢过吾门者。尝曰:‘我身后必不许作佛事。’九宗七族之中,亦有强悍不可使令者,独至太孺人之前,无不俯首愧屈,曰:此善人也。喜怒不形于色,虽僮仆未尝加以呵责。治家综理有法,故以十亩之田,充祭祀燕享之需而沛然,未尝有所诎”[②]。

父母之身教言教,对谢山的熏陶是至关重要的。尤需强调指出的是,父亲吟园的淡泊名利,甘于贫困的教书生涯,以及他的精于考索,爱读史书,谙熟明末遗民轶事遗闻,究心乡邦文献;母亲蒋氏的希望儿子“有得而又有闻”,以及她的“性不佞佛”等等,皆直接关系到谢山的思想、性格,人生道路和学术研究。

关于仲父全馥,谢山在《先府君石榔铭》[③]中有较详细的记载。“吾家自遭兵火,家业荡然。仲父少于吾父五岁,生未几时,而王母逝。其零丁孤苦,吾父时时述之。仲父年十八,即游京师,借砚田以糊口。然其为人豁达大度,虽在贫困中,于钱币视之不甚经意。其与人交,务归于厚,而每失之过。”全馥认为,“黄金身外之物,散尽可复来耳”,故同里亲旧至京者,照顾备至。雍正八年(1730 年),谢山入京,“仲父见之甚喜,急呼酒饮之。已而泣曰:‘汝父累书遗吾,吾岂不愿

① 《先太孺人行述》。按:欧阳詹,字行周,福建晋江人。唐贞元间,与韩愈、李观等联第,时称“龙虎榜”,与韩愈同为博士。他事父母孝。著有《欧阳行周集》。

② 《先太孺人行述》。

③ 文载《鲒埼亭集外编》卷八。

归。顾当日之远志，为何如，而今日尚小草乎！其待汝成进士，吾偕子而归耳！’”雍正十一年（1733 年），全馥长子殇，次年五月，病势沉笃，对着谢山叹曰：“汝之成进士必也，而吾不及见矣！”言罢，遂绝。

谢山之兄名祖谦，小字学郎。生而慧甚，舅父目为“圣童”。可惜六岁而殇。谢山《殇兄矿铭》曰：“兄之死十年，而予始生。予少时颇自负，藐视群儿。家君叱曰：‘汝兄如虎，使汝遇之，走且僵耳。’”①

谢山于雍正二年（1724 年，时年二十），娶同里城北的张氏为妻。张氏亦是位贤妻良母，谢山尝曰：“予以衣食奔走，一岁中在里门不及数旬。孺人力疾为堂上视菽水。家君子性严重，虽子弟不轻假词色，独见孺人辄一霁颜。”雍正六年（1728 年），谢山牙痛甚剧，张氏以谢山“性地伉直，恐不容于时，多因事相规劝”，笑曰：“是非雌黄人物之报耶！”谢山特赋长句一章解嘲，张氏和之。雍正十年（1732 年）春，张氏卧病床笫间，吟园以闱期近，促谢山北行应试。张氏愀然曰：“吾不幸病甚，然君舍朝夕之养以游京师，将以有得为亲荣。讵可以女子婴情也。行矣，无多言！”是年八月，张氏生女七日而死，终年仅三十有一。② 当时，谢山方试于礼部，后又将试于吏部。故而后来在《殇女埋铭》中，他痛心地说：“吾家秘吾妇之死，不以告予。但于家信中夸是女之慧。及予归而女死矣。予负吾妻，亦并负是女也。”③

---

① 文载《鲒埼亭集外编》卷八。

② 以上引文，均见《鲒埼亭集外编》卷八《张孺人神诰》。

③ 文载《鲒埼亭集外编》卷八。

雍正十三年(1735 年)春,谢山续娶曹氏于北京。[①] 曹氏,春台女,姓索佳士,满洲正黄旗人。春台,字锡祺,康熙五十二年(1713 年)进士,官至翰林院侍读学士。[②] 关于这位曹孺人,董秉承《全谢山年谱》不及族系,谢山文集中亦极少提及。在《先公墓石盖文》中,谢山提到了"不肖之续娶于京也,本谋迎养而不果。既归,妇曹氏以新产女留京"。《韭儿圹铭》[③]则记了有关韭儿,以及谢山和曹孺人的几个动人细节:

> 尝有问之者曰:"家中爱汝者谁也?得非曹孺人乎?"儿摇首曰:"非也。夫爱我者,非罢罢莫与归矣。""罢罢",关东人呼其父之称也。
>
> 予在岭外病几死,以书告曹孺人,儿为之旁皇流涕不可咽。及予归,儿见憔悴之状,强作笑语,而

① 《董谱》于雍正十二年谱,言谢山三十岁续娶曹氏于京师。《随园诗话》卷六,则云:"谢山年三十六,方娶满洲学士春台之女,愈年举一子。"蒋天枢《全谢山先生年谱》(以下简称《蒋谱》)据陈句山《紫竹山房集》(一)《答全谢山苦热诗》注,驳斥《董谱》,定谢山续娶曹氏在雍正十三年三十一岁,其说良是。袁枚之说殊有问题,杨宗羲《雪桥诗话》已驳之甚力。至愈年举子之说,则谢山服内生子也。按:乾隆三年十二月,谢山丁父忧,次年十二又丁母忧。查《鲒埼亭集外编》卷三十九,谢山有《请复服内生子律议》,由此可以断定,谢山绝不会服内生子。随园之言,殊不足据。(参见陈垣《全谢山联姻春氏》,载《陈垣史学论著选》,上海人民出版社 1981 年版。)又,《鲒埼亭集外编》卷十六,《与友人绝交书》系因友人丁父忧,服内生子,而与之绝交。这也可作为陈垣先生论证之补充证据。

② 参见铁保《熙朝雅颂集》。

③ 文载《鲒埼亭集》卷二十二。

私谓曹孺人曰:"爷不意至于此!"

曹孺人所生的这位韭儿,名昭德,字晁斋,后改名树德。生于乾隆八年(1743年)五月,二十年(1755年)三月殇,得年一十有三。[①]

全祖望尝感叹:"世俗日下,一辈亲姻相徵逐者,服食货见而已。稍进之,不过场屋举业之陋。求如前辈风味,不可复得!"[②]他之所以不遗余力地搜求甬上耆旧(包括全氏族人和亲朋)的文献,详叙他们的遗闻轶事,其目的之一,就在于弘扬"前辈风味",以矫正"世俗日下"之情状。基于同样的原因,谢山十分重视自己的家世。在《鲒埼亭集》内外编、《鲒埼亭诗集》、《勾馀土音》和《续甬上耆旧诗集》中,他撰写了许多有关家世和祖先的诗文杂记,从各个角度尽情地颂扬了"先人风格"。甬上全氏,虽并不显赫,却颇有特色,这样一个家族的家世,对谢山的影响是积极而多方面的。

《勾馀土音》中的《吾家故迹十首》,通过甬上全氏的十处故迹:鹊巢坊、本心书院、义田局、魏笏亭、崇让里、归鹤庄、五桂堂、桃花隄、百尺西楼和思旧馆,谢山对自南宋经元、明两代以迄清初,自远祖到大父的"先人风格",作了热情的讴歌。从诗作的题目和原注,到诗作的字里行间,无不洋溢着谢山的自豪感和光荣感。谢山还以"先人风格"谆谆

① 参见《鲒埼亭集》卷二十二《韭儿埋铭》。陈垣先生认为,谢山续娶曹氏后,逾年先举一女,丁忧五年后,即乾隆八年(1743年,谢山三十九岁)五月,又生子小韭。参见《陈垣史学论著选·全谢山联姻曹氏》。

② 《续甬上耆旧诗集》卷六十一周嗣升小传。

教育和勉励“宗人子弟”，他强调指出：

> 虽然府君而降，旧德绵绵。咸淳八徵士之高风，义田六宗老之笃行，本然、本心之理学，修斋、墨梅、渔隐之雅韵，侍郎之直声，官詹之清襟，非堂父子之奇节，先赠公之孤标，此门户之所凭也。宗人其果能守之而不坠耶！然则，其所当能触目而警心者，不独霜露之感已矣。吾但欲宗人子弟，其佳者足应秀才之选，其朴者亦不愧力田之科，勿蹈浇漓之习，勿沦苟贱之为，则虽不能大有光于初祖，而门户之羞，吾知免矣。不然，后人不振，先业之日零日落，以至于不得者，可无惧乎！①

谢山既以“先人风格”如此训勉“宗人子弟”，“先人风格”对其熏陶之大之深，当然可想而知了。

南宋的理宗和度宗时代，甬上全氏的“桓溪诸祖，不欲攀外戚之宠，以邀恩泽，相约不出”②，在全氏家族史上，一直传为美谈。谢山对于“桓溪诸祖”之不愿“因女子”而壮门楣的“高人风节”，更极尽歌颂之能事。③ 对于这件往古之事，谢山作为一位史学家，他的联想和对比，也是发人深思的。在《东浦全氏祠堂记》④中，谢山这样说：

---

① 《鲒埼亭集外编》卷二十一《宝积庵记》。

② 《鲒埼亭集外编》卷十四《桓溪全氏祠堂记》。

③ 参见《吾家故迹十首·鹊巢坊》。

④ 文载《鲒埼亭集外编》卷十四。

> 盖穆陵（按：指理宗赵昀）之得国，以吾全氏；而其亡国，以贾氏。相对而观，则戚畹之所关者可见矣！

“桓溪诸祖”不愿“攀外戚之宠”而受爵为官。可是，宋亡，他们却认为“先人虽未受宋官，然故宋戚也，义不可出”①。谢山的十四世族祖真志府君，入元“以赵宋之故，阖门耕读而已”。谢山指出“府君偕叔弟本心，并修慈湖之学，吾家之言学统者，当自府君始。又增置其先人所创义田，盖儒苑中躬行君子也”。真志府君之墓，到明嘉靖年间尚保存完好。墓志乃其弟颐孙所撰，虽“简质不甚详”，但“志文称大宋，不称大元。虽出于泰定四年（1327 年），而较之但记甲子者，其倔强不异矣”。② 为此，谢山不胜感慨地说：

> 呜呼，当其盛时，不肯援洽阳渭涘之宠（《诗·秦风·渭阳》：“我送舅氏，日至渭阳。”后因以“渭阳”表舅甥的情谊。）以博一官。及其亡也，戚戚于残山剩水，是非百世之师耶！③

“有明三百年，世宦之贫，未有如吾家者也。”个中原因，就在于明代甬上全氏的先世，没有“为墨吏而肥其家”。④ “有

---

① 参见《鲒埼亭集外编》卷二十一《桓溪全氏义田记》。

② 以上引文，均见《鲒埼亭集外编》卷八《先真志府君石盖文》。

③ 《桓溪全氏义田记》。

④ 参见《鲒埼亭集外编》卷二十一《响岩先生茔地脉记》。

明草昧初开，士争趋风云之会，而府君（按：指全整）独承先人之教，不乐仕进。”[1]嘉靖年间，严嵩专权，首辅夏言及杨继盛、沈铼诸忠相继被迫害而死。举朝冤之，而莫敢言。谢山的五世祖全元立（字汝德，号九山），嘉靖十四年（1535 年）进士，官翰林学士，工部侍郎。他面对严嵩的嚣张气焰，愤然曰：“使吾职台谏，当以言争；职廷尉，当以法争。吾职史，独董狐笔在耳，作告天下，极陈诸君子冤状。词义慷慨。”严嵩因此而极为忌恨全元立。[2] 谢山《吾家故迹十首》中的《魏笏亭》和《崇让里》，热情地歌颂了全元立的高风亮节。《魏笏亭》有注曰：“先侍郎在词馆，不肯为肃皇草青词，慈溪袁文荣愿代其任，侍郎改南京官，以便养母。”其诗云：

西内词臣贵，青词手板排。中流存一柱，敝屣薄三台。乡衮欣承乏，斑衣恋陟陔。至今牙笏在，玉气满蓬莱。[3]

诗中提到的“牙笏”，乃全元立的遗物。谢山尝撰《先侍郎笏铭》，联系史事大发宏论。[4]

全元立孙，文采风流的宫詹公，谢山对他极为心仪：“吾家先宫詹，湖上集群公。”[5]宫詹公全天叙，字伯典，万历十四年（1586 年）进士。尝创立“林泉雅会”，“其同事者周尚

① 参见《鲒埼亭集外编》卷十二《全修斋府君传》。

② 参见蒋学镛《甬上先贤传》。

③ 诗中的“乡衮”，指袁炜（文荣）。

④ 文载《鲒埼亭集外编》卷十五。

⑤ 参见《鲒埼亭诗集》卷一《勾馀唱和集 · 书带草堂》。

书、吴克禄、林佥事、陈宫允、丁中丞、周观察、黄比部、屠辰州、赵比部十人，辰州为社长”①。《吾家古迹十首》中的《五桂堂》和《桃花隄》，是谢山为纪念宫詹公而作的诗篇。

“吾家自天启以来，门户渐式微。”②式微的原因，仍然是由于全氏先人们坚守节操，不愿依附阉党。全天叙之次子大霦（字懋韬，后名大震，字二何，时人称为非堂先生。），“初入京，其上世门旧尚多，顾心非韩退之上书求售，不肯自通。长安米贵，始大困。吴尚书白、李尚书稽仲、江翰林柱北，皆力吹嘘之。于是，施相存梅招之东阁。是时，阉人方盛，相国依阿奉命而已。先生乃谓之曰：‘阁下当有以制权珰，而顾为权珰制乎！即令茶陵之于逆瑾，已不能使天下后世白其心迹，况未能耶！窃为阁下危之。’相国以是不喜，待之骤衰。先生谢曰：‘一介书生，阁下即麾而去之，非所怨也。’遂不复往。周御史昌晋、陈御史朝辅，皆待先生后，然先生以其附阉也，累斥之。于是连试顺天，皆不得售。已而，朝政一新，先生大喜，有《极陈时政疏》将投匦会，亦有不慊于中者。叹曰：‘尚未其时也！’拂衣南归，自是不复入京。”③全大霦不仅品性高尚，且工诗文。“宫詹长子舍人，才笔华绮，而先生更横厉。宫詹晚年尝抚先生叹曰：‘此奇儿也！吾家文章之寄，其在斯乎。’”所著《东皇集》散佚不传，“李杲堂辑其诗，仅得数十首。先公复加搜访，始得四卷。而古文无存

① 参见《鲒埼亭集》卷三十八《“林泉雅会”图石本跋》、《“林泉雅会”图跋二》、《林泉雅会图跋三》。

② 参见《鲒埼亭集外编》卷二十一《先休庵府君墓树记》。

③ 《鲒埼亭集外编》卷八《非堂先生墓碣铭》。

矣。"①

明清易代之际,甬上遗民或投身义军抗清,或抗节不仕。谢山尝曰:"丙戌(1646年)以后,甬东之人,远在天末,尚烦多士多方之训,成化最晚,其在世禄家子弟尤为甚焉。而吾全氏,一日弃诸生籍者二十四人。"②关于谢山的曾祖、祖父和父亲在清初坚持遗民气节的事迹,前文已有介绍。这里,再补充几位族中曾、祖父辈这方面的概况。

族祖全美闲(字吾卫,天叙之孙,大霦之子),"国难后,自以明室世臣,不仕异姓。集亲表巨室子弟为'弃繻社'。"族祖全美樟,以及谢山曾王父兄弟皆参加了此社。美闲"既承家学,又追随妇翁(陆文虎),以名节自励,高冠长剑,崂崂谔谔,虽一贫如洗,勿恤。国难既作,从戎江上,累授侍御监军,已而东归"③。顺治元年(1644年),鲁王监国至翁洲,美闲"为之治其扉缕(草鞋),则货宗伯遗居应之。自是只老屋两间,有时晨炊不给,先生画马自若。监国召之为枢曹,未赴,翁洲破而止"④。"时甬上多畸士",他们与美闲"相晨夕,终岁奔走山海间,思故国之灰"。康熙元年(1662年)除夕,刊章名捕,诸畸士皆预焉。次年,关禁省狱中。五月八日,闻将庭讯,"侍御(美闲)仰天叹曰:'吾不可辱!'是夕暴卒。"非堂先生善书,以余技作绘事。美闲之书亚于乃父,而画马独入神品。"侍御画马,其蓝本实出松雪(赵孟頫)之遗,至

① 《非堂先生墓碣铭》。
② 《先曾王父先王父神道阙铭》。
③ 参见《鲒埼亭集外编》卷二十一《先侍御画马记》。
④ 参见《鲒埼亭集外编》卷八《族祖苇翁先生墓志》。

是讳之。或有不知而及诸，则叱曰：'吾所师者，宋遗民龚圣予父子之马也。尔既不知，其莫视吾画。'"①谢山《吾家故迹十首》之《百尺西楼》②，赞美美闲曰：

> 端公画马处，湖海气英英。恨绝鸥波叟，觍焉燕市行。别传神骏骨，长作不平鸣。毅魄还难泯，登楼百感生。③

族祖全美樟（字木千，晚年别署穆翁），"先宫詹之孙，而舍人公之次子也。先宫詹公家贫甚，舍人之后，棺衾俱竭力而后备。故先生虽世胄，萧然如儒素。独与兄弟讲求佐王之学，尤以名节自励。熟于史，三汉、南北朝、两唐纪传，背诵如流。"张苍水"为诸生，放诞不羁，呼卢狂聚，穷昼极暮。自其父兄，以至师友，皆拒之"。独美樟一见曰：'斯异人也。'乃尽卖负郭田三百金，为偿其负，而劝以折节改行。"后来，张苍水成为抗清名将，美樟亦参与了甬上的抗清活动，张苍水并以女妻其仲子。张苍水"累蹶累起，崛强山海，遂为大朝所指目"。为了免于风波，早已"幅巾归里"的美樟便"托目盲，掩关寂坐，言笑俱绝"。临终书末命曰："吾未得为苍水延一线，汝曹当世奉其祀。"对于全美樟与张苍水的这段交

---

① 以上引文，均见《鲒埼亭集外编》卷二十一《先侍御画马记》。

② 美闲著有《百尺西楼集》已佚。"百尺西楼"，乃美闲画马之处。见谢山《百尺西楼》原注。

③ 鸥波叟，系赵孟頫别字，他是赵太祖子秦王德芳之后。但入元，以程钜夫荐，官刑部主事，累官至翰林学士承旨。龚圣予（开）则是位有气节的南宋遗民画家。

往，谢山深为感动地评曰：

> 呜呼！太白之识汾阳(郭子仪)，其与先生之识督师，皆出于风尘物色之外。一则为中兴之元老，一则为穷岛之孤臣，成败不同，而其无愧为天地间伟人，一也。[①]

族叔全美楠，亦天叙之孙。“风节极高，于书无所不读。乱后杜门，以穷愁终。”他有咏新竹诗曰：“但须留取千寻质，防备蛟龙一夜生。”[②]从此诗亦可见其风节之高矣。

自南宋以降，甬上一直是闻名全国的学术之乡。作为甬上的名族，全氏的学统和文统亦可谓源远而流长。谢山认为，“吾家之学统者，当自(真志)府君始。”真志府君乃谢山的十四世族祖，生活于元后期。他与族弟本心并修慈湖之学。[③]《吾家故迹十首·本心书院》原注曰：“先征士菽和公(全汝梅)有子四人(鼎孙、谦孙、晋孙和颐孙)，皆命从陈侍郎和仲(陈埙)传慈湖之学，建书院曰本心。”“德祐(1275—1276年)以刑部侍郎召，不赴，卒。”明初，族祖全整(修斋)，“少受业于族父本然、本心二先生，修明慈湖之学，而受诗于丁鹤年之门。其所传习，远有渊源。”[④]五世祖元立，则推崇

① 以上引文参见《鲒埼亭集外编》卷八《穆翁全先生墓志》，《续甬上耆旧诗集》卷六十五全美樟小传。

② 参见《续甬上耆旧诗集》卷六十八全美楠小传，《新竹》诗亦载此卷。

③ 参见《鲒埼亭集外编》卷八《先真志府君墓石盖文》。

④ 参见《鲒埼亭集外编》卷十二《全修斋府君传》。

习庵、厚斋和东发之学，尝欲购三先生书院为讲学之地。[①]

甬上全氏的先人们，“皆以潜德自励”，“重不言而躬行”。因此，他们那些被人引为美谈和佳话的事迹，不常见诸文献记载。为此，谢山不无感慨[②]，并曾就此事询问过他的父亲，其父回答曰：

> 盖尝闻之上世，斯民之直道久已泯矣，志乘之著录大率以禄位声势为主，非是者勿预也。本然先生尝读《延祐志》而叹曰：“袁氏虽贤者，其徇私曲笔一至于此（按：此指袁桷著作中篡改其父宋亡仕元之真相），何况其余。”因戒后世子孙不必求人作传。[③]

甬上全氏，自南宋直到清初，诗书之泽未艾，又是个富有文学传统的世族。

“予家先世，文词之学实自义田宗老六公发之，其时正及接楼、王诸叟之风采。至今取所传家集读之，虽所造深浅不同，然莫不循循有前辈师法。”[④]全家先世以诗人著者泉翁，“当南宋之亡，谢皋羽、戴剡源与相唱和，今世所传《月泉社

① 参见《鲒埼亭诗集》卷二《虬骨集·寒食前十日，展先司空公墓，夜宿山庄》。

② 参见《鲒埼亭集外编》卷二十五《重修桓溪全氏宗谱序》。

③ 《重修桓溪全氏宗谱序》。

④ 《鲒埼亭集外编》卷十五《桓溪旧宅碑文》。《吾家故迹十首·义田局》“原注”云：“族祖本然、本初、本心三先生，创义田，其少弟真志先生成之至正中，中书行下达鲁花赤给以官谍。”

吟诗》载其诗。”①这位“以诗鸣，当‘月泉社’巨子”②者，名璧，字君复，号泉翁，是谢山极为推崇的远祖，有诗赞曰：“我家旧吟社，近在孤山前。”③明洪武、永乐之间，族祖全整（修斋），“固鄞产，以别业在剡源（剡溪是曹娥江的上游，北流入上虞，在浙江嵊县南），与奉化以诗鸣者陈孟雍、楼穆中、陈协和、王汝贤、陈元则、徐瑾、戴汝舟唱和不迭，时称‘剡源八杰’。”“是时，吾家在鄞之桓溪，诗人极盛，皆欲府君归鄞。本然先生之子玉翁以诗招之，有‘商皓芝中非固蒂，陶潜菊畔可安居’之句。府君答之有曰：‘万闲广厦深蒙庇，半亩林泉更卜居。’盖犹未定归也。洪武乙丑（十八年，1385 年），府君始归桓溪，而往来唱和于剡源不绝。永乐初，征修《永乐大典》，府君辞不就。年八十始卒。所著有《三石山房集》四卷，世远无存。予从家乘中求之得数首而已。丹山赤水之田园，已成榛林，未知单词只句尚有流落焉否也！”④

明初，全氏族中的著名诗人，尚有泉翁之孙行辈全斯立（一字同古生，号息耘叟）。“家钱塘，遭乱隐居不仕。”乾隆十七年（1752 年），谢山从杭人丁敬处觅得了淡娱生（“盖亦杭之隐君子，不知其姓氏。”）诗卷，“卷中自瞿宗吉而下凡十五人”，其中亦有息耘之诗。有一首直抒其性情，诗曰：

志凝知澹境，幽趣将自怡。珍重菜根旨，铢轻

---

① 《鲒埼亭集外编》卷三十六《族祖息耘先生诗卷跋》。

② 《鲒埼亭集外编》卷十四《东浦全氏祠堂碑文》。

③ 参见《鲒埼亭诗集》卷六《偷儿弃诗集·莈林劝予移居于杭，……》，“原注”云：“先泉翁结‘孤山社’，寓居城东。”

④ 参见《全修斋府君传》。

世味兹。酌泉有余乐，煮石从取奇。衣飧聊自适，安公复奚疑。[1]

至于谢山的曾祖大程、祖父吾骐，亦均为甬上著名的遗民诗人，在上文中已有介绍。需要指出的是，他们诗作的题目、内容和风格，尤其是“关于旧史，自写生平”，具有鲜明的纪事性和文献性这个特点，对谢山的诗学观和诗歌创作有着极为明显的影响。[2]

三、生平考

全祖望终年五十一岁，生活于康熙朝十八年，雍正朝十三年，乾隆朝二十年，正当“康乾盛世”。谢山尝言：“今吾辈生逢太平之世，书淫墨癖是处留连，胸中了无一事，为江湖幸民。论人虽甚愧，论其时与地，则不可不私相庆也。”谢山怀抱“经世志”，但不得已“竟逃虚”，故有“佐王经术归农圃，逐世名声餍顾厨”之叹。[3] 因此，“江湖幸民”云云，显然带有自嘲的意味。不过，谢山“生逢太平之世”，这是无可置疑的，也是他所衷心庆幸和歌颂的。

纵观谢山的一生，大致可以分为四个时期。二十五岁之前，是他读书甬上，怀抱经世大志时期；从二十六岁到三十

① 以上引文，均见《族祖息耘先生诗卷跋》。

② 详见本书第八章。

③ 参见《鲒埼亭诗集》卷七《漫兴初集·董四梅圃写〈入山图〉索赋》。

三岁，是他“薄游京洛”[①]，饱尝人生艰辛时期；三十四岁到四十四岁，是他“家居十载”[②]，潜心学术研究时期；四十五岁到五十一岁，是他“衣食奔走”[③]，二任书院山长时期。蒋天枢《全谢山先生年谱序》[④]，亦分谢山生平为四期。笔者的分期，后两个时期与蒋先生是一致的；前两个时期，时间的划分则与蒋先生稍有不同。

（一）读书甬上，怀抱经世大志时期

从康熙四十四年（1705 年）出世，到雍正七年（1729 年）二十五岁，这是谢山读书甬上，怀抱经世大志的时期。

谢山诞生于宁波城内月湖西岸的白坛里，这是明万历年间，进士及第，官至宫詹的全天叙的故宅。“五桂堂前桂，云光五色寒。”“五桂堂”三字，乃万历皇帝朱翊钧的宸翰。诞生于这样一个富有纪念意义的故宅，不能不激起谢山有关家世和先人的美好回忆。[⑤]

关于谢山的出生，当年曾有两则传说不胫而走，颇耐人

---

① 谢山有“薄游京洛十年”之语，参见《续甬上耆旧诗集》卷四十七李文缵小传。

② 《鲒埼亭诗集》卷五《吴船集》有首诗，题为《家居十载，故人诮让蝟集……》。

③ 语见《先公墓石盖文》。

④ 《全谢山先生年谱》商务印书馆 1930 年版。以下简称《蒋谱》。

⑤ 《吾家故迹十首·五桂堂》（原注：先宫詹“五桂堂”，以奉宸翰；“菘窗”则燕居之室也）：“五桂堂前桂，云光五色寒。恩多从鹤禁，画尚记龙翰。锦里图书散，菘窗竹石残。凤毛零落在，珍重世纶看。”

寻味。

董秉纯《全谢山年谱》康熙四十四年谱曰：

> 先生有兄祖谦，慧甚。六岁而殇，太夫人哭之哀。忽张目曰："勿哀！吾当再补之。"后十年，先生生，亦慧甚，故小字曰补。又有传先生为钱忠介公（肃乐）转生者，其详未之闻。

对此"妄附会"之说，谢山"一笑妄应之"而已。可是，三十九后，谢山得子昭德，"方举，忠介后人芍庭先生入贺。先生曰：'何知之神也？'芍庭曰：'夜来寒家影堂中不知何人扬言曰：谢山得子，可喜，可喜！故来讯耳。'"[①]前后相隔三十九年的奇事异闻联系起来，生平不佞佛，不迷信的谢山也有点儿困惑了。其《五月十三日举子》之二云：

> 释子论轮回，闻之辄加嗔。有客妄附会，谓我具宿根。琅江老督相，于我乃前身。一笑妄应之，燕说漫云云。昨闻正气堂，预告将雏辰。在我终勿信，传之颇惊人。聊以充谈助，用语汤饼宾。（正气堂，即琅江堂名。）[②]

琅江老督相，指钱肃乐。钱肃乐，字虞孙，一字希声，学者称止亭先生，鄞县芍药沚人。顺治二年（1645 年）闰六月，钱

---

① 参见《董谱》康熙四十四年谱。

② 诗载《鲒埼亭诗集》卷二《虬骨集》。

肃乐起兵鄞县抗清。后辅佐鲁王监国，官至兵部尚书兼东阁大学士。顺治四年（1647 年），卒于福建琅江（琅江岛在福建闽侯县东海中），赠太保吏部尚书，谥忠介。在清初浙、闽抗清斗争中，钱肃乐父子、兄弟、翁婿相继死国，成为名闻甬上的忠义之家。钱肃乐著有《正气堂集》、《越中集》、《南征集》等，乱后存者十之五，谢山曾编次为二十卷。钱肃乐死后九十五年，年已七十的侄孙濬恭欲为钱肃乐修墓，谢山为之撰《明故兵部尚书兼东阁大学士赠太保吏部尚书谥忠介钱公神道第二碑铭》①。

甬上全氏与钱氏原是世交，谢山的曾祖父和祖、父辈，又曾参加过钱肃乐的抗清义军。谢山从小接触明代遗民，深受其民族思想的熏陶。在谢山的心目中，钱忠介公是一位堪与张苍水相提并论的"故国忠义"典范。上述有关谢山乃"忠介公转生者"；谢山得子，钱宅正气堂中发出贺喜之声的传说，就是在这样的背景下产生和流传的。实际上，这两则有关谢山与钱肃乐的无稽之谈，无非告诉人们，自谢山呱呱坠地，与明清易代之际坚持抗清斗争的甬上"故国忠义"，已经结下了不解之缘。而这种不解之缘，影响到谢山的一生遭际，以及他的学术研究和诗文创作。

从四岁直到十三岁（康熙五十六年，1717 年），谢山一直由父亲吟园公授读。四岁，吟园"亲课之，粗解章句"；八岁，"于治经外，援以《通鉴》、《通考》诸书。"②父亲如"有事，

① 文载《鲒埼亭集》卷七。
② 参见《先公墓石盖文》。

则太孺人摄讲席”[①]。“秋社过楼外，极管弦灯火之盛，不一顾也。”[②]吟园对谢山的“亲课”，既严格，又富有启发性。由于清初逃难，家中藏书大量散佚。故而谢山方能举楮墨，父亲即课以钞书，并教导说：“凡钞书者必不能以书名，吾家自先侍郎以来无不能书，而今以钞书荒疏废业矣。”[③]谢山从小对儒家经典，不止能认真钻研，还善于独立思考，提出自己的见解。在《与友人绝交书》中，谢山曾谈到这样一件事：

某少时从家君受《礼记·正义》，至“原壤之母死，登木而歌。孔子若为勿闻也者而过之。曰：亲者无失其为亲也，故者无失其为故也。”即愤然请曰：“是非夫子之言也，所贵乎圣贤者，植天经，扶地义，曾有彼自忘其父母，而我尚念故旧之谊者，是非夫子之言也。”家君曰：“善哉，孺子之问也。《檀弓》多诬圣，先儒言之详矣，顾于此条未有及者。但即以为圣人果有此，则不磷不淄，唯圣人乃可。若圣人之博大，而自流于比匪之伤，此断不可者，孺子志之。”[④]

谢山少时涉猎广泛，对地理和历史尤感兴趣，且颇有雄心壮志。“因念少时读深宁《四明七观》，其于经学首推先生

① 参见《太孺人行状》。
② 参见《董谱》康熙四十七年谱。
③ 参见《双韭山房藏书记》。
④ 文载《鲒埼亭集外编》卷四十六。

(按:指曹粹中)之诗。”[1]谢山“少时就父师受《春秋》,亦颇留心地理”[2];“读《宋史》,叹其自建炎南迁,荒谬满纸”[3],于是便“有志于改正《宋史》”[4],且“曾以各史所书鄂王时奇零未尽,欲取新旧《宋史》两编,及南宋诸稗乘,合之《金陀粹编》,考索一过”[5]。

康熙五十七年(1718年),谢山年十四,为诸生。有三件事需要特别指出的:

其一,谢山自述:“予年十四为诸生,谒先司空宗伯公于祀,见三宾主,愤甚,击之不碎,投之泮水。并故提督张杰之主,亦投之。”[6]按:谢三宾,鄞县人,天启五年(1625年)进士,累官至太朴少卿。明清易代之际,投降清朝,屡次出卖同乡抗清志士,作恶多端,为人所不齿。谢山诗文中,多次提及此人。因恶其人,不欲显其称,故常隐之为夫己氏[7]。张杰,原为张苍水故将,后降清,并以计执张苍水杀之。谢山十四岁时,对谢三宾、张杰之流的民族败类深恶痛绝,这决非偶然。而二十六年之后,他对自己当年的行动,视为“少年意气所激”[8]。其实,这正充分说明了少年时代的谢山,

① 参见《鲒埼亭集外编》卷二十三《曹放斋诗说序》。

② 《鲒埼亭集外编》卷四十一《奉慈溪冯明远先生论燕虢封国书》。

③ 参见《鲒埼亭集外编》卷四十三《答临川先生问汤氏〈宋史〉帖子》。

④ 参见《宋元学案》卷六十一《徐陈诸儒学案》“宏父门人”丁敞文小传后谢山按语。

⑤ 《鲒埼亭集外编》卷四十三《答陈时夏先生论鄂忠武王从祀帖》。

⑥ 《鲒埼亭集外编》卷三十《钱忠介公崇祀录跋》。

⑦ 夫己氏典出《左传·文公十四年》:“齐公子元不顺懿公之为政也,终不曰公,曰夫己氏。”

⑧ 参见《钱忠介公崇祀录跋》。

其心已经与“故国忠义”相通了。《燕下乡脞录》的作者，曾感慨地说：“乳虎初生，已具食牛之气，信然！”

其二，谢山从小体弱多羸疾，“十四补县学生，穷《周礼》田赋之数，积算累日夜，遂病。父友万经谓之曰：‘子年尚少，能徐通诸家之疏解，何患不能了然。’其舅蒋拭之亦谓曰：‘治经不止经生家言，吾尝亲承何义门之说矣。如《周易》中象数纬候诸家，皆分得其一支，经生以为支离黜之，实自文其陋耳。《三礼》则当参以史传，然后知古今异同，及因时损益之故。其余文集说部一二独得之语，转为说经家之所未及。皆当在所酌取。吾老矣，姑述所闻以待子之深造自得。’”舅父的这番教导，激起了谢山更旺盛的求知欲，从此读书求学，“益务广览”。[①]

其三，谢山为诸生之后，便结束了父亲“亲课”的学习方式，受业于里中董正国先生，读书“三馀草堂”。“三馀草堂”环境优美，琴棋书画齐全：“草堂带湖渍，地僻绕梧柳。修竹荫其东，清渠映其后。中安右图书，琴棋列左右。”[②]老师董正国，字次欧，一字南冈。诸生。著有《弃馀集》。康熙六十年（1721 年）贡生。其祖父非能先生“于国难后，父子兄弟互以遗民之节相束修”[③]。董正国少学诗于世父之门，尤工古文，精小学。诗学杜，文学韩。“其治经之所长，尤在六书。盖成于苦心孤诣，深造自得，而非世俗之学也。”生平著

---

① 以上引文，均见乾隆《鄞县志·人物传》。转引自《蒋谱》康熙五十七年谱。

② 董正国《杂咏》，转引自《蒋谱》康熙五十七年谱。

③ 参见《鲒埼亭集外编》卷二十一《董次欧先生墓版文》。

述最秘，不肯轻以示人。“性严，生徒不敢妄有所白。”谢山回忆当年情况，尝言：“少无羁检，酒后放言，四出多见罪于长者。先生最持崖岸，然予辄妄前争论经史，先生独优容之。曰：‘吾门俊人也。惜予老矣，不及见其大成也！’”[①]谢山编纂《续甬上耆旧诗集》，录董正国诗十八首。这是当年同学张宁示趁先生外出，私启其箧窃钞之作。其中有两首七绝，题为《三馀草堂读书，同张韫山、紫渔山颠倒和万西郭韵》，颇能窥见这位董老夫子的思想和心态：

读书愧未穷经五，处世惭无缄口三。何似闭门消永日，时时著论学□谭。

老我生涯四十三，封侯无骨亦空谈。差能免俗贫无怨，惟有宜家乐且耽。

令人颇感兴趣的是，二三十年之后，谢山授徒之时，在他的笔下，也出现了与乃师相似的咏怀诗：

十年未得去矜心，把卷谁为上蔡箴。亦有差强人意处，硁硁不作导谀音。[②]

少而学道老无成，忽忽浮湛度我生。岂有朝簪还入梦，每于时事尚关情。[③]

---

① 以上引文，均见《董次欧先生墓版文》，《续甬上耆旧诗集》卷一二五董正国小传。

② 《鲒埼亭诗集》卷八《西笑集·偶示诸生》。

③ 《鲒埼亭诗集》卷七《漫兴二集·双韭山房夜话示董生秉缊秉纯兄弟》。

从谢山十六岁到二十一岁(康熙五十九年到雍正三年,1720—1725年),这五年之内,有几件事对谢山的一生至关重要。

首先,谢山十六岁(康熙五十九年,1720年)那年,族母张孺人——张苍水之女(其夫是全美樟之子),从避居地黄岩来到鄞县展墓。谢山久闻张苍水的大名,对这位"义帜纵横二十年",高唱"忠贞自是孤臣事,敢望千秋信史传"[①]的故臣忠烈,万分敬仰。于是,他便向族母张孺人询问有关张苍水当年的抗清事迹,并将万九沙处访得的张苍水遗像,请族母鉴定其真伪。张孺人"是年八十矣,牙齿俱脱,悬像于旁,南南然且泣且语,每语又於邑。闻者皆泣下,而督师之须眉亦浮动纸上"[②]。谢山根据张苍水集中诸事迹,合之野史所记,并得族母之所传者,精心撰写了《明故权兵部尚书兼翰林院侍讲学士鄞张公神道碑铭》。[③] 在此文和《张督师画像记》中,谢山详尽地记叙了张苍水的抗清业绩,并纠正了某些记载(包括黄宗羲、吴农祥等人的著述)中的疏漏和舛误。[④] 后来在《续甬上耆旧诗集》中,谢山还选录了张苍水的十一首诗。张苍水殉难于康熙三年(1664年)[⑤],谢山在《张公神道碑铭》中不胜感慨地说:

---

① 参见《续甬上耆旧诗集》卷十二《八月辞故里二首》。

② 参见《鲒埼亭集外编》卷十九《张督师画像记》。

③ 文载《鲒埼亭集》卷九。

④ 参见《张公神道碑铭》,及文后所附《旧寄万编修九沙札》。

⑤ 张苍水殉难于九月初七,故其《绝命词》曰:"我年四十五,复逢九月七。大厦已不支,成仁万事毕。"

吾乡死事诸公，公为最后，亦最伟。然世人但知诗公之忠诚，而予更服公之经略。

顺便提一下，谢山之父十分崇拜张苍水，曾“遗命以公祀事为属”。为此，谢山每岁均要约同人为张苍水设祭，所谓“香火敢望先子命，殷勤鸡黍展微忱”①。

其次，五年之内，谢山四赴杭城，有失更有得。谢山十六岁应乡试，首次到杭州，虽未中试，但结识了正考官李绂。后来李绂与谢山过从甚密，他在为人和治学等方面，均对谢山有着不可低估的影响。② 另外，这次在杭州，谢山还以古文谒著名诗文家查慎行。查慎行见之十分高兴，谓万九沙曰：“此刘元父之俦也。”③谢山十八岁时，再次到杭州，结交了当地的“诸才彦”。其中厉鹗、杭世骏、赵谷林和意林兄弟、姚薏田等人，后来与谢山的友情相当深厚。谢山十九岁时，第三次出游杭州时，即寓居赵氏兄弟的“二林吟屋”，读书吟诗，与赵氏兄弟共赋《南宋杂事诗》，相得甚欢。谢山二十岁，第四次赴杭，馆湖上，曾与厉鹗专程去瞻仰了张苍水之墓。

再次，谢山少年时代，即“惓惓忠烈遗事”，从他二十一岁起，便正式开始了搜求乡邦文献，从事“故国遗事”的撰著。是年，谢山授徒于童嶴，就在这个当年曾祖和祖父避乱

---

① 《鲒埼亭诗集》卷二《虬骨集·予约同人每岁为苍水先生设祭，今年将有渡江之行，先期举之〈初七日〉》。

② 详见后文《交游考》和第三章。

③ 参见《鲒埼亭集外编》卷六十《翰林院编修查初白先生墓表》。

之地，他益考旧闻，完成了第一部著作《沧田录》。① 从此，此项工作成了谢山学术研究的重要方面，终其一生。

为了侍养年老的双亲，谢山二十三岁和二十四岁时，曾两次辞谢了浙江提刑按察司副使孙诏、浙江学政王兰生的荐举。但在二十五岁时，王兰生又以谢山充选贡，于是谢山便准备北上应试。

综观谢山一生的第一个时期的经历，已经可以看出，青少年时代的谢山，便显示出了自己独特的个性和爱好。他读书务求广泛，尤好历史和地理；由于明清易代之际甬上"故国忠义"抗清事迹的感召，以及家世的影响，特别是祖、父辈的身教言传，究心于乡邦文献的搜求，以及"故国忠义"的表彰，便成了谢山"经世志"的重要内容。

（二）"薄游京洛"，饱尝人生艰辛时期

从雍正八年(1730 年)，二十六岁，到乾隆二年(1737 年)，三十二岁，这是谢山"薄游京洛"，饱尝人生艰辛的时期。谢山尝有"薄游京洛十年"之说，这只是取其成数而已。实际上，谢山自二十六岁入京应试，到三十三岁"左降出都"，在北京只生活了七年有余。②

雍正八年(1730 年)春，谢山带着母亲"有得而又有闻"的期望，离家北上。"期君得意后，重著未完书。"这是

---

① 《鲒埼亭集外编》卷四十四《奉万西郭问魏白衣〈息贤堂集〉书》，曾提到《沧田录》。

② 雍正九年(1731 年)，谢山南下省亲，次年四月，又遵父命北上。

"无日不聚首"的忘年交陈时夏的临别赠言。[1] 它既表达了老友的殷殷期待，也反映了谢山对于著书立说的执着。在去北京的旅途上，有赏心乐事，亦已初步尝到了"薄游"的艰辛。四月，在扬州，巧遇厉鹗。"故人四明客，含香识名字。太学待何蕃，少年推贾谊。""人生赴功名，时尔偶然遂"，"惟愿追前修，远辔从此始"，这是厉鹗送谢山入京应试的祝愿。[2] 大概由于厉鹗的绍介，谢山结识了马曰琯、马曰璐兄弟。马氏兄弟，既雅好文史，又广有钱财，后来谢山与他俩情谊日深。藏书丰富的马家的"畬经堂"，也便成了谢山读书撰著的好地方。

谢山从小爱书成癖，此次北上，也"携书二万卷，兼车载之"。行次山东，盘缠告尽。当时在山东按察使做幕僚的族人设宴招待谢山，转告主人之意，要谢山"旦投一门下刺，佽助当不资"。但是，谢山"辍著而起，取衣付质库，给车值而行"[3]。谢山个性之耿直，由此可见一斑。

"薄游京洛"的这几年，在谢山的人生旅途上，占有极为重要的一页。

首先，谢山在北京的这几年，深得方苞、曹一士、李绂、杨名时等人的器重和赏识。这些都下名流，或惊讶谢山经学

① 参见《续甬上耆旧诗集》卷一三三陈常小传。陈时夏临别赠诗云："临去频回首，应怜我索居。春风阆苑上，落月屋梁初。轩举愈前辈，牢愁拚老渔。期君得意后，重著未完书。"

② 参见《樊榭山房集》卷六《四月十八日同人泛舟红桥，登平山堂，送全绍衣》。

③ 参见蒋樗庵《年谱附记》。

的造诣;[①]或对谢山的“读书细心”,精于“考难”,深表钦佩;[②]或称许谢山读书广博,而又不知满足;[③]或对谢山的文章“倾倒特甚”[④]。

雍正十年(1732年),谢山顺天乡试中式;次年春,试北闱不第。报罢,“束装欲归,前侍郎临川李公固留予,使之应词科。”[⑤]于是,谢山移寓李绂的紫藤轩,与李绂和万孺庐三人度过了两年多终生难忘的诗酒生涯。也就在这段时间里,谢山和李绂尽情地阅读和钞录了《永乐大典》中的珍本书籍,谢山开始了《水经注》的研究工作。

乾隆元年(1736年),诏开“明史馆”,谢山为书六通以移之,阐说了他对编纂《明史》的看法。他特别强调“生不讳之时,阐潜表微,于今为盛”,希望未来的《明史》,能如实地反映明清易代之际的历史,俾使忠义卓行、苦心亮节能表见于斑管。是年,谢山高中三甲三十六名进士,任翰林院庶吉士。旋又被荐应博学鸿词科。由于大学士张廷玉的“凡经保举而已成进士者,不必再与鸿博试”的特奏,谢山未能参加九月保和殿的鸿博试。对此,谢山深感遗憾,并对张廷

① 谢山两次上书方苞,一论殷周殡制,再论《丧礼或问》,方苞大异之。参见《鲒埼亭集外编》卷四十一《奉望溪先生论〈丧礼或问〉札子》。乾隆二年(1737年)四月,“泰陵配天礼”,谢山“成献大礼赋”,方苞赞曰:“笔力勿逮杜公,然语语本经术,典核矜重,则杜公微愧拉杂矣。”参见《董谱》乾隆二年谱。

② 参见《鲒埼亭诗集》卷八《西笑集·寄怀穆堂阁学》自注。

③ 参见《鲒埼亭集外编》卷十一《江阴杨文定公行述》。

④ 谢山举顺天乡试,“房考曹一士迳过寓斋,倾倒特甚。”参见《董谱》雍正十年谱。

⑤ 参见《鲒埼亭集》卷十八《翰林学士南昌万公碑铭》。

玉极为不满。结果，乾隆二年（1737 年），散馆，谢山被入下等，外补。[①] 谢山一怒之下，辞谢了方苞邀他入“三礼局”之荐，带着“左迁”、“罢官”的满腹愤懑，于十月出都返里。

由于青少年时代的苦读，各方面的功底扎实。“薄游京洛”时期，谢山就充分显示了他那非凡的学识和才华。谢山虽高中进士，春风得意，本想通过博学鸿词科试，大展其“有得而又有闻”的济世宏图。不料，因与李绂等人的知心交往，却遭到了张廷玉的忌恨和作梗，导致了“左迁出都”的下场。性格“疏放”、“疏慢”的谢山，面对现实，深觉奇耻大辱，从此便对出仕作宦再也不感兴趣了。[②] 应该说，“薄游京洛”时期，在谢山的一生中是个转折点。谢山上京应试，如果一帆风顺，无疑将在京城或外地为官作宦。这样，谢山后半生的经历、思想和学术研究，也就会出现另外一种情景了。

（三）“家居十载”，潜心学术研究时期

从乾隆三年（1737 年），三十四岁，到乾隆十二年（1747 年），四十三岁，这是谢山“家居十载”，潜心学术研究的时期。

谢山“左降出馆”[③]，于乾隆二年十二月回到家乡。从此“家居十载”，专心致志于著书立说。在这十年中，谢山的生

① 清代翰林院，每隔三年朝考一次。优等的就可以开坊，或去做各省的乡试主考官；劣等的，在散馆后，去做各省的州、县吏。

② 参见下文《关于全祖望生平的几个问题》。

③ 语见《鲒埼亭集外编》卷十七《双韭山房藏书记》。

活和心态又如何呢?

谢山有首诗,题为《家居十载,故人诮让蝟集。独彭侍郎芝庭曰:"吾观同馆诸公憔悴已极,安得如谢山春容自便。"不禁有感于其言》,诗云:

> 鲒埼亭下对苍蒹,读《易》忙时且下策。敢道玉堂无上客,不如渔父泽中黔。八砖笔札谁雄长,一研菑畲我薄餍。只为向来无远志,宁雌守黑更何嫌。

谢山离开"长安声利之场"时,虽然满腔愤懑,可是,随着时间的推移,他的兴趣和精力集中到了学术研究上面。"向来无远志"云云,并非真心话。但"家居十载",谢山确实"春容自便",生活虽清贫,但平静而充实;更令他欣慰的是,眼不见官场中的那些蝇营狗苟、勾心斗角的丑恶现象。当然,"家居十载",谢山并没有放弃自己的"远志",因为在经史的研究上,继承前辈的事业,作出自己的贡献,这本来就是谢山"远志"的一个重要方面。董秉纯《全谢山年谱》指出:"先生既归,侍庭闱有间,益广修枌社掌故,并桑海遗闻,著作日富。"①这个时期,确是谢山学术研究的大丰收时期,《宋元学案》的增补,《困学纪闻》的三笺,《续甬上耆旧诗集》的编纂,以及《鲒埼亭集》内外编中为数众多的文章,《鲒埼亭诗集》中的大量诗篇和《勾馀土音》等著述,皆完成于这个时期。

当然,说谢山"家居十载"时期"春容自便",这只是就

---

① 参见乾隆三年谱。

其总的情况而言。十年,毕竟并非转瞬即逝,何况谢山又“连遭荼苦”,身心备受折磨。

自京师南归,谢山便在“十二雷山”筑室,题名为“十二雷茶灶”。[①] 他“思为溪上田父,以充盛世之幸民”[②]。乾隆五年(1740年),始迁居青石桥胡氏“适可轩”,后所称“双韭山房”者也。乾隆七年(1742年)三月,谢山“服除,吏部催赴选。有司以为请,先生谓二丧并及,当服五十四月,今虽遵例除服,而心丧有未尽,辞之”[③]。从此可以清楚地看出,谢山对出仕为官已毫无兴趣,他已安于做“溪上田父”和“盛世幸民”了。

可是,“不如意事常八九,安得袖铁长在手。”[④]从前,谢山为了衣食奔走,也为了实现自已的“经世志”,不得不远离双亲。原想归里之后,略尽朝夕之养的孝道。孰料,返里第一年的十二月,老父病逝;次年十二月,慈母又卒。乾隆五年(1739年),与谢山同年中进士,又同被“左迁出都”的舅父蒋拭之亦作古。次年,忘年交万九沙又归道山。乾隆八年(1743年),忘年交郑性和惠士奇又先后仙逝;乾隆十二年(1747年),老友赵谷林亦病卒。“十年落拓湖海上,春明存殁百感增。”[⑤]家居时期,亲朋好友的陆续谢世,对于极重亲情和友谊的谢山来说,其打击并不亚于当年的“左降出馆”。

“自戊午(乾隆三年,1737年)、己未(乾隆四年,1738

① 参见《鲒埼亭集》卷三《十二雷茶灶赋序》。

② 参见《鲒埼亭集外编》卷十五《桓溪旧宅碑文》。

③ 参见《董谱》乾隆七年谱。

④ 《鲒埼亭诗集》卷七《漫兴集·明高邑赵忠毅公铁如意歌》。

⑤ 《鲒埼亭诗集》卷六《偷儿弃馀集·水木明瑟园古藤歌》。

年)接丁内外艰,至再近大祥,从不作吟咏。至是(按:乾隆六年,1740 年)始破戒,因题曰《祥琴集》以志过。"[1]在"破戒"作诗后,谢山自乾隆七年(1742 年)至十一年(1746 年),先后参与了鄞上的"真率社"、扬州的"韩江雅集"("嶰谷诗社")和杭州的"消寒之会"活动。与三地的友朋诗酒盛会,使谢山诗兴大发。谢山自谓:

> 予自京师归,连遭荼毒,未能为诗,除服而后,稍稍理旧也。与诸人有"真率社"之约,杯盘随意,浃旬数举。而有感于乡先辈之遗事缺失,多标其节目以为题。虽未能该备,然颇有补志乘之所未及者。[2]

《勾馀土音》(后删定为《勾馀唱和集》)六卷,就是谢山参与"真率社"活动的诗作结集。

谢山尝言:"予罢官以来,颇从事于枌社之诸先正金石之文。"[3]又说:"愚留心桑梓文献,久其为诸志所失者,已多以文章表之。"[4]第三个时期,谢山在搜讨和整理"故国遗音"和"甬上诸忠遗事"方面,付出了大量的精力和时间,也取得了丰硕的成果。

---

① 参见《董谱》乾隆六年谱。

② 《勾馀土音序》。

③ 《鲒埼亭集》卷二十二《钱芍庭诔》。

④ 《鲒埼亭集外编》卷四十七《奉寄万九沙编修论宁志补遗杂目》。

（四）“衣食奔走”，二任书院山长时期

从乾隆十三年（1737年），四十五岁，到乾隆二十年（1754年），五十一岁逝世，这是谢山“衣食奔走”，二任书院山长的时期。

“苦我堕地时，百疾相缠缪。”[①]谢山从小身体羸弱，长期以来，由于家贫又不能不为“衣食奔走”；加上几十年来紧张的埋头撰著生涯，谢山未老而先衰，健康状况愈来愈差。尽管“吾衰已冉冉，百忧感缠绵”[②]。在一生的最后八年里，衰老多病的谢山，仍然为衣食频频奔走于江、浙之间，甚至远去岭南。不过，谢山是个强者，他曾充满自信地说：“虽然穷达命也，枯菀时也，而吾曹之所以自立者，非命之所以能缚。”[③]正由于谢山具有这种不伏命的坚忍不拔精神，当年在北京，他没有向“当事者”屈服；“放废湖山”之后，他也不因贫病交迫而放弃自己崇高的事业。谢山毕生殚精竭虑，为“故国忠义”树碑立传，大鸣不平；为历代各方面的英杰树碑立传，大鸣不平。当然，他著书立说，也可说是为自己树碑立传，大鸣不平。谢山的这种强者精神，在他一生的最后几年，仍然表现得相当充分。

谢山续补的《宋元学案》，完稿于这个时期；“晚年精力

---

① 参见《鲒埼亭诗集》卷二《虬骨集·儿来浃月而病，医家言其体气甚孱，漫作以解妇忧》。

② 《鲒埼亭诗集》卷九《帖经馀事集·瓶花斋雨集，天台山僧适以鹿衔草至，瓯亭索赋分韵》。

③ 《鲒埼亭集外编》卷四十九《董钝轩六十序》。

所注,用功最勤”[①]的《水经注》,此时已进入了七校阶段。虽然,衰老多病,谢山的雄心犹在,他有诗曰:

> 鲒埼亭下户长扃,未死心犹在六经。但使稍能窥坠绪,余生不敢叹沉溟。[②]

此诗作于乾隆十六年(1751年),这时,谢山“左目已盲”,右目亦有病。故在《病目集》上自题曰:“从此遂与笔墨缘绝。”[③]事实上,此后一年多,谢山在岭南时,还创作了一百余首诗篇。

两次外出担任书院山长,这是谢山晚年最值得重视的事。谢山是清初著名的思想家、史学家和文学家,这是人所共知的。其实,他也是位有理论、有实践的教育家。虽然,谢山两任山长的时间并不长,但他的教育思想却弥足珍贵,值得研究。[④]

乾隆十三年(1748年)九月,谢山应绍兴太守杜补堂之邀,出任蕺山书院山长。当时,“杭州同社诸君集饯于南香堂”,纷纷赋诗欢送谢山。耐人寻味的是,谢山在答诗中,却表彰了南宋山阴的理学家韩贯道。“日来帖括司儒苑,谁是真师震瞽蒙。”以此表明自己未来的教学,将以韩贯道这样的“真师”为榜样,为诸生传道,授业和解惑,而决不“帖括司

---

① 参见《董谱》乾隆十四年谱。

② 《鲒埼亭诗集》卷九《病目集·八赤舟中柬赵芗林》。

③ 参见董秉纯《鲒埼亭诗集序》(张伯英家藏抄本),转引自蒋天枢《全谢山先生著述考》,载1933年《北平图书馆馆刊》第七卷第一、二号。

④ 详见后文《关于全祖望生平的几个问题》。

儒苑”。[①] 果不期然，谢山“初课诸生以经义，继以策问、诗古文词，条约既严，甲乙少货。越人始而大哗，继而帖然。一月之后，从者云集，学舍至不能容”。[②]

在谢山看来，“经术经世务，方可见施行”。为此，他告诫诸生说：“诸生读书贵有用，岂徒呫毕夸精能。”[③]可以说，“经世务”和“贵有用”，既是谢山治学的指导思想，亦是他教学的根本方针。

山阴是著名理学家刘宗周的故乡，他也曾讲学于城北的蕺山，故学者称之为蕺山先生。据谢山考证，刘宗周的学生，包括黄宗羲兄弟三人在内，共三十五人。其中不少皆是“殉难义士”[④]。南明弘光元年（1645 年），在南京和杭州相继失守之后，刘宗周于六月十七日绝食而死。对于这样一位大儒和“故国忠义”，谢山是十分敬仰的。为此，在教学之余，他到处寻访刘宗周的遗迹（如解吟轩、石家池等）和遗物（如小影、私印、手书等）。其《偶见子刘子私印曰“蕺山长”，摩挲久之》诗云：

当年喑喑蕺山长，提唱三关曾几时。正学于今成绝学，经师未易况人师。先生定叹薪将尽，后死

① 参见《鲒埼亭诗集》卷八《采蕺斋集·将赴蕺山讲席，杭之同社诸君集钱南香堂，得东字》。

② 参见《董谱》乾隆十三年谱。

③ 《鲒埼亭诗集》卷八《采蕺斋集·故太守汤公蒿斋自有大功于越中，而专祀已圮，今祀于书院中，同补堂赋》。

④ 参见《鲒埼亭集》卷二十四《子刘子祠堂配享碑》。

> 惭称文在兹。手泽尚传私印旧,应同礼器镇山祠。①

在另一首《敬题念台先生手书》中,谢山又赞颂道:

> 少师希圣学,不仅在安贫。一节见全体,清风识古人。②

在谢山看来,刘宗周是"经师"和"人师"的楷模,自己理应以他为榜样,发扬"正学",当好"人师"。"敢道登堂许私淑,修吾书更护吾车。"③谢山是这样想的,也是这样做的。在蕺山书院他是如此,后来在端溪书院亦复如此。

谢山想到刘周宗正命百年,尚无专祠。于是,便向浙江巡抚方观承(字遐谷,号问亭,又号宜田)建议,在原刘周宗的学舍,即当时的蕺山书院重建刘宗周祠堂。祠堂落成之日,谢山率诸生释奠,后又撰写了《子刘子祠堂配享碑》。方观承准备刊刻刘宗周的遗书,请谢山雠正。为此,谢山为访购刘宗周的遗书,做了不少工作。④ 乾隆十四年(1749 年)春,谢山家居,便以校定的蕺山先生遗书归之刘氏子孙。是年十一月,谢山辞去蕺山书院讲席。对于此事,谢山颇有感慨,有诗曰:

---

① 诗载《鲒埼亭诗集》卷八《采蕺斋集》。

② 诗载《鲒埼亭诗集》卷八《采蕺集》。

③ 《鲒埼亭诗集》卷八《采蕺斋集·大士既去,因迎子刘子小影供之》。

④ 参见《鲒埼亭诗集》卷八《采蕺斋集·访购子刘子亡书》。

> 当年伊洛发遗书，郑重张朱校勘余。束发有心传坠绪，白头把卷竟踟蹰。少师香火最婴情，三月俄惭辍讲行。只为白驹憔悴甚，场苗别自费经营。①

董秉纯指出："先生自辛酉（乾隆六年，1741 年）以后极贫，饔飧而至不给，冬仲尚衣袷衣，赖维扬诗社岁上庖廪。然典琴书，数券齿，日皇皇也。蕺山之俸，颇得中人之产数家，竟以避色不赴。"②谢山长蕺山书院，薪俸丰厚，又很受诸生的拥载，为何不足三月，即辞去山长之职呢？

董秉纯《全谢山年谱》是这样说的：

> 绍守仍请立蕺山，先生固辞。盖旧冬主人微失礼也。于是，萧山、余姚、诸暨之士，争先入学舍者几满，合之山阴、会稽，共得三百余人，旅食以待。而诸生蔡绍基、沈有声、姚世治率十余辈，抵宁面请。杜守亦密恳观察使者侯公速驾，先生终不赴。③

所谓"旧冬，主人微失礼"，董秉纯指的是，绍守杜补堂失礼于谢山。在案语中，董秉纯还叙述了他亲眼所见谢山接见蔡

① 《鲒埼亭诗集》卷八《采蕺集·宜田欲开雕蕺山先生书，属予雠正，而予已辞讲席，因以书归之刘氏，并柬补堂》。

② 参见《董谱》乾隆十四年谱。

③ 《董谱》乾隆十四年谱。

绍基等人的实况说：

> 及蔡生来宁，知先生以杜守故。请曰："今学舍中满五百人，请先生勿受太守之馈，但一过讲堂，五百人者以六锱为贽，千金可立致，岂伤先生之廉乎？"先生呵之曰："是何言欤！夫吾之不往以太守之失礼也。礼岂千金所可货乎？且譬之尔家太守，尔祖也。祖所不能致之师友，其孙出而任之，曰：我有私财，无劳乃祖，共给为之，师者竟居之不疑，可也，不可也？"蔡生唯唯而退。纯时在坐，心服先生之言，而终忧先生之贫。①

蒋天枢《全谢山先生年谱》则以为，"先生去越后，尚有与杜守诗，及杜移杭，仍与简札往还。杜为胡复斋表侄，与先生又为旧识，似先生与杜守无所芥蒂。先生之不悦于方宜田，则《子刘子祠堂配享碑》中言之。先生之去越，或即以方氏故。意董氏误指，或故讳之者也。"②按：谢山《子刘子祠堂配享碑》，曾提到："先是宜田欲予校定子刘子遗书，因并撰《蕺山讲堂小志》，至是不果。则竟因予之去，妄删其中数人者。诸生以为恨，请予志之石以存，乃仿《家语》弟子行之例，撮其大略，为文一通，以志见知之统。"笔者认为，蒋关枢先生的分析是正确的，谢山固辞蕺山书院山长，原因就在于方观承"妄删其中数人"。这"数人"，据笔者推测，当系明清易

---

① 参见《董谱》乾隆十四年谱。

② 参见《蒋谱》乾隆十四年谱蒋天枢案。

代之际的“殉难义士”。方观承删去这样的人，可能是出于好心。但是，对表彰“殉难义士”唯恐不及的谢山来说，这是难以接受的。因为，在谢山看来，“妄删其中数人”，并非无关紧要的小事，而是关乎到自己的信仰、理想和治学宗旨大原则。为此，虽贫极而固辞薪俸颇厚的山长之职。

由于谢山堪为“人师”，而教学又极为成功，在他与方观承的争执中，诸生是站在他这一边的。乾隆十四年(1749年)秋，诸生的代表还专程赴鄞县问候谢山，并将“旧秋所课，请改定”，谢山欣然为这百余篇文章的集子《采蕺斋课艺》作序。① 谢山与蕺山书院的诸生，相处虽然短暂，但师生情谊却如此深厚。这对感叹世风日下的谢山来说，不啻是极大的安慰。《蕺山诸生来讯》诗曰：

> 皋比未暖匆匆去，惭愧犹萦去后思。旧学商量无别语，莫将轻俊玷清姿。多师未必真有益，不若归求自有余。试到十年养气后，更参斯语定何如。②

谢山来去匆匆，因“皋比未暖”，而深感惭愧。“多师未必真有益，不若归求自有余”，这是他对诸生的别后赠言。谢山寄希望于年青而有独立钻研精神的莘莘学子。

乾隆十四年(1749年)，西南金川纳款，清廷大军凯旋，

---

① 参见《董谱》乾隆十四年谱。钞本《董小纯外集序目》中收有此序，今本《鲒埼亭集》内外编中，则无此文。

② 诗载《鲒埼亭诗集》卷八《采蕺斋集》。

弘历御丰泽园赐经略大学士傅及诸将军宴。谢山将是年春所作诗篇题名为《西笑集》，以纪金川叛乱的平定。在《西笑集》中有一首咏欧罗巴的诗，很值得另眼相看。诗云：

五洲海外无稽语，奇技今为上国收。别抱心情图狡逞，妄将教术酿横流。天官浪诩厐熊历，地险深贻闽粤忧。夙有哲人陈曲突，诸公幸早杜阴谋。①

蒋天枢《全谢山先生年谱》在乾隆十四年谱中摘引了此诗，并加案语曰："是时清廷方鼎盛，又九十二年，英军以鸦片事陷舟山，侵宁波，陷定海，遂由吴淞迫金陵，割香港以属英。"在蒋先生看来，谢山此诗富有预见性，实属难能可贵。在诗中，谢山引用"曲突徙薪"的典故(典出《汉书·霍光传》)，提请当道"诸公幸早杜阴谋"，防患于未然，确有其科学的预见性。

乾隆十六年(1751 年)，弘历奉太后南巡江、浙。谢山亦抱病迎驾，并对弘历极尽歌颂之能事。② 当时，浙中迎驾的士大夫，多有录用及赏赐。唯谢山和杭世骏既不录用，亦无赏赐。友人梁芗林扈驾，欲荐谢山。年纪已有四十七的谢山，想起往日的耻辱，面对现实，婉言谢绝说：

木雁遭逢岂可班，羞居材与不材间。故人为我

① 参见《鲒埼亭诗集》卷八《二西诗》。

② 参见全祖望《樊榭山房集外曲序》。

关情处，莫学琼山强定山。①

乾隆十七年(1752年)三月，谢山应广东巡抚苏昌之请，远游岭南，出任天章书院山长。天章书院在广东肇庆高要县，肇庆即古之端州，故又名端溪书院。当时，谢山的心情相当复杂，他有首诗，题为《东粤制抚以天章精舍山长相邀，辞谢不得，齿发日衰，乃为五千里之行，非予志也》②，真实地反映了当时那种复杂的心情。“衰病畏行役，屏营足不前”；可是，东粤制抚的盛情又难却，何况教学生涯对谢山还是很有吸引力的。同时，“投荒作远游”，也是为了“谋食”；而当时，好友杭世骏已应邀出任粤秀书院山长。考虑再三，谢山终于跋涉五千里，向端州进发。五月，到达端州，下车伊始，谢山即率领诸生释奠陈献章以下二十一名先贤。谢山熟谙“粤中诸儒”，对“天章精舍”的历史亦了如指掌。于是，他便用当地理学家的事迹来教育诸生，收到了良好的效果。对于某些“图经灭没”的理学家，谢山的态度是“我来重为荐芳荪”，他进行了研究，并“表而出之”。③

“我亦骯髒人，南来漫鼓箧。”④与在蕺山书院时一样，谢山在授课之余，常兴致勃勃地与诸生一起寻访端州的名胜古迹，并介绍有关历史人物的遗闻轶事。“老夫蹇足徒惆怅，病后

① 《八赤舟中柬芗林》之二。

② 诗载《鲒埼亭诗集》卷十《度岭集》。

③ 参见《鲒埼亭诗集》卷十《度岭集·天章精舍释奠礼成示诸生》、《端溪讲院先师祠记》。

④ 参见《度岭集·游光孝寺》。

探幽不胜情。”[1]与年青的学子一起览胜访古，谢山尽管病后不胜情，并为自己衰老而惆怅，但心情还是十分愉快的。尚须指出的是，肇庆是明清易代之际南明桂王政权的驻跸之地。因此，访问故宫，谢山感叹：“当年草草搆荒朝，五虑犹然斗口嚣。一夜桂花零落尽，沙虫猿鹤总魂销。”[2]他虽为当日小朝廷的覆亡而不无遗憾，又庆幸“遗民诗史在”[3]。

“九月，故疾复动。然少闲必与诸生讲说学统之流派，考订地望故迹，薄游光孝寺、宝月坛，登阅江楼、七星岩，皆有诗。又为诸生改定课艺百篇，刻之。又取博陵尹公所刻《吕语集粹序》而梓之院中，以广其传。”[4]从这里，我们又一次看到了谢山热爱教育事业，关怀年青学子的动人情景。

乾隆十八年(1753年)春，谢山病甚。见窗前他所喜爱的一树木兰花，“新岁将放花，忽槁”，在《病甚偶然口授侍者》诗中表示：“即此便同官舍鹏，先斯早为报长沙。”[5]三月后，谢山痛日甚，决定病后辞职去粤。《新会张明府惕庵以予将去粤，有诸生无福之叹。予皇恐不敢当也》诗云：

泰山不作文昭逝，方信人师绝世无。自分衰残

---

① 参见《度岭集·游七星岩》。

② 参见《度岭集·访肇庆故宫》。

③ 参见《度岭集·天湖之称，不知所云。近从独漉诗方知以桂王得名也》。

④ 参见《董谱》乾隆十七年谱。

⑤ 诗载《度岭集》。

无所废，敢耽栈豆误生徒。[①]

由于地方官吏和诸生的苦留，谢山在端溪书院又多耽了数月。蒋樗庵《年谱附记》指出："癸酉(1753 年)先生主端溪书院，制抚极相推重，且与先生配曹孺人有族谊。且启事，将特荐。先生闻之，遂托疾归。"这则记载，又一次说明谢山不再出仕的决心之大。谢山因病，本来已决定辞职返家，制抚的好意却促使了他更早地去粤。

谢山主端溪书院不足一年，"自我开堂后，相依未一年。"使他抱憾的是，"遂尔匆匆去，谁将耿耿传。"与诸生的情谊，使谢山依依不舍："共学情原挚，当归恨有余。服勤真古谊，惆怅别征车。"对于诸生的"雅怜维絷意"，谢山深为感动。他向诸生说明，"决去定非情"，实在是"其奈多忧患，难为久合并"。谢山深信师生情谊"相孚在志气，不隔有神明"。他感到慰藉的是，在他走后，"诸生能自得，定不藉自诠"。他更期望诸生"他日学成后，扁舟慰老生"。[②] 七月，谢山回到了阔别一载的甬上。此时，"故乡石窗下，五色正葱蔚。"[③]

乾隆十九年(1754 年)初，谢山经过了数月的休养，病渐痊愈。"春尽，维扬故人以书招往养疴，且云有善医者，乃赴之。"[④]途经杭城，仍究心于《水经注》。秋至扬，寓居马氏

---

① 诗载《度岭集》。栈豆：马枥中的豆料。《晋书·宣帝纪》："(曹)爽与(桓)范内疏而智不及，驽马恋栈豆，必不能用也。"比喻才智浅短的人所顾惜的目前小利。

② 以上引诗，均见《度岭集·示诸生》。

③ 参见《度岭集·天湖杜鹃花盛开》。

④ 参见《董谱》乾隆十九谱。

畲经堂,病亦未有所增减。仍治《水经注》兼补《宋元学案》。十一月归家后,心力交瘁,病势加剧。

乾隆二十年(1755 年)三月,年甫十三的儿子昭德夭折,谢山伤心过度,病势转重。"成哭子诗十首、埋铭一首,遂绝笔。"[①]。不过,谢山在他生命的最后几个月中,还删定诗稿十卷,颓唐病笔,尚有改涂者;五月,文稿录成,谢山虽已不能遍阅,命董秉纯隅坐朗诵,遇有错误,犹为指画。逝世前一月,还以《水经注》为念。六月初十,立七岁的疏族世孙全桐为孙,谢山尚扶掖主祭,告于祖庙。自此,卧榻不复出户。又十日,谢山以诗文稿(手定几六十卷,其余残编賸简,及重出未册之作),几满竹笥,托董秉纯藏弆。所抄文集五十卷,命董秉纯移交维扬马氏丛书楼。谢山交代完后事,"又十日,不复能言,日夜作鼾声如睡;又两日,声稍微,乃逝,七月二日寅也。"[②]

五月,谢山病危之日,"曹孺人含泪欲进参,而无力。"董秉纯便"以《耆旧诗》稿本质之有力者,得参半两"。[③] 谢山死后诸事,亦皆赖董秉纯等学生操办。他们为了偿还医药费用,只能向扬州马曰璐(乃兄马曰琯已于六月二十一日逝世)乞援。马曰璐"敦古谊,告之同社,共得百金为赙。然仅足偿参苓及附身之费,而葬具犹未备"。为了殡葬,又不得已出卖了谢山好不容易积聚起来的藏书万余卷,得白金二百

---

① 参见《董谱》乾隆二十年谱。《韭儿埋铭》载《鲒埼亭集》卷二十二,哭子诗十首,则未见。

② 参见《董谱》乾隆二十年谱。

③ 参见《董谱》乾隆二十年谱。

金。[①] 其情景之凄惨,令人心酸。

丧子固知生望绝,得书犹未泪痕干。余年万一重携手,有客传闻已盖棺。当代文章真寂寞,平生师友渐凋残。才名何物遭天忌,神理茫茫欲问难![②]

全祖望这位生于"圣明时"的"拓落者",终于走完了他那坎壈的一生,寂寞地死去了,身后又是那样的萧条。一代才人为何如此不幸?"神理茫茫欲问难"!是啊,在十八世纪的中国,一位对中华文化作出了巨大贡献的思想家、史学家和文学家,默默地与世长辞之后,又有谁个敢追问他为什么一生如此地"拓落"?!

四、交　游　考

谢山尝言:"余自束发出,交天下之士,凡所能工于语言者,盖未尝不识之。"[③]这并非自诩,事实确乎如此。雍正十三年(1735 年),"时临川李公(绂)方退闲,谓予曰:'大江南北人才,大率君所熟知,试为我教之。'予因援笔记四十余人,各列所长:甲精于经,乙通于史,丙工于古文,或诗或

---

① 参见《董谱》乾隆二十年谱。谢山逝世的次年五月二十六日,曹孺人亦卒。

② 张四科《宝闲堂集·闻全祖望死》。

③ 《鲒埼亭集》卷二十《樊榭墓碣铭》。

骈偶之学。临川叹曰：'使庙堂复前通榜之列，君亦奚惭退之哉！'"[①]谢山还曾撰《词科摭言》四卷，仿高允《征士颂》之例，详细介绍了己未(康熙十八年，1679年)科廷试鸿博的一百八十六位征士；乾隆元年(1736年)廷试鸿博后，谢山又撰《公车征士小录》八卷，介绍得荐者二百六十七人。从谢山的这两部当代名人的研究专著，不难窥见其交游之广泛，以及对当代名人情况和学术信息之谙熟。当然，广交天下之士是一回事，对谢山的思想和治学产生影响的交游则是另一回事。限于篇幅，在这里仅就关系较密而对谢山影响较大的交游，略作考述。

谢山是非常看重友情的，友情也给了他以支持和慰安。谢山对交游有自己的看法，这也反映了他的思想。

"茫茫天壤大，落落几知音？"[②]谢山广交天下之士，为的是寻求知音。那末，什么样的人才算知音呢？谢山回答曰：

> 叹士生天地之间，求一二知己非易事。而所谓知己者，未必皆有引援之力；即有其力，又未必值其时；既值其时，而其人或不及待。斯其所以伏枥盐车(伏枥、服盐车，旧时比喻有才而遭抑制，未得其用)，长鸣于日莫途远之际，而无可诉也。[③]

知己，"未必皆有引援之力"，结交知己也不是为了得其"引

---

① 《鲒埼亭集》卷十九《赵谷林诔》。

② 《鲒埼亭诗集》卷四《抄诗集·哭郑侍讲丈人筠谷》。

③ 《鲒埼亭集》卷十九《郑芷田畦窆石志》。

援”。志同道合，乃知己的基础；寻求知己，是为了切磋学问，相互帮助，这就是谢山的知己观。他一生中有不少知己，按其不同的情况，大致可以分为这样几类：父执，良师，益友，官吏和高弟。

谢山的父执，以及甬上的前辈学者，对谢山皆相当器重。谢山与他们的交往，对谢山的启迪和影响是显而易见的。谢山曾指出：

> 先君诸执友，所最心折，以为足追齐古，昔者莫如同里二陈，磊落英多，有志于孟、荀正学之统。其才力亦不足以副之者，裕斋先生是也。醇深缜密，力距诐淫，笃信所学而不变者，孔塘先生是也。①

孔塘先生，就是陈昌泗，字鲁水，鄞县人。他“生平学力本于一诚，故其造诣敦笃而纯备，无不自体认中来。法言法行，造次不苟，盖明儒康斋、庄渠之流”。陈昌泗与谢山，“似有投分，遂成阿私之好。每见一纸，必连击节，又申之以望焉。”他尝对谢山大讲“科举之害”，说“六百余年，谁启厉阶？至今昏垫，其势滔天。败坏人材，极重难返。辱不可湔，所以志士耻言歆羡，以成畔援”。陈昌泗晚年见谢山所作“说经之文，辗然喜曰：是深宁、东发一辈也！将来何以测其所止，但惜不令裕斋见之”。②

黄之传，字筑隐，一字肖堂。年少时，与谢山父亲同学，

---

① 《鲒埼亭集》卷二十一《陈丈孔塘志铭》。

② 以上引文，均见《陈丈孔塘志铭》。

谢山父亲"以爱弟视之"。谢山长大之后,黄之传亦极爱谢山。"有所作,辄见过曰:以待贤父子论定也。"黄之传喜"弹驳古人",但读书不多,常书差错。谢山"时或指点及之",他"初或愕然,不遽信;既而未尝不涣然莫逆也"。黄之传亦不乏精辟之见,这对谢山颇有启示。比如,尝与谢山谈及黄宗羲的《明夷待访录》,黄之传指出:"是经世之文也,然而犹有憾。夫箕子受武王之访,不得已而应之耳。岂有艰贞蒙难之身,而存一待之见于胸中者,则麦秀之恫荒矣! 作者亦偶有不照也。"听到这番闻所未闻之论,谢山"瞿然下拜曰:是言也,南雷之忠臣,天下万世纲常之所寄也"。①

谢山舅父蒋拭之,字季眉,号蓼厓,鄞县人。"世为清门,而读书敦行,模范学序,顾累代隐德勿曜。"②谢山自述曰:"予之少年也,最为先生所喜,稍长而倔强,不甚师教。先生颇有不释然于中者。尝与先太孺人微及之,先太孺人笑曰:'黄山谷之诸甥,无不禀其诗法;而徐师川独不谓,然其水滨濠上之答,可谓妄矣。山谷之诗,岂师川所能及,然而师川亦自有其可传者。李空同晚年家居,大为其甥曹仲礼所苦,亦不以此损空同也! 兄其休矣!'先生为之引满而去。"蒋拭之蹭蹬场屋,"年几五十,始贡于布政司。公车屡上,复不得售。"前后授徒达五十年之久。乾隆元年(1736年),谢山与蒋拭之甥舅二人中同科进士,次年又同被左迁。或曰当事者恶谢山,而祸及蒋拭之。但蒋拭之"亦无意于功名,浩然而归,家居三年而卒"。蒋拭之工诗能文,谢山评其诗文曰:"先生诗极

① 以上引文,均见《鲒埼亭集》卷二十二《黄丈肖堂墓版文》。
② 参见《续甬上耆旧诗集》卷一三九蒋蓼厓小传。

似香山太傅，查嗣田先生一见而心折焉。古文颇近张文潜，俪语亦得涪溪一辈家法。”①

谢山《郑侍读赏谷先生墓志铭》曰：

> 予于同馆前辈之交，方、李、谢、万暨先生。而五年来睽隔，强半老病，山河道阻。生者不可见，死者已矣。郁郁予怀，其谁与吐！②

方苞，字灵皋，学者称望溪先生，江南安庆桐城（今安徽桐城）人。“成进士七年，以奉母未释谒，已有盛名。会奇祸论死，安溪（李光地）方倾倒于公，力救之。”这里所说的“奇祸”，是指戴名世《南山集》所引起的文字狱。谢山对方苞的经术和文章，评价极高。他评论说：

> 古今宿儒，有经术者未必兼有文章；有文章或未必本经术。所以申、毛、服、郑之于迁、固，各有沟浍。唯是经术、文章之兼固难，而其用之足为斯世斯民之重，则难之尤难者。前侍郎桐城方公，庶几不愧于世。然世称公之文章，万口无异词；而于经术已不过皮相之。若其惓惓为斯世斯民之故，而不得一遂其志者，则非惟不足以知之，且从而掊击之，其亦悕矣！

① 以上引文，均见《鲒埼亭集》卷二十一《翰林蓼厓先生穿中柱文》。

② 文载《鲒埼亭集》卷十八。

方苞当年初游京师，万季野“最奇之，因告之曰：‘勿读无益之书，勿为无益之文。’公终身诵以为名言”。方苞未第，姜湛园见之曰：“此人吾辈当让之出一头地者也。”[①]谢山联系自己与方苞的结交，不胜感慨地说：

> 予之受知于公，犹公之受知于万、姜二先生一也。其后又与道章[②]为同年，重以婚姻。予之罢官也，公预见其兆，讽予以早去。及予归，而公又以为惜，欲留予，而不知公亦从此被撼矣。[③]

方苞的有些经史观点，谢山并不同意，且时有商榷，但这并不影响他们的忘年之契。

乾隆十三年(1748年)，谢山有首诗，题为《望溪侍郎以旧冬辱寄文抄，兼令复审，未及复也。度夏于越，乃条上数纸，附之以诗》，其一云：

> 一编几洛诵，高蹈更难京。经术志逾笃，文词明且清。低头拜腐史，放眼笑班生。尚有葑菲采，他山砺错情。(侍郎不喜班史及柳仪曹集，闻者多以为过当。至以马迁为闻道，亦似浮于其分。而侍郎守之弥坚，莫能夺。)[④]

---

① 以上引文，均见《鲒埼亭集》卷十七《前侍郎桐城方公神道碑铭》。

② 方苞长子名道章，字用阇，号定思。性格落落，不甚可人，唯与谢山交极契。定思第六子惟和，为谢山婿。参见《鲒埼亭集》卷二十《定思墓志铭》。

③ 引文见《前侍郎桐城方公神道碑铭》。

④ 诗载《鲒埼亭诗集》卷八《望岁集》。

方苞和谢山皆对万斯同怀有极大的敬意，可是，对“万氏之心”的理解显有深浅之别。从中不难看出谢山之心，是与故国遗民相通的。请读《方丈望溪尝言，以万八征君之学，而惜不得如梅勿庵受日月之光，以显于时。予谓是不知万氏之心者矣。因表而出之，以论其世》：

> 四明上溯滁阳胄，风虎云龙三百年。一出祇缘为庀史，终身安敢望朝天。谁将客妇行吟苦，漫作枯鱼望泽怜。试读秣陵遗事句，杜鹃心迹尚昭然。（昆山、京江两相公荐疏已具，先生以死力辞。）①

乾隆十二年（1747 年），方苞年已八十。五月，谢山途经南京，特地去湄园拜见方苞。当时，方苞七治《仪礼》，戒谢山“不当为汗漫游，坐消日力”。谢山呈诗四章，其卒章曰：

> 廿年荷陶铸，十年惜别离。六年遭荼苦，余年患阻饥。以此成惭负，著书渺无期。犹喜素丝在，未为缁所移。②

数日后，谢山东归，临别时方苞又嘱咐谢山曰：“吾老，未必久人间。箧中文未出者十之九，愿异日与吾儿整顿之。”③乾隆十四年（1749 年）八月，方苞卒于南京寓所，谢山特撰

① 诗载《鲒埼亭诗集》卷七《漫兴初集》。
② 参见《董谱》乾隆十二年谱。
③ 《方思定墓志铭》。

《望溪侍郎挽诗》,沉痛悼念这位他所敬爱的良师。[①]

在众多的前辈师长之中,对谢山最有影响,也最为谢山所器重的,当推李绂。

李绂,字巨来,学者称穆堂先生,临川(今江西抚州市)人。他"扬历三朝,负重望者四十余年",但一生多故。谢山尝感叹地说:

> 以为不遇,则亦尝受特达之知,荷非常之宠。内而槐棘,外而节旄,至再至三,有具臣所不敢望者。以为遇,则乍前而遽却,甫舍而已离,磨蝎苍蝇,旁午中之。何造物之颠倒斯人,一至此也。累蹶累起,卒不得志,终于骯髒以没,是则可谓痛心者矣![②]

个中原因,就在于李绂是个"真铁汉"。他"平生以行道济时为急,用世之心最殷。故三黜而其志未尝少衰,而浩然之气亦未尝少减"[③]。李绂自己亦云:"我生平不附权贵,孤立无党。遭遇两朝,圣主主圣。臣直愚戆自遂,屡撄辠戾。所师法者,在于不降志、不辱身之古人。而深知降志而不降,辱身而不辱者之难能也。"[④]至于李绂的生平大志和立朝风节,其弟李紘作了这样的概括:

① 诗载《鲒埼亭诗集》卷八《西笑集》。
② 《鲒埼亭集》卷十七《阁学临川李公神道碑铭》。
③ 《阁学临川李公神道碑铭》。
④ 《穆堂初稿》卷二十四《狄文惠公李文正公论》。

> 兄生平志荆公之志，以皋夔自命。立朝风节似欧阳文忠公，居家孝友似曾文定公。年来讲求又有进于是者。诗古文词非其意所重也。呜呼，此其所以能为欧阳、曾、王之文章也欤！[①]

“临川最爱士”[②]，对谢山则尤为钟爱。谢山初识李绂，是在康熙五十九年（1720年）。当时，谢山至杭城应乡试，正考官就是李绂。雍正十一年（1733年）春，谢山试北闱不第。冬，李绂见谢山行卷，称许不已。他不仅说服谢山留京应词科，且寄厚望于谢山。请看李绂《答全贡士绍衣书》：

> 读来示二纸，反复援据，足征读书细心，俾卤莽者知警，幸甚，羡甚。方今诏求鸿博，足下真其选矣。足下博考之以求其合，固无庸博考，且鄙意亦不愿足下之为此也。足下天资高，倘能务为远大之业，则为益天下甚大。补亡订误，识其小者，虽不无小补于世，然为益亦仅矣。偶有未详，不妨阙之。凡于理无害者，固不必为之考究，费日力于此也。要之，望远者不见形，听声者不闻声。考订之事，不能无误，势所必至。而圣贤为学，初不重此。愚非敢轻考难，所望于足下者重也。虽然，此为足下谋之耳，若纂辑前贤事迹，则正得一事受一事之

---

① 《穆堂初稿序》，此序撰于雍正十年（1732年）。

② 语见《鲒埼亭集》卷十八《翰林院学士南昌万公墓志铭》。

益。拙书固足下之疑而改正二条，其受益侈矣。[1]

当时，李绂居宣武门南，故相李天馥府邸。其西有紫藤轩，割以居万公孺庐，又割其东以居谢山。后来，谢山回忆说，当时，他们三人“每日高春必相聚一室，或讲学，或考据失事，或分韵赋诗。葱汤麦饭，互为主宾。临川尝曰：‘是杨诚斋所谓三三径者也。顾二公皆宿老，为予丈人行，而略侪辈以交，予窃愧之。’”[2]在李绂的诗集中，可以找到不少当日与万孺庐和谢山诗酒紫藤花下的作品。其《藤花怀饨七叠前韵赠全谢山》云：

伏挺昔讲论，倾都趋潮沟。少年富文学，复为五都游。珠桂典书籍，蒙戎咏狐裘。岂有文字饮，足为贤者留。惟藤古可爱，开花艳且柔。布席当藤花，如生紫霞舟。其古学如富，其艳文可酬。不知文字外，更有吾所求。[3]

自谢山借寓于紫藤轩之后，他与李绂很快便成了志同道合的忘年交。谢山点翰林时的主考官是李绂；在翰林院，谢山又曾与李绂一起读抄《永乐大典》中的珍贵古籍，两人的关系十分融洽。当时，谢山被朝中的“当事者”视为“具体而微之李詹事”。乾隆二年(1737年)，谢山的被“左迁”，显然

① 文载《穆堂别稿》。

② 参见《阁学临川李公神道碑铭》。

③ 诗载《穆堂初稿》卷十七。

与他和李绂的情投意洽有关。为此，谢山感叹不已："呜呼，余亦何足望公而辱诸君之推毂乎！"①

谢山"左迁"离京后，李绂和万孺庐亦以丁忧归。三年后，谢山与李绂再次见面于南京，曾赋诗三首，题为《临川先生主试江南，中途得疾，入闱少愈。而并日阅文，失于调摄，未及毕事，神明顿索，不可收矣。予渡江视之，先生以三年别绪，絮语谆谆，莫非关注深切之言。而瞀乱无复诠次，为之悽怆。先生素康强，不料其至于此也。舟中得诗三首》。乾隆十年(1745年)，谢山得知李绂尚朝夕叨念着自己的近况，回忆当年紫藤花下的酒诗欢会，又想到自己二十年来的落拓生涯，真是百感交集：

> 当年接席谈经地，廿载升沉恨有余。衹为嗜痂成痼疾，不须入梦动欷歔。哀残空寄相思子，零落谁成未竟书。此意劳人犹感叹，我心戚戚更何如。②

乾隆十三年(1748年)，李绂仍在病中。谢山对李绂的"孤负佐王略，空余卫道心"③深感惋惜。想起北京春试落第时，李绂对自己的鼓励和厚望，更感到愧对恩师。其《寄怀穆堂阁学》之三曰：

---

① 参见《阁学临川李公神道碑铭》。

② 此诗题为《客自江上来者，为予言临川先生心疾如故，健忘更甚。独有昕夕不置者，予之近况也，因与蘖斋共为抚然》，载《鲒埼亭诗集》卷四《抄诗集》。

③ 《寄怀穆堂阁学》之一。

冉冉蹉跎老，王黄绪莫寻。已知怜暮气，所愧负初心。怀旧纷多感，忧时亦辍吟。自从邗上别，荒落到于今。（先生谬许予为深宁、东发以后一人，惭愧属望之殷。今未五十而衰，永怀知己，不禁抚然。）①

乾隆十五年（1750 年），李绂逝世。谢山悲痛不已，欲作挽章，援笔辄泫然而止。一年后在扬州寓所，才写成了“永怀知己”的三首五律：

坡颖好兄弟，终身酹兖公。后来陈正字，没齿感南丰。薄植宁堪比，深恩实所同。重江素车隔，何日拜元宫。

我有吁天语，苍苍远不闻。终难遗一老，殆欲丧斯文。大鸟临江介，妖星入梦分。最怜用世者，百折尚殷殷。

淮上分襟后，长愁十载多。心期已孤负，音问亦蹉跎。绝学知难绍，雄文定不磨。墓门虽寂寂，正气表山河。②

在学术上，谢山对李绂之学，既有吸收，又有所保留和商榷。

---

① 诗载《鲒埼亭诗集》卷八《采蕺斋集》。

② 此诗题为《穆堂先生下世，欲作挽章，不能尽所欲言，援笔辄泫然而止。冉冉一年，邗上寓中得三首，亦竟未足抒予痛也》，诗载《鲒埼亭诗集》卷九《病目集》。

关于这方面的情况，详见本书第三章。

“一代儒林望，三朝侍从臣。”这是谢山对万孺庐的评价。他俩“分以忘年略，交缘讲道亲。关情在性命，余事及婚姻。各有终天恨，争怜同患身”。①

万孺庐，名承苍，字宇，江西南昌人。其母“方孕公时，每默祝于影堂曰：‘不愿生儿育女为高官，但愿负荷先世之学统。’”故而万孺庐“少而喜读宋人讲学之书，论者以为得之胎教”。康熙五十二年(1713 年)进士，入翰林院，与李绂以讲学相淬厉。朝中的“当事者”百计排挤李绂，作为李绂好友的万孺庐，也被他们侧目而视。终于“因之以谪，则亦恬然受之。于是，归而杜门，益讲学，无复出山之志”。万孺庐“生平亦主张陆学，然其论戒偏重，多从容以解临川(李绂)连环之结”。所著有《万学士易传》，“其论互体最精妙，自汉儒荀虞以来，未有如此之覈者，而一扫宋元林、吴诸子言互体之谬。”②谢山尝谓：“学士于予深有忘年之交，说《易》尤多合。其论互体能发前人所未及者至多。独有隅及先天卦位者，是其不审。曩在江都，同邸舍，尝以告之。学士生平固力言陈、邵之学不可以解《易》，一闻予言，瞿然引过曰：即当芟之。今学士已没，其说尚存。”③

谢山与万孺庐相识于李绂的寓所，紫藤轩的诗酒唱酬和

① 以上引诗，均见《鲒埼亭诗集》卷五《韩江唱和第二集·哭万学士孺庐》。

② 以上引文，均见《鲒埼亭集》卷十八《翰林院学士南昌万公墓碑铭》。

③ 参见《经史问答》卷十。

研究学问，给这三位知心朋友，留下了难以忘怀的记忆。乾隆二年(1737年)，谢山与万孺庐分别于北京。次年，万孺庐有学士之擢。乾隆四年(1739年)，又主试闽中。未几，与谢山书信中感叹曰："穆堂归里门，子又不来，老生孤另何如矣！"乾隆六年(1741年)，李绂主试江南，因病由水道还京，经扬州。当时，谢山正客居扬州，万孺庐特别到扬州探望李绂和谢山。紫藤轩的老友，再次聚会晤谈，其乐可想而知。唯因李绂有病，谢山和万孺庐"相向攒眉，不胜其忧。"[①]这次相会，谢山和万孺庐曾与扬州友人同游平山堂等名胜。谢山在赋诗中有"良会思前哲，高才赋落霞。吾衰期掉首，归理旧渔槎"之叹。[②] 万孺庐《游平山堂次谢山韵》则云：

> 胜地名胜重，嘉谊招孔殷。古人不可作，吾辈自为群。道以素心合，交将醇酒醺。漫游非所惊，托兴在斯文。……

又有《全谢山庶常闻予北上，相待邗江，既见而喜示诗二首，

① 参见《鲒埼亭诗集》卷一《祥琴集·临川先生主试江南，中途得疾，入闱少愈。而并日阅文，失于调摄，未及毕事，神明顿索，不可收矣。予渡江视之，先生以三年别绪，絮语谆谆，莫非关注深切之言，而瞀乱无复诠次，为之悽怆。先生素康强，不料其至于此也。舟中得诗三首》，同集《临川先生病中，犹有古人出处议，漫呈绝句五首，兼柬胡抚军复斋》。后一首诗，袁枚《随园诗话》和杨宗羲《雪桥诗话》，均定为乾隆二年(1737年)谢山放废时所作。蒋天枢《全谢山先生年谱》已指出其误。钱仲联主编《清诗纪事》录此诗，引用袁枚语，未加按语。

② 参见《鲒埼亭诗集》卷一《祥琴集·嶰谷招同复斋、孺庐泝江南轩，登平山堂》之二。

情溢乎词，次韵奉答并柬唐南轩同年》，诗曰：

落日抱江圆，频劳望眼穿。此怀同蕴结，所遇各颠连。君尚纡南轸，余方觅北船。鲜民生会面，转觉恨绵绵。①

乾隆十一年(1746年)，万孺庐逝世。“斯文正零落，后辈妄纷论。敬礼今谁托，灵光忽以泯。重缨识元冕，魂梦定逡巡。”②对于这位忘年知己的逝世，谢山深感悲痛。

廿载忘年友，相知此寸心。读经多妙契，觅句有清吟。自我成萍梗，劳君念竹林。茫茫天壤间，落落几知音！③

这是谢山哭郑江之诗。郑江，字玑尺，号筠谷(一作篔谷)，浙江钱塘人。郑江“胸中粹然，醇然，不设城府。待人以忠信，有一得之善，好之不啻自其口出”。郑江淡然无求，“门巷萧然，客至烹茶相对而已”；“读书务心得，不从事于词华貌寝”。郑江是何义门的弟子，何义门墨守朱学，郑江则嶽嶽不肯苟同，有自己的见解。他曾与谢山“论诸儒之学”，认为“康节实出老庄之绪余，饰之以焦京之术，数世特以二程推之，遂列之六先生之目。《宋史》登之道学，可一笑也。谓陆王宗

① 以上两诗载《孺庐全集》。转引自《蒋谱》乾隆六年谱。

② 参见《鲒埼亭诗集》卷五《韩江唱和第二集·哭万学士孺庐》。

③ 《鲒埼亭诗集》卷一《抄诗集·哭郑侍讲丈筠谷》。

旨,岂可妄诋。世之拥戴朱子者攻之耳。东莱尚不敢斥陆,经阳非王而未尝不有取于王,而蚍蜉之撼何为乎！不谓亭林亦蹈此习。又谓蔡虚斋固善人,然惜其学之陋也。因文见道,已属肤廓,岂有因帖括讲章之文而见道者。使今世横目二足之徒,挟兔园册以论学,则蔡氏为之厉也”。这些高见卓识,谢山印象极为深刻,且颇受启迪。谢山与郑江,结交二十载,谢山钦佩郑江的为人和才学,郑江则视谢山为畏友。①

乾隆十年(1745 年),陶正靖病卒。谢山曾赋《追哭陶稚中太常》,对结交二十年的老友深致悼念。陶正靖,字稚中,一字晚闻,江南常熟(今属江苏省)人。乾隆四年(1739 年),陶正靖新授太常寺卿,由于他认为工部尚书魏廷被罢官,“非所以优老臣”,得罪了乾隆帝,部议左迁南归。从此再未出仕,一直授徒自给,生活贫困。任职时,陶正靖针砭时弊甚力,“尝上言:学校科举之坏,为方今世道人心所关。第一,在官者既无昌明正谊之心,在下者遂无淬厉束修之志,时风众势不过侥倖进取,以为富贵利达之地,斯其可忧不少急,宜有所振起,上是正。又言:近日在廷诸臣,似宽裕而实纵弛,似详密而无关体要;至乐因循,而畏改迁,尤其肓之病。”陶正靖“最喜说诗”,“古文淡简有法”,“尤熟于明史”。谢山与陶正靖的交往,“其初相赏以文词,既而以予之疏略有相近者,遂成莫逆”。②

① 以上引文,均见《鲒埼亭集》卷十八《郑侍读筼谷先生墓志铭》。

② 以上引文,均见《鲒埼亭集》卷十九《太常晚闻陶公神道碑铭》。

万九沙,是谢山的又一位忘年知交。谢山于万氏为"十世通家子弟,少陪仗履,又叨同馆后进"①。谢山称赞万九沙之为人曰:

> 公为人春容大雅,不激不随,尤喜引掖后进。其于杭,物色今编修杭君世骏于髫年,以为郑渔仲之流。荒落如予,公引为忘年之契,吹嘘不啻口出。②

万九沙是万经之别号,字授一,宁波卫人。万斯大之子。"长于杭,少随诸父读书。南雷黄子方移证人书院于鄞,申明蕺山之学,公择先生兄弟最称高座。公(九沙)剑负侍于席末,预闻格物传心之教。诸父著书满屋,公不假外,耳濡目染,已成学海。一切世俗之佔,毕不得至前,此固非下户小生之所能望也。"万九沙的经史之学,受教于父亲和诸父;"又叩性理之学于应征士嗣寅,求汉隶原委于郑君谷口,参考通鉴地理笺释于阎征士百诗",故其学博且精。康熙四十二年(1703 年)进士,入翰林院。后归里,则"家既罄,萧然如布衣,卖所作隶字得钱给朝夕"。万九沙"虽布衣疏食,而见义必为,未尝少衰"。他竭力修葺张苍水墓道,上巳、重九必为之设祭;他还购买雪窦山人之集,并访其南骨之所。这些表彰先正之

---

① 参见《鲒埼亭集》卷十六《提督贵州学政翰林院编修九沙万公神道碑铭》。

② 参见《续甬上耆旧诗集》卷一一九万泰小传。

苦心，对谢山当然很有启示。[①]

陈常，字时夏，一字介介，仁和（今杭州市）人，以明经司训于鄞县。谢山"年甫踰冠，与陈常便结为忘年交，无日不聚首"。陈常"考疑索难，贯串有所得，即纪之。著有《读书私记》、《砚田荑稗》及文集几百卷，方之于古《困学纪闻》之类也"。诗不多作，皆为"清醇雅正之音，然稍矜贵"。[②] 雍正八年（1730 年），谢山离乡北上，陈常送到河边，朗吟赠别诗云：

> 临去频回首，应怜我索居。春风阆苑上，海月屋梁初。轩举输前辈，牢愁挤老渔。期君得意后，重著未完书。[③]

康熙六十一年（1722 年），十八岁的谢山初游杭州，结识了不少当地才彦。在《前甘泉令明水龚君墓志铭》中，谢山这样说：

> 康熙之季，杭才彦最盛，而杭二堇浦与君为尤。堇浦负奇气，踔厉风发；君沉毅精实，各有所造。余时初出游，于诸才彦皆相善，而所最心知，亦莫如

① 以上引文，均见《提督贵州学政翰林院编修九沙万公神道碑铭》。

② 以上引文，均见《续甬上耆旧诗集》卷一三四陈常小传。

③ 诗见《续甬上耆旧诗集》卷一三四。

二人。[①]

杭世骏，是谢山视为“最心知”者之一。可是，在两人的过从中，也出现过龃龉；谢山死后，更有杭世骏剽窃谢山著作之说。为此，对谢、杭的交往，需详作介绍。至于杭世骏剽窃谢山著作之说，将在下文著述考中再作辨证。

谢山曾以“疏放”而放废湖山，堇浦亦说“余以狂言被放”[②]。谢山《与杭二堇浦话》曰：“故我久荒落，夫君亦阔疏。清狂翻长进，且共卧菰芦。”[③]堇浦亦说过：“夫士君子不能用世，即当为世所用。而以学包周身之防，不相窥于本原之地，骦虞小补，不足以襄治；急功近利，不足以致远。而或乘权行势，树私恩而罔市利，日乾没而不已。”[④]由此可见，谢山与堇浦的性格和命运，颇有相似之处，这当是他们互为“最心知”的原因吧！

杭世骏（1695—1773年），字大宗，又字堇浦（又作堇甫），浙江仁和人。雍正三年（1725年）举人。乾隆元年（1736年），举博学鸿词科，授翰林院编修，官至御史。曾受命校勘武英殿“十三经”、“二十四史”[⑤]，纂修《三礼义疏》。因上疏主张“朝廷用人，宜泯满汉之见”，罢归，自号秦亭老民。晚

① 文载《鲒埼亭集》卷十九。

② 参见《道古堂文集》卷三十四《马石莲传》。

③ 诗载《鲒埼亭诗集》卷二《杪秋江行集》。

④ 《道古堂文集》卷三十五《杨雪门传》。

⑤ 清乾隆四年（1739年）据明北监本刊成二十一史，时张廷玉等修《明史》告成，同年又诏增《旧唐书》，刊成二十三史。四十九年增刊辑自《永乐大典》之《旧五代史》，合称“二十四史”。

年主讲粤秀和安定书院。

王昶尝评杭世骏云：

> 堇浦先生书拥百城，胸罗四库。入翰林未久，即以言事罢归。沈文慤公送之有句云："怜翁既雨谈墙筑，新妇初昏议灶炊。"盖深惜之也。既归，益肆力于诗古文词，海涵地员，日光玉洁，实足以雄长艺林。两浙文人，自黄梨洲先生后，全谢山庶常及先生而已。①

杭世骏自己则谦称："吾经学不如吴东壁，史学不如全谢山，诗学不如厉樊榭。"②并说："勾甬全祖望，同里张熷，贯串史事，为余畏友。"③

谢山与堇浦，自康熙六十一年(1722年)结识，直到先后出任端溪和粤秀书院山长为止，他们诗酒唱酬，研辨经史，友情一直相当融洽。"余与勾甬全吉士谢山在词馆，吴通守东壁以与修'三礼'留京师。每会合必有诗，余三人又其杜集中三苏端严武也。"④当堇浦"以言获谴"时，谢山寄诗慰问："吾友杭编修，古今罗心胸。经术经世务，绰有贾、董风。发言一不中，愆尤集厥躬。惜哉朝阳凤，而不吐丝桐。"⑤当堇浦为注《金史》，寻求《金史》遗文时，谢山特寄去有关文献；

① 参见《蒲褐山房诗话》，转引自《道古堂集·轶事》。
② 参见法时帆《梧门诗话》，转引自《道古堂集·轶事》。
③ 《道古堂集外文·诸史然疑序》。
④ 《道古堂集》卷九《赵谷林〈爱日堂吟稿〉序》。
⑤ 《鲒埼亭诗集》卷二《虬骨集·杭堇浦编修以言获谴，诗以讽之》。

两人还切磋有关《金史》中的人物和事件的评价问题。[1] 对于堇浦集辑的《石经考异》，谢山也有好评，认为此书“所以发摘前人之误者，核矣”。[2]

耐人寻味的是，谢山为堇浦所作的《〈修川集〉序》[3]，以及堇浦为谢山所撰的《全谢山〈鲒埼亭集〉序》[4]，均较别致，似乎意在言外。《〈修川集〉序》曰：“杭兄堇浦董志局于海昌（今浙江海宁县），得诗如千首，令予为之引。堇浦之诗之工，不待予言。顾予窃有所念海昌者，得因堇浦之诗而一及之。海昌，故文献之窟也。”接着，便叙述了海昌的文献。最后则说：“堇浦其为我访之，是亦群雅之才所当备也。”《全谢山〈鲒埼亭集〉序》指出：“谢山全氏，有其乡前辈浚仪（王应麟）、慈溪（黄震）两先生之学，而才足以振其滞。口能道其胸之所记，手能疏其口之所宣，牢笼穿穴，揉杂万有，其勿可及也已。”如此评价，无疑是精当之见。可是，令人惊讶的是，接着却批评谢山“文不胜德”，故而“侈言无验，华而不实，多言而躁之”。因为这显然是偏颇之词。当然，对与堇浦与谢山的关系，堇浦在此序中还是说了句公道话：“谢山志锐而气充，粪溲章句小生，独以仆为盐石。”应该指出的是，堇浦此序，刊刻于《道古堂集》，谢山生前并未看到。

乾隆十三年（1748 年），谢山主讲蕺山书院。堇浦有《送

---

① 参见《鲒埼亭集外编》卷三十五《金朝散胡东平神道碑跋》，卷三十四《金史第三帖子与堇浦》，卷三十一《重定中州集目》。

② 参见《鲒埼亭集外编》卷二十三《〈石经考异〉序》。

③ 载《道古堂诗集》卷首，收入《鲒埼亭集》卷三十二，题为《〈修川小传〉题词》。

④ 载《道古堂文集》卷九。

全吉士(祖望)赴蕺山书院》:

> 蕺山巇峨讲堂尊,蔦下狄涛互吐谷。化自甬勾被于越,人从钱水上云门。杨雄作赋多奇字,刘向传经有立言。人谱自来私淑久,饥饧好为荐芳荪。①

乾隆十七年(1752年)三月,谢山南游端溪书院。时堇浦有粤秀山长之聘,先行。故谢山有"衰病畏行役,屏营足不前。杭生真迈德,先我已扬鞭"之句。② 次年,谢山在端溪病卧床榻,堇浦特地渡江探望。他的《问全山长〈祖望〉疾》,写得情长谊深,诗云:

> 为汝淹迟久,荒江少钓篷。围棋深雨里,横榻晚春中。疾病余生几,忧虞所历同。叶公(希元)频过酒,犹有古人风。闭户经旬过,艰难信此州。旅疴绵百药,家信滞三秋。积雨疏轻策,余寒恋敝裘。殷勤重问事,喜有贾长头。③

谢山读后,深受感动,特赋《堇浦渡江来视疾》,表示感谢。诗曰:

---

① 诗载《道古堂诗集》卷十三。

② 参见《鲒埼亭诗集》卷十《度岭集·东粤制抚以天章精舍山长相邀,辞谢不得,齿发日衰,乃为五千里之行,非予志也》。

③ 诗载《道古堂诗集》卷十七。

萧晨病榻意凄然，剥啄惊来吾友船。春雨奄奄生趣尽，相看同唤奈何天。白发犹然动杀机，中央四角校盈亏。先生正恐心兵斗，冯轼休轻用指麾。①

端溪产砚，闻名于世。谢山曾赠堇浦四片端石，堇浦亦赋诗寄谢山致谢，其结句为“嗟人生兮孰如汝，寿数石交兮独汝余厚”。②

有记载说，谢山与堇浦同在岭南任书院山长时，谢山清廉自守，堇浦则买了大批湖笔徽墨，馈送当道官吏，甚至赚了一笔钱。为此，谢山曾当面规劝堇浦。后来，谢山游扬州，还把此事告诉了马氏兄弟，并请他们也规劝堇浦。于是，堇浦老羞成怒，反口相噬。③ 笔者认为，名士气颇浓的堇浦，在广东可能有馈赠和贩卖湖笔、徽墨之事；而为人谨慎的谢山也可能风闻此事，便趁堇浦渡江来探病之时好言相劝。当时，堇浦表示接受谢山之规劝，故两人的关系尚很融洽。上述堇浦渡江探病，谢山赋诗致谢，并赠端石，就是明证。问题恐怕出在两人返里之后，谢山游扬把堇浦在广东的作为告诉了马氏兄弟，这便引起了堇浦的反目。平心而论，如确有其事，那末，堇浦在广东的作为是可以指摘的；但谢山后来的张扬，亦不足为训。

① 诗载《度岭集》。

② 《道古堂诗集》卷十八《全山长赠予端石四片，归研为砚。一以赠吴（元治），一以赠陆（世贵），留其二以自娱，诗以代铭，并寄山长端州》。

③ 参见徐时栋《烟屿楼文集》卷十六《纪事·记杭堇浦〈戊辰〉》。

乾隆二十年(1755年),谢山病逝之后,堇浦赋《伤逝》诗以志悼念,诗曰:

采采思芣苢,亡之命矣夫。疾邪同赵壹,蕴愤岂王符。砚北心期在,江东气类孤。遗书非一卷,曾付所忠无。①

著名浙派词巨匠厉鹗(1692—1752年),也是谢山初游杭州时所结交的终身知己。厉鹗,字太鸿,又曾字雄飞,号樊榭,又署南湖花隐,原籍宁波慈溪,后居钱塘。康熙五十九年(1720年)举人。乾隆元年(1736年)的鸿博科,樊榭本无意应试。谢山特致书樊榭,力劝其应试:"今樊榭为有司所物色,非己有所求而得之也。而欲伏而不见以为高,非中庸也。"②结果,樊榭应试"违式",赴礼部铨选复中途耽误。此后,科名和仕宦,均淹蹇不利。在这一点上,他与谢山相似,而比谢山更为不幸。杭世骏在《词科掌录》中,曾感叹说:"是科征士中,吾石友三人,皆据天下之最。太鸿之诗,稚威之古文,绍衣之考证,穿穴求之,近代罕有伦比。绍衣丙辰(乾隆元年)先成进士,改庶席,例不当试,后以散馆出外;稚威以疾,太鸿以违式,皆不得在词馆,岂非命哉!"③

---

① 《道古堂诗集》卷二十一《伤逝十二首》。

② 参见《鲒埼亭集外编》卷四十六《与厉樊榭劝应制科书》。

③ 转引自《樊榭山房集·轶事》。

樊榭"少家贫，其兄卖淡巴菰叶（烟叶）为业以养之"①。弱冠，受业于杭世骏之父可庵先生。他"孤瘦枯寒，于世事绝不谙，又卞急不能随人曲折，率意而行，毕生以觅句为自得"②。为了以薄禄养母，樊榭曾游宦天津。当时，谢山力止之而未果，有"生民水旱大可念，故人出处尤关情"③之句。乾隆十七年（1752 年），樊榭病逝。谢山满怀激情地撰写了《厉樊榭墓志铭》，其铭词曰：

> 冲恬如白傅兮，尚有不能忘情之吟；人情所不能割兮，贤哲固亦难禁。只应寻碧湖之故浆兮，与握手以援琴（樊榭苕上之故姬也）。

樊榭诗宗宋，词的成就更大，当时谢山和堇浦等人无不推服。读书搜奇爱博，钩新摘异，尤熟于宋元以来丛书稗说。著有《宋诗纪事》、《辽史拾遗》、《樊榭山房集》等。

谢山与樊榭结交三十载，友情深厚。在《厉樊榭墓志铭》中，谢山深情地回忆说：

> 予交樊榭三十年。祁门马嶰谷兄弟延樊榭于馆，予每数年必过之，嶰谷诗社以樊榭为职志，连床刻烛，未尝不相唱和。已而钱塘踵为诗社，予亦预焉。

---

① 《樊榭山房集·轶事》引吴子津《莲子居词话》曰："樊榭生平有烟癖，类韩慕庐。尝谱[天香]词，传言者好事。同时，汪韩门、罗晴江有诗，全谢山有赋，足备菰材故实。"

② 参见《鲒埼亭集》卷二十《厉樊榭墓志铭》。

③ 参见《鲒埼亭诗集》卷七《漫兴初集·月夜塘栖舟中和樊榭韵》。

> 数年以来，二社之人死亡相继，樊榭每与予太息。今年予有粤游，槐堂以书告樊榭之病，不意遽不起也。呜呼，风雅道散，方赖樊榭以主持之，今而后江淮之吟事衰矣！

雍正七年(1729年)，谢山与樊榭相遇于扬州，谢山为樊榭所辑《湖船录》作序。序文指出：

> 太鸿蒐金石之遗文，足以证史传；访池台亭榭之旧事，足以补史乘。而独惓惓于兰桨桂棹之间，繁华而屑数之说者，以为是骚人之结习，学士之闲情也。虽然太鸿之志，则固有不尽于此者。[①]

雍正九年(1731年)，浙江修通志，樊榭和堇浦千里贻书谢山，寻求四明旧志。寓居北京的谢山，特遣使请示父亲，发家藏所有珍本尽送志局，以支持樊榭和堇浦的修志工作。

在学术上，谢山与樊榭不止相互切磋，也常进行争论。《宋诗纪事》是樊榭的一部力作，谢山给予了极高的评价。指出它："收罗废坠，故荟萃唯恐有遗，正以见诗之有得于风雅之遗者。旁搜远取，不必尽在大家。而又得因其诗以传其人，使不与草木同朽，则亦表彰之功所寄也。既各有其人小传，使得知其姓氏、里居、爵位、世系，又采人诗话以附之，其中足以补史氏之阙者。岂非艺苑之津梁乎，而作者之心亦苦矣！"令谢山深为遗憾的是，他在《永乐大典》中见"宋人集为世

---

① 《鲒埼亭集外编》卷二十六《厉太鸿〈湖船录〉序》。

无者，尚百数十家。樊榭大喜，亟贻书令予钞录，以补其所不足”。谢山欣然同意，可惜不久左降出都，未能实现其诺言。① 《宋诗纪事》当然亦非十全十美。谢山《答樊榭》，就曾指出它的误舛说：“《宋诗纪事》中误舛，前已约略呈上数十条。昨又偶考及王亘始末。按王亘有二，其一为北宋元祐间之王亘，……其一为南宋乾道间之王亘，……足下所载王亘，其诗则元祐之诗，而系以乾道之世，误矣！”②另外，《宋诗纪事》辑录了谢山先祖泉翁全璧之诗，但说他宋亡后居吴。谢山特作《辨吾家启东墓志世系与厉樊榭》，加以纠正。指出：“若泉翁自宋亡后迁杭剡源，称为‘城东处士’，是则确然可考者，又何尝居吴也。”③

厉鹗病逝于乾隆十七年(1752年)九月，十月，沈彤又卒。眼见结交二三十年的良师益友，一个一个地谢世，谢山不胜凄然：

> 呜呼！交游凋谢，岁岁作哀挽，撰墓志，老泪为之枯竭。而予亦衰病日深，今年几死岭外，岁晏归来，一哭樊榭，再哭果堂，何以为情！

沈彤，字冠三，号果堂，江苏吴江人。他是明代著名戏曲家沈璟的后代，何义门的高弟。“果堂为人醇笃，尽洗中吴

---

① 以上引文，均见《鲒埼亭集外编》卷二十六《〈宋诗纪事〉序》。

② 文载《鲒埼亭集》卷三十四。

③ 文载《鲒埼亭集》卷三十四。

名士之习。读书以穷经为事，贯穿古人之异同，而求其至是。其为文章，不务词华，独抒心得，顾阍淡自修，世无知之者，而果堂亦不甚求知于世。”[①]李绂和方苞非常赞赏沈彤，谢山亦由李、方二公而结识沈彤。沈彤对谢山的著作领会颇深，尝对谢山说：“读《鲒埼亭集》能令人敖，然亦能令人壮，得失相半。”谢山“甚佩其言”。[②] 当谢山在岭南听到沈彤归道山的噩耗时，为失去了又一知己而悲痛不已：

> 呜呼！大江南北相望二千余里，高材之士不少，然心知之契可以析疑义、资攻错，而不徒以春华相驰逐者，则舍果堂之外，吾未之见。[③]

谢山深以为憾的是，乾隆十六年(1751年)冬，沈彤所著《周官禄田考》方就，他盼望谢山能来吴，有所商榷。谢山从扬州归家，途经苏州，老友陆茶坞等人挽留他，并转告了沈彤的希望。由于岁暮，谢山连夜解维遽去，隔年及春，又有岭外之行。谁知这一去，就再也无法与沈彤并商学术了。[④]

与知心朋友或诗酒唱酬，或畅谈学问，这对谢山来说，不啻是一种安慰。生活对谢山来说也实在够苦的了。谢山好酒，尤喜饮苦酒，怕与其心境大有关系。厉鹗有首《全谢山喜饮苦酒，诗以嘲之》云：

---

① 以上引文，均见《鲒埼亭集》卷二十《沈果堂墓版文》。
② 参见《鲒埼亭诗集》卷九《双韭山房夏课集·偶示诸生》注。
③ 《沈果堂墓版文》。
④ 参见《沈果堂墓版文》。

> 大户饮嗜辛，小户甘是取。君户大小间，奈何好饮苦。前身天酒星，瓠瓜刀为辅。生成东野肠（孟郊诗：食荠肠亦苦），百觚堪一赌。刿檗供酿材，咀苓付曲部（《说文》：大苦苓也）。醉中不攒眉，起作鸲鹆舞。其味尽入心，驱向笔端吐。诗苦与俗违，文苦攻身窭。五行性有偏，恶旨讵劳禹。只应独酌谣，添入窦苹谱。①

“诗苦与俗违，文苦攻身窭”，可谓谢山的写照。“频岁谋食之行”，谢山深感其苦；赋诗作文，著书立说，也是苦事，但谢山乐此不疲。知心的友谊，则总会给谢山带欢乐和慰藉。请看他的《答姚薏田书》：

> 东驰西骛，索然无所得。少时造诣，本来尝有所成就。日复荒落，宜其茫然。古人谓客四方者，足以助文章之气。此以壮游言之，若吾辈频岁谋食之行，能使人嗒然丧其生平而已。薏田来书，盛称仆文，以为日进于古，是殆传闻之误耶！日者捃摭陈作，定为二十三卷。因忆盱江之言，谓天将假我以年与，必尚有所进也。如其不然，亦足藉乎以见古人。仆文岂敢求古人而见之，而惧其不复有进。聊复存之，以充异日覆瓿之用而已。②

---

① 诗载《樊榭山房续集》卷七。

② 文载《鲒埼亭集外编》卷四十六。

姚薏田，名世钰，字玉裁，浙江归安人。一生拓落，晚年授徒于扬州。身后亦靠马氏兄弟等友人料理，凄凉至极。薏田尝言，谢山："病在不善持志，理会古人事不了，又理会今人事，安得不病！"谢山深以为然。① 于此亦足见两人之知心。薏田死后，谢山借题发了一通牢骚说：

> 通经学古之士，每以阨穷加之。或曰所以玉之于成也。其信然乎？则所谓阨穷者，不过槁项黄馘，三旬九食，以毕其生，亦已足矣。而乃重之以疾病，甚之以患难，终之以孤茕。如是而曰玉之于成，莫之信也。天而有意于斯人也，而所以玉之者，适足以摧残戕贼之，以至于死，则司命者之权衡不知安在？②

这既是为老友大鸣不平，亦是自己胸中块垒的抒发。这类言论，很能窥见谢山的深层心态。

谢山笃于友谊，对朋友关怀备至。他给姚薏田的信中，曾问起"立甫山居，近况何似？幸为我寄声问之"。王立甫，名豫，字敬所，浙江长兴人。他最喜征文献，这与谢山同好。雍正十年(1732年)，谢山将赴秋试前一日，王立甫来看望谢山。谢山"偶与谈张苍水《冰槎集》中考证，倾耳听之，神味津津。火尽，取所储闱中桦烛焚之，鸡三号，童仆尽起，席间

① 参见《鲒埼亭诗集》卷八《西笑集·病甚有作》注。
② 《鲒埼亭集》卷二十《姚薏田圹志铭》。

灯火尚荧然。立甫乃曰：'吾过矣，子得无入闱而困耶！'"[①]从此栩栩如生的记叙中，可以看到谢山和立甫的亲密过从，以及他们对张苍水的崇敬，对考证的热衷。

谢山忠于友谊，但并不讳言朋友的过失和弱点。"铭其墓，不讳其生平疵纇"，这是谢山的一贯作风。谢山曾指出，"好名"乃王立甫的"膏肓之疾"，"以其好名，故不慎于择交，而连染之祸，至逮入京师。"谢山还记载了王立甫出狱后，自己和杭世骏同他相会时的一件小事：

> 堇浦问曰："患难之中所著多少？"立甫曰："无有也。"堇甫愠曰："古人遭难，正可言言，何忽忽耶？"立甫谢之。[②]

从此不难看出，杭世骏立身处世的一个可贵方面。当时，谢山未说什么，但他显然赞同堇浦之见。

在谢山众多的益友中，杭州的赵氏兄弟和扬州的马氏兄弟，对谢山的学术研究帮助甚大。赵氏兄弟出身于世家大族，马氏兄弟则是大盐商。因此，谢山与他们的过从，也就带有不同的色彩和特点。

"卅载心交类饮醇"[③]，这虽是厉鹗《哭赵谷林四绝句》中的诗句，亦完全适用于谢山和赵谷林、意林兄弟的友情。谢

---

① 参见《鲒埼亭集》卷二十《王立甫圹志铭》。

② 以上引文，均见《王立甫圹志铭》。

③ 诗载《樊榭山房集》卷六。

山《赵谷林诔》曰：

> 予初哭谷林诗，谓其“内行之醇备，问学之渊懿”。而深悲其遭遇之厄穷，是固不仅以交情也。然吾二人之交情，又岂世俗之所可同年而语哉！①

赵谷林，名昱，二十岁字功千，五十岁改字谷林，浙江仁和人。其弟意林，字辰垣。乾隆元年（1736 年），赵氏兄弟同被荐鸿博试，谢山特撰《与赵谷林兄弟书》，鼓励他们应试：“今倘以贤兄弟当其选，堪为是科生色。”②赵谷林之为人，“事亲以孝，待兄弟以友恭，御下以慈，接友朋、姻戚以厚，可谓有得于温柔敦厚之教者矣。”③接友朋以厚，加上家有园亭，甲于通邑，藏书极富，故而谢山经常寓居赵家的“小山堂池馆”，查阅图书，研治经史。特别需要提出的是，“谷林之聚书，其鉴别既精，而有弟辰垣，好事一如其兄，有子诚夫，好事甚于其父。每闻一异书，辄神飞色动。不致之不止。”④谢山家藏有秘本“四明宝庆、开庆（皆为南宋理宗年号，宝庆：1225—1227 年；开庆：1259 年）二志”，雍正八年（1730 年），“为人篡去，质于富人之手”。谷林以白金四十锭赎归，仍钞一副本归谢山，谢山深为感动，特赋诗致谢。⑤

---

① 文载《鲒埼亭集外编》卷四十六。

② 文载《鲒埼亭集》卷十九。

③ 参见《鲒埼亭集》卷三十二《〈爱日堂吟稿〉序》。

④ 参见《鲒埼亭集外编》卷十七《小山堂藏书记》。

⑤ 参见《鲒埼亭集外编》卷三十五《跋四明宝庆、开庆二志》。

谷林长子一清，字诚夫，号东潜。他曾为谢山续修《宋元学案》和七校《水经注》提供了不少方便。“君家牙籤三万轴，更还迭借奚童疲”①，生动地说明了这一点。“东潜以予修《学案》，购得直阁游公景叔墓志见示”，使谢山惊喜万分：“石墨何从购，遗文大可珍。”②谢山自谓，七校《水经注》，“所借老友莫如绎旃，通家子则赵生一清。不意从残雠对中逢此二特，是则厚幸也夫！”③谢山对赵一清的《水经注》校本，极为推重。《又赠赵东潜校〈水经〉序》曰：

> 杭有赵君东潜者，吾友谷林征士之子也。藏书数十万卷，甲于东南。禀其家庭之密援读书，从事于根柢之学，一时词章之士，莫能抗乎。爰有笺释之作，拾遗纠缪，旁推交通，裒然成编。五君子（按：指顾亭林、顾祖禹、黄子鸿、胡东樵和阎若璩）及（刘）继庄之薪火，喜有代兴；而诸家之毛举屑屑者，俯首下风。（胡）安定至是始有功臣，而（蔡）正甫之书，虽谓其不亡可也。④

赵一清对谢山七校《水经注》稿本，亦赞赏不迭，其《又题全氏七校本》评曰：

---

① 参见《鲒埼亭诗集》卷七《漫兴二集·健忘日甚柬东潜》。

② 参见《鲒埼亭诗集》卷六《吴兴消夏集·东潜以予修〈学案〉……》。

③ 《全氏七校注》附录《又跋沈氏水经校本》。

④ 文载《全氏七校水经注》附录。

> 四明全谢山翰林，取诸本手校于篁庵，谓道元注中有注，本双行夹写，今混作大字，几不可辨。盖述其先世旧闻，斯言也，予深然之。河、洛、渭、济、沔、江诸篇，经注混淆，卧病中忽悟其义，驰书三千里至京师告余。余初闻之，通夜不寐，竟通其说，悉加改正。今秋下榻春草园之西楼，各出印证，宛然符契。举酒大笑，因制序焉。[1]

谢山和东潜并非互相吹嘘，而是对彼此下苦功研究所得成果的肯定。两人为发展"《水经》学"而潜心研究的精神和乐趣，于此亦可以想见了。

扬州的马氏兄弟，是指马曰琯和马曰璐。谢山与他们的关系，亦非同一般。有的研究者认为："当时，一班富商大贾往往喜欢交结儒林，豢养名流，以附庸风雅，妆饰门面。而寒士们也靠此获得广厦之庇。祖望和他的好友厉鹗、杭世骏等，似也不例外。"[2]但是，笔者以为，把"扬州二马"，与附庸风雅的富商大贾同日而语，把谢山和他们的交往看作为"打抽丰"，似乎并不允当。按"康乾盛世"，扬州乃两淮转运使的驻地，盐业极盛，十分繁华。财力雄厚的盐商大兴土木，建筑园林，蓄养戏班，吟诗作赋，收购字画古董。精神上和文化上的需要，促使他们竞相邀请士夫文人。一时众多的诗人、文学家、书画家和学者接踵而至，云集扬州。盐商中确有

① 文载《全氏七校水经注》附录。

② 谢国桢《清代卓越的史学家全祖望》，载《清史论丛》第二辑，中华书局1980年版340页。

"交结儒林,豢养名流,以附庸风雅,妆饰门面"的人,儒林中亦不乏向盐商"打抽丰"以度日者。可是,扬州等地的有些"贾而如儒",或"亦贾亦儒"的富商大贾,他们与士夫文人的结交,乃是出于志同道合,彼此确有共同的兴趣和爱好。马氏兄弟具有极高文化艺术素养,他们的结交儒林,接待名流,在生活和治学上给予帮助,并非为了妆饰门面,附庸风雅,而是出于志同道合,弘扬中华文化。至于,谢山和厉鹗、杭世骏等人与马氏兄弟的诗酒留连,附庸风雅,为的是学术研究和文学创作。应该看到,谢山在经史研究和文学创作方面的成就,与马氏兄弟在物质上的资助,也是分不开的。

马曰琯,字秋玉,别字嶰谷;其季弟曰璐,字佩兮,又字半查。原籍安徽祁门,为望族。曾祖乃"明季诸生,甲申(1644年)后山居读书,不复应有司,乡里高其节"[1]。从祖父开始,寓居扬州。马曰琯,在乾隆年间,与汪懋麟(蛟门)、江春(广元)并称为"盐商三通人"[2],曾任朝议大夫候补主事。但他性耽山水,善交"四方名硕,结社韩门,人比之汉上题襟(汉上襟指郑交甫,他在江汉之滨遇仙子,仙女解佩而赠。典出《列女传·江妃二女》),玉山雅集(顾阿瑛"筑别业于茜泾西,曰玉山佳处,晨夕与客置酒赋诗其中。四方名士如杨维桢……元璞辈,咸主其家。园池亭榭之盛,图史之富,暨饩馆声伎,并冠绝一时"。参见顾沅辑《吴郡名贤

① 参见厉鹗《樊榭山房文集》卷五《扬州马氏墓祠地》。

② 参见梁章钜《浪迹丛谈》卷二《小玲珑山馆》。

传赞》卷三)。”[①]诗词均与弟齐名,称“扬州二马”。著有《沙河逸老集》和《嶰谷词》。马曰璐,监生。乾隆元年(1736年),与其兄马曰琯同举博学鸿词,不赴。著有《南斋词》。马家的“街南书屋”有“小玲珑山馆”,这是主人接待和宴请宾客之所。厉鹗极为欣赏此馆,有诗咏曰:“凿翠架簷楹,虚敞宜晏坐。题作小玲珑,孰能为之大?”“丛书楼”,则是马家的藏书之处。厉鹗亦有诗赞曰:“世士昧讨源,汎滥穷百氏。君家建斯楼,必自巢经始(楼中藏书甚夥,近更广搜经义,补所未备)。”[②]

在《丛书楼记》一文中,谢山谈到了他与马氏兄弟交往中最令其神往之事。他说:

> 扬州自古以来所称声色歌吹之区,其人不肯亲书卷,而近日尤甚。吾友马嶰谷、半查兄弟,横厉其间。其居南有“小玲珑山馆”,园亭明瑟,而岿然高出者,“丛书楼”也,并叠十万余卷。予南北往还,道出其间,苟有宿留,未尝不借其书。而嶰谷相见寒暄之外,必问近来得未见之书几何?其有闻而未得者几何?随予所答,辄记其目,或借钞,或转购,穷年兀兀,不以为疲。其得异书,则必出以示予,席上满斟碧山朱氏银槎,侑以佳果。得予论定一语,即

① 参见杭世骏《道古堂文集》卷四十三《朝议大夫候补主事加二级马君墓志铭》。

② 以上两诗,均见《樊榭山房集》卷六《题秋玉、佩兮街南书屋十二首》之《小玲珑山馆》、《丛书楼》。

浮白相向。予官于京师，从馆中得见《永乐大典》万册，惊喜贻书告之。半查即来问写人得多少，其值若干？从臾予甚锐。予甫为钞宋人《周礼》数种，而遽罢官，归途过之，则属予钞天一阁所藏遗籍。盖其嗜书之笃如此。[①]

在谢山看来，马氏的"丛书楼"，与"百年以来海内聚书之有名者"，如昆山徐氏（乾学），新城王氏（士祯），秀水朱氏（彝尊）相比，"几几过之"。究其原因，就在于马氏兄弟"有其力，投其好，值得时，斯其所以日廓也"。更为难能可贵的是，马氏兄弟不仅藏书和读书，也雠校。"嶰谷于楼上两头各置一案，以丹铅为商榷，中宵风雨，互相引申。"[②]在《丛书楼书目序》中，谢山对马氏兄弟更称赞不已：

马氏兄弟服习高曾之旧德，沉酣深造，屏绝世俗剽贼之陋，而又旁搜远绍，荟萃儒林文苑之部居。参之百家九流，如观王会之图，以求其斗杓之所向，进进不已。以文则为雄文，以学则为正学，是岂特闭阁不观藏书者所可比，抑亦非玩物丧志之读者所可伦也。[③]

这是否是谢山的阿谀之词呢？回答是否定的。谢山最痛恨阿

① 文载《鲒埼亭集外编》卷十七。
② 以上引文，均见《丛书楼记》。
③ 文载《鲒埼亭集》卷三十二。

谀应酬文字，不得已而为之，亦“十九束阁”。[①] 对于马氏兄弟，谢山引为知己，非常信任。谢山弥留之际，嘱咐董秉纯将其文稿交给马氏兄弟处理，这是最好的说明。

谢山尝谓“吾朋友中不乏好古之士”[②]。象“苕中二沈”、仁和张熷和鄞县史荣等人，在经史研究上皆颇有发明，为谢山所器重。

“苕中二沈”，指沈东甫及其堂弟绎旃，浙江归安（今湖州市）人。东甫名沈炳震，字寅驭，补诸生，屡试不遇。笃于古学，穷年著书；尤长于新旧《唐书》的研究，著有《新旧唐书合钞》、《九经辨字读蒙》等。其堂弟沈绎旃，专治《水经注》，其校本极为谢山所推重。谢山曾指出：

> 苕中老友沈君绎旃，少与其兄东甫从事于此，东甫遂以属之。岁在庚午（乾隆十五年，1750 年），予贻书求其稿，绎旃欣然携之至杭，并亡友董讷夫之本以来。讷夫，亦义门高弟也。绎旃与予讨论浃旬，遂留置予插架中。其发摘讹误，如错姑水、檀台冈、瓅侯亭、横山，并汉功臣表郸侯之读音为多，不特有功于善长而已。[③]

在通家子弟中，谢山独善李世法。李世法，字甘谷，号

---

① 参见《鲒埼亭集外编》卷四十九《钱芍庭七十序》。

② 参见《鲒埼亭集》卷二十《万循初墓志铭》。

③ 参见《全氏七校水经注》附录《又跋沈氏〈水经〉校本》。

次行，鄞县人。祖父李邺嗣（杲堂）是《甬上耆旧诗集》的编纂者。父李暾，字寅伯，一字东门，“少时尝预征人之社，然不喜讲学。或劝之，则曰：‘今世之为此者，特希世以盗名，吾不屑也。’”[①]李氏祖孙三代皆工诗，谢山认为，“东门于诗别为一家，不甚墨守杲堂之传，次行亦由东门入手，以性灵从事于苦吟。”次行与谢山辈相留连，“时时序其先人之文献，以无忘明德”。为此，谢山叹曰：“吾乡世胄子弟，百年以来日衰替，不能守其先代之风度。而次行独持其旧德，克守高曾之规矩。”[②]在《初八日，甘谷招饮，题其小照五卷》中，谢山又赞曰：

杲堂一瓣香，赖君再峥嵘。从今嘘大力，便作长明灯（燃香图）。[③]

谢山还有许多朋友，如钱芍庭、张靓渊等人，皆热心地为谢山提供文献资料，支持他的学术研究。

钱中盛，字又起，号芍庭，鄞县人。他有三件事使谢山终身难忘。其一，谢山续编《甬上耆旧诗集》，为了帮助谢山，芍庭天天向诸故家访求诗作，“得一集，不翅拱璧；即其集不可得，而片词只句足以入选，使其人不朽，则大暑走烈日中，穷冬冒风雪，重趼不惜也。”其二，谢山还乡以后，“颇从事粉社诸先正金石之文”。芍庭老眼秃笔，帮助手抄，“兀兀成

① 参见《鲒埼亭集》卷二十一《李东门墓表》。
② 以上引文，均见《鲒埼亭集》卷二十一《李次行墓版文》。
③ 诗载《鲒埼亭诗集》卷二《虬骨集》。

编，而有关于钱氏者，又独为一集，秘之巾箱”。[1] 其三，“芍庭为予至青山，求元人叶编修家乘，抄其遗文，归而乏舟。帙甚巨，芍庭负之行东钱湖上四十里，始至”，谢山为此感动得赋诗以志纪念。[2]

谢山续编《甬上耆旧诗集》，亦多得张靓渊之力。[3] 谢山《张二靓渊读予所续〈甬上耆旧诗〉而曰：诸公原集虽付之炬可矣。予皇恐未敢当也。》诗曰：

> 百家杂碎原应火，老眼摩挲幸未花。传写莫教牧吏漏，别裁只合老辛夸（因荆公选唐诗，及遗山选金诗事）。桑田轶事纷纶出，枌社遗文仔细查。所思拾残犹有待，敢言一揽尽天葩。[4]

谢山还有不少诗友，他们参加诗社活动，研讨诗学，这对谢山的诗学观和诗歌创作殊有关系。

钱塘吴域，字敦复，号瓯亭，著有《云蠖斋诗集》和《云蠖斋诗话》。他家的“瓶花斋”，是谢山与杭城才彦诗酒宴欢之地。扬州陈授衣，号竹町居士，著有《宝瓻集》，谢山作序评曰：“竹町居士陈授衣，以诗文名大江南北者，凡三十年而不遇。其遇益蹇，其诗益工。顾竹町之诗愈工，而其心愈歉然有所不足。余谓其心之歉然有所不足者，此诗之所以工也。”

---

① 以上引文，均见《鲒埼亭集》卷二十二《钱芍庭诔》。
② 诗载《鲒埼亭诗集》卷四《抄诗集》，引文即诗题。
③ 参见《鲒埼亭诗集》卷七《漫兴初集·寄张靓渊于京师》注。
④ 诗载《鲒埼亭诗集》卷四《抄诗集》。

谢山尝曰："每客扬州，馆于马嶰谷斋中，则与竹町晨夕。竹町居东头，予居西头。余方修《宋儒学案》，而竹町终日苦吟，时各呈其所得。"①

谢山于国初诗伯，心醉施闰章；于时人，则神往王士禛和朱彝尊。对此，诗人王梅沜深以为然。谢山自雍正八年(1730年)之秋，读王梅沜《罿脰山房集》而心契。后来，谢山和梅沜在南京相会，"偶及宛陵(施闰章)之论，不觉促膝相近，赏音同调，而又转叹葛歆之嗜，无怪其为时所外也。"②

钱塘符药林，有《西湖纪事诗》和《春凫小稿》。谢山论诗，自盛唐而后推三家："柳子厚不可尚矣，次之则宛陵(梅圣俞)，次之则南渡姜白石。皆以其深情孤诣，拔出于风尘之表，而不失魏晋以来神韵，淡而弥永，清而能腴，真风人之遗也。"药林论诗，与谢山同调。"其生平嗜好，寝食于白石，而惜其所作之不尽传"。谢山认为，"其诗之春容骀宕，超然自得，绝不为境所束，是岂可以近世诗人目之欤！"③

谢山"放废湖山"之后，与地方官吏时有接触，其中亦不乏知心之交。

满州贵族纳兰常安，曾任浙江巡抚，慕谢山之才名，礼遇甚厚。常安虽是个大官僚，却喜考察各地风土人情，历官

① 以上引文，均见《鲒埼亭集》卷三十二《〈宝甗集〉序》。

② 参见《鲒埼亭集》卷三十二《〈罿脰山房诗集〉序》。

③ 以上引文，均见《鲒埼亭集外编》卷二十六《〈春凫集〉序》。

湖、广、云、贵等地，撰有《受宜室宦游笔记》。他督理北路粮饷，驻鄂尔昆（即鄂尔坤，也作阿鲁浑，源出杭爱山北麓。）时，撰有《瀚海》前后集；游沈阳时，则撰《沈水三春集》。常安巡抚浙江时，因进贡不中弘历意，为属下官吏所反噬，乾隆十三年（1748 年）被捕，并处死刑。谢山闻讯，特赋诗悼念，诗云：

当君开府日，我最罕经过。为避猪肝累，兼之箕口多。高牙今已矣，旧雨近如何。剩有山中客，神伤春梦婆。①

在为常安的《受谊堂集》所撰序文中，谢山对常安之吏治和文章，极尽赞颂之能事。他说：

在昔欧阳兖公之文章，足以嗣孟、荀，侔迁、固，拟韩、李矣。顾兖公平日每不谈文章，而谈吏治。今公扬历三朝，累持旄节，勋名在江右，在淮上，在浙河东西。说者以为公之专精者，吏治也，顾其于文章惓惓不置。予尝讲求其故，知二公之迹则异，而道则同。……读公之集，渊源本乎忠孝，涵养底于和平，函雅故通古今。其真圣代之儒臣，可不谓之巨手欤！②

① 《鲒埼亭诗集》卷八《望岁集·寄讯故抚军常履坦，时方秋迟于西曹》。
② 《鲒埼亭集》卷二十六《〈受宜堂〉序》。

绍兴太守杜甲，号补堂。谢山主讲蕺山书院，就是他邀请的。杜甲虽是清朝的地方官，却热衷于为胜国以及南宋越中忠臣树碑立传。他的《传芳录》，于胜国越中忠臣，皆绘像系赞。谢山与杜甲交往的一个重要内容，就是借杜甲之力，为表彰历代有功于越中的名人，特别是"故国忠义"，做许多实事。这从谢山的《故太守汤公莺斋，有大功于越中，而专祠已圮，今祀于书院中，同补堂赋》、《补堂谒六陵补记谢皋羽、王修竹、郑林翁于唐林之次，予告以尚有罗陵使，不可遗也》[1]、《为明故国胶州高公立祠议，与绍守杜君》[2]等诗文，可窥见其中消息。为"冬青义士祠祭议"，谢山特给杜甲三通书，更证实了这一点。[3]"执事葺念台（刘宗周）之精舍，祀寓山（祁彪佳）之影堂，皆近世俗吏所无，其有功于风教大矣。"[4]"执事轸念明故殉难诸家后人，每岁予以赉恤，且使著为故事，甚厚。"[5]这是谢山对杜甲的肯定，也是他们友谊的基础。

谢山的及门弟子，为数不多，然皆忠于师门，在操办谢山后事，特别是在收集、整理和刊刻乃师遗著，宣扬谢山之学方面出了大力。

首先要介绍的是董秉纯，他是谢山老友董钝轩之少子。谢山《董钝轩六十序》指出，"予罢归，诸董耆旧如晨星，其昕

---

① 两诗皆载《鲒埼亭诗集》卷八《采蕨集》。

② 文载《鲒埼亭集》卷三十三。

③ 三文皆载《鲒埼亭集》卷三十二。

④ 参见《鲒埼亭集》卷三十三《为明故国胶州高公立祠议，与绍守杜君》。

⑤ 参见《鲒埼亭集外编》卷四十三《与绍守杜君札》。

夕过从者，只钝轩兄弟三四人”。① 在《钝轩索题小照》中，谢山赞扬这位老友说：

> 风流公子重清门，衫袖都成古画痕。莫以华颠叹迟暮，依然惨绿叹朝暾。飘蓬我亦愧前盟，那得丹砂一昔成。只有飞扬心气在，披图约略见平生。②

董秉纯，字少钝。“年甫踰冠，颇有志于稽古。”《全谢山年谱》乾隆九年(1744 年)谱曰：“是年，先君始率仲兄秉缊暨纯受业先生门下。先君方修寒家宗谱，请先生鉴定凡例，并撰《先世志传碑赞》凡三十余篇。”谢山逝世后，董秉纯撰写了《全氏世谱》和《全谢山年谱》；又十余年如一日地为整理、刊刻谢山的遗著而努力不辍。乾隆四十一年(1776 年)，董秉纯在粤西那州(今广西庆远县)任判官，终于整理并手抄了《鲒埼亭集外编》。在《题词》中，他介绍说：

> 予之钞此，历十有一年，且方以为得就修正之始，盖传书之难如此。先生生平于前辈诗文集冥搜博罗，露纂雪钞，不啻饥渴之于甘美。即此集中借书、求抄书诸简帖，可以感发而兴起，而表扬先哲，睠念同侪。山阳之笛，思旧之吟，无岁不有。今自先生之殁二十有二年矣，穿中片石卒无应者，而遗书之飘荡，岌岌有不可知之势。至使予只轮孤翼，皇

① 文载《鲒埼亭集外编》卷四十九。
② 诗载《鲒埼亭诗集》卷九《双韭山房夏课》。

皇于车尘马足之闲，卒以案牍余劳，完此委付。天或假年，犹当再为复审。否则借手以报先生于地下，其不在斯乎，亦重可慨也矣！

真是不幸而言中，《鲒埼亭集外编》直到董秉纯逝世，尚未能雕版。后又经同门蒋樗庵的重加审定更正。①

樗庵，乃蒋学镛之号，乾隆三十六年(1771年)举人。他是谢山舅父蒋拭之之子，与谢山既是中表兄弟，又有师生之谊。樗庵受谢山的影响，也究心乡邦文献，有《甬上先贤传》等著作。《樗庵存稿》中的《同董小钝、顾镒沙、万近逢、倪九山谒墓》，表达了他与同学对谢山的深情悼念。诗云：

挈榼城南路，西州涕不禁。凄凉披墓草，邂逅盍朋簪。谁赋《大招》句，空怀后死心。緊予独荒落，惭愧受恩深。

一抔谁复生，禾黍绕荒阡。野祭虚寒食，遗书宝《太玄》。有才天自忌，绝学世还传。剞劂他时了，为文告墓前。(时方刻《经史问答》未成)

除董氏兄弟、蒋学镛外，谢山及门弟子尚有卢镐、张炳、金藻、范冲一等人。

谢山虽然“于时流鲜所屈服”，可是，他交游广泛，笃于友情。仅就以上极不完全的介绍而言，已可看出谢山交游的

① 参见《鲒埼亭集外编》目录后《跋》，此跋当为史梦蛟所撰。

三个特点：其一是多忘年之交；其二是多学术之交；其三是多终身之交。这样的交游，对谢山的立身处世和学术思想很有影响，对谢山的物质生活和精神生活颇多帮助，对谢山搜讨、整理乡邦文献，潜心研究经史之学，则大有裨益。谢山从良师益友那里汲取了力量，得到了支持和慰藉，这也是他一生拓落而贫困，却能在经史研究和诗文创作上取得丰硕成果的原因之一。

五、著　述　考

谢山一再感叹“三十年来之荒落”[①]。从功名富贵来说，谢山确实荒落了三十余年；但就经史研究和诗文创作而言，谢山的一生是充实的。自雍正三年（1725 年），二十一岁时撰著《沧田录》开始，直到弥留为止，谢山从事撰著工作整整三十年。用著作等身来形容谢山，亦不为过。荒落云云，只是他的谦虚而已。

关于谢山的著述，蒋天枢先生早在 1933 年发表的《全谢山先生著述考》[②]，已作了详尽的考述。笔者只是在蒋先生研究的基础上，根据谢山文集所提供的材料，略作整理和补充。

由于谢山身后萧条，手稿流落，以至迷失。董秉纯等弟子，在谢山死后二十多年整理他的遗书时，已经或“虽存而多不全”，或“竟无片纸只字”，这是首先应该指出的。其次，谢山曾两次谈到，“吾乡故国遗民之作，大率皆有内外二集。

---

① 参见《鲒埼亭集》卷二十一《陈丈孔塘墓志铭》。

② 载《国立北平图书馆馆刊》第七卷第一、三号。

其内集则秘不以示人者也，转盼百年，消磨于鼠牙鱼腹之中。虽外集亦什九不传，况内集乎！”[①]那末，谢山自己是否尚有“秘不以示人者”之著述呢？谢山的时代，清廷的思想统治极其严酷，对于残酷的文字狱，一般汉族士夫文人仍心有余悸。谢山反复申称“圣朝已不讳”，“幸逢不讳之期，采薇采芝之音，得以不终湮没”[②]，恰恰从反面说明，他虽大力表彰“故国忠义”，但也不无担忧。因此，很难保证谢山没有“秘不以示人者”之著述。

据董秉纯《鲒埼亭集外编·题词》，谢山著述不下三十余种。蒋天枢先生《全谢山先生著述考》，考述了今存著作十四种，伪书一种，未见或已佚著作十九种，共计三十一种。

（一）谢山今存的著述

(1)《公车征士小录》(不分卷，缪荃荪刊入《烟画东堂小品》内)

鲍钞《稗勺》：“乾隆元年(1736年)廷试鸿博，全太史撰《公车征士小录》八卷，今刻本不分卷数。”谢山有撰于乾隆元年九月之朔的自序和跋。《鲒埼亭集外编》卷二十五《〈公车征士录〉题词》指出：“予作《词科摭言》，于己未(康熙十八年，1679年)百八十六征士，已仿高允《征士颂》

① 参见《鲒埼亭集》卷三十一《董高士晓山〈墨阳集〉序》。另在《鲒埼亭集外编》卷二十五《杲堂诗续钞序》中亦有类似的话。

② 参见《鲒埼亭诗集》卷八《采蕺斋集·故理刑陈公卧子有大功于瓯粤，而祀典未备，以嫌忌也。秋塍偶及之，予请援太守汤公之例，祠之书院中》。

之例，详为书之，其接今科（指乾隆元年丙辰科），则尚未能遽成书也。乃先取同荐诸公姓氏、里居、世系，合为一录。”

（2）《读易别录》三卷（知不足斋丛书本，又抄本，董秉纯《鲒埼亭集外编》亦有此书）

谢山《自序》，介绍了他对《易》的认识，以及他治《易》的动机和特点。他说：

> 呜呼！诸经之中，未有如《易》为后世所录者。旧史之志艺文，自传义章句而外，或归之蓍龟家，或五行家，或天文家，或兵家，或道家，或释家，或神仙家，以见其名，虽系于《易》，而实非也。彼其专为传义章句者，诸家之徒居十九焉。今取其自出之宗，暨其流行之派，厘然别而列之，而彼传义章句之无当于经，不攻而自见矣。是旧史卫经之深心也。……近日有作《经义考》者，不审旧史之例，概取而列之于《易》，则所以乱经者莫甚于此。愚故列图纬于篇首，而以诸书附之，略疏证其门户之异同，以见其必不可以言经也。若夫旧史所载，间亦有分析未尽者，并为改而正之，庶乎使正闰之不消淆云。

蒋天枢先生认为：“此书为纠正朱彝尊《经义考》而作，虽为目录之属，而能将《易》之源流作系统的分出，以史的眼光治经，与清代专讲家法者不同。”此评良是。蒋先生考证说，此书当撰于雍正十年（1732年），亦持之有故。

（3）《困学纪闻》三笺（黄冈万氏集证本，道光五年（1825年）翁允圻辑注本，《四部备要》子部）

撰成于乾隆六年(1741年)秋,时谢山寓扬州马氏畬经堂。谢山自序,撰于乾隆七年(1742年)二月。在自序中,谢山对阎若璩和何义门之笺作了评论。指出:“潜邱详于考索,其于是书最所致意。义门则简核,而欲高自标置,晚年妄思论学,遂谓是书尚不免词科人习气。不知己之批尾家当,尚有流露此笺,未经洗涤者。”王应鳞是谢山最敬崇的学者之一,在谢山看来,《困学纪闻》乃“碎金所萃”。“顾其援引书籍奥博,难以猝得其来历。”于是便在阎、何二笺的基础上,“取二本合订之,冗者删简,而未尽者则申其说;其未及考索者补之,而驳正其纰缪者,又得三百余条。”①

(4)《勾馀土音》二卷(嘉庆十九年〈1814年〉六月刊本,宣统三年〈1911年〉《国粹学报》重刊本,又吴兴、刘氏嘉业堂刊陈铭海补注本)

从《鲒埼亭集外编》目录后《跋》可知,此书乃谢山手定。据董秉纯《全谢山年谱》记载,乾隆七年(1742年)夏四月,谢山与同邑陈南皋、钱芍庭、李甘谷、胡君山、董钝轩为“真率社”。是年冬,“真率社”中辍。故此诗集中的三百余首作品,撰于四月至十月之间。凡三卷,多五言古诗。“上中卷乃与同里友人游览故迹,间及掌故名物之有关桑梓者。光绪《鄞志》多取于此。下卷乃琴操、饶歌、薤露词之属,系取前明节操义烈诸轶行纳之歌咏,与文集中所表彰者,可互相证明。”②

谢山的《〈勾馀土音〉序》,撰于乾隆八年(1743年)。序

① 以上引文,均见《鲒埼亭集外编》卷二十五《〈困学纪闻〉三笺序》。

② 蒋天枢《全谢山先生著述考》按语。

文对于自北宋元祐、绍兴年间，直到清初的勾甬诗社的源流和演变，作了详细的叙述，并揭橥了自己参与“真率社”所作诗篇的特点。

(5)《续甬上耆旧诗集》百二十卷（光绪三十一年〈1905年〉上海“国粹保存会”《国粹丛书》本，民国七年〈1918年〉鄞县“四明文献社”据定海谢氏灵蕤馆本铅印本。）

清初的李邺嗣（杲堂），是位有骨气的明代遗民。一生流离国难，委蛇家祸，周旋于忠孝之间。顺治五年（1648年），曾被捕下狱。康熙十七年（1678年），浙江大吏皆欲荐杲堂应词科，杲堂以死力辞。“采薇硁硁，是为末本；臣靡犹在，复兴夏室”，这是杲堂之志。《甬上耆旧诗集》是杲堂的一部力作。①

乾隆九年（1744年），谢山选定杲堂内稿，及《西汉节传》和《昭武先生残集》，始有意续纂《甬上耆旧诗集》。从此，苦心遍搜诸老遗集。乾隆十年（1745年），有了个初稿，凡百六十卷；次年仍在录诗作补充。乾隆二十年（1755年），谢山病甚，董秉纯将《续甬上耆旧诗集》未定稿本，质之于卢青崖抱经楼，买了半两人参。②

《续甬上耆旧诗集》，可谓谢山遵父命而纂辑之书。《增补〈宋元甬上耆旧诗〉序》尝曰：“先公尝手葺《宋元甬上诗》一十六卷，以补杲堂之阙，至数十家。命不肖曰：‘吾所见书不能备，汝可随所见续之。’不屑学殖荒落，衣食奔走，无以仰副先公之意。”

① 参见《鲒埼亭集》卷二十七《贞愍李先生传》。

② 参见《董谱》乾隆二十年谱。

“杲堂之例，荐绅以神宗末年为止，惟布衣或者有不拘者。”[①]谢山《续甬上耆旧诗集》今传本一百四十卷中，前八十卷[②]，续补了明隆庆、万历以后的荐绅和布衣之诗，多达九十余家，更有为数众多的“故国忠义”和遗民之诗；最后六十卷，选录了清朝诗人之作。

(6)《续宋元学案》一百卷(道光十八年〈1838年〉慈溪冯云濠初刻本，道光二十年〈1840年〉何绍基重刻本，光绪五年〈1879年〉龙汝霖等重刊本)

乾隆十年(1745年)仲春，谢山至慈溪祭黄宗羲，老友郑性之子临之(大节)属谢山续成《宋元学案》。谢山有诗曰：“黄竹门墙尺五天，瓣香此日尚依然。千秋兀自绍薪火，三迳劳君盼渡船。酌酒消寒欣永日，挑灯讲学忆当年。宋元儒案多宗旨，肯令遗书叹失传。”[③]次年，谢山去扬州途中，在舟中编次《宋元学案》序目，有诗曰：“关洛源流在，从残细讨论。茫茫溯薪火，渺渺见精魂。世尽原伯鲁，吾惭褚少孙。补亡虽兀兀，谁与识天根。”[④]从此年开始，直至乾隆十九年(1754年)，谢山兀兀从事于《宋元学案》的“补亡”工作。王梓材对董秉纯《全谢山年谱》有关修补《宋元学案》部分加

① 《鲒埼亭集外编》卷三十一《书〈甬上耆旧诗〉后》。

② 《续甬上耆旧诗集》系谢山未定之稿，身后门人各以己见参订成书，稿本多达十种，且卷帙多少，篇什增损，互有异同。董秉纯《全谢山年谱》说一百六卷。《鲒埼亭集外编·题词》又说：“先生《续甬上耆旧诗》七十卷，《国朝甬上耆旧诗》四十卷。

③ 《鲒埼亭诗集》卷四《抄诗集·仲春仲丁之半浦陪祭梨洲先生》原注曰：“时临之属予续成先生《宋元学案》。”

④ 《鲒埼亭诗集》卷五《吴船集·舟中编次南雷〈宋元学案〉序目》。

按语曰:“谢山先生修补《学案》,岁月之深如是,其卒在乾隆二十年已亥,前岁甲戌,犹治《水经》,兼补《学案》。是谢山之于《学案》,虽谋刻于吴门,而修补未了。”[①]故月船卢氏诗稿自注云:“《宋元学案》经耒史、谢山两先生续葺,尚未成书。耒史,即梨洲季子主一先生别号也。”[②]

(7)《汉书地理志稽疑》六卷(嘉庆九年〈1804 年〉歙南朱氏得萱草堂刊本,又伍崇曜粤雅堂丛书本)

谢山自序指出:“《志》于《禹贡·职方》详矣。秦虽闰位,然后世郡县之祖,而言之颇略,且多舛焉。嗣是言三十六郡者,无不展转错出。以王厚斋、胡梅硐二先生之审慎,而不能正也。近者顾宛溪之地学,亦王、胡之流也,而沿讹如故。今参取颠末,更审定之。”蒋天枢先生认为,此书“乃《水经注》之佐也,且其创始也”。又指出:“是书以《汉志》为纲而参证载籍,审订疑误,治地学者之最初工作也。”朱文翰《汉志地理志稽疑刊本原起》,对此书评价甚高,说它“互勘旁推,折中众说,通洞密至,成一家言”。

(8)《全氏七校〈水经注〉》四十卷,《补遗》一卷,《附录》一卷(光绪十四年〈1888 年〉无锡薛福成校刊,板藏宁波崇实书院)。

谢山继承家学,弱冠已有志于注《水经》。自乾隆十四年(1749 年)始校《水经注》,直到逝世。晚年精力所注,用功

① 《董谱》曰:“十二年丁卯二月至湖上,上巳后重过‘水木明瑟园’,谋刻《宋儒学案》。夏,返武林,修《宋儒学案》。”此时,谢山修补《宋元学案》仅一年,所谓“谋刻”,当指完稿后,准备请吴中诸友相助刊刻,并非已经付梓之意。

② 参见何绍基重刻本《宋元学案》卷首王梓材按语。

最勤，有五校本、六校本和七校本。在谢山之前，顾亭林、顾祖禹、黄子鸿、胡东樵和阎若璩诸家皆曾校注过《水经注》，同时刘继庄、何义门等人亦为是书作疏，于是清初《水经》"乃有专门之学"。谢山老友沈绎旃和赵谷林之子一清等人，在校注《水经注》方面亦有所成就，谢山也借鉴了他们的研究成果。不过比较而言，清代对《水经注》的整理和校注，其规模之大，发明之多，贡献之最，当首推谢山。薛福成在序中，把谢山之七校本看作为宋元以来有关《水经注》集大成之作，评价极高。对于薛福成校刊之《全氏七校〈水经注〉》，王国维认为"实取诸卢氏、林氏所藏粘缀底本，及段氏所藏清本，非专据王梓材本，未可以其晚出而疑之也"。①

(9)《经史问答》十卷(乾隆三十年己酉〈1765 年〉杭州万福、鄞县蒋学镛等刻本文集附刊本，阮氏学海堂经解刻本只七卷，浙江第二次进呈书目中有《经史问答》四册十卷)

《经史问答》，又名《经史问目》，董秉纯《鲒埼亭集外编·题词》指出："先生少年刻志经史之学，多与同学质证，散见于简帖题跋。及后从游，多所问答，遂合编为《经史问目》。"蒋学镛《鄞志稿》，又作《经史问答录》。谢山《剡源九曲词》所载《双韭山房答问录》，当系《经史问答》的原稿本。

(10)《鲒埼亭集》三十八卷(嘉庆九年甲子〈1804 年〉姚

---

① 参见《聚珍本戴校〈水经注〉跋》。

江史梦蛟借树山房刊本,《四部丛刊》影印本)①。

董秉纯编,首列《全氏世谱》和《全谢山年谱》。谢山生前手定的《鲒埼亭集》内编的稿件五十卷,由董秉纯、蒋学镛等商定,交扬州马氏"小玲珑山馆",请求其助资刊行,并请谢山老友杭世骏为之校定作序。可是,杭世骏对原稿既不校定,也不退回。董、蒋等人"索之再三,而终不应"。序,杭世骏倒是写了一篇,但亦不寄给董、蒋等人,后收入了自己的《道古堂集》(是集刊刻于乾隆四十年〈1775年〉)。正由于此,后来便出现了杭世骏纂窃《鲒埼亭集》的疑案。但当时,董、蒋等人对杭世骏为何如此对待谢山的遗著,并没有说什么,只是感叹"是则可为长痛者矣"!光绪年间,徐时栋的《记杭堇浦》(戊辰),才说谢山因批评杭世骏在广东任粤秀山长时馈送和买卖湖笔、徽墨一事,得罪了杭世骏,杭世骏才积压谢山文稿,并在序中讥诮谢山,还窜改谢山的六七篇文章为己作。②

对于徐时栋的记载,蒋天枢先生《全谢山先生著述考》不以为然,他说:"然予反复于此,诚不能无疑。堇浦之于谢山,其交非泛泛者,以细故而怨毒终身,似出于人情之外。果如徐氏所云,则谢山有友如此,相交二十余年而不知为不智。而

① 《汉书·地理志》(上)载,会稽郡鄞县有鲒埼亭。颜师古注:"鲒,音结,蚌也。长一寸,广二分,有一小蟹在其腹中。埼,曲岸也,其中多鲒,故以亭名。"谢山《鲒埼亭集》卷二《鲒酱赋》曰:"伊介族之绝奇,禀太阴之精髓。母以蚌而成筐,子以蟹而居里。璅鲒其名,悬埼其沚。山以之而受民,亭以之而垂壤。"谢山的诗文集皆以鲒埼命名,亦是他热爱家乡的一种心态表现。

② 参见《烟屿楼文集》卷十六"记事"。又陈康祺《记闻二笔》,所载此事,与徐时栋所记略同。

堇浦之于谢山亦诚斯文之败类，而友朋亦将无复可信者矣。”蒋先生还指出：“且堇浦固非毫无介操者，堇浦自乾隆初年弃官归里后，即不复再出，晚年行径与经济生活，与先生（指谢山）无大异。”因此，蒋先生认为：“窃意：谢山既卒，门下士急欲为之得一穿中之石，以谢山生平志行之所在，而环顾谢山老友莫非堇浦者，于是即以此任望之堇浦。而堇浦年老矣，血气既衰，则畏惧之心恒多，所谓各省采进书，以及销书毁书之事，盖皆在乾隆三十五六年间，而堇浦晚年之所亲见也。则堇浦不敢揭谢山之志，且深藏谢山之集而不敢出者，固宜。董小钝辈既于此怨堇浦之无以应其请，为负死友；而谢山之集，堇浦又没收而不见还，遂深疑之。恶堇浦者，以市井相骂之态，造为此说，展转变幻，遂成徐氏之言，徐氏又恐人之不肯信，乃谓得之蒋学镛之手疏，于是杭氏遂无所逃罪矣。以杭氏之学，即尽去《道古堂集》犹可不朽，又何必窃至友六七篇文字以自重哉！”

谢国桢先生《清代卓越的史学家全祖望》则曰：“我感觉得杭世骏以才华见长，而研治史学的功力远非谢山之比。《道古堂集》都是些诗古文词考证之作，而涉及明史的文章较少，则可见未必窃取谢山之作以为己作；可是为了迁怒于谢山，把他文稿积压起来是会有的。”

笔者同意蒋先生的分析，杭氏深藏谢山之文集遗稿，一不是为了剽窃其文；二不是迁怒于谢山的一种表现。从杭氏的才学和为人，以及他与谢山在广东时的交往，皆不可能采取如此卑劣的手段，来对待友情长达二十余年的谢山。杭氏接到董、蒋等人寄来的《鲒埼亭集》五十卷，认真拜读之后，鉴于当时的政治形势，认为此时贸然刊刻，很可能会为老友带来不测之祸。为此，他宁可被人误解和中伤，既不寄回原稿，亦不披露自己的序文。

黄云眉先生对于这件疑案，早有类似的分析。他在《鲒埼亭文集选·前言》中这样说：

> 我以为祖望表彰忠义之文章，其终于不遭危险，主要还不在于祖望自己的解释，而在于祖望的文集遗稿，董秉纯向杭世骏索之再三而不应，沉沦既久，才躲过了一个文字狱灾祸的最可怕的时期，这是一种莫大的侥倖。如果祖望的文集，能在高宗未死以前流布人间，则毁版非绝不可能的事，而董秉纯所谓可为长痛者，恐在此而不在彼了。

黄先生的这种分析，是有道理的，但没有联系到杭世骏当时的思想。另外，杭氏的做法亦颇有令人费解之处。按理说，在董、蒋等人一再索取谢山文集遗稿时，杭氏似应去信向他们说明情况，并晓之以利害，劝他们不必急于刊刻《鲒埼亭集》，此其一。其二，杭氏为《鲒埼亭集》所撰序言，后来收入了《道古堂集》，为何不事先将此序抄寄给董、蒋等人？其三，为什么不在适当的时候归还《鲒埼亭集》文稿，而一直深藏在身边？

寄给杭世骏的《鲒埼亭集》原稿五十卷，只能说是迷失了。所幸他的高弟董、蒋二氏，仍保有副本，并且还有谢山未及整理的一大篓遗稿。乾隆三十七年(1772 年)，董秉纯首先刊刻了前四卷，封面题全谢山太史著《鲒埼亭集》，春雨楼藏。是书流传甚罕，为慈溪冯贞群所藏，今已归天一阁。冯贞群伏跗室还藏有《鲒埼亭集》二十二卷抄本,是书在刻本之前,卷数与刻本不同。[①]

(11)《鲒埼亭集外编》五十卷(嘉庆辛未〈1811年〉刊本、《四部丛刊》本,原稿藏鄞县卢氏抱经楼)

董秉纯任粤西那州判官时所编,其《题词》撰于乾隆四十一年(1776年)。嘉庆十六年(1811年),萧山汪因可(继培)刻于杭州,恐触犯文网,未敢署名。汪因可《鲒埼亭集外编序目后记》(今刻本无署名,据《耆旧集序跋》知出自汪氏)曰:

> 今谢山《鲒埼亭集外编》五十卷,门人董小钝手抄于那州判官署。小钝既殁,同门蒋樗庵重加审定,更正篇卷,较有条理。惟词句删润过多,间有失其本意者。今所校录,以董本为主,叙次则从蒋本,其董本所无,补以蒋本者,注于目录之下。董本以《读易别录》、《孔门弟子姓名表》别为"附录"一卷,蒋本则编入第五十卷。

这里所说的董本,今存抄本藏北京图书馆。此抄本卷二至卷六,多与今刊本不同。卷十八多《十洲记》一文,而检书中则无之。书眉识语,有董秉纯所识,有蒋学镛所识,亦有后加入者,难以识别。冯贞群另藏有《鲒埼亭集外编》稿本残存三册,内有《明礼部尚书仍兼通政使武进吴公事状》,为他

---

① 参见谢国桢《清代卓越的史学家全祖望》。

本所无。[1]

(12)《鲒埼亭诗集》十卷(道光十四年〈1834年〉慈溪郑尔龄笺经阁刊本,光绪十六年〈1890年〉慈溪童佐宸重刊本)

此书为谢山手定,见《鲒埼亭集外编》题目后的《跋》。关于谢山乾隆六年(1741年)以后的诗作,董秉纯的《鲒埼亭诗集序》有详细的介绍。此序只见于张伯英家藏本《鲒埼亭诗集》,今移录全文如下:

> 先生诗集,丁巳(乾隆二年,1737年)以前无存本;戊午(乾隆三年,1738年)至庚申(乾隆五年,1740年),接丁内外艰废业。辛酉(乾隆六年,1741年)九月始有诗,至壬戌(乾隆七年,1742年)春尽,共得六十一首,曰《祥琴集》,以方除服也。重四后,始举"真率社",诗最多,至岁底,得三百首,曰《勾馀唱和集》。癸亥(乾隆八年,1743年)正月至八月,得七十四首,曰《虬骨集》。盖先生是年四十,有诗曰:"酒醒梦断四十秋,病骨不胜骨愈虬。"故以名集也。九月,买棹将之维扬,途中得诗四十七首,曰《杪秋·江行集》。十月,假馆维扬马氏,至岁暮,得诗五十七首,曰《七峰草堂唱和集》。甲子(乾隆九年,1744年),得诗五十四首,曰《五甲集》。盖先生以甲申生,是年为四十一,则五甲也。乙丑(乾隆十年,1745年),得诗五十四首,

① 参见谢国桢《清代卓越的史学家全祖望》。

曰《抄诗集》，以方续选《甬上耆旧诗》也。丙寅（乾隆十一年，1746 年）正月至春尽，得诗七十七首，曰《百五春光集》。于是又有维扬之行，舟过吴门，为吴中故人牵挽，夏半始解维，得诗五十九首，曰《吴船集》。自六月抵维扬，冬尽乃归，得诗一百首，曰《韩江唱和第二集》。丁卯（乾隆十二年，1747 年）正月至五月，得诗九十六首，曰《偷儿弃馀集》，以寓吴下有小奚胠箧而逃也。六月，返武林，至九月，得诗一百二十一首，曰《吴山消夏集》。自是至次年四月，得诗一百八十七首，曰《漫兴集》，以方病不寐，医者谓当静摄，于是扫除一切，自谓随意得之者也。自五月至八月，得诗八十二首，曰《望岁集》。其时米价太昂，人情汹汹，忧世之作为多也。九月，绍守延主蕺山讲席，至岁暮归，得诗七十七首，曰《采蕺斋集》。己巳（乾隆十四年，1749 年）正月至三月，得诗七十七首，曰《西笑集》。以闻大金川叛首之降，而东南米价亦渐减。先生自注云："春尽初逢此笑口也。"四月至七月，得诗七十五首，曰《双韭山房夏课》。是年以暑甚，不出游，家居度夏也。自此至次年春半，得诗七十一首，曰《帖经余事集》。盖蕺山诸子以所业求先生鉴定，无暇为诗也。庚午（乾隆十五年，1750 年）三月至十二月，诗不知何以无存本，予方欲询之张兄瑶晖，求先生底稿，而瑶晖死，家又遭回禄，遂无可问矣！辛未（乾隆十六年，1751 年），正月至次年二月，得诗五□□□，曰《病目集》。先生自题其上曰："左目已盲,右目亦□□□□□□□放,从此遂与笔墨缘绝。故诗较他时最少也。壬申(乾隆十七年,1752 年)春杪,两广制府以天章山长来聘,遂入粤,已而大病;次年夏,遂辞归,得诗一百十六首。端溪门士黄文、谢天中、梁新共梓之,留于粤中。先生诗已刻者,惟此集。抵家后,病目甚,遂不复作诗。乙亥(乾隆二十年,1755 年)二月,嗣子晁斋夭,作哭子诗十首,则绝笔矣。总而计之,凡一千八百五十六首,皆删定之本也。五月,先生知不起,取诸本就床前以秃笔句之,淡墨模糊,尚有更定者。至六月望而卒,已不复能举笔矣,更半月而先生逝。纯亟捧全集归,思录为定本,以□□□人,而开卷腹痛,执笔泫然,旋录旋止,忽忽十年。今岁春尽,始得卒事。乃重检之,凡得十卷,共存古今体诗八百四十六首,盖不及前本之半。纯不敢妄有所增,皆先生手定云。乾隆三十一年丙戌(1766 年)晦日门弟子董秉纯。

又,天一阁藏有十卷本的《鲒埼亭诗集》,冯贞孝藏有五卷本的《鲒埼亭诗集》。①

《鲒埼亭集》内外编,原存在着一些缺陷。虽为谢山高弟董秉纯所编,但经后人传抄刊刻,其中缺漏之处,仍复不少。其他脱字、错简、次序颠倒,不一而足。为此,清代出现了多种批注本。谢国桢先生在《清代卓越的史学家全祖望》一文中,曾作过介绍,现摘要如下:

① 参见谢国桢《清代卓越的史学家全祖望》。

1. 严元照评校本《鲒埼亭集内外编》(原稿现藏上海图书馆):严氏批校此书,其旨在于补写其遗文,发明其文字,校正其笔误,以表示作古文之法。

2. 杨凤苞评注《鲒埼亭集内编》三十八卷稿本(原稿本为叶景葵先生所得,现藏上海图书馆)。杨凤苞熟于明清之际史事,著有《南疆逸史》十三跋。其评注有正谢山之失者,有补谢山对于史事之阙者。

3. 蒋学镛校《鲒埼亭集外编》本(冯贞群先生藏)。蒋学镛的批校,有时说明谢山的境况,有时纠正谢山的错误。冯贞群先生得蒋氏外编校本,过录于严元照的批本之上。后又得蒋氏内编校本,又获谢山手稿外编残存卷六至卷十五,同汇录在一起。

4. 李慈铭手校本《鲒埼亭集外编》(现藏北京图书馆)。

5. 平步青《群书斠识》中的《鲒埼亭集》校本。此书据蒋学镛及其他诸本详校,并多谢山自序及杭世骏序。

(13)《甬上族望表》二卷(嘉庆十九年甲戌〈1814 年〉刊)

此书分上下二卷,同姓而不同宗者,分为家属。凡各姓来鄞,始于何时,以及节行位望,学术源流,诗文世业,均为载及。梁启超评此书曰:"全谢山《四明族望表》,实《鄞志》中主要之创作。前此各方志,无族望表者。谢山此篇出,章实斋复大鼓吹之,同光后之方志,多开此门矣。"①

(14)《孔门弟子姓名表》(附钞本董秉纯编《鲒埼亭外集》第五十卷后,不分卷,现藏北京图书馆)。

---

① 引文转引自蒋天枢《全谢山先生著述考》。

光绪《鄞志》:“二老阁所藏《鲒埼亭集》抄本,附《孔门弟子表》一卷,若刻本内外集中无此表也。”

(二)谢山未见流传,或已佚之著述

(1)《甲申野史类》四十一卷(丁禹生有旧抄本,署国朝全祖望辑,海盐朱遇先生亦藏有抄本)

此书子目包括:毛霦《平叛记》二卷,无名氏《围城日记》十卷,顾苓《金陵野抄》十四卷,《难臣纪略》一卷,钱名世《四藩本末》四卷,陈盟《阁臣事略》一卷,杨陆荣《殷顽录》六卷,吴应箕《剥复录》六卷,吴岳《清流摘镜》六卷。

(2)《沧田录》

《鲒埼亭集》卷四十四《奉万西郭问魏白衣〈息贤堂集〉书》:“所下问白衣(按:魏耕,别字白衣,又改号雪窦山人)死事颠末,在拙著《沧田录》中,原有节略一通。但苦不甚悉,要其大略则可考耳。”据董秉纯《全谢山年谱》记载,《沧田录》撰于雍正三年(1725年),是谢山参考旧闻而成。又,杨凤苞《秋室集·南疆逸史跋》尝引谢山《圣田录》,不载卷数,谓专记鲁王监国事。蒋天枢先生认为《圣田录》,当是《沧田录》之误。

(3)翁洲寓公诗小传

参见杨凤苞《秋室集·南疆逸史跋五》,不载卷数。

(4)《读史通表》□卷

又名《古今通史年表》[1]，董秉纯《全谢山年谱》说此书撰于雍正四年(1726年)。董秉纯《鲒埼亭集外编·题词》又谓："若《读史通表》、《历朝人物世表》、《亲表》，竟无片纸只字。或疑原未有作，顾苕上沈东甫已曾见之，不知其所谓？"

谢山自序，介绍《读史通表》的特色说：

予初读二十一史，即取诸表谛视，略得其义蕴之所在。以为全史之经纬，如肉贯串，非徒取充口耳，雒三桓七穆以自夸者。因果尽为综勒，独成一书。但各史之未具者，多以万处士斯同所补为据。而万氏之书，尚多阙略，因为稍稍续葺，更得如干。其于前人所已有，更为疏证而审核之。或间遇讹错，则仿温公考异之例，略加订正。聊以充读史者之目录。[2]

(5)《历朝人物世表》二十卷

谢山自序介绍此书之体例曰：

余撰《读史通表》既竣，别作《历朝人物世表》二十卷，合二千余年之王侯将相、卿尹牧守，凡累世有见于史者，即牵连志其人代，而儒林文苑亦附见焉。其或陆陆无可书，则虽荫袭之烜赫，门第之高华，概削不录，惧芜文也。读者披览之下，若者

① 参见《鲒埼亭集外编》卷四十二《与陈时夏外翰论通鉴前后君年号帖》。

② 《〈读史通表〉序》载《鲒埼亭集外编》卷二十五。

家声世接，若者种恶代传，若者损宗，若者干蛊，是亦《春秋》之意矣！予友郑筠谷检讨尝语予："科举既盛，世家将替，即有明一代可见。"予于宰相传中，枚举昆山之顾，园门伏节；禾中（今浙江嘉兴市）之钱，兄弟死事，凡十数家，欲为胜国系望生色。①

(6)《历朝人物亲表录》□卷

又名《古今亲表录》，谢山《书宋中大夫周公家传后》指出："予纂《古今亲表录》，友朋多言其徒费日力。不知门地门分而流品出，未尝不于世教有补。"②

此书作为《历朝人物世表》之辅，其体例和特色，谢山在自序中作了这样的介绍：

予既撰《历朝人物世表》，因复仿前人之例，作《古今亲表录》以辅之。其缔姻帝室，得预戚里者，列之于首；次则内外大臣，皆以其于国事有关而推之。至于儒林文苑，因记魏杨遵彦谓：魏收修国史，论及诸家支叶亲姻，过为烦碎，颇与前史之体不合。收以中原丧乱，谱谍遗轶，是以具书其脉。斯亦宏长旧闻之意，未可以秽事竟黜其言。至予之所葺，直以古今人物起见，非徒以存诸家之系望，似较当涂更进一义。而其书又孤行正史之外，并不必以遵彦所言为嫌也。其间或参加议论者，大率皆前人未发

① 《〈历朝人物世表〉序》载《鲒埼亭集外编》卷二十五。

② 文载《鲒埼亭集外编》卷三十四。

之隐，如荀文若结连于常侍，不特郎陵公世德之衰，而可以见东京党锢之余，气节渐以坠地，不待投身霸府而知之也。张延赏不受李晟之昏，则大历以后朋党之萌芽也。荆公之有蔡卞其人，本殊途，而竟以新法横决之祸，是又运会之有嘿主其间也。旁魄纵观，固不得以簿目之书尽之矣。[1]

(7)《唐遗臣》一卷

谢山《跋韩侍郎致光赠吴颠尊师诗》曰：

予尝以欧公《唐书》叹天祐、天复后无节义之臣，推原与白马清流之祸，士气丧尽，有以致之。然恐当时尚有其人，特遭五闰丧乱，遂失之耳。因追搜缉集，补作《唐遗臣》一卷。其已见于史者曰司空侍郎图、韩侍郎偓、罗隐、梁震辈。此外尚有如孙郃、陈向之徒，尚得十余人，亦稍慰欧公之憾。[2]

此书想必早就佚失，连董秉纯、蒋学镛等人亦未见。故董秉纯《全谢山年谱》、蒋学镛《谢山传》和光绪《鄞县志》，均未记载。

(8)《歧国方镇志》

参见《鲒埼亭集外编》卷四十二《答沈东甫问李茂贞地界柬》。

① 《〈历朝人物世表〉序》，载《鲒埼亭集外编》卷二十五。
② 文载《鲒埼亭集外编》卷三十三。

(9)《三国志补注》□卷

《全氏七校〈水经注〉》附录引王朦轩云:“吴眉珊孝廉录《双韭山房书目》。”蒋天枢《全谢山先生著述考》按曰:“杭大宗有《三国志补注》,此当系吴氏误记。”

(10)《词科摭言》(未刻,董秉纯《全谢山年谱》作三卷,蒋学镛《谢山传》作四卷)

董秉纯《鲒埼亭集外编·题词》谓,此书虽存而不全。谢山《〈公车征士小录〉题词》则曰:

> 予作《词科摭言》,于己未百八十六征士,已仿高允《征士颂》之例,详为书之。其接今科,则尚未能遽成书也,乃先取同荐诸公姓名、里居、世系合为一录。①

董秉纯《全谢山年谱》云:“词科举主,以临川、灵皋为眉目,士之欲见二公者,率介先生道行。于是应诏二百余人,多半与先生通缟纻,先生因得尽其人之文章学术,乃汇为《词科摭言》一书。”这里所说的《词科摭言》,所记无疑是应试乾隆丙辰科的征士,与上述所记载康熙己未科征士的《词科摭言》,显然并非同一部著作。

(11)《石经考》四卷

未刻,见蒋学镛《谢山传》。

(12)《天一阁碑目》

① 文中所说“己未”,指康熙十八年的博学鸿科;“今科”,则指乾隆元年的丙辰鸿博科。

乾隆三年(1738 年),谢山家居,"重登天一阁,搜集金石旧拓,编成此目。"①

(13)《真隐观存》

参见《勾馀土音注》。

(14)《双湖志》

董秉纯《鲒埼亭集外编·题词》谓,此书虽存而不全。亦见蒋学镛《续甬上耆旧集·题词》。

(15)《四明洞天旧闻》

参见蒋学镛《续甬上耆旧集·题词》。

(16)《湖语》

参见蒋学镛《续甬上耆旧集·题词》。

(17)《钱忠介公年谱》

参见《鲒埼亭集外编》卷二十四《〈钱忠介公年谱〉引》。

(18)《张苍水年谱》一卷,《诗话》二卷

参见《鲒埼亭集外编》卷二十五《〈张尚书集〉序》。

(19)《肖山毛氏纠谬》十卷

参见《鲒埼亭集外编》卷十二《毛检讨别传》。这也是谢山遵父命之作。谢山及其父亲和祖父对毛奇龄其人其学,皆颇多不满。谢山《毛检讨别传》指出:"顾先赠公在时,西河之集未尽出,及其出也,先君始举遗言以教予。于是发其集,细为审正,各举一条以为例。"在一一列举了九个方面的谬误之后,谢山又说:"先君皆口授之,予因而尽之葺为《肖山毛氏纠谬》十卷。"

---

① 参见《鲒埼亭集外编》卷十七《天一阁碑目记》。

（三）谢山为人所编辑的杂著和诗文集

谢山有鉴于“近者吾乡后学茫然于桑梓典型之望”，特搜讨、编辑了“于故国大节以丽日星雨降霆者”的诗古文词集子，借以教育后学。① 现据笔者所爬梳，分别介绍如下：

（1）节录陈半湖《闻见录》有关明史者，独为一卷。

参见《鲒埼亭集外编》卷三十四《跋陈半湖〈闻见录〉》。

（2）为鄮山先生编辑诗集二卷。

《鲒埼亭集外编》卷二十五《〈春酒堂文集〉序》：“鄮山先生以诗名甬上，……予为去其十之五，而存有关名节者数十首，次为二卷，足以想见先生之生平焉。”按：周容，字鄮山，一字躄堂。入清后弃诸生，放浪湖山。“尝自言其诗字里有血，声外有泪。”②

（3）为磐樵先生编诗文集八卷。

《鲒埼亭集外编》卷二十五《磐樵先生集序》：“予力求之，得其赐隐楼古文，要非本。只《鹿溪所语》尚无恙，而诗竟绝少，到处捃摭，不满百首，乃合编为八卷。”

（4）为黄宗羲家藏草稿，“补其亡，汰其伪，定为四十四卷。”

参见《鲒埼亭集外编》卷二十五《〈南雷黄子大全集〉序》。

（5）为钱肃乐编辑《正气堂集》八卷，《越中集》二卷，

---

① 参见《鲒埼亭集外编》卷二十五《磐樵先生集序》。

② 参见《续甬上耆旧诗集》卷六十周容小传。

《南征集》十卷，附以碑记传记及葬录四卷，共二十四卷。

《鲒埼亭集外编》卷二十五《钱忠介公全集序》："予家自先赠公崎岖桑海，所掇摭同时诸公文字，其中颇有忠介之作。予年来搜讨故国遗音，亦间或得所未有。于是岕恭（忠介嗣子）捧其先人集来与予互相雠校增补，予惊喜不胜，不知何以得此于岕恭也。"

(6) 为李孝谦《四明文献录》厘正编次，自张制置《图经》后，别为二十四卷。

参见《鲒埼亭集外编》卷二十四《〈四明文献录〉题词》。

(7) 整理洪文惠公之《隶图》六卷。

参见《鲒埼亭集外编》卷四十七《答临川先生杂问》。

(8) 重葺《岳阳楼志》，补其遗佚，序其紊乱，而重雕之。

参见《鲒埼亭集外编》卷二十五《重葺〈岳阳楼志〉序》。

(9) 据《永乐大典》中的二袁文章，"即以所抄而先编次之，附以吾乡志乘所载，共得九卷，絜斋（袁燮）居其五，蒙斋（袁甫）居其四。"

参见《鲒埼亭集外编》卷二十四《二袁先生文钞引》。

(10) 为吴稚山编辑了《稚山先生残集》和《吴少保文稿》。

参见《鲒埼亭集外编》卷二十四《〈稚山先生残集〉序》、《〈吴少保文稿〉序》。按：吴稚山系殉节于翁洲的故明忠烈。

(11) 据《永乐大典》为南宋乾淳间唐仲友（说斋）编辑诗文集。

参见《鲒埼亭集外编》卷二十四《〈唐说斋文钞〉序》。

（四）谢山计划中的著述

(1)“尝思蒐辑诸公(按:指甬上寓公)轶事遗文,别为一录,以附图志之后,而卒未暇。”

参见《鲒埼亭集外编》卷四十九《甬上寓公偶志》。

(2)“予尝欲纂《甬上世家支系表》,稍以为同里正氏族之源流,勿令庸妄人得谬相因托,而忽忽未就也。”

参见《鲒埼亭集外编》卷二十五《董氏重修族谱序》。

(3)“是书(按:指《水经注》)于天下之水,东方则朝鲜,南方则交趾,俱无所遗。独闽中不具。……予思为《闽水经》一卷补之,才薄不敢任也。”

参见《全氏七校〈水经注〉》附录:《五校本题词》。

(4)“予拟重修《宋史》”。

参见《鲒埼亭集外编》卷二十八《书〈宋史·胡文定公传〉后》。

关于谢山的著述,当然也得谈一下《年华录》的问题。《年华录》四卷,嘉庆二十年(1815年)刻日新堂藏版,卷端有硃印,并附定价,每册计七折银三钱二分,当系书估所刻。初印本藏北京图书馆;又有上海商务印书馆翻印本。此书原序,劈头就说丙子夏云云。蒋天枢先生《全谢山先生著述考》认为,此书出于伪托甚显,因为谢山“生平未遇一丙子”;而序中所说“伤逝年华,感怀荣枯”,“亦谢山生平所不乐道者也”。另外,董秉纯《全谢山年谱》和蒋学镛《谢山传》又均不及此书。谢国桢先生亦说:“至《年华录》四卷,恐系伪书。”[①]蒋、谢二先生所论良是。

最后，笔者还想强调指出的是，谢山的著述，有以下四个特点：

首先，谢山与梨洲和万氏兄弟一脉相承，亦以一代历史文献为己任。他重视文献，特别是乡邦文献的搜集、整理和研究，这方面的著述数量最多，也最为突出。“他日史官如立传，先书气节后词华。”这是宋代叶适弟子吴明辅的诗句。吴氏尝赞其友丁敬身的《西湖金石文字录》云：“虽其书止于一隅，而其事关于一代，不已伟哉！”[②]我们对于谢山有关乡邦文献的著述，同样应作如是观。

其次，谢山有不少著述，虽属修补、笺校和辑佚之作，但颇多发明创造，于史学和学术源流的研究殊有贡献。蒋天枢先生认为谢山“生平著述皆偏于搜集材料。故辑佚之功，多于发明。”[③]此评，笔者以为尚可商榷。

再次，谢山的史学著述，包括学术史、工具书、历史人物传记和史料辑录等，在所有著述中所占的比例最大。

最后，谢山在搜集和整理资料上花费了大量的时间和精力，有些著述，从开始到定稿长达十多年，甚至几十年之久。

谢山的著述，都是学术性的著述。其学术价值，当然因书而异，但是，作为一个有个性、有成就、有影响的思想家，谢山的各类著述，无不真实而充分地反映了他的政治思想、哲学思想、史学思想、文学思想和教育思想，都是我们研究谢

① 参见《清代卓越的史学家全祖望》。

② 参见《鲒埼亭集外编》卷二十六《〈西湖金石文字录〉序》。

③ 参见《全谢山先生著述考》。

山的第一层位资料，弥足珍贵。

六、关于全祖望生平的几个问题

（一）谢山“左降出都”之后，生活相当贫困，为何从此不再出仕？

在研究这个问题之前，首先还得论述一下谢山为何遭到“左降”的不幸。

乾隆元年（1736 年）九月，谢山被阻应试鸿博；次年五月，散馆又列下等，外补。这两件事不仅对谢山的刺激非同一般，且影响到了他的后半生的生活和思想。被阻应试鸿博，散馆则列下等、外补，这前后两件事有着内在的联系。意外的重大打击，使谢山作出了辞官返里的毅然决定；在后来所写的文章中，一再使用“放废湖山”、“左降出都”、“左迁出都”等词语，则表明谢山对事件性质的看法。对谢山如此惩罚，皆出于“当事者”之意。究其原因，一是谢山的“疏放”性格；二是谢山与李绂的亲密过从，情投意合。

谢山自谓“疏慢成性”，李绂亦说“谢山之疏放极矣”。何谓“疏慢”、“疏放”，试举二例以见大略。

例一：雍正十一年（1733 年），户部侍郎赵殿最推荐谢山应词科。赵殿最的诸从弟，与谢山文字之交最笃。可是，谢山在北京时，却从未去拜谒过赵殿最。“及词科之役，公枉车骑见过，予皇恐谢曰：……予为之疏不自安者，久之。然予疏慢性成，虽衔知己之感，而过从甚简。”[①]

例二：谢山不能参加鸿博试，为了表明自己的经术和词章决不在应试者之下[②]，他便按词科之题，撰写了《五六天地之中合赋》。在序中说：“予因词科出是题，拟作进卷。先据《唐志》纠《汉志》，又代《汉志》答《唐志》，得二首，而序以先之。”在跋中，谢山考证了《汉史》“以五性六性配律历之说”，得出了“盖知汉、唐二志之牵合，而予言之不妄”。[③]

谢山如此“疏放”，其得罪张廷玉等“当事者”，落得“左迁”的下场，实在不足为怪。可是，从这种“疏放”之中，我们不是可以看到谢山的思想和性格中可宝贵的东西吗？

李绂说：“谢山疏放极矣。”其实，他自己也是个“疏放”之人。谢山的“疏放”发展到“极矣”的地步，与李绂的交往实在不无关系。

谢山凭其出众的才华和广博的学识，初入北京，“一时名下俱愿纳交先生。然先生所心契，李、万之外，惟灵皋先生、坦斋王侍郎、济寰曹给事、谢石林侍御、郑筠谷侍讲数人而已。而时相之门，虽屡招之，不赴。卒以此深嫉之，至于放黜。”[④]严可均《全绍衣传》亦指出：“徐相国屡招致之，不往，

① 参见《鲒埼亭集》卷十八《工部尚书仁和赵公神道碑铭》。

② 谢山在《奉方望溪先生辞荐书》（《鲒埼亭集外编》卷四十六）中说过这样一段话：“馆阁诸臣，原以经术为上，词章为末。某于经术虽尝致力，然自分终惭谫劣。至词章则似不至在同年诸公之下。今以明试词章被放，尚敢以经术求进乎？”

③ 参见《鲒埼亭集》卷二《五六天地之中合赋》。

④ 《董谱》雍正十年谱。

遂深嫉。相国以祖望故，特奏：凡经保荐已成进士者，不必再与鸿博试。”

蒋天枢先生《全谢山先生年谱》认为，徐相国当是张相国之误。笔者则以为，徐相国乃指徐本(立人)，他同样对李绂和谢山颇为不满。董秉纯《全谢山年谱》中的“时相”，才指张廷玉。请看《阁学临川李公神道碑铭》：

> 予之罢官也，徐相国言于朝曰：“今日李詹事必大作恶。”或问之，张尚书从旁答曰：“此乃具体而微之李詹事也。”呜呼，余亦何足以望公，而辱诸君之推毂乎！

由此可见，谢山之被阻不能应试鸿博，以及后来的“左迁”，是出于徐本和张廷玉这两位“当事者”对李绂以及“具体而微的李詹事”——全祖望之忌恨。

谢山入京应试，为的是“有得而有闻”。也就是说，既为了追求功名，以便光祖耀宗，也为了能在文化学术界争一席地位。可是，“疏放极矣”的谢山，终因名满京华，结交知己，而得罪权贵，遭忌被谪。

尚须指出的是，谢山的《圣清戎乐词》十六篇，其主观上是颂扬“三祖二宗之丰功”[1]。可是，其中的《大讨贼志取西北都也》一篇，忌恨谢山的人，告发他诗中有“不忘有明，虽颂昭代开国之功，实称扬思宗之德，有煽惑人民不忘故主之意”。为此，谢山几遭文字狱之不测，“幸赖大学士某救之得

---

① 参见《鲒埼亭集》卷一《圣清戎乐词》小序。

免”[①]。

亲身的遭际，使谢山进一步认识了北京这个“声利之场”；虽然吃到了苦头，但谢山并不愿意从此改变“疏放极矣”的思想和性格；又考虑到小人的进谗，以及“莫须有”之祸实难防止：这当是谢山“左迁”之后，一怒之下，毅然辞官归里的深层原因。

在论说了有关谢山被阻应试鸿博和“左迁”之后，我们就可以研究谢山归里之后，生活相当贫困，为什么从此不再出仕这个问题了。

谢山尝谓：“有明三百年世宦之贫，未有如吾家者也。”[②]又说：“吾家自遭兵火，家业荡然。”[③]

明代姑且不论，入清之后，鄞县全家，在经济上一直处于窘迫状态。谢山青年时代的读书生活也是十分清苦的，所幸能够安享天伦之乐。可是，好景不长，“缘家之贫，不能不衣食奔走”[④]。自雍正八年（1730 年）离家进京，直到乾隆十八年（1753 年）七月，从岭南返里，二十多年来，谢山一直在为衣食奔走，贫穷也就像影子一样地跟随着他。“薄游京洛”，虽然中举，谢山仍有“长安米贵，居大不易”的威胁，以致不得不典卖书籍。[⑤] 成了进士，进了翰林，谢山的生活依然非常清苦。“放废湖山”不久，父母又接连谢世，谢山的生

① 参见徐珂《清稗类钞·狱讼（上）·全谢山几以皇雅篇获咎》。按：大学士某，当即指李绂。

② 参见《鲒埼亭集外编》卷二十一《响岩先生茔地脉记》。

③ 参见《鲒埼亭集外编》卷八《先府君石椁铭》。

④ 参见《先公墓石盖文》。

⑤ 参见《鲒埼亭集外编》卷十七《春明行箧当书记》。

活更为艰难。晚年,"连年患频",谢山著述日富,生活日贫。为此,他感叹"荼苦余生",并不顾多病之身,长途跋涉,出任端溪书院山长。

乾隆六年(1741年)以后,谢山"极贫,饔飧或至不给,仲冬尚衣袷衣。赖维扬诗社岁上庖廪。然典琴书,数券齿,日皇皇也"①。谢山家居之日,不时出游杭州、扬州等地,不是为了著述,就是为了乞助,或两者兼而有之。《小玲珑馆主人为予置裘,赋谢》诗②,就透露了此中消息。梅雨季节,谢山家竟然会"绝粮"。《梅雨弥旬,奴子以绝粮告》诗曰:

> 呼童具盐豉,芼之堪共呫。平生耻温饱,此报亦足惬。室中呼菜妇,为我理残箧。微吟乞食诗,再临乞米帖。③

有次,好友李甘谷拜访谢山,谢山家无米作"一饭"招待他,妻子只能以"糕"代饭。为此,谢山特漫赋一律以索笑。请看《甘谷以重三日过我,亭午不能作一饭,内子以糕进,漫赋一律索笑》:

> ……斗酒只鸡良不易,葱汤麦饭亦萧然。空数日影匆匆度,剩得花容颖颖妍。底事重三作重九,题

① 参见《董谱》乾隆十四年谱。

② 诗载《鲒埼亭诗集》卷五《韩江唱和第二集》。

③ 诗载《鲒埼亭诗集》卷一《祥琴集》。

糕忽上买汤笺。[①]

诗中虽不无解嘲的戏谑，却真实地反映了谢山生活的贫困。“归装乏鞠劳，隔宿储亦寡”[②]，这正是谢山日常生活的写照。

乾隆八年（1743 年），谢山四十初度，朋友们共谋庆贺。谢山却以诗谢之。为什么呢？因为谢山认为，“礼经从未著生辰，况我连年忧患频”[③]，又有什么可庆贺的呢？梁葰林曾劝谢山移居杭州，这个建议对谢山颇具吸引力，“先泉翁结孤山社，寓居城东”，他很希望“重荷诸君意，为续城东缘”。何况移居杭州，也有利于他查阅资料，与朋友切磋学问。可是，想到家庭的窘困，只得放弃迁杭之念。所谓“此间良足乐，思蜀还瞿然。既恋善和书，亦念原氏阡”。于是祈求于将来：“他时倘几幸，得买阳羡田。”目前呢，“不妨一岁中，来往三江间”了。[④]

从以上这些一鳞半爪的材料，足以窥见谢山因落拓而导致的生活贫困。不过，需要指出的是，谢山的拓落和贫困，虽对他的学术研究有所干扰和影响，可是，却并没有改变他的思想和性格。生活再贫困，第一，谢山既不因此而动摇不再

---

① 诗载《鲒埼亭诗集》卷四《抄诗集》。

② 参见《鲒埼亭诗集》卷七《漫兴初集·归家见斋前竹实有作》。鞠劳：即芎劳，药名。《左传·宣公十二年》：“叔展曰：‘有麦麴乎？’曰：‘无。’‘有山鞠劳乎？’曰：‘无。’”《注》：“麦麴、鞠劳，所以御湿。”

③ 参见《鲒埼亭诗集》卷二《虬骨集·同人以予今年四十生辰，共谋称祝。予谓古无庆年之礼，况荼苦余生，诗以谢之》。

④ 以上引诗，均见《鲒埼亭诗集》卷六《偷儿弃馀集·葰林劝予移居杭州，雪舫、蘖斋二使君亦云然，而瓯亭和之。独堇浦有以知予之难于迁也》。

出仕的决心，亦不收敛"疏放"的性格；第二，谢山能推己及人，联想到广大的贫苦人民；第三，即使忍饥挨饿，也决不放弃搜讨和研究"故国遗音"的工作。不言而喻，若没有坚定的信念，崇高的节操和伟大的人格，是不可能做到这三点的。

谢山对于中进士后，因得罪"当事者"，不得应鸿博试，最后又被"左迁"一事，耿耿于怀，终身难忘。晚年，他告诫诸生说："莫似老夫中暴弃，桑榆潦倒愧先民。"①但是，谢山抱定宗旨，再也不出仕，即使饥寒交迫，亦决不动摇。董秉纯曾指出，谢山辞去蕺山书院山长之时，"是时选部之檄岁至，友朋之车乘频催，先生不为贫窭动心久矣！"②

谢山散馆之后，"同馆出为外吏者，率以书诉困悴"，谢山庆幸自己不出仕的明智。其"戏答三绝"曰：

诸公强半餍承明，潘陆风流亦可称。何时五穷终未送，依然冷况一条冰。

疏狂容易犯科曹，幕府谁能恕折腰。莫笑淮王昧称谓，从前地望本清高。

清虚只合谪蓬莱，岂有扬州鹤信来。若使脂膏良可觊，阿侬捧檄也颜开。③

---

① 参见《鲒埼亭诗集》卷九《帖经余事集·病甚有作》。

② 参见《董谱》乾隆十四年谱。

③《鲒埼亭诗集》卷一《祥琴集·同馆出为外吏者，率以书诉困悴，戏答三绝》。

乾隆六年(1741年),李绂任江南主考官时,谢山到南京去拜见恩师。李绂有劝他出山之意,谢山却回答说:“自分不求五鼎食,何必平揖大将军。”①看到谢山的贫困和萧寥境况,友人“速我出山,且盛夸我用世之才,以相歆动”,谢山却如此相谢曰:

故人睠念萧寥况,珍重双鱼劝盍簪。屯女岂应重策马,蒙夫未必竟多金。寸长尺短谁相谅,北马南辕我勿任。不道廿年叨雅素,尚将茅束诱春心。

诸公衮衮天衢上,容我山茨一古愚。耻学狂生相嫚骂,羞从涸辙乞呴嚅。佐王经术归农甫,逐世声名餍顾厨。若不自知吾岂敢,敢将一掷试微躯。

三旬九食古人事,此是儒生分所甘。淡与泊遭良有会,我因吾衰不须参。问妻能叶归田乐,顾子宁为历齿惭。一曲商歌孤唱罢,犹堪援笔奏余酣。②

谢山的生活确实贫困萧寥,他也确有“用世之才”。可是,他并没有接受友人的好意劝说,不愿出仕的态度十分坚定:宁愿“三旬九食”,过淡泊贫穷的生涯,而“羞从涸辙乞呴嚅”。

这里有个问题必须回答:既然谢山淡泊功名,那末,早年积极应试,并为未能举鸿博而遗憾终身,这又是为了什么?

---

① 参见《鲒埼亭诗集》卷一《祥琴集·临川先生病中犹有古人出处之义,漫呈绝句五首,兼柬胡抚军复斋》。

② 《鲒埼亭诗集》卷四《抄诗集·星斋速我出山,且盛夸我用世之才,以相歆动,其意为我贫也,率赋答之》。

依笔者之见，一是为了“谋高堂旦夕之养。”谢山尝对厉鹗说：“愚自去年有妇之丧，方寸凄楚，春试不捷，意中固早知之。科名之得当与否，自是吾身外之事。唯东西南北不能不奔走于路，以谋高堂旦夕之养，可谓长喟者也。”[①]二是为了争一口气。因为在谢山看来，能成进士和举鸿博，就是有才学，就是被承认为“用世之才”。三是为了不辜负母亲“有得而又有闻”的期望。不过，既然高中进士，而不能应试鸿博，又被无理“左迁”，“北马南辕我勿任”，像谢山这样“疏放极矣”的“拓落者”，是不会考虑再出仕的。

当有位太守询问谢山：“不出之意，何其决也?”谢山笑而答曰：

> 野人家住鄞江上，但见山清而水空。一行作吏少佳趣，十年读书多古欢。也识敌贫如敌寇，其奈爱睡不爱官。况复头颅早颁白，那堪逐队争金栏。[②]

“作吏少佳趣”，这是谢山“不爱官”的又一个原因。另外，谢山的自尊心极强，自恃亦甚高，他“羞居材与不材间”[③]。“当事者”阻挠谢山应试鸿博，他便按鸿博试题做一份，以“显示其出众之才学”。散馆“左迁”，说明“当事者”把自己视为“不材”，这是谢山所无法忍受的侮辱。前车之鉴，难以忘

① 参见《鲒埼亭集外编》卷四十六《与厉樊榭劝应制科书》。

② 《鲒埼亭诗集》卷七《漫兴二集·鹿田太守问予不出之意，何其决也，笑而答之》。

③ 参见《鲒埼亭诗集》卷九《病目集·八赤舟中柬芗林》。

怀。因此，谢山坚决不再出仕，也是为了维护自己人格之尊严，是他"疏放"性格的另一种表现。

谢山"不出之意"，既然决难更改，为何不干脆蛰居深山，隐居乐道，绝迹尘世呢？

"放废湖山"之后，谢山也不是没有萌生过这样的念头。他曾说："予将弃人间事，来作祠下史。看山看竹，日哦诗佛影中，饥者啖青编以为粮，虽万户侯不易也。"①在《董四梅圃写入山图索赋》中，谢山又说：

> 世路日局促，志士思山居。曳林入深山，良足恣所如。……我亦深神往，逝将与之俱。……②

既然，"深神往"入山隐居的生活，又为什么不果断地付诸行动呢？这就需要从谢山的人生哲学作探究了。

谢山深受儒家思想的熏陶，"穷则独善其身，达则兼善天下"③，这是他的人生哲学。他"畴昔负壮志"④，可是，"薄游京洛"，备遭打击；虽声名大震，但在仕宦的路上却荆棘满地。"达则兼善天下"的理想，看来难以实现。于是，他便理所当然地走上了"穷则独善其身"的道路：潜心研究学术，以此报效国家和人民，并慰藉先人。

谢山不走隐士山居的道路，而执着于世风日下的现实社

---

① 参见《鲒埼亭集外编》卷十八《高尚泽钓台记》。
② 诗载《鲒埼亭诗集》卷九《病目集》。
③ 《孟子·尽心上》。
④ 参见《鲒埼亭诗集》卷八《西笑集·病中二首》。

会,还有个重要的原因,那就是他虽被“放废湖山”,却始终关心着时事和民瘼。他既爱大一统的祖国,以及秀丽醇朴的故乡,又富有基于儒家“民为贵”的人道主义精神。其《双韭山房夜话示董秉纽、秉纯兄弟》云:

少而学道老无成,忽忽浮湛度我生。岂有朝簪还入梦,每于时事尚关情。笑看双鬓知黄落,渴愿诸公奏治平。太白乍传临井纽,不禁中夜倚柴荆。①

说得再清楚也不过了,谢山不愿再当官作宦了,但他仍然关心着国家大事。“每于时事尚关情”的人,是不可能斩断尘缘,隐居乐道的。

拓落泥涂我自甘,斯民憔悴是谁惭?群公定有经纶在,可许低头仔细参。②

个人的“拓落”和生活贫困,可以由我来承担责任;但是,广大人民的“憔悴”,该由谁来负责?谢山的这种诘问和批评,是十分有力的,从中不难窥见他那把民瘼放在第一位的民本思想。

谢山一家的生活贫困到了极点,但他并不只考虑个人得失。天气“苦热”,他“熏心不可眠”,“太息斯民困饥火,纵

① 诗载《鲒埼亭诗集》卷七《漫兴二集》。
② 《鲒埼亭诗集》卷八《西笑集·偶示诸生》。

临枕簟亦焦然。”①“春水绵连不可住，转眼骄阳定足虞”。面对如此的天气异常，谢山是“我欲陈词到日御，急鞭羲和杀两势。嗟哉，二麦三蚕半天瘀”②！谢山还担忧“米价未平愁岁歉”③，感叹“民力方忧雨，天灾孰与支”？为此，当“莲宇先生再入政府”时，谢山赋诗曰：“望公调玉烛，晚节在斯时。”④

谢山面对自然灾害“长咄咄”，确实“非为一身饥与寒”。姚薏田指出，谢山“病在不善持志，理会古人事不了，又理会今人事，安得不病”！所谓“理会古人事”，当指谢山的潜心搜讨、整理和研究乡邦文献，以及从事经史之研究；“理会今人事”，自然包括他的关心时事和民瘼。“世间万事何可须，其奈百感偏婴心。此病天痼不可疗，扁佗束手空沉吟。”⑤谢山如此“不善持志”，适足以看出他那崇高的人品和情操。

蒋学镛曾亲身经历过这样一件事：

先生归里，窭甚。时选《甬上耆旧续集》，求《管道复集》不得。一日，其后人携残稿来，索售四金。是时，镛适侍侧，日已午，先生尚未举火，徬偟无以适。适武林龚明水书至，赠金符其数，立以付

① 参见《鲒埼亭诗集》卷七《漫兴二集·不寐苦热》。

② 参见《鲒埼亭诗集》卷七《漫兴二集·浙东使至为言：渡江即苦无雨，不知西渡之淫溢如此也》。

③ 参见《鲒埼亭诗集》卷九《病目集·雨中江声、莜林、堇浦、竹田、雪舫、云亭过饮篁庵》。

④ 参见《鲒埼亭诗集》卷九《病目集·莲宇先生再入政府》。

⑤ 《鲒埼亭诗集》卷九《帖经余事集·病甚有作》。

其后人，曰："此天缘也！"镛笑曰："昔朱新仲作《信天缘堂记》，谓鱼过山下，则取食之。今先生复以之售诗，得无终日饿耶？"先生亦大笑。①

为了搜讨"故国遗音"，为了学术研究，谢山忍饥挨饿皆在所不惜。这种无限忠诚于事业和理想的精神，同样反映了谢山的伟大人格。

（二）谢山毕生不遗余力地搜讨"故国遗音"，表彰"故国忠义"，是否出于反清的民族意识？

谢山青年时代就留心桑梓文献，致力于搜讨"故国遗音"。从此，几十年如一日，孜孜不倦，并以碑版墓志和序、跋等形式，记述了明清易代之际众多抗清志士的历史事迹，表彰"故国忠义"可谓不遗余力。谢山并非明代遗民，与出生于顺治初年的学者和作家，如"南洪北孔"也不一样。他生活和活动的时代，乃是大清王朝的统治早已巩固的"康乾盛世"。那末，为什么"故国遗音"对谢山仍有如此巨大的吸引力，"故国忠义"在谢山的心目中占有这样重要的地位？关于这个问题，从清末到今天，研究者的看法不尽一致。

刘光汉《全祖望传》②：

鄞故滨海，为浙东遗民所萃，流风遗俗，犹有存者。又祖望族母为张苍水尚书女，年八十余，祖望曾从之询掌故。以童嶴为先人避兵地，益参考旧

① 参见董秉纯《全谢山年谱》附记。
② 载《刘申叔遗书·左庵外集》卷十八。

> 闻成《沧田录》;撰《续甬上耆旧诗》,发扬幽潜,以诗存人,于桑海之变,三致意焉。迨及晚年,益留心明季轶闻,以表彰节义为己任。凡明末里民之死难者,为之博考野史,旁及家乘,作为碑铭志传,缠绵恻怆,有变徵之音。又以明末钜儒,若南雷、亭林、二曲、桴亭、青主,咸抗首阳高节,矢志不渝,目以新朝处士,厥情揆焉,揆乃各为表墓之文,以志其景仰。别有遗民佚士,苦身持力,志洁行芳,足励末俗,亦发为文章,以彰节烈之奇。而顺康之交,民罹惨酷,秽德不彰,后世何观。乃据事直书,隐寓褒贬。说者谓雍、乾以降,文网森严,偶表前朝,即膺显戮,致朝多佞臣,野无信史,其有直言无隐者,仅祖望一人。直笔昭垂争光日月,可步南董之后尘者矣!

在刘光汉看来,“祖望虽贽委本朝,然亮节高风,卓立人表,其心殆未尝一日忘明也。”

蒋天枢先生则认为,谢山“秉梨洲、季野之后,沐其余风,故其人格,其思想,与晚明遗民在同一立场。然先生之生,去明亡且六十年,身世之感,与黄、万迥殊。故其表彰先德,表彰晚明遗民,搜罗桑梓故实,完全基于家庭中所感受;两宋七百年来掌故之学,所以卒于先生也”①。

陈垣先生 1943 年在辅仁大学历史系开讲《史源学实习》课,用《鲒埼亭集》作为课本,以寄寓故国之思,宣传爱国

① 参见《全谢山先生著述考》。

思想，痛斥卖国汉奸。① 1943 年十一月二十四日，陈垣先生《致方豪》曰：

> 至于史学，此间风气亦变。从前专重考证，服膺嘉定钱氏；事变后，颇趋重实用，推尊昆山顾氏；近又进一步，颇提倡有意义之史学。故前两年讲《日知录》，今年讲《鲒埼亭集》，亦欲以正人心，端士习，不徒为精密之考证而已。此盖时势为之，若药不瞑眩，厥疾勿瘳也。未知南中风气如何？素患难，行乎患难，愿同人共勉之。②

不言而喻，陈垣先生认为谢山之文寄寓着"故国之思"；谢山的史学，乃"有意义之史学"；讲《鲒埼亭集》足以"正人心，端士习"。

在黄云眉先生看来，谢山"他的一生心血的集中点，不在于《七校》、《三笺》，而在于描塑并歌颂那些抗清组织中前赴后继的杰出人物，即所谓表彰'故国忠义'的文章。这种文章，在当时，尤其在当时的浙江，显然是会招致不测的。"那末，谢山为何不怕招致不测，表彰"故国忠义"唯恐不及呢？黄云眉先生回答说：

> 《明史》的表彰忠义是很不够的，而《明史》的

---

① 参见刘乃和《史学丛考·序》。《史学丛考》，柴德赓著，中华书店 1982 年版。

② 《陈垣史学论著选》，上海人民出版社 1981 年版。

不能成为信史，这确是一个主要的因素。全祖望虽然没有参加修《明史》的工作，但当高宗践位之初，祖望新成进士，曾移书六通于明史馆，作了若干的建议（《移明史馆帖子》一至六）。在那些建议中，我以为最主要的，是把不仕新朝的隐逸列入忠义的意见。这种意见，在实际没有笔削之权的史臣，可以断言是不会予以接受的。新朝修史，表彰胜国忠义，可以说成为新朝服务，隐逸又何居乎？但在祖望，则确是有他的一种意图。他以为扩大忠义范围，更可以从汉人的民族意识和民族气节上，反映出明季抗清力量的不可轻侮，而这种力量的反映，是可以替将来的反清力量的形式，起着鼓吹作用的。①

谢国桢先生的看法是，全祖望之所以“会有不忘故明的思想，能够发扬浙东学派的优良传统，坚持民族气节”，除了族母“张氏的教育在祖望的思想上留下了很深的烙印”之外，“同时他中年丧偶之后，在北京续娶了满州学士春台的女儿，这样的婚姻关系似乎又给他在政治上提供了一张护符。”当然，“最主要的是明末清初暴风雨般的抗清斗争，给了他以深刻的教育，而祖望从实践当中，从一生经历过程中，又遇见了志同道合的师友为之提倡彼此相交，由其真知灼见的认识当中，形成为立身行世的主导思想，从而表现于他的著述里面。”②

① 以上引文，均见《鲒埼亭文集选注·前言》。
② 参见《清代卓越的史学家全祖望》。

我们到底应该如何看待全祖望搜讨“故国遗音”，表彰“故国忠义”的动机和动力呢？依笔者之见，要弄清这个问题，必须从三个方面进行实事求是的考察和分析：一是谢山对明清易代，以及“故国忠义”抗清斗争的认识和评价；二是谢山对历史上改朝换代的认识和评价；三是谢山的家世、遭际和交游对他的影响。

作为一个既尊重历史，又向往仁政的史学家，谢山对明太祖朱元璋并无好感[①]，对晚明的朝政更持批判态度。至于对明清易代之际浙东的抗清斗争的看法，谢山在《明大学士熊公行状》中，也说得十分清楚：

> 《明史》所作公传，皆本行状，而乙酉以后起兵之事甚略。盖有所讳，而不敢言。予则以为不必讳者。夫浙东一隅之地，其不足以抗王师也，明矣。然使当时如公者之策，尽公之才，则王师亦终烦擘画，而江上未必不以此延岁月之喘，乃卒不能用其言也。是则天命在圣朝，虽有善者，无如何也。故正惟详述之，而后知亡国之际，未必无人，而回天之力，无自而施也。

在谢山看来，第一，对于明清易代之际“故国忠义”出于民

① 谢山尝指出朱元璋“恩威转盼太无常，常保功名仅六王。”并指责他的“刑僇之惨”和“虐民”措施。参见《鲒埼亭诗集》卷六《吴中消夏集》中的《胥江夜泊有感淮张旧事》、《题明太祖纪后》（是日以阻风，因游孝陵，归而赋此）。

族意识和民族气节奋起抗清的斗争事迹，不必讳言，应该如实详述。因为这是历史，是客观存在，谁也否认不了。第二，抗清义军中不乏能臣才士，但腐败的南明政权未能重用他们，否则南明政权将延长其寿命，为清兵的南下增添麻烦。第三，"天命在圣朝"，"皇朝应天顺人，同轨毕附"[①]。清朝代明而兴，这也是历史发展的必然。而如实详述坚持抗清的南明政权中的能臣才士们的回天无力事迹，更能证明"天既厌明，人力莫可如何"[②]。第四，"故国忠义"，忠于故国的行为是正义的，他们或为故国而殉难，或不仕清朝成了"逸民"，其精神皆值得赞颂和表彰。反之，对于投敌变节分子，如谢三宾、钱牧斋等人，对于乘乱而起的奸佞，如马士英、阮大铖之流，则应严加谴责。

谢山以上的四点认识，基于一个观点，那就是：非宋人，"仕元无害"；非明人，仕清无害。反之，是宋人，理应忠于赵宋王朝；是明人，理应忠于朱明王朝。谢山歌颂文天祥、陆秀夫、郑所南、谢皋羽等人的民族气节，因为这些人皆为"宋人"（官吏或遗民）；谢山表彰张煌言、钱肃乐，以及鄞县的"六狂生"、"五君子"，翁洲之难的"六大忠臣"等等"故国忠烈"，因为他们都是"明人"（官吏或遗民）。

在《书刘文靖公退斋后记》中，谢山指出：

> 许文正（许衡）、刘文靖（刘因），元北方两大儒也。文正仕元，而文靖则否。以予考之，两先生

---

① 参见《鲒埼亭集外编》卷十《华氏忠烈合传》。

② 参见《鲒埼亭集外编》卷二十五《〈明鹤草堂集〉序》。

皆非宋人，仕元无害。……文正之仕元，世多遗议，予盖不尽以为然。[1]

许文正与文靖皆元人也，其仕元又何害。论著乃以夷夏之说绳之，是不知天作君之义也。岂有身为元人，而自附于宋者，真妄言也。[2]

谢山不止认为“身为元人”，不必“自附于宋者”；而且对元亡后能“不负元者”的扩廓，同样给予表彰。[3]

对于明清之际的历史人物的行为，谢山首先考虑的是，他是明人，抑出生于清代？比如，张鹗(章友)，明清易代之际方少年，入清后，“以母命，不得自主，出补诸生，举顺治丁酉(十四年，1657 年)秋试，再中南宫副举，知神木县(今属陕西省)。”为此，张鹗“终身自以为悔”。可是，谢山却不以为然。他说：“予则谓士之报国各有其分。先生时方少年，未受恩于明，出处固无不可，而终身以此耿耿，要亦畸士也矣！”[4]在为周布衣章泰所作的小传中，谢山还有这样的评论：

万氏兄弟虽少，尚皆丙戌(顺治三年，1646 年)以前人，其为遗民也足奇矣。布衣以乙未(顺治十二年，1655 年)生，而涕泗终身，是则汐社诸家子弟所未有也。[5]

---

① 文载《鲒埼亭集外编》卷三十三。

② 《鲒埼亭集外编》卷三十三《书刘文靖公〈渡江赋〉后》。

③ 参见《鲒埼亭集外编》卷三十七《唐李克用元扩廓论》。

④ 参见《续甬上耆旧诗集》卷八十一张鹗小传。

⑤ 参见《续甬上耆旧诗集》卷一百十。

值得注意的是，谢山对郑成功的微词。其《题〈海上遂志录〉》曰：

> 郑成功之在海上，世祖曾以海澄招抚之。成功亦上表，但不肯薙发而止。不肯薙发，则非真降矣。然真多此一表，是不能不愧于王保保者也。故世祖尝曰："成功若果忠于明，岂不善，但彼实尝投诚上表，岂非反复之徒。"大哉，王言！成功亦当内惭矣！世之论成功者，誉之或太过。要其人自是雄儿，幸而死于壬寅(康熙元年，1662 年)，使天假之年，至于三逆抗命之时，是大患也，是则圣朝得天之原也。①

谢山站在大清王朝的立场是坚定的，而且并不以此"内惭"。但是，他对郑成功的动摇，则持批判态度。究其原因，仍执着于非明人，仕清无害；是明人，理应忠于朱明王朝这个基本观点。因此，在笔者看来，谢山竭力表彰"故国忠义"，不能简单地说，这是出于他的民族意识和民族气节。作为出生于清代的汉人，谢山崇敬坚持民族意识和民族气节的"故国忠义"，但也崇敬忠于清朝的清官良吏。正如他崇敬坚持民族意识和民族气节的南宋忠烈和遗民，也同样崇敬忠于元朝的清官良吏。这是谢山尊重历史和忠于历史的史学家的胆识。当然，谢山的非明人，仕清无害；是明人，理应忠于朱明王朝的观点，是以狭隘的王朝体系观念作为标准的，其局限性是

① 参见《鲒埼亭集外编》卷二十九。

不言而喻的，但我们不能苛求谢山。

至于谢山续娶满洲官僚春台之女，同样可以用上述的基本观点来作解释。因为在谢山眼里，汉人和满人是一家人，娶满人妇为妻，与娶汉人妇为妻，并没有什么特殊的意义。应该说，主要活动于雍正、乾隆年代的谢山，有这样的认识和行动，不但无可非议，倒应加以赞赏。因此，谢国桢先生说谢山娶春台之女，又给了他在政治上提供了一张“护身符”。这恐怕并不符合谢山的思想，并非谢山之初衷。事实上，这张“护身符”，既没有保护谢山不受诬陷，更未能给谢山带来青云直入的功名利禄。

谢山有不少诗文作品，记载了清兵的暴行，对牺牲于清兵屠刀下的抗清志士和烈妇贞女，则满怀着崇敬、悲愤之情，给予了悼念和歌颂，在以“故国忠义”为传主的传记之中，谴责清兵暴行，表彰抗清忠烈，乃是作品的主旋律。这方面的内容，本书第七章将作专门研究，这里不赘。谢山还创作过许多纪事诗，它们以当事人的口吻抒情言志；所记之事，又多是“故国忠义”的悲壮事迹。这类纪事诗，亦皆暴露了清兵残害抗清志士的暴行，歌颂了大义凛然、视死如归的烈妇贞女。谢山尝谓：“故国有人，吾土犹称。极盛熙时，不讳他年，莫令无传。敬托变风雅之音，写哀吟于骚些；便作徵文徵献之助，存轶事于夏殷。偶然编排，不能该备。”①这可说就是谢山创作这类纪事诗的动机和苦心。那末，谢山满怀激情地创作这类诗篇，是否表明他有强烈的民族意识和反清意识呢？回答应该是否定的。因为，在谢山看来，他所表彰、歌

① 参见《勾馀土音·又拟薤露词五首》附注。

颂的“故国忠义”，殉难的烈妇、贞女皆为明人，他们站在明朝的立场上，坚持抗清，忠于故明是理所当然的，也是正义的，应该受到后人的敬仰和赞颂。同时，清兵入关之后，铁蹄南下，在与南明政权和“故国忠义”争夺天下的战争中，曾经残酷地杀戮汉族官民，这是客观存在的历史事实，作为一个忠于历史的史学家，他理应如实地反映，“莫令无传”。“极盛熙时，不讳他年”云云，这不过是谢山为避免不测之祸的保护色而已。正是慑于清初残酷的文字狱迫害，才使明清易代之际的文献大量散佚，致使年青一代已不知当年的真情实况。谢山对此，深为感慨、痛惜和担忧。为了总结历史的经验，发扬中华民族的传统美德，就应该实事求是地把历史上发生过的事情（包括正义的和非正义的，应该表彰的和应该谴责的）告诉人们、特别是年青的一代，这是谢山毕生下苦功搜讨“故国遗音”，大力表彰“故国忠义”的主要原因。还应该指出的是，谢山从事此项工作，其兴趣之浓，劲头之大和贡献之多，在当时也是罕见的。这当然与谢山的祖父一辈也曾投身于抗清斗争，父辈又坚持遗民立场，甬上在明清易代之际是全国闻名的“忠义之区”，以及甬上前辈富有究心乡邦文献，表彰枌社先正的优良传统[①]，而谢山祖、父亦热衷于“摭拾同事诸公文字”[②]，皆有着密切的关系。

（三）谢山立身处世的准则和他的政治理想

乾隆十二年（1747 年），谢山写过这样一首《花间偶成》的小诗：

每于极盛须防厄，看到将残倍有情。惭愧斯人

① 明成化年间，黄南山有《四明文献录》；弘治年间，宋宏之专辑洪武以来诗二卷，署名《四明雅集》。嘉靖中李堇山编《四明文献志》，沈嘉则辑《四明雅选》，所选鄞上诗人五十七人；后张东沙复增之为《四明风雅》。清初，郑千之纂《四明文献集》，李孝谦预修《永乐宁波府志》毕，又为《四明文献录》。（以上参见《鲒埼亭集外编》卷二十四《四明文献录·题词》、《四明雅选·题词》）林时跃、徐霜“辑甲申以来枌社死事诸公，各为之小传，而取其生平著述之有系于名节者附之，曰《正气集》。”（参见《鲒埼亭集外编》卷六《明故大理寺评事林先生阡表》）李桐则“尝与杨尚宝南仲、陈御史平陆、陆舍人敬身诠次同里前辈《甬东诗括》，又手辑先世诗文曰《衣德集》。……嗣后其族子李邺嗣因《诗括》遂为《甬上耆旧诗》，因《衣德集》遂为《砌里文献录》。”（参见《鲒埼亭集外编》卷二十七《贞愍李先生传》）。高檗庵的《雪交亭集》，亦是“桑海间著述”。此书“自甲申以后分年为纪，至癸巳而止。又有特记、附记。凡忠臣、义士、烈妇，皆有小传，并录其诗文之有关大节者，而一时哀挽之作，有关其人者亦预焉。”（参见《鲒埼亭集外编》卷二十五《雪交亭集·序》）。高氏又辑《敬止录》，专记甬上遗文轶事（参见《续甬上耆旧诗集》卷六十四高斗开小传）。黄宗羲尝言：“桑海诸公集，可备诗史。”谢山深表赞同（参见《鲒埼亭集外编》卷三十一《跋邝湛若〈峤雅〉后》）。谢山自觉而乐意地继承和发扬了甬上前辈这种究心乡邦文献和表彰枌社先正的优良传统。

② 诗载《鲒埼亭诗集》卷六《偷儿弃余集》。

长寂寞，不华不实度虚生。[①]

谢山漫步花间，由花开花落的自然现象，联想到自己壮志未酬，虚度年华，深感寂寞。此诗借物抒情，又富有深刻的哲理。“极盛须防厄”，这是史学家的谢山为历史所作的经验总结；“将残倍有情”，则是诗人的谢山多愁善感的必然结果。综观谢山的一生，可以说是“斯人长寂寞”，但决非“不华不实度虚生”。实际上，谢山的一生是充实的，尽管他未能在政治上施展自己的抱负——“倜傥指挥天下事”。可是，他在学术领域不愧为有多方面杰出成就的思想家。

作为一个思想家，谢山的立身处世有他的准则。他在《论门生》一文中，曾强调说：

> 要之，君子立身行己，各有本末。不妄求人之附我以自尊，亦不肯附人以自贬。不求人之尊，而非失之逊；不附人，而非失之亢。是论也，前儒黄梨洲、顾亭林尝及之矣。予略举其说以告人，而群然骇之。未通籍则曰：子为是言，将使天下之为举主、为座主者相戒，莫肯罗而致之矣，是自绝其进取之阶也。既通籍则曰：子将来且为座主、为举主，其毋为此言自困。予皆笑而不答。[②]

遵循这样一条“君子立身行己”准则的人，必然“直道抗言

① 诗载《鲒埼亭诗集》卷六《偷儿弃余集》。

② 文载《鲒埼亭集外编》卷三十八。

当世弊,孤根耻旁要人津"[1]。谢山就是这样的君子,因此,他也确实自绝了"进取之阶",难逃圣明盛世"拓落者"的命运。

谢山并非政治活动家,作为一个"拓落者",谢山也无法在政治上施展其壮志。但是,他有他的政治理想,这具体地表现在他对君主、朝中当权者和官吏的要求上。

谢山对于官吏的要求有三,这就是"立身有学术";"立朝有节概";做地方官"有惠政"。[2] 这样的循吏,历史上并不鲜见,如南宋丞相吴潜就是一个典范。上述这三个要求,就是谢山根据吴潜的事迹概括出来的。当代,亦不乏这样的循吏,比如余姚知府施蘖斋(施愚山之孙),他"经术世务妙茹吐","公余正不废讨论,仕学何曾相龃龉。更闻下车麾双旌,先贤祠下首吊古。"在姚江,施知府留有遗爱。[3] 又如平凉(今甘肃平凉市)知府蒋兆龙,他有三大德政:

> 其为政也,以学道爱人为先务。民有以争讼至者,呼来阁前,谕之以礼,劝之以情,絮语若家人之相戒,讼者多内愧,请不竟。其在保民,尝有奸吏见公慈良,以为易与。暮夜挟兼金,求出人罪,公立予杖而褫之。于是胥吏辈惊相语,以为使君煦煦易与耳,不料其难犯若此。……公署终岁如洗,典衣沽酒,书帖乞米。号寒啼饥,无日不有。是时朝廷久道化成,上下共为博大之习,苞苴之禁不甚肃。京

① 参见《鲒埼亭诗集》卷四《百五春光集·追哭林晴江太常》。

② 参见《鲒埼亭集外编》卷三十五《再跋延祐四明志》。

③ 参见《鲒埼亭诗集》卷三《五甲集·姚江赠同年施明府蘖斋》。

> 师游手之徒，争求为内外官僚，执役谓其余润可艳也，独相约莫韦蒋大夫。登公之堂，不过长头奴数人，赤脚一婢，憔悴其容，自相姗笑，以为居官如此，徒苦我辈，而公油然自得其乐。……家居时乘肩舆出衢巷间，适有赀郎得罪于诸生，误认公舆以为赀郎之舆，环而击之，碎其盖。公亟下问故，诸生惶恐，匍匐踵门谢过。公笑曰："孔子貌似阳虎，匡人之国以为阳虎也，非孔子也，诸君何尤焉！"揖之升堂，茶话而别，其雅量有如此者。①

谢山赞美蒋兆龙为"真循吏"，就因为他为官，一能"以学道爱人为先务"；二能制服奸吏，不让他们为非作歹，残害百姓；三能廉洁奉公，生活清贫；四能以平等待人，胸有雅量。

从上述谢山对循吏的赞美之中，不是可以窥见其政治理想吗？

谢山心目中的理想君主，又是怎么样的呢？请看他对明孝宗朱祐樘的评价：

> 有明一代，莫若孝宗为最贤。……相传君臣召见，不时奏对；暇即观《永乐大典》，以资博闻。而丹青挥洒，则又其余也。太平令主，玩物适情，侍从清班，燕闲倡和，宛然中天时气，三百年中所仅见。②

① 参见《鲒埼亭集》卷二十一《知平凉府蒋公墓志》。
② 参见《鲒埼亭集》卷三十《明孝宗御箑记》。

谢山不仅列举了理想的君主和循吏典型，借此揭橥了他的政治理想的具体内容。更难能可贵的是，谢山把“民命”置于“社稷”之上。其《题史阁部传后》诗曰：

> 当年若听诸生策，又费天兵再下车。社稷终输民命重，江淮千里免为鱼。（礼贤馆征士有献策者，欲决高沙湖水以当背城之借，阁部不可，真大有功于江淮也。而阁部传中失之。）①

在这里，谢山从史可法以百姓的利益高于一切，不采纳“决高沙湖水以当背城之借”的建议，概括出了“社稷终输民命重”的观点。这可说是谢山政治理想的核心。由此可见，谢山的政治理想，溯其源，仍不出儒家“民为贵，社稷次之，君为轻”②的民本主义范围。

谢山一生景仰和私淑梨洲，可是，对梨洲严厉批判封建君主专制的初步民主主义思想，却未能继承，更遑论发展了，这是谢山的局限性的一个突出表现。③ 不过，他要求君主“玩物适情，侍从清班，燕闲倡和”，并且“暇即观《永乐大典》，以资博闻”；他要求官吏皆成“循吏”，“以学道爱人为先务”；他鼓吹“社稷终输民命重”，这在十八世纪的中国，无疑也是值得肯定的进步思想。

---

① 诗载《鲒埼亭诗集》卷六《偷儿弃余集》。

② 《孟子·尽心〈下〉》。

③ 参见本书“结束语”。

（四）谢山不佞佛，不语怪，不喜神仙之说，以及他那“不伏命”的人生观

在谢山的时代，遭际坎坷的拓落者，往往屈服于命运，而走上佞佛之路，喜好神仙之说，沉溺禅悦之风，以求得精神上的解脱和慰藉。谢山虽然物质生活贫困到极点，精神生活却十分丰富。他的慰藉来自“故国之音”的搜讨和整理，以及经史之学的研究。谢山一生不佞佛，不语怪，不喜神仙之说，有着不伏命的人生观。谢山在诗文中，曾一再表明了自己的这种积极入世的思想，而在续修《宋元学案》时，更贯穿着批判佛道这根红线。

谢山在《陈仙传》中曾这样说：

> 予生平不喜神仙之说，以为诸公者，何必长久视，要其丹心未死，自当旁魄天壤，而间或出此，别大造位置之奇也。①

在不少诗文中，谢山还不厌其烦地指出：

> 予生平不喜佛书。②
>
> 平生于释门香火不参末议。③

① 文载《鲒埼亭集外编》卷十二。

② 参见《鲒埼亭集外编》卷三十四《跋四明尊者教行录》。

③ 参见《鲒埼亭集》卷三十三《阿育王寺为檗庵居士立祠议，与住持畹荃》。

我生不语怪，一帘亦犹人。①

佛影在云际，佛鸟飞林中。阿侬不佞佛，烹以佐朝饔。②

谢山尝引元好问诗句“禅是诗人切玉刀”，以赠篙师编修曰：“诗人学佛最相宜，切玉刀成游刃嬉。”可是，联系自己，他却这样表白说：

打钟扫地差堪信，割水吹光恐未然。我是钝根无宿果，输君独上竺西天。③

在谢山看来，“成佛未为贵，知儒定足豪”④。在《蕺山瞻云楼上有大士焉，虢而去之》诗中，谢山还这样说道：

不读佛书良寡陋，若行卿法恐荒唐。学儒自笑生天晚，御侮争传碎钵忙。⑤

谢山之所以如此执着于现实世界，不喜二氏之说，是与母亲的影响分不开的。前文已经提到，蒋太夫人，“性不佞佛，

---

① 参见《句馀土音》卷五《大嵩土物二首》。

② 参见《句馀土音》卷二《泛舟小江湖即赋湖上古蹟及土物十首 · 蕙江编》。

③ 参见《鲒埼亭诗集》卷六《偷儿弃余集 · 篙师编修近忽佞佛，至诚且笃，贻六绝句以谐之，想发一轩渠也》。

④ 参见《鲒埼亭诗集》卷八《采蕺斋集 · 游大善寺》。

⑤ 诗载《鲒埼亭诗集》卷八《采蕺斋集》。

比丘无敢过吾门者。尝曰:'我身后必不许作佛事。'"[1]当然,谢山的不佞佛和不喜神仙之说,其更重要的原因,还在于他有着不伏命的人生观。

"圣王语常,不语怪;任德,不任术。"[2]谢山对此,信守不渝。他在祝贺老友董钝轩六十大寿时,曾说过这样一段话:

> 虽然穷达,命也;枯菀,时也。而吾曹之所以自立者,非命之所能缚。钝轩其借此暮景之消廖,益励其进修之坚忍,是则吾枌社契家诸兄弟所可籍乎,以无惭先人之旧德者。秉纯方有志于学古,其不以吾言为迂,则啜菽饮水,莫非白华之洁也已。[3]

"穷达,命也;枯菀,时也",这是当时一般人的看法。谢山则不以为然,他强调他和董钝轩等人之"所以自立者,非命之所能缚"。应该说,这是对天命论的挑战,对人的主体意识的充分肯定。谢山有这样的人生观,是与他一生拓落,而能"益励其进修之坚忍"分不开的。那末,为什么谢山能不同凡俗地做到这一点呢?原因非别,他要"理会古人事"和"理会今人事"。也就是说,谢山一方面要总结"古人事",表彰忠烈,抨击奸佞,以为今人之鉴戒;研究宋元明清的学术史和经史百家之学,整理文化遗产,同样以为今人之鉴戒。另一方面,谢山又要观察、分析"今人事",以针砭时弊,为民

---

① 参见《先太孺人行述》。
② 参见《鲒埼亭集外编》卷四十九《记守湖心寺浮屠妙莲治钱塘江事》。
③ 《鲒埼亭集外编》卷四十九《董钝轩六十序》。

请命。

谈到谢山充分肯定人的主体意识，有必要提及他对“人”的认识。“学道在爱人”[①]，这是谢山的一个重要观点。在谢山看来，“斯人形天地之气性，天地之理，须与天地之体同其广大，天地之用同其周流，方谓之人。”[②]毋庸置疑，这种关于“人”的思想，与清初唯物主义思想家王夫之的看法是一致的。[③]

（五）谢山“生平不喜帖括”

明末清初的杰出思想家和有识之士，无不对八股文，以及八股取士制度深恶痛绝，他们甚至认为八股取士是导致明代覆灭的重要原因。谢山“生平不喜帖括”，对八股取士制度同样持批判态度。

在《与李元音论左江樵〈易义帖〉》中，谢山这样说：

> 愚生平不喜帖括，虽以前明大家文字，多束高阁。是日手江樵卷不置，客因问曰：“是稿当必有异?”然其中自得之言犹多。嗟乎！安得此经术之文，立为标榜，一洗时风众势之疲，使之复知宋人经义家法。则白茅黄苇之渐除，将变学究为秀才，拭目以

① 参见《勾馀土音》卷三《罌湖故迹四首》。

② 参见《鲒埼亭集外编》卷三十九《章文懿公从祀议》，引文系章氏之言，但谢山首肯此说。

③ 王夫之《周易外传》卷二尝曰：“人者，天地之心也，……自然者天地，主持者人。”

待。今以柬之足下，足下为我节钞其中精语，仆将附之说经之录，勿使前哲苦心孤诣汩没于朽蠹中也。[①]

谢山重视“经术之文”，他想用“经术之文”来纠正“时风众势之疲”。而“喜帖括”，也是“时风众势之疲”的重要表现。谢山尝引用黄宗羲的话，一方面批判士子热衷于帖括的不良风气，一方面则赞扬万充宗不事帖括的治学精神。他说：“征君尝谓，学不患不博，第患不精。充宗由博以致精，故其书必传。虽然时风众势方穷老尽乞于帖括，而未有极出于己者。”[②]在《〈春秋辑传〉序》中，谢山再次赞扬万充宗矻矻治经的精神，并感慨地说：“呜呼！士为科举之学，遗经长束高阁，官羊市饼，总不识为何物。先生竭膏肓之力，继之以死，可谓志士也已。”[③]

以帖括为敲门砖博取科名，在谢山看来是可耻的。他认为，“夫科名，身外之物，不足以为邦家重。”[④]对于“日来帖括司儒苑”之社会风气，谢山更深为担忧，发出了“谁是真师震瞽蒙”的叹息。[⑤]

八股取士的科举制度，始于明初。谢山在考察了明初学校贡举之事后，指出：

---

① 文载《鲒埼亭集外编》卷四十一。

② 参见《鲒埼亭集外编》卷三十三《〈礼记辑注〉序》。

③ 文载《鲒埼亭集外编》卷二十三。

④ 参见《鲒埼亭集外编》卷二十一《先休庵府君墓树记》。

⑤ 参见《鲒埼亭诗集》卷八《采葴集·将赴葴山讲席，杭之同社诸君集笺南香草堂得柬字》。

当时立法之始，直以三代人材望之天下。而岂意行之不久而中替也。自乡里无需次生员，而学官之中一为增，而再为附人愈多而习愈恶。自“六艺”之教尽弛，而帖括讲章之学可至卿相。自守令之责不先，而诸生之不肖，反有进而挟持官长者驯。至愤时之士，竟以生员为蠹世之物，而谓必废之而为可以救世。呜呼，曷亦取太祖颁行之事宜而读之可也！[①]

“科举日以盛，微言日以零。千里生民业，但为温饱营。”[②]“近日读书人，东涂西抹，穷老尽气，不过稍驾帖括，而上至于词章之学而止。”[③]谢山之“不喜帖括”，批判八股取士的科举制度，就因为它非但不能培养有用人才，反而戕害了士人的身心，毒化了社会风气，不利于正学的发展。

谢山《偶与南漪语及科举之害》曰：

百世遗经重，谁人敢代言。妄思作呓语，何以溯渊源。蹇浅精神敝，揣摩心木谖。活埋天下士，昏垫不堪援。[④]

---

① 参见《鲒埼亭集外编》卷二十二《明初学校贡举事宜记》。

② 参见《勾馀土音》卷四《过柳亭访袁正献公絜斋书院》。

③ 参见《鲒埼亭集外编》卷四十一《与徐征君惠山论〈春秋指掌图〉帖子》。

④ 诗载《鲒埼亭诗集》卷七《漫兴初集》。

谢山对“科举之害”的认识和批判之深刻，从此诗可见。但还不止于此，谢山尝指出“科举之害”，其流毒影响到了日本。南明督师冯京第，曾奉唐王之命出使日本求援，以抵抗南下的清兵。由于冯京第并非科甲大臣，日本的朝臣看不起他。这件事使谢山长叹不已：

> 日本自宽永享国三十余年，承平已久，畏言兵革。又闻其国所有中国登科簿录，谓使臣之末，无科甲大臣，以为轻之。呜呼！有明三百年，天下半为甲科诸臣把持；及其亡也，而侈谈经义之徒，大有力焉。不谓积习流传，遂浸淫于海外，亦以科甲定资格，则可谓长叹者也。①

谢山“不喜帖括”，且付诸行动，这是难能可贵的。可是，他对八股取士的科举制度的批判是不彻底的。

“科名之得当与否，自是吾身外之事。”谢山是这样说，也是这样做的。他之奔走应试，既是父母之命，也是为了“谋高堂旦夕之养”。不过，谢山对被荐鸿博试，却以为是无上的光荣，终因不得与试而引为奇耻大辱，此其一。其二，谢山曾致书好友厉鹗、赵谷林、意林兄弟和姚薏田，竭力劝说他们应试鸿博。谢山劝厉鹗应鸿博试曰：

> 近奉明诏，特开制科以求三馆著作之选。吾浙中人才之盛。天下之人交口推之无异词。樊榭之姿

① 参见《续甬上耆旧诗集》卷十一冯京第小传。

> 诣，吾浙中人交口推之无异词。乃闻樊榭有不欲应辟之意，愚窃以为不然。谷梁子曰："心志既通，而名誉不闻，友之罪也。名誉既闻，而有司不举，有司之罪也。"今樊榭为有司所物色，非己有所求而得也。而欲伏而不见，以为高，非中庸也。①

谢山劝赵氏兄弟应鸿博试，也是这个意思。他强调指出，"乃者天子鼓吹休明，特开大科，将求非常之士用之。东南竹箭之丛，其燕跃鹄踊而出者，谅非可以更仆尽也。而萼花兢爽，如谷林兄弟，则恐未可多得。……国朝己未（康熙十八年，1679年）之役，嘉兴柯征君崇林兄弟并应荐书，而以丁内艰，未得应试。今倘以贤兄弟当其选，堪为是科生色。"②

当谢山听说姚薏田谢病未能接受浙中当事之荐，也曾致书姚薏田。他指出，"薏田以古谊自期，则真其人也"，但也"不必过以鸣高"；并强调："浙中朋辈多应车乘，而独至薏田有遐心，是又吾辈之憾也。"③

虽然，诏试鸿博，非一般靠帖括取科名者可比；而谢山不止自己重视丙辰之役，且竭力劝说好友应试，也确有借此役为浙中士子争光的良苦用心。但是，谢山如此看重鸿博试，不正好说明他对科举制度尚有所保留吗？

---

① 参见《鲒埼亭集外编》卷四十六《与樊榭劝应制科书》。

② 参见《鲒埼亭集外编》卷四十六《与赵谷林兄弟书》。

③ 参见《鲒埼亭集外编》卷四十六《答姚薏田书》。

（六）谢山的读书、钞书和藏书

谢山“性好聚书，弱冠时，登范氏天一阁，谢氏天赐阁，陈氏云在楼，遇希有之本辄借钞。入都，钞书不辍。坐是困乏，以行箧书二万质于黄监仓。然犹就《永乐大典》取所欲见而不可得者，分例为五，一经，二史，三志乘，四氏族，五文集，签钞之。及放归，重登天一阁，借钞不辍”①。

甬上全氏诗礼传家，素有藏书的传统。入清之后，家藏尚有五万卷之多。谢山从小父亲便课以钞书。所以“性好聚书”，又有借钞珍本、秘本的习惯。谢山尝谓，“予生平性地枯槁，泊然寡营。其穿穴颠倒而不厌者，不过故纸陈函而已。年来陆走软尘，水浮断梗，故园积书之岩，偶津逮焉，而不能暖席。特蓬窗驿肆，不能一日无此君。家书五万卷中，常捆载二万卷，以为芒屩油衣之伴。”②谢山与书的不解之缘，于此已可见大略。

谢山赞赏黄宗羲的“喜收书”，“非仅以夸博物，示多藏”。谢山认为“古人记藏书者，不过以蓄书不读为戒”，而梨洲之“语学者，谓当以书明心，不可玩物丧志，此则藏书之至极也”③。谢山的搜书、钞书和藏书，既不是炫耀自己，更非玩物丧志，同样是为了博览群书和学术研究，为了“明心”。在这方面，谢山的思想，也是与梨洲一脉相承的。

---

① 参见严可均《全绍衣传》。
② 参见《鲒埼亭集外编》卷十七《春明行箧当书记》。
③ 参见《鲒埼亭集外编》卷十七《二老阁藏书记》。

在谢山看来，如何藏书，亦大有学问可讲。谢山认为，藏书与读书理应紧相联系："藏书不择书，糠粃混精凿。藏书不读书，庋置怜寂寞。读之或不善，丧志空作恶。"[①]谢山还强调指出："夫藏书必期于读书。然所谓读书者，将仅充渔猎之资耶？抑将以穿穴而自得耶？夫诚研精得所依归，而后不负读书。"[②]

限于经济条件，谢山不可能大量购书，于是常常向亲朋好友借书。谢山援引刘祁之话说："有书不借乃一痴，借书不还亦一疾。"为了读书和做学问，他常借杭州赵氏兄弟之书，以致"更不迭借奚童疲"。谢山年轻时，一目十行，且记忆力极强。他回忆说："老生畴曩颇强记，十行并不无留遗。"如此读书入了迷，使谢山觉得"此中乐处真不少，饥可忘食寒忘衣"。[③]

前文已经提及，谢山从小练就了抄书的功夫。到北京之后，他"颇复钞之储藏书家，渐有增益。而于馆中见《永乐大典》万册，惊喜，欲于其中钞所未见之书。"[④]

《永乐大典》这部著名的类书，系明成祖朱棣敕解缙、胡广、王洪等纂修，由姚广孝监其事。始于永乐元年（1403年）秋，成于六年（1408 年）之冬。全书计二万二千八百七十七卷，凡例、目录六十卷，冠以御制文序，定为万二千册。姚广孝奉诏再为之序。其时公车征君之士，自纂修以至缮写

---

① 参见《鲒埼亭诗集》卷二《勾馀唱和集·西江书屋》。

② 参见《鲒埼亭集》卷三十四《丛书楼书目序》。

③ 以上引诗，均见《鲒埼亭诗集》卷七《漫兴二集·健忘日甚柬东潜》。

④ 参见《鲒埼亭集外编》卷十七《双韭山房藏书记》。

几三千人，缁统羽士亦多预者。书成，选能诗古文词及说书者二百人，充试吏部，拔其尤者三十人授官，其余亦有注籍选入者。是书初上，诏名《文献》，后才改今名。谢山对《永乐大典》评价极高，认为它所收之书，“或可补人间之缺本，或可以正后世之伪书，则信乎取精多，而用物宏，不可谓非宇宙间之鸿宝也。”①

借钞《永乐大典》中“所欲见而不得者”，既是谢山和李绂的共同心愿，又是谢山“薄游京洛”七年中最值得纪念的赏心乐事。乾隆元年(1736 年)二月，谢山成进士，五、六月入词馆，便与李绂共同借读《永乐大典》中的珍贵古籍，“自从事于是书，每日夜漏三下而寝，可尽二十卷。”②谢山所钞之书，有高端叔《春秋义宗》、王安石《周礼新义》、永嘉《张氏古礼》、曹放斋《诗说》、史真隐《尚书·周礼·论语解》、《刘公是文钞》、《袁正肃正宪文钞》、《唐说斋文钞》、涂晋生《易疑拟题》、《永乐宁波府志》等。这些珍本和秘本，后来皆成了谢山学术研究的重要参考资料。比如，《荆公〈周礼新义〉题词》一文，对王安石“解经”所作的实事求是的评价，就是一例。③

谢山借钞《永乐大典》，由于“左迁出都”而告结束，这实在是十分可惜的憾事。如果，没有这样的意外发生，谢山从《永乐大典》中可以借钞更多的珍本和秘本，定将大有益

---

①　引文和关于《永乐大典》的介绍，参见《鲒埼亭集外编》卷十七《钞〈永乐大典〉记》。

②　参见《钞〈永乐大典〉记》。

③　文载《鲒埼亭集外编》卷二十三。

于他的经史研究，这是可以肯定的。

“浙东藏书家，首推天一阁。”①天一阁是甬上的骄傲，它也是谢山求知的圣地。谢山对天一阁充满着深厚的感情，其《久不登天一阁，偶过有感》②诗曰：

> 历年二百无书恙，天下储藏独此家。为爱墨香长绕屋，只怜带草未开花。一瓻追溯风流旧，十载重惊霜鬓加。老我尚知孤竹路，谁来津逮共乘槎。③

乾隆三年(1738年)以后，谢山“放废湖山，无以消日”，便整日埋头在天一阁内。“天一阁书目所载者，只雕木写本耳。”可是，谢山却发现“独有一架，范氏子弟未尝发视，询之乃碑也”。天一阁的藏书，“明时无人过而问者。康熙初，黄先生太冲，始破例登之。”其后，登斯阁者渐多，“然皆不及碑”，直到谢山才“清而出之”。谢山认识到“金石之学别为一家，古人之嗜之者，谓其残编断简，亦有足以补史氏之阙”。他还提到前辈“亭林先生之出游也，穷村绝谷，皆求碑碣而视之；竹垞(朱彝尊)亦然”。天一阁有如此丰富的碑版，“今不烦搜索，坐拥古欢，而乃听其日湮月腐于封闭之中，良可惜也。”于是，谢山“力扶笔砚来阁中，检阅款识，偶有所记”。这既是一种极有意义的学术研究，在当日亦足慰拓落者

① 参见《西江书屋》。

② 谢山家到天一阁，只有十五分钟的路程。

③ 诗载《鲒埼亭诗集》卷八《西笑集》。

的孤零。[①]

在谢山的时代，士子发奋读书，走的是"学而优则仕"的道路，谢山当然亦不例外。"先人裘传治，危系斯一线。勿读无益书，贻笑贱儒贱。"这是谢山"遥闻请业"，对昭儿的告诫和勉励。[②] 其实，这也是谢山自己读书的指导思想。

谢山从少年时代起，即刻苦攻读经史子集，他得到了什么呢？不错，他中了举人，成了进士，进了翰林院。可是，在北京，他生活清贫，甚至质书度日。最后，由于"当事者"的忌恨，"左迁"而结束了作宦生涯。在得知昭儿已"就业"，对他进行读书指导之时，谢山自然地想到了自己的遭际："阿翁读半世，无救寒与饥。里中新秦儿，诽诮固其宜。"既然如此，那末，"放废湖山"，何必再读书呢？"固穷"，就不必再读书吗？谢山的看法是："岂知君子节，不以售枯移。平生所愿学，岂不在昌黎。"[③]为此，谢山不但训勉昭儿发奋读书，自己也一如既往地沉浸于读书、钞书、买书和藏书之乐。"鲒埼亭下户长扃，未死心犹在六经。但使稍能窥坠绪，余生不敢叹沉冥。"[④]活到老，学到老，一辈子研究经史之学，这就是谢山的愿望，也是他精神寄托之所在。对于自己的学生，谢山同样强调"经术经世务，方可见施行"。为此，他谆谆教导说：

---

① 以上引文，均见《鲒埼亭集外编》卷十七《天一阁碑目记》。又，有关天一阁碑文之跋，均载《鲒埼亭集》卷三十八。

② 参见《鲒埼亭诗集》卷六《偷儿弃余集·家讯至，知昭儿已就业》。

③ 以上引诗，均见《家讯至，知昭儿已就业》。

④ 参见《八赤舟中柬芗林》。

"诸生读书贵有用,岂徒呫毕夸精能。"①

(七)谢山的教育实践和教育思想

谢山曾任蕺山书院和端溪书院的山长,故他的教育实践和教育思想,也值得重视和研究。

在谢山看来,"问学者,所以求广其未知未能也",而"循循诱人,山长之事也"②。因此,谢山讲学,注重启发,力求教学相长。比如,为了讲明明代学统之"浙宗"与"广宗"的异同,谢山向诸生提出了一系列富有启发性的问题,促使他们积极思考,进而阐明了"浙宗"和"广宗"的来龙去脉。③ 又如,为了论说"舆地之学"对"读史"的重要性,谢山以"五峤"为例,作了分析,真是言简而意赅。④

"尊师崇道",这是中国教育的优良传统。对于尊师,谢山亦有自己的理解。在谢山看来,"弟子各尊其师",此乃人之常情,理所当然。不过,弟子应该"善尊其师"。所谓"善尊其师",也就是要实事求是地评价乃师,不可"尊其师之过",更不可为了推崇其师,任意贬抑其他学者。⑤

谢山对明末以来借讲学"希世以盗名",极为憎恶。李暾"少时尝与证人之社,然不喜讲学。或劝之,曰:'今世为此

① 参见《鲒埼亭诗集》卷八《采蕺集·故太守汤公荐斋有大功于越中,而专祠已圮,今祠于书院中,同补堂赋》。

② 参见《鲒埼亭集外编》卷五十《蕺山讲堂策问》。

③ 参见《鲒埼亭集外编》卷五十《端溪讲堂策问(一)》。

④ 参见《鲒埼亭集外编》卷五十《端溪讲堂策问(二)》。

⑤ 参见《宋元学案》卷五十一《东莱学案》按语。

者,特希世以盗名耳,吾不屑也。'"谢山认为,李暾此话,"语虽放诞,然亦未尝不切中近人讲学之病。"[①]

王安石尝称赞胡安定之"教法",说他"穷经以博古,治事以通今,成就人才最为的当"[②]。谢山两任山长,其"教法"同样做到了"穷经以博古,治事以通今",其目的也是为了"成就人才"。《经史问答》,这是谢山对诸生所提各种经史疑难问题的解答和释疑,从中不难看出其"穷经以博古,治事以通今"的"教法"之一斑。从谢山所制定的《端溪讲堂条约》[③],更可以具体地把握他那种站在时代前列的教育思想和教育方法。

谢山所制订的"讲堂条约",共分四条:一正趋向;二励课程;三习词章;四戒习气。皆出于纠正时弊,成就人才的目的,迄今仍颇有可资借鉴之处。

"正趋向",指出了教学的方向和宗旨。谢山所要培养的人才,决非"区区章句之学,博一科举而已"。他希望诸生以当地的"前哲"为榜样,使自己成长为能够继承学统的学者,如陈献章、湛若水等人;"勋业风节"并称的循吏,如邱濬、海瑞等人。

"励课程",规定了教学内容。谢山一再指出,"近来士习沉溺于帖括之学"的时弊,强调"读尽诸书,不仅以帖括之士终,而亦必不为寻常庸劣之帖括也"。谢山要求诸生所读之书,包括《十三经注疏》、《通志堂经解》(或熟复"五经"、

① 参见《续甬上耆旧诗集》卷一十九李暾小传。

② 参见《宋元学案》卷一《安定学案·直讲张先生巨》百家案语。

③ 文载《鲒埼亭集外编》卷五十。

"四书"、"大全")、二十三史(或详观《资治通鉴纲目》、《文献通考》)和诸儒之语录(或《性理大全》)。

"习词章",指出了词章之学的重要性。在谢山看来,只要"明经、史、性、理,其于表、论、判、策已非所难;而行文之体,或尚未娴,仍不出帖括家数,以应之亦非难矣"。为此,谢山主张唐、宋"'八家文集',及朱子文集不可不读也,亦须时时习之"。为了诸生更好地"习词章",谢山一反惯例,于帖括之外,增添"古学一试,各具策问、诗、赋、表、论诸题",希望"诸生能者,各报名赴课,不必求备,亦不强人以所不能也"。

"戒习气",是针对"院中课试陋习",制定了必须戒掉的恶习,以及应该遵守的学习纪律。谢山赞赏宋代泰山(孙复)、安定(胡瑗)二先生的"立教有法",他对诸生的小到上课、请假、作业,大至立身处世,皆有极其严格的规定。"三次犯规,即移咨斥出讲堂","其或造言生事,分门结党,饮酒狎邪;试艺则代倩传递,种种疵谬,以致斥逐谴责。"谢山坚持"绛帐青氈,不可以受藏垢纳污之语"。谢山对诸生的"少致时物,非不知其雅意"。但考虑到"人心不古,物议易生",他劝诸生"万勿过于多情",告诫他们:"但能奋然自拔于流俗之中,不为俗人,而为端人;不为俗学,而为正学。他日院中著录,足为掌教之光,掌教即拜诸生之赐矣,更不须其他也。"由此可见,在为人师表方面,谢山亦堪称楷模。

第三章 全祖望的学术渊源和治学特点

关于谢山的学术渊源和治学特点,梁启超《中国近三百年学术史》,曾作过这样的概括:

> 谢山是阳明、蕺山、梨洲的同乡后学,受他们的精神感化甚深。所以学术根柢,自然是树在阳明学派上头。但他和梨洲有两点不同:第一,梨洲虽不大作玄谈,然究未能尽免,谢山著述,却真无一字理障了。第二,梨洲门户之见颇深,谢山却一点也没有。所以我评论谢山,说他人格的光明俊伟,是纯然得力王学,可以与他的朋友李穆堂同称王学后劲;若论他学术全体,可以说是超王学的,因为对王学以外的学问,他一样的用功,一样的得力。①

---

① 《梁启超清史学二种》,朱维铮校注,复旦大学出版社1985年版。

笔者基本上同意梁氏的看法，不过，关于谢山的学术渊源和治学特点，梁氏的概括尚不够全面。

一、“浙东学术”对全祖望的熏陶

章学诚撰于嘉庆五年（1800年）的《文史通义》，特立“浙东学术”篇，并提出了自己的见解。他说：

> 世推顾亭林为开国儒林，然自是浙西之学。不知同时有黄梨洲氏出于浙东，与顾氏并峙，而上宗王（守仁）、刘（宗周），下开二万（万斯大、万斯同），较之顾氏，源远而流长矣。顾氏宗朱（熹），而黄氏宗陆（九渊）。

章学诚确认：“梨洲黄氏出蕺山刘氏之门，而开万氏弟兄经史之学，以至全氏祖望辈，尚存其意。”[①]在《与胡雒君论校胡穉威集二简》中，章学诚又指出“浙东史学，自宋元数百年来，历有渊源”，并感叹其挚友邵晋涵的逝世，象征着“浙东文献尽矣”[②]。

由于章学诚的学术到晚清日渐显彰，近现代研究清代学术史的学者，无不受章氏的影响，把清代前期的史学，划分

① 以上引文，均见《文史通义·内篇》二《浙东学术》。北京中华书局1961年版。

② 参见《校雠通义·外编》册二，章氏遗书本，上海商务印书馆1936年版。

为浙东和浙西两个系统；把黄宗羲、万斯同、万斯大、全祖望、邵晋涵和章学诚等看作为浙东学派。

章炳麟论“浙东之学”，在章学诚之后，又把学统扩展到定海黄式三、以周父子。① 虽亦有人采纳此说，但一般论述浙东之学，皆以章学诚为集大成便告终结。另外，有不少学者认为，在“浙东之学”中，理应增补稍后于黄宗羲同辈的邵廷采（念鲁）；但对邵廷采是否与黄宗羲、万斯同和全祖望属于同一学派，则又有不同的看法。早在三十年代，何炳松就认为，自黄宗羲之后，“浙东史学”应分为两个系统：“一为万斯同和全祖望，一为邵廷采和章学诚。前者有学术史的创作，后者有新通史的主张。”②四十年代初，金毓黼《中国史学史》③，在何炳松的基础上，对“浙东学派”又提出了新的见解：

> 浙东人研史之风，元明之世，本不甚盛。至清初黄宗羲出，昌言治史，传其学于万斯同，继起又有全祖望、章学诚、邵晋涵，皆以浙东人而为史学史家。于是浙东多治史之士，隐然以清代史学为浙东所独擅，并上溯宋之永嘉、金华，以为渊源所自。世人不究本末者，亦翕然以此称之。观黄宗羲承其师刘宗周之教，而导源于王阳明，盖与宋代吕（祖谦）、叶（适）、二陈（陈傅良、陈亮）绝少因缘，其源如此，其

① 参见《检论·清儒》，《章氏丛书》本卷四，上海古文社。

② 参见何炳松《浙东学派渊源》，“万有文库”本，上海商务印书馆 1932 年版。

③ 1941 年商务印书馆版，北京中华书局 1962 年再版。

流可知。万斯同固亲承黄氏之教矣，全祖望私淑黄氏，续其未竟之《学案》，亦不愧为黄氏嫡派。至于章、邵二氏，异军突起，自致通达，非与黄、全诸氏有何因缘，谓为让相接，闻风兴起则可，谓其家法互相传受则不可。

何冠彪在他的《浙东学派问题平议——兼辨正黄宗羲与邵廷采之学术渊源》一文中[①]，把全毓黼的上述见解归纳为这样两点：

第一，浙东并没有一个源远流长的学派，黄宗羲的史学跟宋儒并无关系；第二，黄宗羲和万斯同、全祖望固有脉络可寻，但章学诚、邵晋涵则自致通达，和他们没有"家法互相传受"的关系。

何冠彪并且指出：

近十多年来，倪文孙(David. S. Nivicon)、钱穆、何佑森、余英时先后对"浙东学派"问题，提出驳论，大致上没有超越上述两点的范围，只是金毓黼未有博引旁征，详为辨证。使人遗憾的是，金毓黼不但没有得到应有的推崇，反而受到一些轻率的批评。

① 文载《清史论丛》第七辑。

何冠彪的论文，在金毓黼的基础上，以研究邵廷采及其《思复堂文集》入手，对“浙东学派”的问题，作了全面、深入的研究，阐述了自己的一家之言。

全面、深入研究和评价“浙东学派”，并非本书的任务。笔者之所以在这里对这个问题作简要的回顾和介绍，意在探讨“浙东学术”与全祖望的关系。

从清初到清代中叶，以至晚清，在经史之学的研究方面，是否存在着一个“浙东学派”？如果存在的话，它包括哪些人，其治学特点又是什么，学术渊源又如何？这些问题，尽可求同存异，并继续进行研究，开展百家争鸣。另外，在论述从黄宗羲经万斯大、万斯同、全祖望，到章学诚和邵晋涵的经史之学时，各家所用术语，其原意如何？后来的学者看法亦不相同，应该怎样区别对待，更准确地使用术语，这同样值得研究。

在笔者看来，虽然学术界对“浙东学派”的研究有不少分歧，在使用术语上又有明显的不同。但是，第一，“浙东学术”确“自宋元数百年来，历有渊源”，而全祖望的思想和经史之学，与“浙东学术”有着密切的关系。第二，全祖望虽生于黄宗羲死后十年，但他私淑梨洲，与万氏兄弟又有多世通家之好，在经史之学的研究上，他与梨洲和万氏兄弟确有渊源。他们在学统上一脉相承，显然属于一个学派。第三，全祖望在经史之学的研究上，不止上继梨洲和万氏兄弟，又有家学渊源；同时，他还受到多方面（也包括浙东其他人）的影响，顾亭林、刘献廷、李绂、方苞，以至计六奇、邵廷采、李邺嗣等人，对全祖望均有程度不同、方面不一的启迪，其中顾亭林和李绂的影响尤为显著。第四，作为“浙东学术”中承前启后，继往开来的一位佼佼者，全祖望对浙东后学，包括章学诚和邵晋涵等人，也不能说没有什么影响。以上四个基本事实，是历史的存在。明乎此，就可以窥见全祖望的学术渊源和治学特点了。

在这里，尚须指出的是，章学诚虽直到晚年，才详阅全祖望的文集；[①]他对黄宗羲的认识亦不深入。[②] 但是，章学诚在“浙东学术”篇中所作的两个论断，即第一，“梨洲黄氏，出蕺山刘氏之门，而开万氏兄弟之学，以至全祖望辈尚存其意”；第二，“浙东之学，言性命必究于史，此所以卓世”。应该说，这是实事求是之论，允当精辟之见。从此，我们可以更具体地把握“浙东之学”对全祖望的影响，以及谢山之学的特点。

二、黄宗羲、万氏兄弟与全祖望

从黄宗羲到全祖望，其中包括黄宗羲之弟宗炎（晦木）、儿子百家（耒史）和门人万斯大（充宗）、万斯同（季野）等人，无疑是个一脉相承的学派。这个学派，从明代万历年间，直到清代乾隆年间，在经史之学，特别是学术史的研究上，成就卓著，影响深远。

前文已提及，谢山虽生于梨洲死后十年，但他瓣香、私淑梨洲，确可谓梨洲传人。梨洲之孙千人，尝对谢山说：“先

① 《乙卯札记》尝言：“全谢山文集，近始阅其详。”乙卯，为乾隆六十年。

② 嘉庆二年，章氏《又与朱少白》，把黄宗羲和顾炎武同列入朱学系统；嘉庆五年所撰《浙东学术》篇，又把顾、黄二氏分别朱、陆两个系统，就是明证。

人既没，知黄氏之学者，吾子而已。”[①]谢山与万氏兄弟则有多世通家之好。万氏兄弟之父万泰，与梨洲兄弟又同为“复社”中坚，交谊很深。此其一。其二，黄宗羲，余姚人；万氏兄弟和谢山，皆鄞县人，均属甬上。诚如谢山一再指出的，浙东甬上乃学术之乡。北宋仁宗庆历年间（1041—1048年），这里已开讲学之风；南宋孝宗淳熙年间（1174—1189年）的“甬上四先生”（杨简、袁燮、舒璘、沈焕），皆传陆学，致使陆学不盛于江西，而盛于浙东。南宋末年，王应麟（深宁）宗朱学，兼治吕、陆之学，浙东朱学大盛；黄震（东发）晚年也在浙东活动。深宁、东发对谢山之学（从思想到方法）的影响，不可低估。[②] 明代，王学的创始人王守仁是余姚人，“阳明之徒讲会且遍天下。其衰也，犹吴有‘东林’，越有‘证人’，古今人才大略多出于是。”[③]明末，主讲“证人书院”的刘宗周，在他的三十多位弟子中，最负盛名的当推黄氏三兄弟（宗羲、宗炎、宗会），有“东浙三黄”[④]之目。刘宗周的弟子，在明清易代之际，或殉节，或抗清不成而逃亡，或遁入空门。梨洲亦长期从事抗清活动，失败后，专心致志于学术研究和讲学活动。谢山指出：

先生自言生平师友皆在甬上，及风波稍息，重

---

① 参见《鲒埼亭集》卷十一《梨洲先生神道碑铭》。

② 详见本章《深宁、东发后一人也》。

③ 参见《南雷文定·陈夔献墓志铭》。

④ 黄宗炎，字晦木，字立溪，人称鹧鸪先生。参加抗清斗争，曾被捕判死刑，被万泰等营救，后又多次被捕。其学术大略，与梨洲同。著作多散佚。黄宗会，字绪斋，人称石田先生。晚年由儒入佛，在治学上便与乃兄分途。

> 举证人入席。虽尝一集于会稽，再集于海昌，三集于石门（浙江桐乡县），而总不甚当先生之意。尝曰："甬上多光明俊伟之士，足为吾传薪火之寄。"而吾甬上当是时经史之学蔚然，雨笠宵灯，一振前辈之坠绪，亦以先生左提右挈之功为大。①

万氏兄弟，便是梨洲的得意门生。由此可见，浙东这个学术之乡，不仅经史之学的研究源远流长，诞生过不少著名思想家，宋明理学的重要派别在这里还出现过争鸣的局面；同时，讲学之风极盛，著名思想家也通过主讲书院，培养了大批人才。谢山晚年主讲蕺山书院，也仍然"从者云集，学舍至不能容"。

在学术上，黄宗羲比之乃师刘宗周，更有成就和影响。谢山认为，梨洲"兼通九流百家，则又轶出念台之藩，而窥漳浦（黄道周）之室"②。谢山尝从郑性家尽取梨洲遗稿，一一证实，补其亡，汰其伪，定为四十四卷，俾使梨洲文集得见其庐山真面目；③又狠下功夫，修补了《宋元学案》。谢山对梨洲之学领会极深，在《梨洲先生神道碑铭》中，他曾着重指出了以下几个方面：

其一是"经术所以经世"，强调"读史"。梨洲尝谓："明人讲学袭语录之糟粕，不以'六经'为根柢，束书而从事于游谈。故受业者必先穷经，经术所以经世，方不为迂儒之

---

① 参见《续甬上耆旧诗集》卷三十八黄宗羲小传。

② 参见《鲒埼亭集外编》卷四十四《答诸生问南雷学术贴子》。

③ 参见《鲒埼亭集外编》卷二十五《南雷黄子大全集序》。

学”，故兼令“读史”。

其二，既要多读书，又要“求于心”。梨洲又谓：“读书不多，无以证斯理之变化，多而不求于心，则为俗学。故凡受公三教者，不堕讲学之流弊。”

其三，注意“综合诸家”。梨洲“以濂、洛之统，综合诸家：横渠（张载）之礼教；康节（邵雍）之数学，东莱（吕祖谦）之文献，艮斋（薛季宣）、止斋（陈傅良）之经制，水心（叶适）之文章，莫不旁推交通，连珠合璧，自来儒林所未有也。”

其四，极力表彰“国难诸公”。梨洲“多碑版之文，其于国难诸公表彰尤力”。

其五，反对“异端之学”。梨洲之弟宗会，“晚年好佛”，梨洲“为之反复言其不可。盖公于异端之学，虽其有托而逃者，犹不肯少宽焉”。①

以上五个方面，对谢山的启示和影响是极为明显的。我们说谢山可谓梨洲传人，也就因为在这些方面，谢山继承和发展了梨洲之学，不过，在某些方面，谢山同样轶出了梨洲之藩。因为，谢山不止兼通九流百家，力主和会各家之说，并且一扫门户之见，做到了兼收并蓄，扬长避短。

再谈谢山之学与万氏兄弟的关系。

万氏兄弟之父万泰，字履安，学者称悔庵先生。万家与全家有三百年之世交，谢山介绍说：

> 万氏于予家为世家，同居市心桥之西街。鹿园

① 以上引文，均见《梨洲先生神碑铭》。

先生开府归,先司空公方以计偕北行,赠诗饯别。司空官学士,以不肯草玄,左迁南都。鹿园卧病中,闻而喜曰:"此真词臣也!"时部使者方为鹿园树二坊,其东曰"锦衣里",其西曰"都督街"。鹿园会改其东为"学士里",以让先司空公。司空闻而惊曰:"鹊巢鸠居,吾勿以堪也。"固辞之,鹿园不可。两家互让,遂并两坊皆虚。至今新街两坊有双阙,而无题字。荐绅先生同呼为"崇让里"。及先宗伯公在林下,又与瑞若都督同诗社。先生则与宗伯仲子非堂先生为性命交。丙戌(1646 年)之夏,挈眷避家光溪别业,孺人闻氏卒于溪上,乃入榆林。先生长子斯年,即非堂甥婿也。先赠公兄弟,于万氏兄弟最笃,管村(万言,充宗从子)、九沙(斯大之子)、西郭(管村之子),世世勿绝,盖三百年。①

谢山对万泰及其诸子,极为敬仰。尝谓"万氏八子,最能绍蕺山之学。为梨洲高弟者,曰斯选,当时以康斋比之。斯大、斯同皆精于经;斯同并精于史。又其一曰斯备,工于诗。而斯年最长,非诸弟匹也。"谢山与管村、九沙和西郭均有交往。但对谢山之学影响最大的,无疑是万斯同。

万斯同(1638—1702 年),字季野,学者称石园先生,万泰第八子。康熙十七年(1678 年),被荐博学鸿词试,力辞不就;次年,徐文元监修《明史》,延季野以布衣参史局,不署衔,不受俸。《明史稿》五百卷,皆季野手定,但后为王鸿绪

① 参见《续甬上耆旧诗集》卷二十二万泰小传。

攘为己有，易万稿为王稿。季野又为徐乾学纂《续礼通考》，上自国恤以至家礼，十四经之笺疏，二十一史之志传，汉、唐、宋诸儒之文集说部，无所遗漏。

万季野重视“经世之学”，要求“学术与经济”紧相结合，强调“作而行”。他尝指出：

> 吾窃不自揆，常欲讲求经世之学。……夫吾之所谓经世者，非因时补救，如今所谓经济云尔也，将尽取古今经国之大猷，而一一详究其始末，斟酌其确当，定为一代之规模，使今日坐而言者，他日可以作而行。……吾窃怪今之学者，其下者既溺志于诗文，而不知经济为何事；其稍知振拔者，则以古文为极轨，而未尝以天下为念。其为圣贤之学者，又往往疏于经世，见以为粗迹，而不知为。于是，学术与经济遂判然分为两途。而天下始无真儒矣，而天下始无善治矣。呜呼，岂知救时济世，固孔孟之家法；而已饮已渴，若纳沟中，固圣贤学问之本领也哉！[1]

季野著作等身，其治史经世，一如顾亭林之治史经世。而他对谢山之影响，亦一如顾亭林对谢山之影响。

谢山满怀深情为万季野作传，对其道德文章极尽赞颂之能事。在《万贞文先生传》[2]中，谢山突出地记载了季野有关

① 参见《石园文集·与从子贞一书》。

② 文载《鲒埼亭集》卷二十八。

读书的格言“无益之书不必观，无益之文不必作”；他那“为人和平大雅，而其中介然”的性格，以及“尤喜奖引后进，惟恐失之于讲会中，惓惓三致意焉”的品质。在传记中，谢山还援引李光地和方苞之话，推崇季野乃“谆谆教人，为有用之学者”，以及“真足以备石渠顾问之选”的广博学识。在谢山看来，“自先生之卒，蕺山证人之绪，不可复振，而吾乡五百余年攻媿[①]、厚斋文献之传，亦复中绝，是则可以为太息者矣！”对于季野的参与《明史》的编纂工作，谢山在《万贞文先生传》后的“附记”中，作了这样的评说：

> 盖先生欲以遗民自居，即以任故国之史事报故国。较之遗山（元好问），其意相同，而所以洁其身者，则非遗山所及，况定九（梅文鼎）乎！侍郎（指方苞）自谓知先生而为此言[②]，何其疏也！（先生尝言：“遗山入元，不能坚持苦节为可惜！”）

谢山编纂《续甬上耆旧诗集》，选录了季野之诗十六首。并指出季野乃“学人之诗，而兼有诗人风格”。令人感兴趣的是，谢山之诗，同样具有这样的特点。[③]

至于万季野之兄斯大，名充宗，人称褐夫先生，谢山同样十分敬仰。在《〈礼记辑注〉序》中，谢山对充宗之学作

① 楼钥，字天防，自号攻媿主人，鄞县人，私淑朱熹，有《攻媿文集》。参见《宋元学案》卷七十九《邱刘诸儒学案》。

② 谢山在“附记”中指出，方苞谓季野与梅定九同时，而“不如定九得邀日月之光，以为泯没”，“则尤大谬”。

③ 参见本书第八章。

了全面的评论，他说：

> 吾乡万先生充宗，湛于经学，“六经”自笺疏而下，皆有排纂，“三礼”为最富。“三经”之书，其成帙不一种，《礼记》最富。昆山（指徐乾学）《通志堂经解》之未刻也。……先生之书，其盛传于世者，莫如《学礼质疑》，盖条礼经诸人节目，前人聚讼未决，而详为论定者也。是书则以部帙之繁，未能粹者。予从其家借钞之，征君（指黄宗羲）尝谓：学不患不博，第患不精。充宗由博致精，故其书必传。时风众势方穷老尽乞于帖括，而未有出于己者。固无有出于人者，直罔闻其能读先生之书者，恐亦难其人也。[①]

在《续甬上耆旧诗集》卷七十七，为万斯大所作的小传中，谢山还指出：“吾乡自深宁、东发两先生精经术，明初黄南山、杨镜川能求其绪，其后衰矣，至先生而一振。”并再次强调万斯大“湛于经术，尝谓非通诸经，不能通一经；非悟传注之失，则不能通诸经；非以经释经，则亦无由悟传注之失”。谢山之学受万斯大的启示和影响，从谢山的这种评论中，不是亦可见其端倪吗？

---

① 文载《鲒埼亭集外编》卷二十三。

三、李绂与全祖望

关于谢山与李绂这对忘年交的深情厚谊，在第二章《交游考》中已作了详细的介绍，这里要补充的是，李绂之学对谢山的启示和影响。

对于李绂之学，谢山曾作过这样的评价：

> 其经术皆足以经世务，指挥所至，迎刃而解。曾一出视漕，即为清运丁积年之害，至今遵行。而惜其所至，皆未有三年淹也。生平学道守旨，在先立乎其大者，陆学之教也。问谓予曰："吾苟内省不疚，生死且不足动其心，何况祸福；祸福且不足动其心，何况得失，以此处境不难矣。"予干诸生请业，多述公此言以告之，则泰山岩岩之气象，如在目前。一念及之，足使顽廉而懦立。①

对于李绂之博学多才，谢山同样赞叹不已；

> 公以博闻强积之学，朝章国故，如肉贯串。抵掌而谈，如决溃堤而东注。不学之徒，已望风不敢前席。而公扬休山立，左顾右盼，千人皆废，未尝肯少接以温言。故不特同事者多恶之，即班行中亦

① 参见《鲒埼亭集》卷七《阁学临川李公神道碑铭》。

多畏之。[①]

钱穆认为，谢山的“渊源切磋之所自”，与李绂的关系最为深切。[②] 此说良是。谢山尝言：“予以晚进叨公宏奖，其在讲座，每各持一说，与公力争，有时公亦竟舍其说以从予。即其终不合者，亦曰各尊所闻可矣。故累语客赏予之不阿，而世方以闭眉合眼喔咿嚅唲，伺察庙堂意者，随声附和，是为不传之秘。则公之道，宜其所在辄穷也。”在处世哲学和治学上，谢山与李绂都反对“以闭眉合眼喔咿嚅唲，伺察庙堂意者，随声附和，是为不传之秘”这种不良世风。李绂赏识谢山之“不阿”，而谢山则赞美李绂之谦逊，这正是他们忘年交的基础。

谢山曾直言指出，李绂“昌明陆学，然其病则言陆学绝无流弊；如此，便成矫枉阿私。观（袁）正献二帖，而当时为陆学者之流弊章章如矣。陆学精处，正在戒学者之束书不观，游谈无根，学者可不戒乎！”[③]在《奉临川先生帖子》五通中，谢山更详尽、深入地阐明了自己对朱、陆之说的观点。并对李绂的《陆子学谱》作了评论。

在《帖子》(一)中，谢山指出李绂的“朱、陆诸篇，考古最核，持辨最长。在不知者，或疑其过于申陆，而知者以为未尝有损于尊朱也”。但谢山和李绂不同，他持“会同朱陆之说”。他曾以黄榦（勉斋）和舒璘（广平）为例，强调指出

① 参见《鲒埼亭集》卷七《阁学临川李公神道碑铭》。
② 参见《中国三百年学术史》，上海商务印书馆 1937 年版，上册 304 页。
③ 参见《鲒埼亭集外编》卷三十三《跋袁正献公与舒和仲帖》。

“必欲排陆以申朱者，非真有得于朱可知”；“必欲排朱以申陆者，非真有得于陆可知”。因为在谢山看来：

> 夫圣学莫重于躬行，而立言究不免有偏。朱、陆之学，皆躬引之学也。其立言之偏，后人采其醇而略举其疵，斯真能会同朱、陆者也。若徒拘文牵义，哓哓然逞其输攻墨守之长，是代为朱陆充词命之使，即令一屈一伸，于躬行乎何预？虽然原诸人之意，欲为朱、陆绍真传也。不知使勉斋、广平而在，将厌恶之有暇，必不引而进入其学之列，亦徒自苦矣！

谢山主张“会同朱、陆”，其立脚点就在于“朱、陆之学，皆躬引之学也”。他认为，朱、陆以及其他大儒之学，皆难免“立言有偏”，故后来者理应在“重于躬行”上狠下功夫，“采其醇而略举其疵”，不该“拘文牵义”。可以说，这正是谢山治学所一贯坚持的原则之一，唯其如此，故其言就较少偏颇。

对于李绂的《陆子学谱》，谢山评价甚高，认为“将以绝学而徵其言，其所系非小”；并指出，“其中搜罗潜逸，较姚江黄征君《学案》数倍过之。后世追原道脉者，可以无憾。”不过，谢山仍然抱着“献其芹曝之愚”，或与李绂商榷，或补充材料。①

在《帖子》(四)中，谢山还提出了一个重要观点，那就是：“大儒门下，不必竟无不肖。”他列举实例指出：“前之，则有朱子之傅伯寿；又前之，则有杨文靖公之陆棠；又前之，则

① 参见《奉临川先生贴予》(二)(三)。

有程子之邢恕。与其进，不与其退，斯亦圣贤之所无可如何也。”为此，谢山主张实事求是地指出这些“非种之苗”，并认为李绂因赵与笃、袁韶传“以其慈湖之徒，而为之辞，可以无庸矣”。

从《奉临川先生帖子》，及《答临川先生问淳熙四君子世系贴子》[①]、《答临川先生序三汤学统源流札子》[②]和《答临川先生问汤氏〈宋史〉帖子》[③]等文，可以清楚地看到，谢山和李绂切磋学术问题的动人情景。李绂之学及其立身处世对谢山的启迪和影响，谢山之学对于李绂之学的修正和发展，于此亦可窥见大概。

四、刘继庄之学对全祖望的启示

刘继庄是康熙年间一位颇有特色的学者。虽然有关刘继庄的生平事迹，全祖望时代的人已知之甚少，可是继庄之学对谢山有着不小的影响，谢山特为刘继庄撰写了传记。

万季野也最心折于刘继庄，谢山《刘继庄传》[④]中，曾记载万、刘两人的这样一则趣闻：

> 万先生与继庄其在徐尚书（徐乾学）邸中，万先生终朝危坐观书，或瞑目静坐。而继庄好游，每

① 文载《鲒埼亭集外编》卷四十四。
② 文载《鲒埼亭集外编》卷四十三。
③ 文载《鲒埼亭集外编》卷三十四。
④ 文载《鲒埼亭集外编》卷二十八。

日必出，或兼旬不返。归而以其所历告之万先生，万先生亦以其所读书证之，语毕复出。故都下求见此二人者，得侍万先生为多，而继庄以游罕所接。时万先生与继庄各以馆脯所入，抄史馆秘书，连甍接架。

刘继庄，名献廷，字君贤，顺天大兴县（今北京市大兴县）人。先世本吴人，以官太医，遂家顺天。由于万季野的引荐，继庄参与修《明史》馆事；由于顾景范、黄子鸿的引荐，继庄又参与了修《大清一统志》事。继庄老死于布衣，时间当在康熙三十一年（1692 年）后，其生年不详。除《广阳杂记》外，其余著述皆未见流传。

刘继庄治学，重视实用，尝谓："诸公考古有余，而未切实用。"故"继庄之学主于经世，自象纬律，以及边塞关要、财赋军器之属；旁而岐黄者流，以及释道之言，无不留心，深恶雕虫之技"。继庄认为，"水利兴而后足食，教化可施也。"为此，他"欲取二十一史关于水利农田战守者，各详考其所以，附以诸家之说，以为之疏，以为异日施引者之考证"。继庄对西北的水利颇有研究，认为"西北非无水也，有水而不能用也。不为民利，乃为民害。……有圣人出，经理天下，必自西北水利始"。他还指出："西北水利，莫详于《水经》郦注。虽时移势易，十犹可得六七，郦氏力略于东南，人以此少之，不知水道之详正在西北。"谢山在传记中，如此详记继庄的这些高见卓识，充分说明了他对继庄重视实用之学的肯定。

另外，刘继庄"尝作《新韵谱》，其悟其华严字母，人而参之，以天竺陀罗尼、泰西蜡顶话、小西天梵书，既天方、蒙古、女真等音，又证之以辽人林益长之说，而益自信。同时，吴修龄自谓仓颉以后第一人。继庄则曰：是其于天竺以下书，皆未得通，而但略见华严之旨意也”。

谢山之所以另眼相看继庄之学，原因在于他的父亲和万季野。《刘继庄传》说："予之知继庄也，以先君；先君之知继庄也，以万氏。及余出游于世，而继庄同志，如梁质人、王昆绳皆前死，不得见。即其高弟黄宗夏，亦不得见。故不特继庄之书，无以踪迹，而逢人问其生平颠末，杳无知者。"谢山"揣其人之不凡，而终未能悉其生平行事"，于是只能根据《广阳杂记》，以及从父亲那里听来的有关材料，"略求得其读书、著书之概"，撮拾而传之。从谢山对于刘继庄的发生兴趣，以及精心所撰的《刘继庄传》，足见继庄之学对谢山的巨大吸引力。

当然，谢山对于刘继庄的治学亦有所批评。谢山指出，继庄"又言朱子《纲目》非其亲笔，故多迂而不切，而关系甚重者反遗之，当别作纪年一书。凡继庄所撰者，其运量皆非一人一时所能成。故虽言之甚殷，而难以毕业，是亦其好大之疵也。又言圣王之治天下，自宗法始；无宗法，天下不可得治，宜特为一书以发明之。是则虽儒者之至言，而惜其书亦未就"。

对于刘继庄之推崇金圣叹，谢山深感困惑不解。他说：

> 顾有一大不可解者，其生平极口许可金圣叹。故吴人不甚知继庄，间有知之者，则以继庄与圣叹并称，又咄咄怪事也。圣叹小有才耳，学无根柢。继

庄何所取，而许可之。乃以万季野尚未有满，而心折于圣叹，则吾无以知之。然继庄终非圣叹一流，吾不得不为别白也。[1]

金圣叹是明清易代之际的杰出思想家，不过其主要建树在小说和戏曲的理论批评方面。他因顺治十八年（1661年）苏州“哭庙案”而被清廷杀害于南京。对于这样一位思想界的“异端”，文学界的“怪才”，刘继庄不仅“心折”，而且极口称赞，这充分证明刘继庄在思想和治学上与金圣叹有相通之处，恰恰是刘继庄的过人之处。谢山则认为“圣叹小有才耳，学无根柢”，且只字未提“哭庙案”，以及圣叹对戏曲、小说的评点，适足以说明谢山“终非圣叹一流”的思想家。

五、“深宁、东发以后一人也”

雍正十一年（1733年），谢山春试不第，李绂见其行卷曰：“此深宁、东发以后一人也。”[2]鄞人陈昌泗尝见谢山说经之文，“輾然喜曰：‘是深宁、东发一辈人也，将来何以测其所止。’”[3]

王应麟，字伯厚，晚岁自号深宁老人，学者尊之曰深宁先生，鄞县人。黄震，字东发，慈溪（今属宁波市）人，尝归隐鄞县宝幢山。深宁和东发，皆为南宋末年博学多闻的著

① 以上引文未注出处者，均见《刘继庄传》。

② 参见《董谱》雍正十一年谱。

③ 参见《鲒埼亭集》卷二十一《陈丈孔塘圹志铭》。

名学者。

深宁尝谓："今之业举子者，专以沽名，得则一切委弃，制度典章漫不知省，非国家所望于通儒也。"①深宁和东发，皆不愧为一代"通儒"；宋亡入元后，深宁和东发又皆坚持民族气节，不仕新朝。谢山对这两位乡先贤的操守和学殖，极为推崇，而他们对谢山之学也有很大的启迪和影响。

谢山少时即读深宁的《困学纪闻》。在补定《宋元学案》时，谢山又从《真西山学案》中，别立《深宁学案》；并从《困学纪闻》中选录了九十余条材料，充实了不少学案的内容。在清初阎若璩和何焯的笺注之后，谢山又为《困学纪闻》作了三笺。而《王尚书汲古堂》诗，则集中地反映了谢山对深宁和深宁之学的推崇。②

对于东发，谢山同样景仰万分，这从《黄文洁先生寓亭》可见一斑。诗曰：

古窑斥卤区，无疑盖世豪。不传之秘有遗经，乃以露纂兼雪钞。诸儒坠言肉贯串，独奉建安为斗杓。霜松雪柏凛岁寒，肯为宰相兄子挠。归田来湖上，誓将老衡茅。会逢厄运丁阳九，渡江壮游惊飞涛。行都庙社且涂地，何况区区一寓寮。图书法物成敝屣（原注：文洁先生避兵出城，不携一物以行），如醉

① 参见《宋史》本传，转引自《勾馀土音》卷二《王尚书汲古堂》诗前简介。

② 关于深宁和深宁之学，及其对谢山的启迪和影响，参见本书第六章《〈困学纪闻〉三笺和七校〈水经注〉》，这里从略。

如吃歌黍苗。南迁仗锡东同谷，一枝何处奠山鷓。出门即有碍，谁复谓无高。日唯一餐祈速死，谁其知者闽谢翱。当年湖上早云散，其既于今益已遥。谁知百世后，有客茫茫赋大招。[1]

黄宗羲《宋元学案》，有关黄震的学案，称为《四明朱门学案》，谢山修补时始称《东发学案》。在《序录》中，谢山对东发之学作了这样的评论：

四明之专宗朱氏者，东发为最。《日钞》百卷，躬行自得之言也，渊源出于辅氏。晦翁生平不喜浙学，而端平（宋理宗年号，1234—1236 年）以后，闽中、江右诸弟子支离舛戾，固陋无不有之。其能中振之者，北山师弟为一支，东发为一支，皆浙产也。其亦足以报先正惓惓浙学之意也夫！[2]

谢山特别赞赏东发既能发明师说，又没有"门户之病"，曾说东发"所造博大精深，徽公（指朱熹）瓣香为之重振"。谢山还指出，东发"独得之遗籍，默识而冥搜，其功尤巨。试读其《日钞》诸经说，间或不尽主建安旧讲，大抵求其心所安而止，斯其所以为功臣也"[3]。在《杜洲六先生书院记》[4]中，谢

① 诗载《勾馀土音》卷二。

② 参见《宋元学案》卷八十六《东发学案》。

③ 参见《鲒埼亭集外编》卷十六《泽山书院记》。

④ 文载《鲒埼亭集外编》卷十六。

山又强调说：

> 慈湖之学宗陆，东发之学宗朱，门户截然，故《日钞》中颇不以心学为是。由今考之，则东发尝与杜洲之讲会，而其后别为一家者也。门户之病，最足锢人。圣贤所重在实践，不在词说。故东发虽诋心学，而所上史馆札子，未尝不服慈湖为己之功臣。

尚须指出的是，东发对两宋理学的看法，对谢山修补《宋元学案》启迪颇多。谢山大量摘录东发《日钞》中的材料，补充各个学案，就是明证。

六、全祖望的治学原则和治学特点

章学诚指出，谢山“于东南文献及胜国遗事，尤加意焉。生承诸老之后，渊源即深；通籍馆阁，闻见更广”①。在学术研究方面，谢山既继承了清初“诸老”的优良传统，又认真总结了明末清初以来的经验教训。因此，一方面汲取了前辈学者的治学长处，另一方面又能纠正他们的偏颇之见。

首先，谢山治学力主“荟萃百家之言”，反对“墨守一家坚僻之学者”。

谢山尝谓：“愚生平于解经，未尝敢专主一家之说，以启

① 参见《乙卯札记》。

口舌之争，但求其是而已。”[①]在《卫栎斋〈礼记集说〉》[②]中，谢山称赞卫正叔曰：

> 昆山卫正叔先生荟萃百家之言，成《礼记集记》一百六十卷，采取极博，而已不厕一语焉。……又曰：“他人著书，惟恐不出于己；予之此编，惟恐不出于人。”至哉，言乎！世之狗偷獭祭以成书，矜为自得；或墨守一家坚僻之学者，其亦可以已矣夫！

正是基于这样的观点，谢山推崇黄宗羲的“以濂洛之说，综合诸家”的治学方法；欣赏“宗朱而不尽合于朱”的学者，[③]以及“不专主朱，亦不专主陆，深造实践”的学者。[④] 而不满李绂的“言陆学绝无流弊”，认为“如此便成矫枉阿私”。对于不同的学派，谢山赞同唐枢之见“两存而精究之”[⑤]，主张要有大儒的兼容大度，反对陋儒的“门户相攻”。谢山曾赞赏倪鸿宝的大儒风度说：

> 因国之际，天下称大儒，蕺山刘公、漳海黄公，而公实参之。……顾蕺山之学，不甚合于漳海，而公则与漳海之学相近。乃其于蕺山绝无间言，遣其弟朗斋从事证人之社，而长子无功受业黄

---

① 参见《经史问答》卷二。
② 文载《鲒埼亭集外编》卷二十七。
③ 参见《鲒埼亭集外编》卷十六《横溪南山书院记》。
④ 参见《鲒埼亭集外编》卷二十七《题杨文懿公〈诸经私钞〉》。
⑤ 语见《明儒学案·唐枢传》。

氏。去短集长，不名一师，此其所以为大儒与！[①]

在《宋元学案》中，谢山称许吕本中"不名一师"的家风[②]；首肯吕希哲的"集益之功至广且大"[③]。他还认为，"读朱子之书者，正当遍求诸家，以致去短集长之益。若墨守而屏弃一切焉，则非朱子之学也。"[④]在谢山看来，只有切实做到"不名一师"，"去短集长"，方能有所发明创造，而深宁和东发就是这样的学者。王应麟"私淑东莱，而兼综建安、江右、永嘉之传"；[⑤]"深宁论学，盖亦兼取诸家。"[⑥]至于黄震，前文已经提及，谢山之所以确认东发乃朱熹之功臣，就因为他对朱熹之学有所修正和发明。[⑦] 对于长期以来的朱、陆之争，谢山欣赏"会同朱、陆之说"。在《奉临川先生帖子》中，他指出："则必欲排陆以申朱者，非真得于朱可知。推此以观陆子之门人，亦然。……则必欲排朱以申陆者，非真有得于陆可知。"为什么呢？这就涉及到谢山的另一个重要观点，即他主张任何学派的学说，均需"验之躬行"，"重在实践"，不能徒以其言进行评价。

"道以躬行重，人从述作论。"[⑧]谢山之所以欣赏"会同

① 参见《鲒埼亭集》卷二十四《明太保倪文公祠堂碑铭》。
② 参见卷三十六《紫微学案》。
③ 参见卷二十三《荥阳学案序录》。
④ 参见卷四十八、四十九《述晦翁学案》。
⑤ 参见《鲒埼亭集外编》卷十九《宋王尚书画像记》。
⑥ 参见《鲒埼亭集外编》卷十六《同谷三先生书院记》。
⑦ 参见《泽山书院记》。
⑧ 《鲒埼亭诗集》卷五《吴船集·谒汤文正公祠》。

朱、陆之说”，其原因就在于：

夫圣学莫重于躬行，而立言究不免有偏。朱、陆之学，皆躬行之学也。其立言之偏，后人采其醇，而略举其疵，斯能真会同朱、陆者也。若徒拘文牵义，哓哓然逞其输攻墨守之长，是代为朱、陆充词命之使，即令一屈一伸，于躬行乎何预。

在为万斯选所作的小传中，谢山称赞万斯选说：

梨洲黄氏讲学甬上，弟子从之如云，其称高座者十有八人。然或讲经，或榷史，或为诗古文词，不能尽承学统也。而先生以躬行君子领袖之。其辨析名理，皆自实践而出。……尝曰："吾党经史之业，于今为盛，亦不验之躬引，终亦无益。"①

谢山论学和品人，十分看重"践履"，强调"功惟崇践履，流勿堕狂禅"②。在《杨文元公旧里》③中，谢山歌颂杨简曰：

淳熙正学推四公（原注：沈端宪、舒文靖、袁正献与公而四），慈湖先生最为雄。降生实在三江东，是夜祥光贯白虹。连理之杨连理荀，弟兄和气与天

① 《续甬上耆旧诗集》卷七十七。
② 《勾馀土音》卷三《吾家故迹十首·本心书院》。
③ 诗载《勾馀土音》卷三。

通。(原注,即用慈湖"连理瑞诗")先生践履真温恭,一念不妄归冲融。涑水、横渠将无同,颇疑言悟觉近禅宗,殆为中人以下资发蒙。先生讲堂在碧沚,西湖花鸟归春风。绛帐不以身后冷,乡校肄业尤雍雍。(原注:庆元学官,别有慈湖肄业,诸业独为一斋。见《宝庆志》)陋儒门户妄相攻,言朱言陆总朦胧。试问生平践履果何似,尚其泥首三江东。

诗后,谢山特别对"践履"作了这样的注解:"宋王应麟《鄞县学记》:自学校之建,俊彦兴起。乡先生前后九人,其四出于鄞,皆以忠信为本,践履为实,仰高蹈景,其人若存,为士者不自勉乎!"

谢山还以杨简及其高弟桂万荣为范例,阐说了"论人之学,当规其行,不徒以其言"这个重要观点。在《碧沚杨文元公书院记》[①]中,谢山指出:

文元之学,先儒论之多矣。或疑发明本心,陆氏但以为入门,而文元遂以为究竟,故文元为陆氏功臣,而失其传者亦自之。愚以为未尽然。夫论人之学,当观其行,不徒以其言。文元之齐明严格,其生平践履,盖涑水、横渠一辈人,曰诚,曰明,曰孝弟,曰忠信,圣学之全,无以加矣。特以当时学者沉溺章句之学,而不知所以自拔,故为本心之说以提醒之。盖诚欲导其迷途而使之悟,而非谓此

① 文载《鲒埼亭集外编》卷十六。

一悟之外，更无余事也。而不善学者，乃凭此虚空之知觉，欲以浴沂风雩之天机，屏当一切。嗟乎，是岂文元之究竟哉！然则登斯堂也，能知文元之所以立教之故，而勿误用之以贻儒苑之讥，则于学者有厚望焉。

谢山还赞扬桂万荣(石坡)说：

石坡讲学之语实本师说，曰诚，曰孝弟，曰颜子四勿，曰曾子三省。其言朴质无华叶。盖以躬行为务，非徒从事于口耳，故其生平践履，大类慈湖。①

何谓"躬行为务，非徒从事于口耳?"谢山仍举杨简和桂万荣事例说：

慈湖守温州，力行周官任䘏之教，富豪争劝勉，石坡在南康，感骄军知以卫民为务。……呜呼！慈湖之心学，苟非验之躬行，诚无以审其实得焉否。今观石坡之造诣，有为有守，岂非真儒也。②

在谢山看来，对于任何学派和学说，还有个"善学"和"善用"与否的问题。"采其醇，而略举其疵"，这就是"善学"；

---

① 参见《鲒埼亭集外编》卷十六《石坡书院记》。

② 参见《石坡书院记》。

“学贵自得”,“和同受益”,这就是“善用”。谢山尝感慨地说:

> 国初多稽古洽闻之士,至康熙中叶而衰。士之不欲以帖括自竟者,稍廓之为词章之学,已耳求其原原本本,确有所折衷而心得之者,未之有也。①

谢山还援引理学史上的实例,阐明了能否“善学”和“善用”,对于治学的重要性。《城南书院记》②指出:

> (袁)正献之言有曰:“学贵自得,心明则本立,是其入门也。”又曰:“深思而得之,兢业而守之,是其全力也。……盖有见于当时学者陷溺功利,沉溷于词章,极重难返之势,必以提省为要,故其说偏重而不知其疏。岂意诸弟子辈不善用之,反谓其师尝大悟几十,小悟几十,泛滥洋溢,直如异端,而并文元之学而诬之,可为浩叹者也!

要做到“善学”和“善用”,尚须解决一个对待先贤的态度问题。在这个问题上,谢山的观点是,既要尊重先贤,又不可盲从先贤;并强调指出,“有信而无疑”,并非“学问之道”。谢山评史蒙卿之学说:

> 静清曾宗朱学,而其独探微言,正非墨守集传、

---

① 参见《鲒埼亭集》卷十七《翰林院编修赠学士长洲何公墓志铭》。

② 文载《鲒埼亭集外编》卷十六。

> 章句，或问诸书，以为苟同者。正如东发亦宗朱子，而其于先后天图说，攻之甚力。盖必如是，而始为硕儒。不善学者，据一先生之言，穷老尽气，不敢少异，而未尝顾其心之安否。是为有信而无疑，学问之道未之有也。[①]

谢山治学的第二个原则是，推崇“经世之学”和“救弊之良药”，抨击迂疏陈腐之论。

唐仲友，字与政，号说斋，浙江金华人。“以经术、史学负重名于乾、淳（宋孝宗年号：乾道、淳熙：1165—1189年）间。”虽然唐仲友有“不能检束子弟”之错，曾为朱熹所纠。但是，谢山补修《宋元学案》，特立《说斋学案》。究其原因，就在于说斋之学“皆有关经世之学”。谢山还自信地指出：“要之，说斋之被纠，所当存而不论。而其言有可采者，即令朱子复起，或亦以予言为然也。”[②]另外，谢山看重陆九韶，是由于“梭山是一朴实头地人，其言皆切近，有补于日用”[③]。

对于阳明之学，谢山也认为，本属“救弊之良药”，问题出在其门人之“启弊”。在《槎湖书院记》[④]中，谢山评论说：

> 吾观阳明之学，足以振章句、训诂之支离，不

① 参见《鲒埼亭集外编》卷十六《甬东静清书院记》。

② 以上引文，均见《宋元学案》卷六十谢山《唐说斋文钞序》。

③ 参见《宋元学案》卷五十七《述梭山复斋学案》。

④ 文载《鲒埼亭集外编》卷十六。

可谓非救弊之良药。然而渐远渐失，遂有堕于狂禅而不返。无乃徒恃其虚空知觉，而寡躬行之定力耶！阳明之所重者，行也，而其流弊乃相反。彼其所谓诚意者，安在耶？盖其所顿悟者，原非真知，则一折而荡然矣。是阳明之救弊，即其门人所以启弊也。(张)文定以为学必先知而后行，至行愈熟，则知愈精，原未尝相离，而特不可谓行先乎知。此其说最平。

对于亭林、梨洲等清初大儒竭力倡导的"经术经世务"，注重史学，旨在"经世"的"经世之学"，谢山固然推崇备至；[①]对杨秉纮的《浙江水利考》等"关于实用"的著述，谢山同样评价极高。至于像李绂这样的"平生以道济时为急，用世之心最殷"的"真铁汉"，谢山更是敬佩不已。他尝感慨地说："其经术以经世务，指挥所至，迎刃而解。曾一出视漕，即为清运丁积年之害，至今遵行。而惜其所至，皆未有三年淹也。"[②]

对于"迂疏陈腐"者，及其"迂疏陈腐"之说，谢山则深恶痛绝之。在《横溪南山书院记》[③]中，谢山曾为近世的"迂疏陈腐"者勾画了可笑的形象：

吾尝笑近世之自署为朱学者，迂疏陈腐。但欲

① 参见《鲒埼亭集》卷十二《亭林先生神道表》，卷十二《梨洲先生神道碑文》。

② 参见《阁学临川李公神道碑铭》。

③ 文载《鲒埼亭集外编》卷十六。

> 奉章句、传注而墨守之，不敢一字出其外，以是为勿畔。锢其神明，塞其知觉，而朱学反自此而晦。盖举博学、审问、慎思、明辨之功一切废之，朱学岂其然乎？曷亦观或问、语录、文集之谆谆，盖有甫越信宿而别多折衷者。吾乡朱学三家，宋则果斋（史蒙卿）、东发，明则先生（黄孟清），宗朱而不尽合于朱。倘今世之迂疏陈腐者观之，殆将反以为信道之不笃也已。

在谢山看来，明代官书《四书大全》，以及“降而为讲章”之类，皆是束缚思想，阻碍学术发展的“蒙存浅达之书”，它们“变秀才为学究”。为此，谢山不赞成朱彝尊的《经义考》，把此类著述“滥厕于先儒之间”，理“当别为一帙”，作为思想资料保存下来。①

① 参见《鲒埼亭集外编》卷四十一《答郑筠谷宫赞论朱氏〈经义考〉帖子》。按：《四书大全》三十六卷，与《五经大全》、《性理大全》一起修成于明成祖永乐十三年(1415 年)，这三部“大全”，秉承明成祖朱棣旨意而纂修的，纂修者为胡广、杨荣、金幼孜等。朱棣为三部《大全》撰写了御制序，在序中阐述了纂修三部《大全》的目的。指出：“六经者，圣人为治之迹也。六经之道明，则天地圣人之心可见，而至治之功可成。六经之道不明，则人之心术不正，而邪说暴引侵寻蠹害，欲求善治，乌可得乎？朕为此惧。乃者命编修《五经》、《四书》，集诸家传注而为大全，凡有发明经义者取之，悖于经旨者去之。又集先儒成书及其论议、格言，辅翼《五经》、《四书》，有裨于斯道者，类编为帙，名曰《性理大全》。”三部《大全》的编修和颁行，标志着明初朱学统治地位的确立。明初统治者企图借三部《大全》，开创“家孔孟而户程朱”（胡广、杨荣、金幼孜等的进书表中语）的局面，裨使朱明王朝长治久安。谢山视《四书大全》为“蒙存浅达之书”，足见其识见之卓特，思想之开明。

论人之学，特别重视其人之人品，不为传统意见所囿，敢于标新立异，这是谢山治学的第三个原则。这也是谢山受黄宗羲的影响的一个重要方面。举一例就足以说明这个原则之难能可贵了。

众所周知，在儒家的传统学说中，始终带有一种神授的意味。但梨洲认为“河出图，洛出书”，就是“俯察地理”。“图书”就是“图经黄册”，其所以名为“河洛”，原因在于河洛是天下之中。对于梨洲此说，谢山评价极高，誉之为“百世不易之论”。并指出，“盖尝与学者言之，皆大惊，莫能信，固难以口舌争”。谢山对“图书”就是“俯察地理”之说，还作出了自己的解释。在他看来，古代“王者之迹既熄，诸侯吞噬”，地盘之大小，贡赋之多寡皆搞乱了，所以孔子才有河不出图之叹[1]。

谢山既看重学者之“践履”，而学者之“践履”，又总是与其人之人品密切相关的。因此，其人之人品如何，就成了谢山论学的一个重要方面。在谢山看来，大儒是道德学术皆可称道的贤者。大节有亏，人品不好，即使学术上有所成就，也不值得称颂。谢山对李光地的评价，就是这方面的一个突出事例。在第一章中，我们已谈到过谢山对李光地的批评，这里不再赘言。谢山对毛奇龄之学，评价不高，甚至失之偏颇。个中原因，也在于他憎恶毛奇龄之人品。谢山认为，“西河好作伪，每自捏造以欺人如此（按：指毛奇龄谓《史记》“年表”成于司马炎，而“世家”成于司马迁），盖不可胜数也。”[2]

---

① 参见《鲒埼亭集外编》卷二十七《〈黄梨洲易学象数论〉书后》。

② 参见《经史问答》卷四。

当然，需要补充指出的是，谢山一方面论人之学，特重人品，以致难免失之偏激和偏颇；但另一方面，又能做到不因人废言。对任何学派和学者，不管个人是否赞同其学说，皆能一视同仁地从实际出发，加以研究，进行评介。他编纂《续甬上耆旧诗集》，虽看重"故国忠义"之作，但对各种流派和风格的诗人，皆能兼收并蓄。甚至对不齿于士林的不肖者，亦能做到不因人而废言。甬上有位徐文驹，康熙四十八己丑(1709年)进士，知怀仁县(今江苏赣榆县)。"少有才气，锐意为诗古文词，充其所至，可以不落人后。而驰骛名利，堕入恶薄。其父(国麟)雅操行检，勿之喜也。"徐文驹"好色，自言为官后，当令十屋俱满。已而作令，果置姬侍无算，遂以此昏酒罢官没籍，而身亦以此死"。对于这位徐诗人，谢山"本意不录其人，念其诗尚有可采者，故节取而附之，使读是诗者懔然于有文之不可无行也"①。比徐文驹更无行的谢三宾，谢山在《续甬上耆旧诗集》中，仍作为附录，为他写了小传，并选录了三首诗作。令人颇感兴趣的是，在谢三宾小传中，谢山还谈到了自己当时的内心斗争：

> 予初援竹垞黜圆海之例(按：朱彝尊纂修《明诗综》，不录阮大铖的《咏怀堂集》)，不录其诗。既而思之，后世见《一笑堂集》者，即其娓娓故国故君之感，又托之磦砢大节之高隐学以为之序。倘不知其人，断不敢以为蒲寿宬一辈也。故仍存之，以

① 参见《续甬上耆旧诗集》卷一二八徐文驹小传。谢山选录了徐诗三首。

为所言观行之证。①

谢山在上述三个治学原则的指导下，撰写了大量的著述。概而言之，谢山的治学有以下几个明显的特点：

首先，“浙东之学，言性命者必究于史，此其所以卓也。”②谢山是沿着梨洲所开辟的这条治学途径走的，是“浙东之学”的佼佼者。谢山同样注重经史之学的研究，而研究经史之学，也是为了“经世”和“应务”。

> 公谓：明人讲学，袭语录糟粕，不以“六经”为根柢，束书而从事于游谈。故受业者必先穷经。经术所以经世，方不为迂儒之学，故兼令读史。③
>
> 先生始谓学必原本于经术，而后不为蹈虚，必证明于史籍，而后足以应务，元元本本，可据可依。④

这是谢山为梨洲的学术倾向和学术志趣所作的概括，也是他自己的经史之学研究的指导思想。

在经史之学的研究方面，谢山不仅瓣香梨洲，也接受了顾亭林的影响。他把亭林的“经学即理学”，“舍经学无所谓理学”，看作为至理名言，赞不绝口；他对《日知录》评价极

---

① 参见《续甬上耆旧诗集》卷八十谢三宾小传。又，关于谢山的不因人废言，后文尚有论及。

② 参见章学诚《文史通义·浙东学术》。

③ 参见《梨洲先生神道碑文》。

④ 参见《鲒埼亭集外编》卷十六《甬上证人书院记》。

高，指出这是亭林“终身精诣之书，凡经史之粹言具在焉”[①]。谢山的《经史问答》，阮元认为“实足以继古贤，启后子，与顾亭林《日知录》相埒”[②]，这样的评价是不无道理的。

谢山的史学研究，同样是沿着梨洲的治学途径走的。重视学术史的研究，潜心续修《宋元学案》，以志七百年来儒苑门户；“多碑版之文，其于国难诸公表彰尤力”，这是谢山史学方面突出的两大成就。值得注意的是，谢山“搜讨故国遗言”，不遗余力地表彰“故国忠义”，并关注《明史》的修纂。这与黄宗羲竭力表彰“亡国之大夫”、“亡国之人物”，以及万斯同以布衣参与修《明史》，“任故国之史事报故国”一样，显然含有政治方面的原因。

其次，为了使自己的经史之学研究具有深厚的学术根柢，谢山一方面花大力搜访、抄录和编纂文献资料，另一方面则下苦功从事考证工作。

谢山铭记着梨洲的教导：“读书不多，无以证斯理之变化；多而不求于心，则为俗学。”[③]他的博览群书，花大力搜访、抄录和编纂文献资料，以及下苦功从事考证，是相辅相成的。目的在于通过经史之学的研究，“证斯理之变化”，不致堕入“俗学”的恶道。从《鲒埼亭集外编》卷十六所收的《庆历五先生书院记》、《大函焦先生院记》、《长春书院记》、《竹洲三先生书院记》、《城南书院记》、《碧沚杨文元书院记》、《翁洲书院记》、《甬东静清书院记》、《泽山书院记》、《横溪南山书

① 以上引文均见《亭林先生神道表》。
② 参见《经史问答·序》
③ 参见《梨洲先生神道碑文》。

院记》；卷十七所收的《天一阁藏书记》、《二老阁藏书记》、《丛书楼记》、《小山堂藏书记》、《双韭山房藏书记》、《天一阁碑目记》、《钞〈永乐大典〉记》、《春明行箧当书记》、《小山堂祁氏遗书记》等系列文章，我们不止可以了解谢山勤于读书，旁搜远览，重视文献资料的情景，亦能窥见其擅长于考镜学术渊流，辨析师承关系的治学特点。

谢山尝批评方苞"不长于稽古"，"不读杂书，颇类程子。即如《史》、《汉》，侍郎但爱观其文章，而于考据，则勿及也。"[①]谢山博览群书，不仅爱观文章，且长于稽古，注重考据。但谢山不是为了逃避现实，才冥心追古，为考据而考据。他的考证，尽管旁征博引，却不流于烦琐；既有翔实的材料，持之有故，又颇有新意，言之成理。

例如，关于蚩尤，历来众说纷纭。于是，学生郭景北便向谢山请教说：

> 蚩尤，据《管子》则是造五兵者，黄帝之臣也。而古多言蚩尤与黄帝战于阪泉，[②]则是诸侯之不终者。《三朝记》则又曰："蚩尤，庶人之贪者。"许慎据之，以为造兵非蚩尤，乃黄帝也。贾公彦调剂其说，以为蚩尤与黄帝战，亦是造兵之首。故汉高祭蚩尤于沛廷(即沛宫，刘邦在沛县所造宫名)。夫黄帝使蚩尤造兵，则蚩尤是黄帝贤臣；如窃黄帝之兵，

① 参见《经史问答》卷五。

② 孤泉，今地所在，其说有三；一在河北涿鹿县东南；二在山西运城县南；三在山西阳曲县东北。

而与战，则不止于庶人之贪者，岂可祭也。吴斗南曰：汉高祖所祭是蚩尤之星，殆亦不得已而为之辞。而杭堇浦力诋之，谓高祖立蚩尤祠于长安，宣帝则祠于寿良（即寿张，今山东寿张县。东汉光武帝因避叔父良讳，改为寿良）。后汉诏马严过武库祭蚩尤，不以为贪思，且寿良乃蚩尤之冢所在，岂是星乎。《艺文志》兵家有蚩、尤二篇，则许、吴之说，俱不足信，是否？

谢山一反历来诸说，提出了有两个蚩尤的新说。他回答曰：

蚩尤为黄帝造兵，自是作者之圣，岂有倡乱之理。而阪泉之战，则古来传说俱有之。愚疑造兵之蚩尤是一个，阪泉倡乱蚩尤又是一人。盖黄帝在位久，故其后有闻蚩尤之名，而即以为名者，以之弄兵惑众。如古来作射之人名羿，而有穷之君亦以为名，此其证也。后世所祭，则造兵之蚩尤，非阪泉倡乱之蚩尤也。且造兵之蚩尤，冢在寿张，见于《皇览》。而阪泉倡乱之蚩尤死于涿鹿，谁为远道葬之寿张者乎，是亦可以见蚩尤之有二也。至于蚩尤造兵，故即以司兵之星名蚩尤，高祖所祭，自未必是星也。①

类似辨析缜密，持之有故，立论新颖的考证，尚可举出不少。

---

① 参见《经史问答》卷八。

例如,《鲒埼亭集外编》卷三十六的《春秋五霸失实论》,同样是很能看出谢山考证特点的典型例子。

> 春秋之五霸,其说不一。或曰:齐桓、晋文、秦穆、宋襄、楚庄也;或则进吴阖庐,而退宋襄;或又登越勾践,而去秦穆。愚皆不以为然。

于是,谢山抓住"霸"的含意,阐说了自己的新见。他说:

> 盖所谓霸者,必能使天下望国皆来听命,定其朝聘之节,张其征伐之威。号令分明,有如葵邱,如践土,而后不愧于礼乐征伐之自出。如楚,如吴,如越,草窃苟简,不过为霸之闰而已。即轶秦宋,何足以嗣桓文。然则五霸之目,究谁以当之?曰齐一,而晋四也。终晋之霸,由文、襄至昭、顷凡十君,然实止四世。……故文也,襄也,景也,悼也,接齐桓而五。

谢山此论,李绂深以为然。平心而论,确发前人之所未发,颇有说服力。

通过考证,纠正前贤著述的疏漏和谬误,这是谢山考证的目的之一。例如,关于"虞卿传",谢山通过考证,指出了《史记》之讹。在《经史问答》中,谢山答弟子问指出:

> 据"范雎传",则魏齐王之亡,在秦昭王四十二年。其时虞卿已相赵,弃印与俱亡,而困于大梁。

"虞卿传"谓其自此不得意,乃著书以消穷愁。则是弃印之后,虞卿遂不复出也。乃长平之役,在昭王四十七年。史公所谓虞卿料事揣情为赵划策者,反在弃印五年之后。则是虞卿尝再相赵矣,何尝穷愁以老。而史公序长平之策于前,序大梁之困于后,颠倒其史,竟忘年数之参错,岂非一大怪事也。①

又如,有学生问曰:"宋儒以子程子为称,本于《公羊传》,亭林不以为非,而西河力诋之,孰是?"谢山回答曰:

是在明庄烈帝已尝诘子,谓以子程子为尊称,何以不称子孔子,何以不称子孟子?不始自毛氏也。然毛氏所难亦未悉。考之宋人,如张横浦自称子张子,王厚斋自称子王子,则固不尽以为尊称矣。唐人刘梦得亦自称子刘子,又先乎此。是即《公羊传》中自称公羊。更远考之,荀卿称宋钘为子宋子,王孙骆称范蠡为子范子,是皆平辈相推重之词,不以师弟也。顾氏据《公羊》所言,特其一节耳。②

谢山的考证,一切依据文献资料,可疑就是可疑,难证就是难证,决不轻下结论,更不信口开河。比如,有学生问道:"冷州鸠,对大武之乐,其第四终曰嬴内,韦昭无注。世本有饶内,是舜所居,一作姚墟,帝王世纪作妫墟。杜歧公

① 参见《经史问答》卷八。按:文中的史公,指太史公。

② 参见《经史问答》卷四。

曰：即《周语》之嬴内，音㚻墟也，是否？”谢山回答曰：

此说可疑。谓饶内即姚汭，可也，音相近，形相通也。谓姚墟即㚻墟，可也，姚、㚻本一姓也。若谓姚即音嬴，于古无见。且嬴内，即果是㚻汭。据《尚书》，或以为二水名，或以为一水名，俱未可定，如何即以为大武乐中一终之名。歧公非妄言者，况王厚斋又迷之，必别有据，其语焉而不详，今亦无以得博物者而正之，以雍州无嬴水之名也。①

又如，“左右之乱”，谢山承认“难考”。在他看来，“仲虺为汤左相，是伊尹以右相先之，庆封为齐左相，是崔杼以右相先之，不必军礼也。军礼上楚人尚左，故王在左，广中。而鲁舍中军。季氏将左师，则似鲁又上右。此皆难以强为之说，大抵位次之间，尚右者多”②。

谢山治学的又一个特点是，重视并擅长于学术源流的考证，以及学统师承关系的辨析。有关这方面的论著，谢山总是通过条分缕析，穷原竟委，既理清了学派的来龙去脉，学统的师承关系，对学派和学者又作出了公允而精当的评价。这方面的例子，在谢山修补的《宋元学案》中，可说比比皆是，详见本书第五章。在这里，我们只想略举数例，以窥谢山论著的这个特点。

谢山任蕺山书院山长时，便向诸生评介了蕺山之学，并

① 参见《经史问答》卷四。
② 参见《经史问答》卷九。

提出了一些富有启发性的问题,以供诸生研究。后来他长端溪书院,又向诸生评介了粤中学统,同样提出了一些富有启发性的问题,以供诸生研究。

关于蕺山之学,谢山在《蕺山讲堂策问》[1]中这样论述说:

> 念台之学,本于许敬庵(孚远),敬庵出于甘泉(湛若水),甘泉出于白沙(陈献章),白沙出于康斋(吴与弼),其门户盖与阳明殊。世之混而一之者,非也。然康斋之门,以白沙为别派。念台最服膺康斋,而白沙则有贬词,甘泉则无称焉。何欤?是其五世之泽,异同纯驳,诸生能之欤?念台之高弟,即其居近蕺山者,左顾则解吟轩,有朱绵之;右顾则石蒙池,有陈敬伯,其生平颠末亦有能言之者欤?是岂亦荒远而无稽者乎!

关于明代的粤中学统,谢山则作了这样的梳理:

> 粤中先师,如唐之赵,如宋之梁与陈,筚路蓝缕,以启山林,尚未登大儒之坛也。白沙陈文恭公者,出超然自得其学;虽出于吴康斋,而别为一家。粤中学统,殆莫之或先也。白沙授之甘泉,甘泉其门户益盛,受业者著录四千余人,当时称为广宗。同时,与阳明分讲席,当时称为浙宗。经明之世,学统未有盛于二宗者;而河汾一辈之学,几至遏而不

① 文载《鲒埼亭集外编》卷五十。

行。然浙宗与广宗，亦极有异同，互相可否？以广人而为浙学者，薛子离、杨复所其魁也，浙宗至是始并行于广中。掌教，浙人也；诸生，广人也。沟浍本通，宗支可合，其家数倘得而详之欤？白沙之学非可轻议，而甘泉则后人不能无疑之者，谓其到建立书院，门庭杂沓，实后隆、万以后讲学之弊。若《钤山堂文集》（按：此系严嵩著述）一序，似不可谓非晚节之玷。因谓白沙弟子，特以位望先甘泉，而能得白沙之传者，当推林缉熙；或曰当推张东所、李子长、谢天锡，诸生能述其人之渊源乎？①

又如，关于古代的四大书院，有各种说法。谢山同意王应麟《玉海》之说，即指嵩阳、睢阳、岳麓和白鹿。不过，谢山“考其始终盛衰兴废之详”，进而提出了“有北宋之四大书院，有南宋之四大书院”的新看法，并指出：

自关历（1041—1048年）修举学校，而书院之盛日出未已。大略北方所置，则仿嵩阳、睢阳，南方则仿白鹿、岳麓，莫之与京，是之谓四大书院。然自金源南牧，中原板荡，二阳鞠为茂草。故厚斋谓岳麓、白鹿以张宣公、朱子而盛；而东莱之丽泽，陆氏之象山并起齐名，四家之徒偏天下，则又南宋之四大书院也。②

---

① 参见《鲒埼亭集外编》卷五十《端溪讲堂策问之一》。

② 参见《鲒埼亭集外编》卷四十五《答张石痴征士问四大书院帖子》。

经过谢山的这一番考证和辨析，不止四大书院的变迁，厘然可知，且能从此略见各学派之盛衰。

谢山论述学者的学术渊源，十分看重家学的影响，因而对学者的世系也能注意探究。例如，《答临川先生问淳熙四君子世系贴子》[①]指出：

> 杨、袁、舒、沈四公之学，皆出于陆学，而杨、沈则兼得之庭训为多。文元公父廷显，以道学为后进师。舒文靖公尝受业焉，自序其学，谓南轩开端，象山洗濯，老杨先生琢磨。文靖尝与朱子讲贯，又咨询中原文献于东莱，而自序勿及，独与老杨先生与张、陆并称，即其人可知。

进而，根据文献材料，谢山便对杨简、袁燮、舒璘和沈焕的世系之可考者，一一作了考证。不言而喻，这样的考证，对于研究淳熙四君子之学是大有裨益的。

探讨任何问题，都应把问题提到一定的历史范围之内。谢山重视考证学术的渊源，辨析学统的师承关系，也就是把所要论述的学派和学者，提到一定的历史范围之内，加以考察和评价。谢山所以能够对学派和学者之学，作出比较客观、公允的评论，与他的这种科学态度是分不开的。

谢山治学的最后一个特点，就是重视比较研究。有比较，才有鉴别。谢山常常运用比较的方法，对历史事件和历史人物进行评价，对学派和学者作深入的研究。谢山为《宋元学

① 文载《鲒埼亭集外编》卷四十四。

案》精心撰写的《序录》，比较研究的范例不胜枚举，这里从略，请参看本书的第五章。

谢山的《杜牧之死》，从“才气”和诗古文词的“感时愤世”这个角度，与贾谊作了比较。难能可贵的是，从这种比较中，谢山借古喻今，针砭了“操大钩者”之不重视人才。① 谢山评论唐代的李克用，联系元代的扩廓，通过比较，对最高统治者的“急而求之，平而弃之”深表不满；并认为李克用和扩廓之“至诚不可没也”，同样有借古喻今之意。② 谢山对历史人物和历史事件的比较研究，总能提出发人深省的见解。周世宗和宋太祖的比较，宋真宗之澶渊亲征和明英宗之北狩的比较，就是一例。③

谢山对不同学派和学者的比较，往往能抓住问题的实质，要言不烦，深中肯綮，极富启发性。例如，《同谷三先生记》④指出：

> 宋乾淳（宋孝宗乾道、淳熙）以后，学派分为三：朱学也，吕学也，陆学也，三家同时，皆不甚合。朱学以格物致知，陆学以明心，吕学则兼取其长，而复以中原文献之统润色之。门庭径路虽别，要类其归宿于圣人，则一也。

---

① 参见《鲒埼亭集外编》卷三十七《杜牧之死》。

② 参见《鲒埼亭集外编》卷三十七《唐李克用元扩廓论》。

③ 参见《鲒埼亭集外编》卷三十七《周世宗论》、《宋澶渊亲征论》。

④ 文载《鲒埼亭集外编》卷十六。

又如，谢山对明初的章懋和陈献章作了这样的比较评述：

> 先生(指章懋)与白沙讲学，白沙谓今人陷溺于名利污浊之中，先生看浴沂风雩章，以洗其心。先生曰："每日浴沂风雩，祇恐流入老庄去也。"白沙之说，未始非救时之教，而先生之葳之者，则逆知后来之流弊。予谓白沙似康节，而先生则涑水、横渠一路人。先生之地步，较之白沙为平正，而无疵。①

谢山曾通过比较，深刻地揭示了元、明官方尊朱的不同特点，并进而提出了"天下之足以废弃一切者，莫有若官书也"的惊世骇俗之见：

> 盖元太学之尊朱，其意将以整齐学术，使不堕于支离汗漫之习。而明《大全》(指《性理大全》、《四书大全》、《五经大全》)之尊朱，则以其无事于学术，而适便其狭隘僻陋之私，此所谓相背而驰者也。倘以是为明祖之意，则不闻其扳援建安一支以归玉牒也，此其最晓然者矣。总之，朝廷之修官书，足以为害，不足以为益。魏崔治浩注"群经"，勒石国中，而先儒之说几废，幸其

---

① 参见《鲒埼亭集外编》卷三十九《章文懿公从祀议》。

被毁而止；唐修"正义"，而百家之师传折而归一；宋之"三经"，亦幸其行之不久。盖天下之足以废弃一切者，莫有若官书也。①

① 参见《鲒埼亭集外编》卷四十一《答谢石林御史论古本〈大学〉帖子》。

第四章　全祖望的史学

以黄宗羲为开山祖的浙东史学，诚为有清一代独树一帜、影响深远的学派。“切合当时人事”以经世，是这派史学最可宝贵的精神。[①] 全祖望是浙东史学中的佼佼者，他的史学研究充分体现了浙东史学的精神。

全祖望的史学研究，可谓全方位的研究。章学诚尝言：“世士以博稽言史，则史考也；以文笔言史，则史选也；以故实言史，则史纂也；以议论言史，则史评也；以体裁言史，则史例也。”[②]全祖望于史考、史选、史纂、史评和史例诸方面，皆别具心裁；于古代、近代和当世之史（特别是南宋和残明）深有造诣，对宋、元、明三代的学术史，则更多创见发明。全祖望的史学，同样可说“其源本于《春秋》比事属

① 语见章学诚《文史通义·浙东学术》。

② 参见《遗书补遗·上朱大司马论文》。

事”①，其旨则在“切合当时人事”以经世。学殖宏富，尤长于论史的杭世骏尝言“吾史学不如全谢山”②，又说：“勾甬全祖望，同里张熷，贯串史事，为余畏友。”③于此可见，全祖望之史学在当世就颇受侪辈推重。

一、全祖望史学的特点和精神

章学诚曾指出，谢山“其文集专搜遗文逸献，为功于史学甚大”④。李慈铭《越缦堂日记》则曰：“谢山最精史学，于南宋、残明尤为贯。”其实，谢山对于搜访乡邦文献，以表彰忠义、激励节气的工作是相当自负的。尝谓“非予表而出之，其谁更表而出之”！⑤ 谢山的友朋和弟子，亦无不推重他在这方面的功力和贡献。在赵一清看来，“微吾丈莫悉诸老逸事也”。⑥ 范冲一至杭州，见谢山咯血甚厉，伤心地说：“方今东南文献之寄在先生，而比年稍觉就衰，愿深自调护，勿过劳以伤生。”⑦

毕生致力于搜访遗文逸献，特别是南宋和残明的遗文逸献，既是谢山史学的一大特点，亦可见其研究史学之精神

① 语见章学诚《文史通义·浙东史学》。

② 转引自法时帆《梧门诗话》，载《道古堂文集·轶事》。

③ 参见《道古堂集外文·诸史然疑序》。

④ 《章氏遗书》卷十三《校雠通义外编·与胡雒君论校胡稚威集二简》。

⑤ 参见《鲒埼亭集》卷十六《提督贵州学政翰林院编修长沙万公神道碑铭》。

⑥ 参见《鲒埼亭集》卷十二《应潜斋先生神道碑铭》。

⑦ 参见《鲒埼亭集》卷二十二《范冲一穿中柱石》。

所在。

往与万编修九沙搜罗国国未造忠义诸公墨迹……①

愚留心桑梓文献，久其为诸志所失者，已多以文章表之。②

故国乔木，日以陵夷，而遗文与之俱剥落，徵文徵献将于何所？此予之所以累唏长叹而不能自已也！③

百年以来，文献以忌讳脱落，即其后人，亦不甚了了。④

桑海诸公，其以用世之才，而槁项黄馘，赍志以死，庸耳浅目，谁为收拾？其逸多矣！⑤

士君子断头死国，而其事犹在明昧之间，令人疑信相参，良久而始得其真也，岂不悲夫！⑥

故国乔木，不仅桑梓之敬恭不已……⑦

---

① 参见《鲒埼亭集外编》卷三十三《钱忠介公墨迹跋》。

② 参见《鲒埼亭集外编》卷十七《奉寄万九沙编修论宁志补遗杂目》。

③ 参见《鲒埼亭集外编》卷二十五《〈雪交亭集〉序》。

④ 参见《鲒埼亭集外编》卷八《明建宁兵备道佥事鄞倪公坟版文》。

⑤ 参见《鲒埼亭集外编》卷二十六《明太常寺卿晋秩右副都御史苗庵林公逸事状》。

⑥ 参见《鲒埼亭集外编》卷五《明淮扬监军道佥事谥节愍鄞王公神道碑铭》。

⑦ 参见《鲒埼亭集外编》卷十九《陆康僖公画像记》。

此类发乎表彰“故国忠义”至情之感叹和愿望，在谢山文集中比比皆是。为了搜访和表彰百年以来“断头死国”的志士仁人的光辉事迹和遗文逸献，谢山冒着文字狱的风险，甘受庸愚者之嗤笑，做到了全力以赴，矢志不渝，这种精神实在令人感动。“志士雄文重两朝，睠怀旧德我心劳。”①谢山搜访遗文逸献，可谓呕心沥血，废寝忘食，每有所获总欣喜若狂。谢山有首诗，题为《中秋前一日，得林评事荔堂〈明鹤草堂集〉、〈正气集〉二书，狂喜。从湖上戴月归，得诗一首》，诗中说到“我尝求之二十年，魂祈梦祝有无间。故人出之持示我，赛芒五纬生苍烟。喜而不寐急挑灯，明月耿耿窥疏棂”。谢山诗集中，这类诗篇不少。比如，《故光禄陈公士京遗集，予求之二十年矣，今春人日，忽得其手稿，喜而有作》，同样表达了谢山的狂喜之态：“故国到今传义士，遗文不没有神灵。昨挑七种新芽茶，把酒长吟酹一瓶。”②

必须指出的是，谢山专心致志于搜访和研究南宋和残明的乡邦文献，表彰甬上坚持抗元和抗清的“故国忠义”（含勾甬人以及寓居甬上和作宦甬上者），与其先世乃南宋皇室的外戚，祖父辈有不少人曾参与过抗清斗争，固然有一定的关系。但是，主要原因还在于谢山有进步的历史观，此其一；其二，谢山表彰南宋和残明的甬上“故国忠义”，其意义远不止为故乡争光添重，而意在从甬上一隅，概括一个特定的时代精神，

---

①　参见《鲒埼亭诗集》卷四《抄诗集·秋日之浮石周氏访立之、韫公、殷靖诸先生遗文，多散佚者，其残断篇帙，后人又阏之不肯尽出，即题七律四首晓之》。

②　以上两诗，载《鲒埼亭诗集》卷四《抄诗集》、卷六《偷儿弃馀集》。

弘扬中华民族的传统美德——忠于故国，热爱家乡，誓死抗击异族的侵略，在恶势力面前坚贞不屈，视死如归。

谢山强调“史以纪实”[①]，为此，他一方面十分重视“前辈一生肝血”，为了使他们的遗文不致“与尘草同归澌没”，竭尽毕生之力，加以发掘、搜辑和研究、宣传。[②] 可是，另一方面，谢山又力主对前辈的遗作，应严加“雠定”。即使像黄宗羲这样的大儒，亦不例外。在谢山看来，“梨洲经史诸书，网罗不可不备”。可是，他晚年的文字，往往“玉石并出，真赝杂糅”。究其原因，“一则渐近崦嵫，精力不如壮时；一则多应亲朋门旧之请，以谀墓掩真色。苟非严为淘汰，必有择焉不精之叹。”[③]

难能可贵的是，谢山所作故国遗臣和忠义的碑铭墓表，虽十之五六系应遗臣、忠义之子孙而作，但他“不敢有溢词，亦不敢没其实”[④]。谢山的这类文章，笔锋常带感情，感人至深。个中原因，就在于他对传主既怀有深深的敬意，又能通过各种方式（亲见亲闻，实地查访，请教前辈，下问牧竖，查阅野史，参照传主的遗文以及其他有关文集资料等等），严覈传主的材料，参伍考稽，务求详审，决不“以虚声言史事，妄加褒贬”[⑤]。

---

① 参见《鲒埼亭集》卷二十九《帝在房州史法论》。

② 参见《鲒埼亭集外编》卷三十一《跋邝湛若〈乔雅〉后》。

③ 以上引文，均见《鲒埼亭集外编》卷四十四《奉九沙先生论刻南雷全集书》。

④ 参见《鲒埼亭集》卷十八《吏部侍郎兼翰林掌院学士巡抚江苏思蓼邵公神道碑铭》。

⑤ 语见《鲒埼亭集外编》卷三十七《刘锜论》。

既重视正史，又注意吸收野志稗乘、世家谱谍等可资参考的史料；对于正史和野乘，均不妄自相信，而是严加考辨，区别对待；对于正史和野乘所未及者，则根据自己通过别的途径所掌握的可靠史料加以补充，这是谢山史学研究的又一个特点。

谢山对正史的修纂，有自己的见解。例如，乾隆元年(1736年)，谢山特撰《移明史馆》六帖子，就详细地阐明了自己对修纂《明史》的看法。

《帖子》(一)指出："古人于艺文一门必综汇历代所有，不以重复繁冗为嫌者。"《帖子》(二)认为，"艺文不当专收本代之书"，而所收各书，必须"严覈"，"覈之而无伪者，皆不妨著也"。《帖子》(三)强调："史之有表，历代不必相沿，要随时代之所有而作，……苟得一表以标举之，则展卷历历在目矣。"并列举了有明一代可括之于表的史事。《帖子》(四)建议，"仿《辽史》部族之例，别为立表，取前人所著《西南土司簿录》诸种以为稿本，亦有始末详略，但须具之于表，不必传者。"《帖子》(五)申言隐逸一传之重要性，并以"前辈万季野处士尝辑《宋季忠义录》，附入遗民四卷"为例，强调指出："幸生不讳之时，阐潜表微于今为盛，而使苦心亮节不得表现于班管，甚者如刘遗民、孙郃，竟为忠臣之所遗，是后死者之愧也。"《帖子》(六)则力主，"忠义列传，宜列抗节不仕者于后。"以上六通帖子，撰写于文网正炽之时，从中不止可见谢山作为史学家的勇气和卓识，且寄托了他对修纂一部理想的《明史》的殷切期望。

可是，对明史馆诸公所修纂的《明史》，谢山并不满意，颇多指摘。综观谢山对《明史》的批评，主要集中于所收史料之不广，有关“故国忠义”生平事迹之缺略，明儒论学言论之失传等方面，《明史》中有关明清易代之际的历史人物和历史事件，或语焉不详，或干脆阙如，或故意回避，则最为谢山所愤慨。至于《明史》中的一般讹误，当然更多了。例如，四明“程尚书仲能，以文字之祸死。见于《存吾是录》中，《明史》则以为病卒，误矣”！为此，谢山深有感叹曰：“《明史》经万丈季野之手，万丈精于榷史，而乡里正事竟不能审，以是知史事之难！”①

谢山对《宋史》极为不满，批评相当尖锐。对于明代汤显祖所修《宋史》②，则赞扬备至，指出：

> 其书目自本纪、志、表，皆有更定，而列传体例之最善者，如合道学与儒林（梨洲先生《明史》不当分立道学传，本此）；归嘉定误国诸臣于奸佞。列汴秀荣三嗣王独为一卷，以别群宗（《宋史》不为荣王立传），皆属百世不易之论。至五闰禅代遗臣之碌碌者，多芟；建炎以后名臣，多补，庶几《宋史》之善本焉。

谢山“少读《宋史》，以其自建炎南迁，荒谬满纸，欲得临川书，以为蓝本，或更为拾遗补阙于其间”。后因“荏苒风尘，

① 参见《鲒埼亭集外编》卷三十四《又题〈闲中今古录〉》。

② 汤氏原著未脱稿，后经明末潘昭度侍郎（抚江西时得此稿）延诸名人，足成其书。参见《鲒埼亭集外编》卷四十二《答临川先生问汤氏〈宋史〉帖子》。

此志未遂”。[①]

从谢山对官修《明史》和《宋史》的批评，以及对汤显祖所纂《宋史》的赞扬，不难看出他治史之精神，及其史学研究的特点。

明亡，野史稗乘数量众多，良莠杂出。谢山的态度是区别对待之。尝曰：“明野史几千余家，其间文字芜秽，不足录。若峥嵘独出，以史、汉手笔，备正史之蓝本者，纪事则梅村《绥寇纪略》，列传则《续表忠记》而已。”由于吴伟业之书被邹南漪改窜芟削，非复旧观；《表忠记》则全豹未窥，谢山特致书卢玉溪商借《续表忠记》作参考。[②] 另外，谢山认为，像《宦梦录》、《存汉录》、《天南逸史》、《岭表纪年》等野史，皆足补《明史》之缺，纠《明史》之误。[③] 有本《半湖闻见漫录》，谢山还节录了其中有关《明史》的资料，独为一卷。[④]

凡是有一定参考价值的私家所修各类史书，比如地志、年谱等等，谢山均十分重视。在谢山看来，“地志之佳者，正以其能为旧史拾遗。况南宋一百五十年中事，史册断烂，无当博采旧闻，以使后学有所考据者也。”[⑤]至于“年谱之学，别为一家。要以钜公魁儒事迹繁多，大而国史，小而家传、墓文，容不能无舛谬，所藉年谱以正之”[⑥]。谢山《读〈陆太仆

① 以上引文，均见《答临川先生问汤氏〈宋史〉帖子》。

② 参见《鲒埼亭集外编》卷四十四《与卢玉溪借钞〈续表忠记〉书》。

③ 参见《鲒埼亭集外编》卷二十九《题〈宦梦录〉》、《题高中丞〈存汉录〉》、《题〈岭表纪年〉》、《题〈天南逸史〉》、《跋〈甲乙倭变录〉》。

④ 参见《鲒埼亭集外编》卷二十四《跋陈半湖〈闻见录〉》。

⑤ 参见《鲒埼亭集外编》卷四十五《答九沙先生问史枢密兄弟遗书帖子》。

⑥ 参见《鲒埼亭集》卷三十三《愚山施先生年谱序》。

年谱〉》[①]指出：

> 洪承畴为秦督，其杀贼多失实。盖既仕本朝，梅村辈谀之也。此梨洲先生尝言之，然予求其征而不得。今读《陆太仆年谱》，言其尾贼而不击贼。是谱出于甲申之前，可以见梨洲之言不诬。

又如，福清叶文忠公之年谱，在谢山看来，"亦足以证国史"[②]。除了地志和年谱之外，"从来金石之学，足补史传。"谢山研究史学，非常重视"金石之学"。不过，他又正确地指出，金石之学，"非博求其是，则翻多误。即令欲正前人之误，而不能得其所以误，亦未足以折之也。"[③]

由理学而史学，以"史事证经学"，这是谢山史学的另一个特点。

谢山对于宋明理学，既有精深的造诣，又热衷于修举宋明理学诸先师之故址。谢山潜心研究宋明理学，是为了总结经验，经世致用。生当"康乾盛世"，谢山却粹心于表彰"故国忠义"，着重研究包括明、清易代之际在内的当代历史，同样是为了总结经验，经世致用。因此，笔者认为，谢山之理学研究，导引了他的史学研究，而谢山的史学研究，又促进了他的理学研究，两者相辅相成，珠联璧合。在《跋杨诚斋

---

① 文载《鲒埼亭集外编》卷三十。

② 参见《鲒埼亭集外编》卷二十九《蘧编题词》。

③ 参见《鲒埼亭集外编》卷三十五《跋欧阳曾两集古录桂阳周有君碑》。

〈易传〉》[①]中，谢山指出：

> 《易》至南宋，康节之学盛行，鲜有不眩惑其说。其卓然不惑者，则诚斋之《易传》乎。其于图书九十之妄，方位南北之讹，未尝有一语及者。得意忘象，得象忘言；清谈娓娓，醇乎其醇，真潦水尽而寒潭清之会也。中以史事证经学，尤为洞邃。

在这里，谢山极为赞赏扬万里“以史事证经学”方面的卓见。其实，谢山自己在这方面同样颇多创见。

治学注意经史之结合，这原本是浙东史学的优良传统。在《甬上证人书院记》中，谢山在批评了晚明学风的流弊之后，曾强调指出，梨洲“始为学原本于经术，而后不为蹈虚；必证明于史籍，而后足以应事务”。谢山治学坚定地走经史结合之路，这是不言而喻的。

关于经学与理学，顾亭林《与施愚山先生书》[②]云：

> 理学之名，自宋人始有之。古之所谓理学，经学也。非数十年不能通也。故曰：“君子之于《春秋》，没身而已矣。”今之所谓理学，禅学也，不取之五经，而但资之语录，校诸帖括之文而尤易也。

---

① 文载《宋元学案》卷四十四《赵张诸儒学案·文节杨诚斋先生万里》附录。

② 文载《亭林文集》卷三。

值得指出的是，这一段话中的“古之所谓理学，经学也”，在谢山的《亭林先生神道表》中，改成了“古今安得别有所谓理学者，经学，即理学也”。谢山作这样的改动，意在推重宋代之前的“经学”和两宋的“理学”；批评名曰“理学”，实质已蜕变为“禅学”的明末“理学”。谢山的“以史事证经学”，亦即以史事证宋代之前的“经学”和两宋的“理学”。谢山的这种思想，既来自杨万里的《易传》启示，更源于亭林之学。亭林尝感叹：“八股盛而六经微，十八房兴而二十一史废。”[①]在亭林看来，选生员“必选夫五经兼通者，而后充之；又课之以二十一史与当世之务，而后升之”[②]。

前文曾提及，谢山对《宋史》极为不满，其原因之一，就在于“大抵《宋史》排陆学，凡为陆学者，皆不详”。谢山列举鄱阳“三汤子”为例，对此偏颇作了有力的论辩，这是谢山以史事证理学，以理学促史学的一个生动事例。“按鄱阳三汤子并起，至东涧先生文清公而益著。东涧在《宋史》有传而不详，其学术师友且误志其系。”正有鉴于此，谢山对“三汤子”的学术渊源和演变作了详细的考述，他说：

> “三汤子”者，其长曰息庵先生，千官郡守；其次曰晦静先生，巾官提领；其少曰存斋先生，中官司谏，乃东涧先生之从父也。而《宋史》以为兄，谬

① 参见《日知录》卷十六《十八房》条。按：明清会试，以同考官十八员分阅五经，叫十八房。《易》、《诗》各五房，《书》四房，《春秋》、《礼记》各二房，共十八房。

② 参见《亭林文集》卷一《生员论〈上〉》。

> 矣。“三汤子”之学，并出柴宪敏公中行，固朱学也。其后又并事真文忠公，亦朱学。乃晚年，则息、存二老仍主朱学，称“大小汤”，而晦静别主陆学。东涧之学，肩随三从父而出，师友皆同。而晚亦独得于晦静。是时，朱陆二家之学并行，而汤氏一门四魁儒中，分朱、陆各得其二。方虚谷主张朱学，力诋东涧。以为见包恢入政府，方守陆学，遂为所助，舍而从乏。此乃门户党伐，入主出奴之说，不足信。晦静之以陆学名者，乃在包氏未登宰执之时，不自东涧始也。按《袁清容集》，亦言晦静始会同朱、陆之说，至东涧而益阐明之。是二汤之书，始在赵东山之前，而先儒皆未之及，不可谓一大罣漏也。晦静之学，传者其一为东涧，其一为三衢徐公经畈，当咸淳之际开讲，尤大有名，而《宋史》本传亦不详其师友。①

在这里，谢山为业已湮没，连李绂亦不了然的“三汤子”学统之源流，作了爬梳清理，为朱、陆门墙补亡拾佚，足见其对待朱、陆二家之学的科学态度。反对“门户党伐，入主出奴之说”，实事求是地评论各个学派，这本来就是谢山治经史之学的一大特点。谢山研究宋代理学，宗陆而不悖于朱；研究明代理学，则尊王而不诋刘（宗周）；研究宋明理学，绝无门户之病，实属难能可贵，充分表现了一个杰出史学家的本色。

① 参见《鲒埼亭集》卷三十四《奉答临川先生序三汤学统源流札子》。

关于谢山史学的特点，最后尚须指出的是，宋、元、明理学史的研究，在谢山史学中占有极为重要的地位，也取得了令人瞩目的成就。关于谢山十年辛苦，续修《宋元学案》的情况，以及他的贡献，我们将在下一章中详加论述。在这里，仅就谢山有关《明儒学案》的修补意见，略作介绍。

王梓材尝指出："谢山又有意修补《明儒》而未暇，每于宋、元儒之末，补而附之。"[①]《明儒学案》是黄宗羲研究明代理学史的一部匠心独具的专著，成书于康熙十五年(1676年)，凡六十二卷，内立十七个学案，包括二百零二位明代学者。此书着重论述了明代理学不同学派的学术宗旨和学术思想，具有很高的学术价值。

谢山除了在续修《宋元学案》时，对《明儒学案》作了不少补充之外，又曾在《与郑南溪论〈明儒学案〉事目》[②]中指出，"《明儒学案》间有需商榷者，愚意欲附注之原传之尾，不擅动本文也。其有须补入者，各以其学派缀之。"谢山列举了"慈湖四传弟子"、"河汾学案"、"镜川学案"、"阳明子之道昌，而五星聚宝；子刘子之道明，而五星聚张"、"渭厓学案"、"史运使桂芳集"、"阳明永嘉弟子"、"近溪学案"、"阳明山左弟子"、"忠端学案"和"吴霞舟学案"数则，作为例子，提出了自己的修补意见。就以上数则而言，大致有三种情况：

第一种是纠正讹误，删去不当：如"河汾学案"中，魏范写成了魏纯。又如，谢山同意阎若璩之见，主张删去"五

---

① 《宋元学案》卷九十三《静明宝峰学案·隐君赵宝峰先生偕》按语。
② 文载《鲒埼亭集外编》卷四十四。

星聚宝，五星聚张”等语。

第二种是宜作补充：如“慈湖四传弟子”，宜补入“逊志学案”；“阳明永嘉弟子”，宜附“浙中学案”之后。

第三种是宜另立学案：如“杨文懿公讲学，不专主朱，亦不专主陆，深造躬行，以求自得。其所著《五经四书私钞》，皆不苟同前辈”，故宜另立“镜川学案”。又如，谢山主张为“颇诋阳明”的渭涯，另立“渭涯学案”。以便驳斥梨洲“私其乡人”的谬语。另外，谢山还指出，“邓潜谷分理学、心学为二，因明儒薛、王二派也。说者已病其支，然理学、心学在明儒本有此说。《霞舟语录》分道学、理学，似以道学为躬行，理学为《宋史·儒林传》中人，则益谬矣。此语何可采也。”

从上述谢山对《明儒学案》的修补意见，也可见谢山史学的特点，及其治学之严谨。

二、全祖望的重要史学观点

“史以纪实”，这是谢山的一个带有根本性的史学观点。

谢山强调“史以纪实，非其实者，非史也。……实，然后可以谓之信史”①。

“自昔图经、地志，莫不扳援古人，以为桑梓生色。”例如，“南宋王尚书深宁、黄提刑东发，始据高诱《吕览注》，以大夫文种为鄞产。”可是，事实上，文种并非“鄞产”。于是，“一言之失，遂贻扮社千古之误”。谢山以此为例，说明“不

① 参见《帝在房州史法论》。

覈其实，则徒使其书之不足取信于世”[1]。

根据“史以纪实”的观点，谢山在《与陈时夏外翰论〈通鉴〉前后君年号帖》[2]中又指出：

> 仆以为史家记载，当取简捷，固是不易。但皆以后来为定，则窃以为未尽然者。大抵前王后王之会，祗应据实书之，不当以特笔进退其间。

对于《唐书》于“(李)习之之学术，概略不书。及言其累仕不得显官，怫郁无所发见。宰相李逢吉，面斥其过失，逢吉诡不校，习之恚惧移病，为有司论罢”。谢山也以历史事实作了考辨，指出“是盖当时朋党小人诬善失实之词，而史臣误采之首。虽以荆公之识，不能尽谅此事，异矣”！为此，谢山特作《李习之论》，“以纪旧史之谬”，并对李习之的“有体有用”之学，作了实事求是的评价。[3]

谢山坚持“史以纪实”，故而特别反对“以虚声言史事，妄加褒贬”。在《刘锜论》中，谢山指出：“刘太尉晚年御完颜亮无功，世多议之。或谓其有雅量，无英略；或谓其狃于顺昌之胜；或谓其用从子。是皆虞允文之徒所造谤，其实非也。”在谢山看来，如此“虚声言史事”，不足为信。

对于那些“纪实”之史书，谢山极为推重。例如，友人丁敬身“踯躅湖山，爬梳金石”，所作的《西湖金石录》，谢

---

① 以上引文，均见《鲒埼亭集》卷三十五《辨大夫文种非鄞产》。

② 文载《鲒埼亭集外编》卷四十三。

③ 参见《鲒埼亭集外编》卷三十七《李习之论》。

山评价很高。指出"《宋史》自南渡以后最略，得敬身之录，所补不少。……虽其书止于一隅，而其事关于一代，不已伟哉"![1] 又如，厉鹗的《湖船录》，"蒐金石之遗文，足以证史传；访池台亭榭之旧事，足以补志乘"，同样深得谢山之赞赏。[2]

对于那些或为亲者讳，为亲者翻案；或出于门户之见；或为发泄私愤，而没有做到"纪实"之书，谢山深为不满。例如，袁桷（清容）所修的《延祐四明志》，"如谢昌元、赵孟頫皆立佳传，而袁镛之忠反见遗。"对此，谢山一针见血地批评说："盖清容之父亦降臣也，又累于吴丞相履斋（吴潜）有贬，殆以其大父越公之怨，非直笔也。"[3]

对于那此"郢书燕说，混淆信史"之书，谢山更是深恶痛绝。例如，吴农祥连张苍水的"《北征录》亦未见，而妄为公传"。在他所作《啸台集》中，有关张苍水的事迹，严重失实，故谢山斥之为"无一语足据者"[4]。又如，《三藩事本末》，"尽属不经之语，其中人地之误，时日之舛，不能更仆数也。"此书"谓鲁王在南澳（广东饶平县东南海中之岛，岛有三澳），（郑）成功沉之海中"。对这种荒诞不经之说，谢山批评说："成功父子，固为周室顽民。然其不负故国之诚，则有可原者。无故而加戕虐宗藩之恶，则郢书所以害旧史者，其

① 参见《鲒埼亭集外编》卷二十六《〈西湖金石文字录〉序》。

② 参见《鲒埼亭集外编》卷二十六《厉太鸿〈湖船录〉序》。

③ 参见《鲒埼亭集外编》卷三十五《延祐四明志跋》。

④ 参见《鲒埼亭集外编》卷四十三《与赵谷林辨〈啸台集〉中记苍水事迹书》。

冤不少!”①为了以铁的事实批驳郑成功在南澳沉鲁王于海的谬说,谢山在《明故太仆斯庵沈公诗集序》②中,根据沈斯庵有关挽鲁王诗小序中“王薨于壬寅(1662年)冬十一月”的记载,以及张苍水《与卢牧舟书》说郑成功死后,“海上诸臣议复奉鲁王监国”事,考定郑成功卒于鲁王薨之前,此其一。其二,“再证之苍水集中,更有祭王之文,其中有十九年(1662年)旄节之语。由乙酉(1645年)起兵数之,至癸卯(1663年),恰十九年。盖王薨以壬寅(1662年)之冬,苍水在浙,至次年始遣祭,正合十九年之目。”

对于失实之史书,哪怕出于自己所景仰的前辈之手,谢山亦从不为贤者讳。在《与史雪汀论〈行朝录〉书》③中,谢山指出黄宗羲记载之“遗错”说:

> 明末纪述,自甲申(1644年)以后,萤光爝火。其时著者,捉影捕风,为失益多。兼之各家秉笔,不无所左右袒。虽正人君子,或亦有不免者。后学读之,如棼丝之不可理。夏彝仲《幸存录》出,黄梨洲著《汰存录》订之。乃梨洲所著《行朝录》,则亦颇有遗错。请得援《汰存》例,略可考虑。

又如,方苞作《田间先生墓表》,“既未尝从其家访遗事”,又不去查阅详载田间先生从亡经历的《所知录》,当然会有许多

① 参见《鲒埼亭集外编》卷四十三《答陆聚缑编修论〈三藩纪事〉帖子》。
② 文章《鲒埼亭集》卷三十一。
③ 文载《鲒埼亭集外编》卷四十三。

失实之处。为此，谢山“乃钞《所知录》以寄望溪，使更详序其本末，揭之墓门，幸无使呓语留贻，淆乱旧史也”①。

谢山对好友厉鹗的《宋诗纪事》，评价极高。认为此书“收罗废坠，故荟萃唯恐有遗。近以见诗之有得于风雅之遗者，旁搜远取，不必尽在大家；而又得因其诗以传其人，使不与草木同朽，则表彰之功所寄也。既各为其人小传，使得知其姓氏、里居、爵位、世系，又采前人诗话以附之。其中有足以补史氏之阙者，岂非艺苑之津梁乎，而作者之心亦苦矣”！但是，对《宋诗纪事》的误舛，谢山也毫不客气地指出了数十条之多。②另外，为了做到“史以纪实”，谢山还致书厉鹗，纠正了他有关全氏启东墓志世系之错误，并强调指出：“大家作碑板，其于世系必有考证，不肯妄信其家子弟所述，以其家子弟所述，或出附会也。”③

既看重历史人物的“生平大节”，又“不以人废言”，这是谢山的又一个重要史学观点。

对于历史人物的评价，谢山支持“大节第一”的标准。他之所以尽心搜访“故国遗音”，大力表彰“故国忠义”，就因为明清易代之际的大批志士仁人，其“大节”皆值得肯定。所谓“古今贤愚，总随大化以俱尽。……惟是殉国之大节，闵忠之古道，天荒地老，终于不朽”④。

谢山所看重的“生平大节”，包括民族气节和立身处世的

① 参见《鲒埼亭集外编》卷三十《题〈田间先生墓表〉后》。

② 参见《鲒埼亭集外编》卷二十六《〈宋诗纪事〉序》。

③ 参见《鲒埼亭集外编》卷三十四《辨吾家启东墓志世系与樊榭》。

④ 参见《鲒埼亭集外编》卷二十四《〈杨氏葬录〉序》。

道德品性。他那“大节第一”的标准，既适用于当代，也适用于古代，既适用于政治家，也适用于学者和诗人。

在谢山看来，“今世从祀孔颖达，其实颖达生平大节有玷圣门。故愚尝欲黜之而进陆德明，以其大节也”①。《广东通志》曾为佟养甲立传，谢山大不以为然，特撰《移广东志局论佟督不当立传帖》，表示反对。按佟养甲乃清代大吏，被迫降桂王，被封襄平伯，授兵部尚书。后来，佟养甲又“密遣北人通表欲自归”，终被发现而磔。谢山认为，“养甲乃降明而死，虽其出于迫胁，非本心。然大节已涂地，列之死事得无愧”?② 明代“后七子”之一的何大复，谢山“少读大复集，以为特文士耳”。后来，读了《先进遗风》，得知何大复为官清廉正直，以及反对刘瑾专权等事迹，对其大节备加赞扬。③

谢山对于学者的评论，尤其重视他们的气节，这也是有其现实针对性的。他曾批驳某些学者所宣扬的不重气节的谬论说：

> 自讲学之风盛，学者自负其身心性命之醇，而气节其粗焉者也。夫养吾浩然之气，孟子之言也；临大节而不可夺，孔子之言也。此不过懦夫借此以掩其趋利避害之情状，其流弊至于无君无父而不可挽，

---

① 参见《鲒埼亭集外编》卷三十九《唐经师从祀议》。

② 参见《鲒埼亭集外编》卷四十二《移广东志局论佟督不当立传帖》。

③ 参见《鲒埼亭集外编》卷三十一《书何大复集后》。

非细故也。[①]

正由于看重学者的气节，谢山才对深得皇帝重用的李光地嗤之以鼻。当然，对于学者的气节，谢山认为也不能“以一偏之词定之”，应该作全面周详的考核。谢山对黄宗羲不作苛求，其原因就在于此。在他看来，“盖士之报国各有分限，正亦未可刻求也。是可以知先生之所以自处，固有大不得已者。盖先生老而有母，岂得尽废甘旨之奉。但使大节无亏，固不能避世以为洁。及观其《送万季野北行诗》，戒以勿上河汾太平之策，则先生之不可夺者，又确如矣。是固论世所当周详考核，而无容以一偏之词定之者也。”[②]

值得指出的是，谢山能以发展的眼光来看待人们的“生平大节”，而尤重视其“晚节”。谢山赞美瞿式耜，而鄙视钱谦益，其《〈浩气吟〉跋》[③]曰：

> 稼轩先生晚节如何？可谓伟大也矣！然其少年连染于牧斋之习气，把持阁讼一事，为其师太过，反以身为戮，岂非牧斋累之耶！然自丙戌(1646年)以后，牧斋生平扫地矣，而先生《浩气吟》中犹倦倦焉。至形之梦寐，其交情一至此乎！牧斋颜甲千里，犹敢为《浩气吟》作序，可一笑也。

---

① 参见《鲒埼亭集外编》卷十九《罗文毅公画像记》。
② 参见《鲒埼亭集外编》卷四十四《答诸生问南雷学术帖子》。
③ 文载《鲒埼亭集外编》卷三十一。

相反，钱牧斋虽"少年甲第清华"，有"浪子燕青之诮"，诗文名闻天下。但因其"晚节狻猖"，谢山对他深恶痛绝。① 又如，邝湛若的大节自不待言，故其少年虽入阮大铖之门，且曾为阮氏文集作序，称门生，谢山仍然对邝湛若作了肯定的评价，并把其《峤雅》作为诗史来看待。谢山还指出，邝湛若少时之所以会入阮大铖之门，"盖湛若少时好声乐，大铖在留都罗而致之也。非后来大节，则湛若几不免为阉人之徒，人所以贵晚诣也。"②

对于元裕之，谢山平情考之，对其被劫胁而为崔立撰碑，以及"以求修史之故，不能不委蛇于元人贵臣"，不无同情，感叹"文人遭此亦悲也"！③ "近世言《金史》者，好诋遗山，盖自王尚书阮亭始"，谢山对此亦不以为然，说"遗山亦何可轻诋"④。可是，以"生平大节"来衡量，谢山对元遗山之晚节，仍持批判态度，其《跋〈遗山集〉》云：

> 要之，遗山祗成为文章之士，后世之蒙面异姓，而托于国史以自脱者，皆此等阶之厉也。呜呼，宗社亡矣，宁为（龚）圣予、（郑）所南之介，不可为

---

① 参见《鲒埼亭集外编》卷三十地二《钱尚书牧斋手迹跋》。按：在《续甬上耆旧诗集》卷八十《附录·谢三宾》中，谢山把钱牧斋与其门下士谢三宾相提并论，并揭露了他们的丑事：即《勾馀土音·羊山吟》所说的"平康故院争柳妓（钱与谢争柳妓，几乎操刃），晚来卖国同符契"。

② 参见《鲒埼亭集外编》卷三十一《跋邝湛若〈峤雅〉后》。

③ 参见《鲒埼亭集外编》卷三十一《读〈归潜志〉》。

④ 参见《鲒埼亭集外编》卷三十一《重定〈中州集〉序目》、《跋〈遗山集〉》。

遗山之通，岂予之过为责备者。

当然，谢山的“大节”第一标准，也有其历史的局限性，这是毋庸置疑的。比如，他表彰“故国忠义”，就有“欲存君臣之义于天地之间”①之意。

谢山论人，坚持“生平大节”第一，但又不“以人废言”。比如，谢山对于“詈朱子无不至”的丰氏《五经世系》颇为不满。在他看来，丰氏是“任口周内”，而非“考据其时代而言之”。可是，谢山并不因此而全盘否定《五经世系》，认为“若其中亦有可采者，不当以人废之”②。又如，南宋的廖莹中，“失身贾氏（贾似道），蒙谤流”。但谢山认为，此人“于风雅不为无助”，“要之，莹中所审正之经藉，则终为可宝，不以其人而废也”③。

由于谢山十分看重历史人物的“生平大节”，故论史非常强调“史法”。谢山的所谓“史法”，包含两方面的意思：对有关历史人物和事件的评述，必须讲究《春秋》笔法；同时，应当采用相应的形式。谢山曾指出：“《史》、《汉》皆喜于文字见奇论，而不论史法。《汉书》校《史记》略减。然如司马相如、东方朔传，仍所不免。以史法论，朔之斥吾邱，麾董偃，戒侈奢，其生平大节，三者已足，何得滑稽之娓娓乎。其实，文字亦不尚此秽语。”④《宋史》对于“倡攻道学，遂丧名

---

① 语见《鲒埼亭集外编》卷十《华氏忠烈合状》。

② 参见《鲒埼亭集外编》卷三十三《题丰氏〈五经世系〉》。

③ 参见《鲒埼亭集外编》卷三十五《廖氏世采堂韩文跋》。

④ 参见《经史问答》卷十。

节"的郑丙，以及其他庆元（宋仁宗庆历，宋哲宗元祐年号）党魁，"一概而不书"。这在谢山看来，"亦非善恶不相掩之史法"①。在《经史问答》卷十，谢山在回答董秉纯的问题中，曾一再提到"史法"：

董问：……古本（指《汉书》）诸王，悉次外戚下，在陈、项前，其次序以谁为是？

全答：……盖陈、项是群雄，其不为诸王屈也，是史法也。

董问：《史》、《汉》皆以爰、晁合传，先生谓其失史法。窃意是不过以其同争七国事而合之耳，非以其人同道也。

全答：晁错虽以急切更张，蒙谤杀身，然其料七国非过也。爰盎直以小人之尤，以私怨欲杀错，而使汉戕三公以谢过于逆藩。……史法但当附见之晁错传中。错则功罪固自不相掩也。

董问：《史记》窦、田为一传，附灌夫、韩安国自为一传，《汉书》合之，是否？

全答：《史记》固非，《汉书》尤为不合。窦、田薰莸相去远甚，窦本不以外戚得封，自以七国得封，而争梁王，争栗太子，其大节甚著。在景帝时，当与条侯作合传。晚节不善处进退之间，自是无学术，然安得谓之凶德，而使与田蚡同列。田蚡特竖子，无一可称。晚有交通淮南之大逆，只合黜之在外戚传。

① 参见《鲒埼亭集外编》卷二十八《跋〈宋史·郑丙列传〉》。

> 史公生平习气，喜道人盛衰荣枯之际，以自写其不平，而不论史法。故以灌夫之故，强合窦、田为一传。《汉书》则因韩大夫在东朝，与议窦、田之狱而并牵合之，尤非也。安国祗应与郑、庄辈合传。

从以上这几则材料，不难窥见谢山所强调的“史法”，皆有其特定的含义。

“且莫论人成败中，郑君终不负重瞳。”①反对“成败论人”，这是谢山又一个重要的史学观点。于此，可以看出谢山不同凡响的高见卓识。

在《平原君论》②中，谢山有这样的评论：

> 平原君受冯亭之邑，致丧师于长平。太史公以为利令智昏，不睹大体。子全子曰：此成败论人之言也。从来地有所必争，兴王定霸必先据刑胜之臣。

针对《左传》贬抑苌弘，谢山指出，如此评论“可谓诬妄之至。假如其言，则是人臣当国事将去，必袖手旁观，方有合于明哲保身之旨。而知其不可而为之者，皆有天殃，宇宙更无可支柱之理。成败论人之悖，一至于此”！③

谢山反对“成败论人”，在他看来，“成败论人，百口纷

---

① 参见《鲒埼亭诗集》卷六《偷儿弃馀集・胥江夜泊，有感淮张旧事》。
② 文载《鲒埼亭集》卷二十九。
③ 参见《经史问题》卷四。

滋”[1]。反之,则可以实事求是地评价古人。谢山赞赏杜甫的《悲陈涛》,其原因就在于杜甫不因房琯陈涛之败,而否定房琯。谢山有诗咏叹曰:

草堂推太尉,始终如皋夔。其于陈涛役,亦复无怨词。乃知古论人,原不掩醇疵。[2]

明初的方孝孺尝“谓诸葛兄弟三人,才气虽不相类,皆人豪也。当司马昭僭窃之时,征东(诸葛诞)拒贾充之言,起兵讨之。事虽无成,身不失为忠义。岂非丈夫乎!世俗乃以是訾之,谓‘汉得龙,吴得虎,魏得豹’。为斯言者,必贾充之徒,杨雄所谓舍其沐猴而谓人沐猴者”。谢山对此高论拍案叫绝:“善哉,斯言!”并对方孝孺的观点作了进一步的发挥说:

予观东汉之末,东南淑气萃于诸葛一门。观其兄弟,分居三国,世莫有以为猜者,非大英雄不能。厥后各以功名忠孝表著,而又皆有令嗣,何多材也。东吴自周瑜、鲁肃既亡,苟安偷息,莫敢谋及北方。太傅(诸葛谨)惓惓出师,差强人意,惜以不密殒命逆臣。腐儒哓哓,所谓成败论壮士者耳。太傅不死,北方未得高枕卧也。卫将军父子(诸葛瞻、诸葛

① 参见《鲒埼亭诗集》卷二《杪秋江行集·漳浦黄忠烈公夫人蔡氏写生画寒诗》。

② 《勾馀土音》卷一《慈水过房太尉凫矶驿》。

尚），仗节为两汉四百余年，任纲常之重，《蜀志》尚多贬词，可谓无人心者。副军师终身不向晋室而坐，峥嵘龙种，要不与狐儿鼠子等也。[1]

谢山反对"成败论人"，"成败论壮士"的史学观点，突出地表现在他为曹爽和王叔文、王伾之大鸣不平上。《读魏志曹爽传》[2]曰：

旧史不平之事，有二大案焉，其一为曹爽；其一为王叔文、王伾。以曹氏宗支，有见于司马氏之难制，夺其官，思以张王室，不可谓非。而不自知驾驭奸雄之非其才也；委任何、邓，而又非其才也。遂见覆于司马氏。[3]既覆，而司马氏百端造谤以加之。史臣从而书之，居然下流之归矣。

叔文、伾有见于宦官之难制，夺其兵，思以张王室，不可谓非，而不自知中贵之势之积重而难返，而二人非其才也。委任八司马，而又非其才也。遂见覆于宦官。既覆，而宦官百端逞谤以加之。史臣从书之，居然下流之归矣。叔文、伾之事，范文正公颇昭雪之，今上又取其言而表之，可以稍为平反。而爽之冤，千古无言之者。呜呼！八司马当时幸而不死，皆有文章经术传于世，故后人尚有昭雪之者。何、

① 以上引文，均见《鲒埼亭集外编》卷二十八《书诸葛氏家谱后》。

② 文载《鲒埼亭集外编》卷二十八。

③ 据《晋书·宣帝纪》记载："诛曹爽之际，支党皆夷及三族，男女无少长，姑姊妹之适人者，皆杀之。"由此可见司马仲达之凶残。

> 邓实亦八司马之充，浮躁率露则有之，其心岂有他哉。身虽罹重典，不复邀有心人之原谅，其可伤也。虽然，叔文、伾无兵柄，八司马亦不过才人耳，故不足以制宦。爽有兵，又有桓范之谋，而不能用，则诚痴儿也。

对于王伾、王叔文，在《韩柳交情论》[①]中，谢山又一次指出：

> 夷考伾、文当日，原有澄清天下之志，故能收神策军之权，却藩方之请，事事皆为唐室罢政起见。其心未可尽非。而不自知任重之非其才也。顺宗不久其位[②]，新旧猜嫌之际，伾、文遂不克自支。一蹶而满朝皆加以奸邪之目，遂使八司马蒙谤。是固出于后世成败论人之口，而范文正公所极以为冤者。

谢山反对"成败论人"，尤不满"成败论人"之史臣，于此清楚可见。而以如椽之笔，翻千年旧冤案，还壮士、英雄之历史真面目，更足见谢山作为一位杰出史学家的过人胆识。

谢山尝言："先儒之说返之吾心而不安者，固当博考之，深思之，力求其是。若预储参商之见，以相寻于口舌，是则

① 文载《鲒埼亭集外编》卷二十八。《困学纪闻》卷九，谢山针对何焯"伾、文后之训注，皆憸邪小人记正义以行其私者"之笺，指出："王叔文亦志在收宦官兵炳，其辅顺宗，实能革除夙弊。特进身不以正，故一贬而下流归之。"

② 据韩愈《顺宗实录》，《通鉴》记载唐顺宗在位仅八个月，因疾失音，口不能言。

经学之贼也。”[1]谢山治经学，痛恨“经学之贼”；同样，他治史学，亦痛恨史学之贼。正由于谢山能不以“成败论人”，故而论史能破千古之成见，别具慧眼，“力求其是”。比如，谢山认为《也是录》“实质无虚语，但其责李定国似太苛”。在谢山看来，“要其始终为桂王百折不降，至于旁皇交阯境上，祈死得死，是则天鉴之矣。屈大均过李献武王祠曰：‘从来赐姓者，只有晋王贤。’谓定国也。今《明史·桂王传》于王死后，大书曰：‘李定国卒，其子以所部降，’而后终卷。然则定国之卒，关于王者大矣，定国亦可以瞑目矣！”[2]

对于史可法，前文曾经提到，谢山肯定其“纯忠大节”，更称颂他那“社稷终输民命重”的思想。在《题史阁部传》[3]又一次指出：

> 礼贤馆征士请决高邮湖以灌大军，史阁部曰：“民为贵，社稷次之。”其仁人之言乎！阁部之纯忠大节，无可议矣。而是言则关于淮西百万生灵之命，扬人当尸祝也。诸传皆不载，予得之王解州朱旦之诗，特志之。且决湖所以害大军者少，而害扬人者多；且势与汴河之覆辙同，又不可不知也。

对于叶适和陈亮，当时和后世，非议和排斥之声不绝，但谢山却有自己的独到见解。

---

① 参见《鲒埼亭集外编》卷二十七《题郝仲舆〈诸经解〉后》。

② 参见《鲒埼亭集外编》卷二十九《题〈也是录〉》。

③ 文载《鲒埼亭集外编》卷三十。

友人赵东潜论叶适多所不满，谢山认为此乃《宋史》之误。于是特作长诗，对叶适及其"说学"，作了实事求是的评论。谢山劈头就说："水心大功在王室，左右馀干成夹日。"诗中指出："斯人斯学真有用，岂独文章称卓绝"；结尾则强调："陋哉《宋史》何冥蒙，缁素糊涂不可诘。谁人榷史洞观火，一为前贤洗诬屈。永嘉世嫡在君家，南塘经术紫芝笔。但莫放言贬曾、孟，斯案还须重审覈(原注：水心说学多伟论，但贬曾子、孟子，则真贤知之过矣!)。"①

梨洲《宋元学案》原本，叶适并入《永嘉学案》。谢山为了批驳"小人之说"，始别为《水心学案》上下二卷，"特详具其事迹以明之"。在《序录》中，谢山对叶适之学作了极为深刻、允当的评论。② 在《经史问答》中，谢山亦曾指出："水心讲学，虽不合于朱子。然其卓然之见，不可谓非魁儒。至于极口称《子华子》(赝书)，则好奇之过矣。"③

关于陈亮，谢山指出："自同甫有义利双行、王霸杂用之论，世之为建安之徒者，无不大声排之。吾以为是尚未足以贬同甫。"④谢山续修《宋元学案》，改《永康学案》为《龙川学案》，已足见其对陈亮及其学说之重视。对于陈亮，谢山的看法，一言以蔽之曰："论学之疏，不足以贬同甫也。"

在《陈同甫论》中，谢山对陈亮"壮时"和"暮年"的不同精神面貌和所作所为，作了比较，并分析了陈亮暮年

---

① 参见《鲒埼亭诗集》卷六《偷儿弃馀集·东潜论水心先生多所不满，予谓是〈宋史〉之误也，当以开禧上殿札子正》。

② 参见本书第五章有关部分。

③ 参见《经史问答》卷十。

④ 参见《鲒埼亭集》卷二十九《陈同甫论》。

"阿光宗"的原因。进而指出,"永嘉经制之学,其出入于汉、唐之间,大略与同甫等;然止斋(陈傅良)进退出处之节,则渺不可及矣。即以争过宫言之,同甫不能无愧心,可谓一龙而一蛇者矣"。在谢山看来,陈亮尽管晚节有愧,又"学有未醇","尚不失为汉以后人物",这如同"孔明有王佐之才,而学堕于刑名家。要之,固汉时一人豪也"。为此,谢山不同意不加分析地贬斥陈亮及其学说,更反对"反面事二姓之方回","摭拾流俗人之传闻"诋毁陈亮。

对于许衡之仕元,世多异议,谢山亦不以为然。其《书刘文靖公〈退斋记〉后》曰:

> 许文正(衡)、刘文靖(因),元北方两大儒也。文正仕元,而文靖则否。以予考之,两先生皆非宋人,仕元无害。

谢山承认,不愿仕元之刘因,其识见高于仕元之许衡。因为"立人之朝,即当行道,不仅以明道止。不能行道而思明道,不如居田间而明道之愈也。……然以元开初规模言之,其不足有为可知。则不仕者,自此远矣"。[1] 可是,谢山强调的是:"许文正与文靖皆元人也,其仕元又何害。论者乃以夷夏之说绳之,是不知天作之君之义也。岂有身为元人,而自附于宋者,真妄言也。"[2]谢山此论,与其重视"生平大节"并不相悖,却突破了传统之成见。

---

① 参见《鲒埼亭集外编》卷三十三《书刘文靖公〈退斋记〉后》。

② 参见《鲒埼亭集外编》卷三十三《书刘文靖公〈渡江赋〉后》。

对于刘因《渡江赋》的理解，前人论者多矣。“琼山（邱浚）以为幸宋之亡，黜其从祀；后渠则以为欲存宋；夏峰（孙奇峰）力主后渠，而论者终未释然于琼山之说”。谢山则“以为两家皆非也。诸公但读其赋，而未尝取其集考之，故不能定其案”。在谢山看来，“渡江之举，宋曲而元直，文靖伤宋之为奸臣所误，留行人（梦炎）以挑师衅耳，苏天爵以为哀宋是也。哀宋，则固非幸其亡，而非有意于存之，所以置身事外而言者也”。谢山征引了刘因的有关诗作，说明“此皆文靖置身事外，平情论事之作，存之，幸之，俱无预也”。谢山又征引了反映刘因不肯仕元之意的诗作，说明“文靖之不仕元，本不因宋，虽亦尝讥扬雄，羡管宁、陶潜，而与诸人有故国故君之分者不同。况文靖先世皆仕金，故哀金之诗亦多”。谢山立足于刘因是元人，仕元何害的观点，分析了刘因之所以不肯仕元的原因，并征引了刘因的其他诗作，于是从《渡江赋》中得出了这样令人信服的结论：

> 文靖生于元代，见宋、金相继而亡，而元又不足为辅，故南悲临元，壮怅蔡州。集贤虽勉受命，终敝屣去之，此其实也。琼山、后渠所云，不皆成呓语哉！①

① 以上引文，均见《书刘文靖公〈渡江赋〉后》。

三、全祖望读史札记一瞥

谢山文集中有不少读史札记。这类读史札记，方面较广，常发人之所未发。特别值得重视的是，谢山尤注意从历代弊政中揭示出足资后世鉴戒的精辟论断。显而易见，这是受了顾亭林《日知录》的影响。而谢山的这类读史札记，对后来王鸣盛的《十七史商榷》、钱大昕的《廿二史考异》和赵翼的《廿二史札记》等史学论著，亦不无启迪。这里略举数例，以见谢山读史札记的价值，及其独具风采的文笔。

“春秋之季，吴国天下莫强焉。及其亡也，忽诸世之尤之者。”谢山在探究其原因时，特别指出：

> 且兵器者，凶器，圣人不得已而用之。故黩武者，造物之所忌也。吴自诸樊以至王僚，无不好战，疆场之间连年角斗，江淮而东，前世所未有也。玉帛外竭，干戈近讧，民力几何而不用也。强水师为车战，违地利也。凡若此者，皆吴人堕于巫臣之计而不自知。①
>
> 以吴中之强也，而越王勾践于覆亡之余，生聚教训而沼之，是荆楚所勿能，古今之论复仇，孰有光于斯。自是而反诸侯之侵地，遂以称长于上国，诚伟矣。然其晚年，功业稍衰，何也？②

① 参见《鲒埼亭集外编》卷三十五《亡吴论》。

② 参见《鲒埼亭集外编》卷三十五《越勾践论》。

对于这个问题，谢山的看法是："范蠡之去，殆有见于(伯)嚭之见用，而飘然而避之也。文种之死，必嚭所抑也。太史公谓诛嚭者，谬矣。为国者莫大乎用人，即此一端，其余皆可知也。"

"或以为(文)种不死，(范)蠡不去，夹辅霸业，必不至于此而已。"谢山则认为：

> 种不死，蠡不去，当辅之以廓大国，而必不教以图霸业。盖远处三江五湖之间，鞭虽长而不及，欲博主盟之代名，而耗其国以从之，智者所不为也。况重之以戮功臣，任壬人，则其衰也固宜。[1]

在《信陵君论》[2]中，谢山从信陵君之两次破秦存赵，得之侯嬴和毛公、薛公，得出了"知人之效"的重要性；又从渑池之会，"蔺相如以身当之，而秦遂不能有加于赵，其气足以抗之也。秦以其气加人，人亦以气抗之，而秦遂诎然而沮"，说明了"以气遇气，有勇者胜"的道理。

在《杜牧之死论》[3]中，谢山通过杜牧之才，以及他之"不善用其才"的分析，感叹"天下之难得，才也。仅而生之，或有才焉；抑之，或又不能随时知进退得丧；急求表见，而反自小之。是非特其人之不幸也，天下之不幸也"！进而，谢山提出了这样的希望：

---

① 以上引文，均见《越勾践论》。
② 文载《鲒埼亭集外编》卷三十五。
③ 文载《鲒埼亭集外编》卷三十七。

> 吾愿操大钧之柄者，其无以成见为用，舍春容而陶铸之；而负瑰奇之器者，其无以一掷不中，遂憔悴而丧其天年！

谢山从张居正的生平事迹，得出了“有明中叶以后，宰执以相轧为事，是一大患也”的见解，并认为“当国大臣不竭精神于补衮，而专用之门户中，论世者所长叹也”！[①] 谢山通过南宋和元、明朱子之学的变迁，特别是“元太学尊朱”，以及“明《大全》之尊朱”的不同目的，大胆地提出了废除“官书”之论。

谢山《读〈魏志·王陵传〉》[②]，通过对王陵“志大而才疏”的分析，以及司马家儿之“谤凌”，强调了“史臣谬采诬善失实之词”的严重后果。对于“有明之人，疏于考古，袭《宋史》之唾余，而极诋魏公，甚至比曲端于岳飞”，谢山斥之为“真愚而妄者也”。在《曲端论》[③]中，谢山考辨曰：

> 宋史臣之为曲端立传也，求其卓荦可纪之功，寂寥无有；其累累者，跋扈遁逃之状而已。而犹以张魏公(浚)之杀之为非辜，且谓南宋不振之故，自杀端始。斯诚不解其何见。子全子曰：吾谛观端之为人，亦小有知兵料敌之长，而刚愎而不仁，忮刻

① 参见《鲒埼亭集外编》卷三十四《〈书江陵张相国行状〉后》。
② 文载《鲒埼亭集外编》卷二十八。
③ 文载《鲒埼亭集外编》卷三十八。

> 而自用，尤不乐同列之有功名，并不顾国事之有急难。此其所以再起再蹶，而卒以之杀其躯。……嗟乎！魏公之精忠，足以贯日，而短于才，故累举而累蹶。其蒙谤于陕中也，以曲端；其蒙谤于淮上也，以刘光世。不知不杀曲端，陕中之军气不肃；不罢刘光世，淮上之军气不扬。虽有十倍于魏公者，无以成功。陕中之败，以轻敌；淮上之败以失人，是才之短也。

在《经史问答》中，卢镐曾提出这样一个问题："鸿沟之约，因项王兵少食尽，韩信又进兵击之。项羽之兵少，由龙且二十万众之败；而食尽，则以彭越，皆有可考。韩信进兵，独不详其始末，不知他有所见否？"谢山回答曰：

> 是不见于淮阴本传，见于《灌婴传》。盖项王但与汉争于荥阳、敖仓之间，虽兵少食尽，尚可支吾，而韩信已王齐，故自淮北捣其国都。观《灌婴传》，则其兵攻彭城，又越彭城而南，直至广陵，纵横蹂躏，项王腹心中不可保矣，安得不议和乎？故世但知垓下之战，非信不捷，而不知其大功在用灌婴。当此之时，项王良将已尽，无论与婴抗者，即不约中分天下，亦内溃矣。此从未有为淮阴表彰其事者。

谢山能根据司马迁写列传的特殊笔法，抉出了"从未有为淮阴表彰其事"之事，可谓韩信之功臣，亦可见其与众不同的识见。

第五章 全祖望与《宋元学案》

谢山尝言:“予续南雷《宋儒学案》,旁搜不遗余力。盖有六百年来儒林所不及知,而予表而出之者。”①这绝非谢山自吹自擂,事实确乎如此。梨洲的草创《宋元学案》,以及百家②和谢山的续修《宋元学案》,可谓前后辉映,珠联璧合,浑然一体。在中国古代学术史的研究上,他们的贡献完全可以相提并论。

① 参见《鲒埼亭集》卷三十《蕺山相韩旧塾记》。

② 梨洲之子,字主一,号耒史,生于明崇祯十六年(1643年),卒年不祥。

一、宋、元、明理学的发展概况和明末清初对于理学的理论总结

"理学之名，自宋人始有之。"①理学发端于十一世纪的北宋中期，到明末清初（十七世纪后期），已经传衍了六七百年。在这六七百年里，理学之传播遍及全国，学派林立，大儒辈出，其影响之深远，在中国思想史上是罕见的。各派理学家所讨论和争辩的问题，诸如宇宙始终，人生究竟，阴阳奥秘，鬼神幽微，天人心性，人伦物理等等，既深且广，有虚有实，发人深思，耐人寻味。

关于宋、元、明理学的本质、渊源和流变，孙奇逢曾作过高度的概括，其《理学宗传序》曰：

> 理以圣人为归，无论在上在下，一衷于理而已矣。理者，乾之元也，天之命也，人之性也。得志则放之家、国、天下者，而理未尝有所增；不得志则敛诸身、心、意、知者，而理未尝有所损。故见之行事，与寄之空言，原不作歧视之舍，是天莫属其心，人莫必其命，而王路道术遂为天下裂矣。周子曰：圣希天。程子曰：圣学本天；又曰：余学虽有所受"天理"二字，却是自己体贴出来。
>
> 余赋性庸拙，不能副天之所与我者。幼承良友鹿伯顺提携，时证诸先正之语。尝思之：颜子死

① 《亭林文集》卷三《与施愚山书》。

而圣学不传，孟氏殁而闻知有待，汉、隋、唐三子衍其端，濂、洛、关、闽五子(按：指周敦颐、程灏、程颐、张载、朱熹)大其统，嗣是而后，地各有其人，人各鸣其说；虽见有偏全，识有大小，莫不分圣人之一体焉。余因是知理未尝一日不在天下，儒者之学乃所以本诸天也。呜呼！学之有宗，犹国之有统，家之有系也。系之宗有大有小，国之统有正有闰，而学之宗有天有心。今欲稽国之运数，当必分正统焉；溯家之本原，当先定大宗焉。论学之宗传，而不本诸天者，其非善学者也。先正曰：道之大原出于天，神圣继之。尧、舜而上，乾之元也；尧、舜而下，其亨也；洙、泗、邹、鲁，其利也；濂、洛、关、闽，其贞也。分而言之，上古则羲皇其元，尧、舜其亨，禹、汤其利，文武、周公其贞乎。中古之统，元其仲尼，亨其颜、曾，利其子思，贞其孟子乎。近古之统，元其周子，亨其程、张，利其朱子，孰为今日之贞乎？明洪(武)、永(乐)，表章宋哲，纳天下人士于理。(洪)熙、宣(德)、成(化)、弘(治)之世，风俗蒸醇，其时有学，有师，有传，有习，即博，即约，即知，即行，盖仲尼殁至是且二千年，由濂、洛而来且五百有余岁矣，则姚江(按：指王阳明)岂非紫阳(按：指朱熹)之贞乎？余谓元公接孔子生知之统，而孟子自负为见知静言，思之接周子之统者，非姚江其谁与归？程、朱固元公之见知也，罗文恭(洪先)、顾端文(宪成)意有所属矣。

其实，关于两宋理学的渊源和演变，南宋的黄震在其

《东发日钞》中，已有概括的评说，《宋元学案》卷八十六《东发学案》曾详加摘录。谢山对两宋理学的渊源和演变的看法，颇受东发的影响，今转录如下：

本朝理学，阐幽于周子，集成于晦翁。……本朝理学发于周子，盛于程子。程子之门人，以其学传世者，龟山杨氏、上蔡谢氏和靖尹氏为最显。龟山不免杂于佛，幸而传之罗仲素，罗仲素传之李愿中，李愿中传之朱晦翁，晦翁遂能大明程子之学。故以晦翁继程子，而次龟山，于此以明其自来焉。上蔡才尤高，而弊尤甚，其于佛学，殆不止杂而已，盖其所资者僧总老。其后，横浦张氏，又后资杲老，一脉相承，非复程学矣。故以上蔡次龟山，以明源流，盖别之自始焉。和靖虽亦以母命请佛书，而未尝谈禅，能恪守其师说而不变。且高宗中兴，崇尚儒学之初，程门弟子惟和靖在，故以和靖次上蔡，以明斯道之硕果不食，而程门之学，固有不流于佛者，和靖力辩程门之语录为非。其后，晦翁追编语录，又力辩和靖之说为非。然晦翁搜拾于散亡，其功固大；和靖亲得于见闻，其说尤的。今观程录，凡禅学之所有，而孔门之所无者，往往窜入其间。安知非程氏既没，杨、谢诸人附益邪！是虽晦翁不敢自保，其于编录犹深致其意，谓失之毫厘，其弊将有不可胜言者。然则，和靖少辩语录之说，其可废也哉？

愚按程门高第，如谢上蔡、杨龟山末流，皆不免略染禅学，惟尹和靖坚守不变。其后龟山幸三传而得朱文公，而裒萃诸家而辨析之，程门之学因以大明。故愚所读先儒诸书，始于濂溪，终于文公所传之勉斋，以究正学之终始焉。次以龟山、上蔡以见其流虽异，而源则同焉。又次以和靖以见其源虽异，而其流有不变焉。次以横浦、"三陆"，以见其源流之益别焉。……

师道之废，正学之不明久矣！宋兴八十年，安定胡先生、泰山孙先生、徂徕石先生，始以其学教授，而安定之徒最盛，继而伊、洛之学兴矣。本朝理学，虽至伊、洛而精，实自三先生而始，故晦庵有伊川不敢忘三先生之语。……

对于理学的研究，属于学术思想概论和学术思想史的范畴。中国学术思想概论和学术思想史的论著，滥觞于《荀子·非十二子篇》、《韩非子·显学》、《庄子·天下篇》等著作。至于秦、汉以后，直到清初，中国学术概论和学术思想史论著的演变，梁启超作过这样的论述：

旧史中之儒林传、艺文志，颇言各时代学术渊源流别，实学术史之雏形。然在正史中仅为极微弱之附庸而已。唐、宋以还，佛学大昌，于是有《佛祖通载》、《传灯录》等书，谓为宗教史也可，谓为学术史也可。其后，儒家渐渐仿效，于是有朱晦翁《伊洛渊源录》一类书。明代则如周汝登《圣学宗传》……之类，作者纷出，然大率借以表扬自己一家之宗旨，乃以史昌学，非为学作史，明以前形势大略如此。清初，孙夏峰著《理学宗传》，复指导其门人魏莲陆（一鳌）著《北学海》、汤荆岘（斌）著《洛学编》，学史规模渐具。及黄梨洲《明儒学案》六十二卷出，始有真正之学史，盖读之而明学全部得一缩影焉。然所叙限于理学一部分（例如王弇洲、杨升庵……辈之学术在《明儒学案》中即不得见），而又特详于王学，盖"以史昌学"之成见，仍未能尽脱。梨洲更为《宋元学案》，已成十数卷，而全谢山更续为百卷。谢山本有"为史学而治学"的精神，此百卷本《宋元学案》，有宋各派学术——例如洛派、蜀派、关派、闽派、永嘉派，乃至王荆公、李屏山等派——面目皆见焉，洵初期学史之模范矣。[①]

周汝登的《圣学宗传》十八卷，成书于明万历三十三年（1605年）。[②] 此书爬梳理学的发展，溯源于远古之伏羲和神农，以及周公、孔子、孟子、荀子。由于周汝登之学属于泰州学派，论学偏爱王学，尤其是泰州学派，全书以罗汝芳为殿。周汝登同样是"以史昌学，非为学作史"，故其《圣学宗传》不是一部成熟的理学发展史著作。

孙奇逢的《理学宗传》二十六卷，成书于康熙五年（1666年）。据作者自序，此书历时三十年，曾三易其稿。今本《理学宗传》，共列一百六十一人，以十一个理学家作为大宗。其中宋朝七人，即周惇颐、程灏、程颐、张载、邵雍、朱熹和

---

① 参见《中国近三百年学术史》。

② 参见陶望龄《圣学宗传·序》。

陆九渊；明朝四人，即薛瑄、王守仁、罗洪先和顾宪成。除了大宗十一人之外，又列举了汉、隋、唐、宋、元、明诸儒一百四十六人。从前文所引《理学宗传序》可知，孙奇逢所传之“宗”，即是圣人提出之“理”。《理学宗传》通过自周敦颐直到顾宪成的理学之大宗传统，目的在于阐明“天理”之学。值得注意的是，孙奇逢在序中，论“天理”之学时，也溯源于伏羲、尧、舜、禹、汤、文、武、周公、孔子、子思和孟子，但这是为了说明宋明理学是属于古代学术思想发展史的“贞”之阶段。至于对理学本身的论述，则始于宋，而终于明，这完全符合宋明理学发展的实际情况。正由于此，梁启超认为《理学宗传》“学史规模渐具”。

黄宗羲对《圣学宗传》和《理学宗传》皆不满意。他在《明儒学案·凡例》中指出：

> 从来理学之书，前有周海门《圣学宗传》，近有孙钟元《理学宗传》，诸儒之说颇备。然陶石篑《与焦若侯书》云：海门意谓身居此泽，见闻狭陋，尝愿博求文献，广所未备，非敢便称定本也。……钟元杂收，不复甄别，其批注所及，未必得其要领。而其闻见亦犹之海门也。学者观是书，而后知两家之疏略。

这决非妄自尊大，而是实事求是的批评。至于梨洲成书于康熙十五年（1676 年）的《明儒学案》，则标志着富有中国作风和中国气派的“学案”体学术思想史著作的成熟。关于《明儒学案》的修纂目的，梨洲自序说得十分清楚：

> 羲为《明儒学案》,上下诸先生深浅各得,醇疵互见。要皆功力所至,竭其心之万殊者而后成家。……于是,为之分源别派,使其宗旨自然,由是而之焉,固圣人之耳目也。

至于《明儒学案》的思想材料来源,梨洲在《凡例》中则强调指出:

> 每见钞先儒语录者,荟撮数条,不知去取之意谓何?其人一生之精神未尝透露,如何见其学术?是编皆从全集纂要钩元,未尝袭前人之旧本也。

在体例方面,《明儒学案》亦具有其开创性。对有明一代的理学家,为之分别学派;每一学派立一学案。每一学案,前有序言,以说明该学派的盛衰传递之迹。各家皆为之作传,以介绍其时代、经历及师友渊源。各家之学术思想,皆自其著作中"纂要钩元"。以各家所存留之原文,阐明各家之学术思想。编者间有评论,则附于正文之后。全书六十二卷,共立有十七个学案。凭借这十七个学案,梨洲评介了明代的二百零二位学者的行状和学说,论述了各派理学的流变和特点。通过这部精心编纂的明代理学史专著,不止可以充分了解梨洲的理学观点,"读之而明学全部得一缩影焉"。

《明儒学案》对明代理学的发展作了总结,对不同流派的学术宗旨和学术思想,以及彼此争辩的概括,尤为精当,谢山誉之为"有明三百年儒林之薮也"。不过,从宋明理学的发展史角度来审视，《明儒学案》毕竟是断代史，尚难以窥见宋明理学发展之全豹。同时，作为"学案"体的学术史著作，在学案的设立，以及每个学案的具体内容等方面，《明儒学案》尚有不足之处。正有鉴于此，梨洲晚年又编纂了《宋儒学案》、《元儒学案》，"以志七百年来儒苑门户"①。

二、《宋元学案》的成书过程和全祖望的贡献

《宋元学案》的成书过程比较复杂，它包括梨洲的草创，百家和谢山的续修，以及王梓材、冯云濠等人的校定和刊刻。从康熙十五年（1676 年）梨洲开始编纂，直到道光二十四年（1844 年）的最后校定本问世，历时凡一百六十余年。

《宋元学案》，最初可能分为《宋儒学案》和《元儒学案》，后来才合而为一，故又称《宋元儒学案》。梨洲虽然未能完成这部比之《明儒学案》规模更大的学术史著作，但他不但为全书发凡起例，且奠定了坚实的基础。全书一百卷，立案九十一个，其中为梨洲所立者，凡六十七卷，五十九个学案，约占三分之二。因此，否定梨洲的草创之功，说什么"梨洲原本无多，其经谢山续补者，十居六七"②，并不实事求是。

康熙三十四年（1695 年），梨洲逝世之后，其季子百家担负起继续编纂《宋元学案》的任务。百家恪守家学，又有所

① 以上引语，均见《梨洲先生神道碑文》。

② 参见《校刊〈宋元学案〉条例》。

补充和发挥。兹举一例,以见一斑。《宋元学案》卷八十一《西山真氏学案》,于《文忠真西山先生德秀》后,“百家谨案云:从来西山、鹤山(魏了翁),如鸟之双翼,车之双轮,不独举也。鹤山之志西山,亦以司马文正、范忠文之生同志、死同传相比,后世亦无敢优劣之者。然百家尝闻先遗献之言曰:‘两家学术,虽同出于考亭,而鹤山识力横绝,真所谓卓荦观群书者;西山则依傍门户,不敢自出一头也,盖墨守之而已。’”百家所撰案语,比乃父还要多。流传于世的余姚黄氏校补本,就是百家编辑和加工的本子。

雍正初年,广东巡抚杨文乾,通过其师胡泮英(余姚人),从梨洲之孙千秋手里得到了《宋元学案》和《明儒学案》的稿本。雍正六年(1728年),杨文乾逝世,书未刻成。数年后,胡泮英的外甥景鸣鹿去广东索取书稿,只得到了《明儒学案》,《宋元学案》则辗转流落到了淮阴杨某手中,后来归于梨洲的另一个孙子千人(证孙)。谢山续修的《宋元学案》,就是以这部底稿为基础的。谢山续修《宋元学案》,缘起于乾隆十年(1745年)仲春,“仲丁至半浦陪祭梨洲先生”,当时郑性之子临之嘱谢山续成《宋元学案》,谢山欣然应允,并赋诗表示:“宋元儒案多宗旨,肯令遗书叹失传。”谢山于乾隆十一年(1746年)开始续修《宋元学案》,直到逝世前一年(1754年)为止,历时九载。

谢山主张“善尊其师”,但不可“尊其师之过”,更不能“尊其师”而任意贬抑其他学者。[①] 他续修《宋元学案》,就充分体现了这种主张。前文已经指出,谢山私淑梨洲,对梨洲

---

① 参见《宋元学案》卷五十一《东莱学案》按语。

之为人和学术十分崇敬，但并不妄从。他对梨洲之学的不足和局限，以及材料考证等方面的失误，皆能提出批评和商榷。正由于此，谢山续修《宋元学案》，不仅继承了梨洲之学，且有所发明创造，做到了青出于蓝，后来居上。《校刊〈宋元学案〉条例》指出："谢山著述之功，莫精于七校《水经注》，莫专于修补《宋元学案》。"此言良是。谢山的修补工作，主要有以下几个方面：

第一，增补了梨洲原本所无的学案：共计三十二个，凡三十三卷，约占全书所立案卷的三分之一。谢山增补的学案，或特立，或别立，或修定，既有理学的先驱者（高平、庐陵、古灵四先生、士刘诸儒和涑水等学案），又有属于学派传衍的学案（如作为涑水学统传衍的《元城学案》、《华阴学案》和《景迂学案》；从梨洲原本《康节学案》中分出的《王张诸儒学案》；另立的《张祝诸儒学案》，特立的《震泽学案》，作为象山之学的师承）；既考虑到对有功于学术者特立学案（如《高平学案》和《范吕诸儒学案》，表彰了范仲淹和范镇、吕公著、韩维诸儒；为倡经制之学的唐仲友特立《悦斋学案》；为欧阳守道特立《巽斋学案》，以肯定其"如布帛菽粟，求为有益于世用，而不为高谈虚语"之学），又不排斥"异端"和"杂学"（为王安石特立《荆公新学略》，为苏氏父子特立《苏氏蜀学略》，为李纯甫特立《屏山鸣道集说略》）。另外，还增补了程朱理学入元后的学案。如《肖同诸儒学案》等。从谢山在梨洲原本上所增补的上述各类学案，足以看出谢山对宋元理学的理解，以及他的研究理学史，同样遵循五个治学的原则。同时，谢山在继承梨洲之学基础上的发明创造，于此亦已清楚可见。

第二，增定序目，精心撰写各学案的《序录》，补编各学案的师承传授表。谢山续修的《宋元学案》，是从“编次序目”开始其工作的。时间是在乾隆十一年(1746年)春末去维扬途中。《舟中编次南雷〈宋儒学案〉序目》诗曰：

关洛源流在，从残细讨论。茫茫溯薪火，渺渺见精魂。世尽原伯鲁，吾惭褚少孙。补亡虽兀兀，谁与识天根。①

谢山为百卷学案精心撰写了《序录》，《序录》对每个学案作了高度的概括，可谓提纲挈领，言简意赅，源流清晰，评价允当，不啻是一部宋元理学史的大纲，从此可以清楚地看出谢山的理学思想，及其治学术史的特点。② 至于置于每个学案之首的学术师承传授表，是根据《序录》的观点编制而成的，同样是谢山的发明创造。尚需指出的是，梨洲也曾为一些学案撰写了“语略”，但“语略”与“序录”相比较，显然大为逊色。试比较《上蔡学案》的梨洲《语略》和谢山的《序录》。梨洲《语略》曰：

程门高弟，予窃以上蔡为第一。语录尝累手累之。语者谓道南一派，三传而出，朱子集诸儒之大

① 诗载《鲒埼亭诗集》卷五《吴船集》。按：原伯鲁，周大夫。曹公平卒，乃葬，往者见原伯鲁，不说学。归以告闵子马。闵子马曰：“夫学殖也，不觉将落，原氏其亡乎！”后如其言。褚少孙，即褚元量，唐代经学家、史学家，精“三礼”、《史记》，曾数度登座说经。

② 详见本章第三节。

成，当等龟山，于上蔡之上。不知一堂功力，岂因后人为轩轾。且朱子之言曰：某少时妄志于学，颇藉先生之言以发其趣。则上蔡固朱子之先河也。

再看谢山的《序录》：

洛学之魁，皆推上蔡。晦翁谓其英特过于杨、游，盖上蔡之才高也。然其堕入葱岭处，决裂亦过于杨、游。或曰：是江民之书，误入上蔡语录中。

第三，修定、次定和补定梨洲原本。据《校刊〈宋元学案〉条例》，凡梨洲原本所有，而谢山增损者，谓之"修定"；凡梨洲原本所有，而谢山唯分其卷第者，谓之"次定"；凡梨洲原本所有，谢山分其卷第而特为立案者，则谓之"补定"。

据统计，梨洲原本中经谢山修定者，凡三十一卷。修定范围包括案主及其学侣、讲友、门人、私淑的本传、著述和附录等方面。其中尤以晦翁、南轩、东莱、象山诸学案的修定更为详尽。谢山对梨洲原本所作的修定，充实了原本的内容，更全面地反映了这些理学家的思想风貌。

梨洲原本中各立为一卷的百源、濂溪、明道、伊川、横渠、晦翁六个学案，谢山皆将它们次定为上下两卷：上卷包括案主本传，及其主要著作；下卷包括案主的其他著作、附录，及其讲友、门人、私淑的行状等。谢山对下卷内容，亦多有修补。

梨洲原本中，经谢山补定者，凡三十卷。这些学案均从梨洲原本分出，而别立为案卷的。谢山的这种补定，不止使梨洲原本中有关学派统绪的脉络更为缜密和清晰，也突出了这些别立为学案的理学家的学术地位。

第四，考订史实，以补梨洲原本之不足和失误。例如，卷三十四"梨洲定武夷学案，以武夷为上蔡门人。谢山则谓在师友之间"①。又如，卷三十四《武夷学案》，在《文定胡武夷先生定国》本传后，梨洲有案曰："先生为荆门教授，龟山代之，因此识龟山。因龟山方识游、谢，不及识伊川。自荆门入为国子博士，出来便为湖北提举。是时，上蔡宰本路一邑，先生却从龟山的求书见上蔡。上蔡既受书，先生入境，邑人皆诗，知县不接监司，先生先修后进礼见之。先生之学，后来得于上蔡者为多，盖先生气魄甚大，不容易收拾。朱子云：上蔡莫发，故胡文定喜之，想见与游、杨说话时闷也。"对于梨洲此案语，谢山加案作了辨析："朱子所作《上蔡祠记》有云：文定以弟子礼禀学。梨洲先生遂列文定于上蔡门人之目，非也。文定尝曰：吾于游、杨、谢三公，皆义兼师友。又曰：吾丈人行也。然则何尝自称弟子。《龟山行状》尝言：文定传其学。而文定不以为然。曰：吾从伊川书得之。则于上蔡可知也。梨洲谓先生得力于上蔡，不知在师友之间也。"②

除了上述四个方面之外，谢山修补《宋元学案》，尚有一点必须指出的，这就是"是书的修补，谢山兼为修《宋史》而作，故有《宋史》所略，而是书列传特加精详。语多本之

① 参见王梓材案语。

② 关于谢山续修《宋元学案》的四个方面，采用了侯外庐、邱汉生、张岂之主编《宋明理学史》第三十七章《〈宋元学案〉及其对宋明时期理学的总结》的概括，特此说明，以示不敢掠美。

《永乐大典》，其中经济著述，间或采入"[①]。前文已经提到，谢山对《宋史》之"妄"和"诬善失实"极为不满，曾有志于重修《宋史》。[②] 他修补《宋元学案》，确实兼有修订《宋史》讹舛之意。谢山在《文靖舒广平先生璘》后加按语曰：

> 甬上四先生之传陆学，袁、杨以显达，其教大行。然较其年齿资格，则在舒、沈之下。《宋史》作舒、沈传，寂寥短间，不足以见其底蕴。梨洲始求得《广平类稿》残编，其中有足资考证者。予因据之别为舒传。又近得《定川言行录》，因据之别为沈传。微特学案所关，他日有重修《宋史》者，亦将有所采也夫。[③]

又如，谢山对《龙川学案》中的倪扑，《岳麓诸儒学案》中的吴猎等人，也都作了远较《宋史》详细的介绍。另外，有些在《宋史》中阙如的人物，如晁景迁，以及《清江学案》"静春门下"的韩氏兄弟等人，谢山皆搜集材料，为他们作了小传。凡此等等，不仅增强了《宋元学案》的学术价值和文献价值，亦可补《宋史》之不足，为《宋史》研究者提供了弥足珍贵的史料。

《宋元学案》是一部包括近二千个人物，长达二百万字，

---

① 参见《校刊〈宋元学案〉条例》。

② 参见《鲒埼亭集外编》卷二十八《书〈宋史〉刘元城先生传后》、《跋〈宋史〉杨文靖公传后》、《跋〈宋史〉陈谦列传》等文。

③ 参见《宋元学案》卷七十六《广平定川学案》。

内容宏富的学术史巨著。综观全书,可以发现,作者能站在历史的角度总结学术,站在学术的角度审视历史。因此,学术的历史研究与学术历史的研究的统一,是《宋元学案》带有根本性的特点。同时,《宋元学案》采用我国传统的"学案"体来总结宋元理学的发展史,做到了学者(个体)与学派(群体)相结合;微观研究与宏观研究相结合,学术评价和政治、道德评价相结合。从"学案"体的学术史著作来考察,《宋元学案》的体例也最完备,它代表了我国"学案"体学术史著作的最高成就,这已为国内外学术界所公认。需要指出的是,就学案体的演变而言,可说到谢山续修《宋元学案》,才使这一史体臻于成熟。比如,谢山于每一学案内先立"学案表",即颇具匠心,表内列举该学派的师友、弟子,以明其师承、传授。把"表"运用到学术史的写作上,从而开学术史著作中设表先例,以简驭繁,无疑是一大创造。"学案表"中于已立案者,还注明"别见某学案";附于他学案者,则注明"附见某学案",这对读者了解学派源流的来龙去脉提供了很大方便。又如,谢山在每个学案中还设置"附录",载录学者的遗闻佚事,以及后人的评论,备录各种资料,以见其得失长短。此外,诚如梁启超所指出的,谢山"其持论或较梨洲尤博大平恕"。如其对案主的言论广择博采,而且一一注明出处,不仅总注出于某书,且又细注子目出于何篇,这与《明儒学案》相比较,显然是高出一筹。

总之,《宋元学案》之所以取得如此巨大的成就,且有极高的学术价值和文献价值,梨洲的草创之功,固不可没,百家的贡献,亦应肯定。但是,与谢山上述四个方面的精心补修工作,更是不可分的。

谢山为补修《宋元学案》，花了九年时间，付出了巨大的劳动。他的这项工作，也曾得到朋友们的支持和帮助。比如说，赵一清就曾将购得的游景叔墓志赠送给谢山，谢山则赋诗致谢。诗题为《东潜以予修〈学案〉，购得直阁游公景叔墓志见示，张公芸叟之文，邵公觥之书，章公粢之篆，而安民所镌也，题诗于后》，诗曰：

关陕沦亡后，横渠学统湮。吕、苏仅著录，潘、薛更谁陈。石墨何从购，遗文大可珍。邵公亦五思，鸿笔壮安民。①

谢山晚年，一面补修《宋元学案》，一面又谋刊刻《宋元学案》。乾隆十二年（1747 年），谢山寓居苏州陆茶坞的水木明瑟园，谋刻《宋元学案》而未果。逝世前不久，谢山又谋刻于慈溪郑氏二老阁，但是，只刻出了谢山所撰的《序录》，以及已经完全定稿的第十七卷《横渠学案》上卷；第十八卷《横渠学案》下卷，亦只刻出了数板，就因谢山逝世中止了。②

谢山逝世后，为了料理后事，他的藏书大部分卖给了卢文弨的抱经楼。《宋元学案》的底稿也杂在其中。卢文弨族子卢月船（镐），是谢山高第。他与梨洲玄孙黄璋（稚圭）等

① 记载《鲒埼亭诗集》卷六《偷儿弃余集》。

② 参见《二老阁郑氏刊本》王梓材、冯云濠案语。按：郑性之祖父郑溱，字秦州，与梨洲相友善，隐居相互论学，郑性名其藏书室曰二老阁，就是为了纪念乃祖和梨洲。郑性卒于乾隆八年（1743 年），谢山曾为之作传。谢山生前，负责刊刻《宋元学案》，并参与校勘者，乃郑性之子大节。

人相往还，以共同修定和刊刻《宋元学案》为己任。卢月船《和姚江黄稚圭见赠原韵诗》曰：

> 南雷正学源流长，亭林、夏峰遥相望。甬上前贤多入室，蕺山俎豆传馨香。小泉翁既不可作，典型无复如中郎。遗书散漫孰收拾，末学执卷增彷徨。区区校勘力未及，敢效束皙补诗亡。覃思幸籍下帷客，助我尚赓求友章。何期双瀑老孙子，枉顾不劳置郑庄。白茅黄苇还弥望，忽见秀干方崇强。秋雨闭门共商榷，足本拟续续草堂。从今剞劂庶可望，告成五纬重辉煌。（自注云：梨洲先生《宋元学案》，经耒史、谢山两先生续葺，尚未成书，稿本今在余处。久思补定之，不及也。又注云：君力任与余共成《学案》，谋即入梓；且欲成《宋文鉴》，索余平国、攻媿诸集。）

卢月船从平阳卸职回家后，从卢文弨族人手中得到了残缺不全的《宋元学案》稿本（有谢山手稿，也有百家手钞本），并亲自誊写。乾隆五十年（1785 年），卢月船逝世时，仅誊写了一半。从此，这些稿本和誊清本收藏在卢氏后人手中，长达八十年之久。

谢山的表弟（也是高第）蒋学镛，也收藏有《宋元学案》底稿的残本，其内容大多与卢氏藏本重复。不过，也有些传记（如张南轩弟子李悦斋惪传，徐宏父弟子赵畤隐希馆传），谢山著录甚详，可补卢氏藏本之阙。该稿帙尾有六十卷之目，是谢山未定《序录》之目，或即百家所编。

在谢山续修《宋元学案》时，黄璋曾向谢山索观底本。由于谢山逐年修补其稿，时置行箧，故未能如愿。谢山逝世后，卢月船曾寄给黄璋《宋元学案》的底稿二十册，《序录》一卷。黄璋及子黄徵乂（平黼）、孙子黄直愿，相继加以校补整理，最后定为八十六卷，并冠谢山百卷《序录》于首。此本虽不及卢氏藏本，但《百源学案》、《伊川学案》，以及有"三陆"的《梭山复斋学案》和《象山学案》，却是卢氏藏所阙的。

道光十二年（1832 年），浙江学政何凌汉，按试至宁波，收王梓材（臒轩）[①]为门生，并托他代为搜访《宋元学案》书稿。不久，何凌汉调京任吏部侍郎，王梓材在继任浙江学政陈用光的支持下，和同出何凌汉门下的冯云濠（五桥），先后搜得了"月船卢氏所藏稿本"、"樗庵蒋氏所藏底稿残本"和"余姚黄氏校补本"。于是，"合而定之，整比讹舛，修辑缺遗"；并按照谢山的《序录》，整理为百卷定本，由冯云濠出资，刻成于道光十八年（1838 年）。至此，"谢山序录百卷，顿还旧观"[②]。王梓材当时曾携带一部印本到北京，面呈何凌汉，何凌汉欣然为之作序。道光二十年（1840 年），何凌汉逝世。是年春，藏于冯云濠家的《宋元学案》书版毁于兵燹。王梓材又应何凌汉之子何绍基之请，"复精心勘阅，又为补脱正误"[③]。道光二十六年（1846 年），《宋元学案》重刊本在北京问世。

---

① 王梓材之高祖王炳，是梨洲再传弟子，祖父王锷是谢山再传弟子，父王谟是蒋学镛的再传弟子。

② 以上引文，均见何凌汉《〈宋元学案〉序》。

③ 参见何绍基《〈宋元学案〉叙》后附识。

诚如《校刊〈宋元学案〉条例》所指出的,“校刊是书,颇费心力。其间头绪纷繁,讹简迭出,有非一二人所能周至者”。不过,王梓材和冯云濠做了大量的工作,同样不愧为《宋元学案》的功臣。王梓材的两次校定,主要做了这样一些工作:

其一,将三种底本互相校补,使之更加完善;并参考有关文献,依照原本的观点,补编了三种底本皆缺佚的部分(包括人物传记、学术师承传授表等)。特别需要指出的是,他还根据谢山《序录》,编补了《元祐党案》、《庆元党案》、《荆公新学略》、《苏氏蜀学略》和《屏山鸣道集说略》。这五个案卷,在全书中颇具特色,从中可见谢山不同凡响的学术观点。①

其二,依据谢山的百卷《序录》,重新厘定了全部案卷,使两者互相吻合。

其三,除校正误脱,考订失实的记载之外,还撰写了大量有参考价值的按语。

其四,在每个学案之首,标明其立案者,并分别指出系谢山修定、补本、次定或实定,“庶使一览了然,不知两家混淆”。

其五,就《宋元学案》的复杂的成书和刊刻过程,写了《〈宋元学案〉考略》,为研究《宋元学案》保存了宝贵的资料。

最后,在王梓材看来,“梨洲原本,有待于谢山修补。即

① 王梓材深悟谢山的良苦用心,故《校刊〈宋元学家〉条例》,有一条专门谈到这五个案卷。

谢山逐时修补，亦未始不望后来之广为蒐辑也。”[1]为此，他在校定《宋元学案》的同时，曾参考文献资料，编纂了长达百卷的《宋元学案补遗》[2]，这对研究宋元理学史同样具有重要的文献价值和学术价值。

三、全祖望百卷《序录》述评

《宋元学案》的主要编纂者梨洲、百家和谢山，对于宋、元时代理学发展史上重大论争所持的基本态度和倾向，与明、清两代占统治地位的传统观点，显然是不一样的。概而言之，折衷和会与兼收并蓄诸家学说，是他们的基本态度；“宗陆而不悖于朱”[3]，则是他们的基本倾向。梨洲、百家和谢山之所以持这样的态度和倾向，既与他们生活时代的“大气候”，即反传统理学和崇尚实学的社会思潮的影响密切不可分；也是他们对清初占统治地位的宋明理学观点深表不满的一种曲折反映。就梨洲、百家和谢山三人而言，无论在折衷和会与兼收并蓄诸家方面，还是在对朱、陆两家的评价方面，谢山比之梨洲父子更为通达和允当。这既充分体现了谢山的科学的治学原则，也是他对梨洲之学的继承和发展。

---

① 参见《校刊〈宋元学案〉条例》。

② 1937年由四明张氏约园刊出，载《四明丛书》第五集。

③ 参见章学诚《文史通义·浙东学术》。

(一)谢山推重宋元理学,赞赏各派学者的学术争鸣

> 当年伊、洛发遗书,郑重张、朱校勘余。束发有心传坠绪,白头把卷竟踟蹰。①

谢山对宋元理学深有研究,极为推重。他花了九年时间续修《宋元学案》已清楚地说明了这一点。谢山曾想方设法修举宋元学院的故址,并积极为众多的理学先师们建立祠堂。因为在他看来,由于宋元理学的熏陶,甬上才诞生了不少"立德立功立言之士",并形成了醇美的士风。在《槎湖书院记》②中,谢山曾这样说:

> 吾乡自宋、元以来,号为邹鲁。予修举诸先师故址,始于大隐石台,讫于槎湖。说者以为皋比已冷,带草已枯,虽有好事,徒然而已。岂知当诸先师之濯濯也,吾乡立德立功立言之士,出其中者,盖十之九。山川之钟秀,随乎儒苑,不可谓函丈之中无权也。

在《庆历五先生书院》中,谢山则指出:

---

① 《鲒埼亭诗集》卷八《西笑集·宜田欲开雕蕺山先生遗书,属予雠正,而予已辞讲席,因以书归之刘氏,兼柬补堂》。

② 文载《鲒埼亭集外编》卷十六。

> 五先生(按:指杜醇、楼郁、王致、王说、杨适)之讲堂,皆已不存。即鄞江、桃源二席,亦非旧址。予乃为别卜地于湖上而合署之。睢阳学统,至近日而汤文正公发其光,则夫薪火之传,幸勿以世运而替哉!①

当然,谢山推重宋元理学,以及诸先师;研究宋元理学,以及诸先师,远不止由于宋元理学以及诸先师,为他的家乡培养了许多学者,并使远在海隅的甬上风俗醇美;更在于谢山对宋元理学在我国文化思想上的重要地位和深远影响有着充分的认识和估价。

宋元理学,可谓学派林立,学者如云,不同学派的学术论争也相当激烈。一部宋元理学发展史,堪称理学的百家争鸣史。面对如此丰富多彩的学派、学者和学说,以及各派的学术论争现实,谢山的态度,一是充分肯定百家争鸣,本着学术上人人平等的大前提,对各个学派及其代表人物一一作实事求是的评论;二是推重"硕儒"、"真儒"和"醇儒",把他们看作为学术界的楷模。

从谢山精心撰写的百卷《序录》,我们不仅可以了解每一个学案的学术特点、学术渊源和学术影响,以及案主的立身行事和道德品质;同时,也能窥见不同学派的争鸣态势,以及谢山对于各派学术的评价。

谢山续修《宋元学案》,确实对"硕儒"、"真儒"和"醇

---

① 文载《鲒埼亭集外编》卷十六。又,《淳熙四先生祠堂碑文》,亦有类似的论述。

儒”推崇备至。那么,怎么样的学者才称得上是“硕儒”、“真儒”和“醇儒”呢?在《静清书院记》中,谢山这样说:

清容言静清尝与深宁说经,每好奇,以是多与深宁不合。则又可知静清虽宗朱学,而其独探微言,正非墨守集传、章句、或问诸书,以为苟同者。正如东发亦宗朱学,而其于先后天图说,攻之甚力。盖必如是而始为硕儒。不善学者,但据一先生之言,穷老尽气,不敢少异,而未尝顾其心之安否。是为有信而无疑,学问之道未之有也。清容以为好奇,是尤不知静清者也。

在《文定朱汉上先生震》后,谢山加案曰:

汉上谓周、程、张、刘、邵氏之学出于一师,其说恐不可信。其意主于和会诸家,而反不免于晁氏所讥舛错者也。然汉上之立身,则粹然真儒也。①

在为汪应辰的《玉山学案》所作的《序录》中,谢山指出:

玉山汪文定公,少受知于(喻)湍石。其本师为横浦,又尝从紫微。然横浦、紫微并佞佛,而玉山粹然一出于正,斯为幹蛊之弟子也。

① 参见《宋元学案》卷三十七《汉上学案》。此学案乃谢山别立。

在汪玉山的传中，谢山又说："先生于学博综诸家，……其骨骾极似横浦，多识前言往行以畜德似紫微，而未尝佞佛，粹然为醇儒。"[①]在《龟山学案》中，谢山又有案语曰："慈溪黄氏曰：'龟山气象和平，议论醇正，说经旨极切，论人物极严，可以垂万世。使不间流于异端，岂不诚醇儒哉！乃不料其晚年竟溺于佛氏。……'黄氏之言，真龟山之诤臣，故附于此。"

由此可知，谢山所称颂的"硕儒"、"真儒"和"醇儒"，起码要具备这样几个条件：一是立身行事要恪守儒家的传统道德，所谓"多识前言往行以畜德"；二是潜心正学，不入异端，不佞佛；[②]三是在学术上，既能综会诸家，又要有所发明创造。

（二）谢山理清了宋元理学的发展脉络，充分展示了各种学派和各派学者

谢山与梨洲父子一样，确认"宋世学术之盛，安定（胡瑗）、泰山（孙复）为之先河"[③]。由于"庆历之际，学统四起"[④]，谢山把戚同文、范仲淹、欧阳修、韩琦和李之才、邵

① 参见《宋元学案》卷四十六《玉山学案》。

② 谢山《鲒埼亭集外编》卷三十一《题〈真西山集〉》指出："两宋诸儒，门庭径路，半出于佛老。"这是一个很有根据的论断。谢山对此持批判态度，这未免有些偏颇。其实，宋元理学各派，无不吸收了佛、道二家学说的某些成分。应该说，其中既有消极的方面，也有积极的因素，不宜不加分析地笼统给予批判和否定。

③ 参见《宋元学案》卷一《安定学案·序录》。

④ 参见《宋元学案》卷六《士刘诸儒学案·序录》。

古等人，皆视为“濂洛之前茅”①。为此，他增补了《高平学案》、《庐陵学案》，并将李之才（邵雍之师）、邵古（邵雍之父）附在《百源学案》的邵雍本传中。另外，谢山又特立《古灵四先生学案》，指出闽中四先生亦是“安定、泰山之流亚”；并将陈襄作为程、张之前茅。②

在周、张和二程先后出现，濂、洛、关学相继崛起之后，谢山指出：“庆历以后，尚有诸魁儒焉。于学统或未豫，而未尝不于学术有功者。范蜀公、吕申公、韩持国一辈也；吕汲公、王彦霖又一辈也；丰相之、李君行又一辈也。尚论者，其敢忽诸。”③

由此可见“于学统或未豫，而未尝不于学术有功者”，皆应予以重视和论述。这显然是谢山研治宋元理学史，补修《宋元学案》的一大特点。与此有联系的是，对于大家的高第而又自成一家者，如涑水弟子刘安世、范祖禹、晁景迁，谢山皆特立为学案，并努力搜求、爬梳史料，为之作传。《元城学案·判监孙先生伟》，谢山加案语曰：

> 元城之得于温公，大抵不出刚健笃实一语。元城门下，其最显者为李庄简公泰发，其厄于下寮者为先生，其骨力皆得之元城。《宋史》不为先生立传，沉埋六百余年。予稍求其大略，登之学案。而当年奏议诸文字，不可得见矣，为之三叹！先生之高弟

---

① 参见《庆历五先生书院记》。
② 参见《宋元学案》卷五《古灵四先生学案·序录》。
③ 参见《宋元学案》卷十九《范吕诸儒学案·序录》。

曰刘芮。[1]

对于二程之高第，如谢良佐、吕希哲、杨先时、游酢、尹焞，以及刘质夫、李端伯、侯仲良、刘立之、朱光庭等人的学案，皆梨洲原本，谢山修定。谢山另为郭忠孝别立了《兼山学案》，为王福清特立了《震泽学案》。在卷二十九《震泽学案》的一则案语中，谢山疏理了伊川之学统，他说：

伊川之学，传于洛中最盛；其入闽也，以龟山；其入秦也，以诸吕；其入蜀也，以谯天授辈；其入浙也，以永嘉九子；其入江右也，以李先之辈；其入湖南也，由上蔡而文定；而入吴也，以王著作信伯。考信伯师弟之渊源力量，似稍浅狭。然吴人自安定以来，得重接学统者，其功与！梨洲先生尝以著作、语录不得为恨，今予幸得之。

对于关学，谢山花了大力予以“补亡”。卷三十一《吕范诸儒学案·序录》曰：

关学之盛，不下洛学，而再传何其寥寥也！亦由完颜之乱，儒术并为之中绝乎。《伊洛渊源录》略于关学，三吕之与苏氏，以其曾及程门而进之，余皆亡矣。予自范侍郎育而外，于《宋史》得游师雄、种师道，于胡文定公语录得潘拯，于楼宣献公集得

① 参见《宋元学案》卷二十。

> 李复，于《童蒙训》得田腴，于《闽书》得邵清，及读晁景迂集，又得张舜民，又于《伊洛渊源录》注中得薛昌朝，稍为关学补亡。

谢山曾在《永乐大典》中发现李复的《潏水集》。“大喜，欲抄之。而予罢官，遂不果。”[①]至于周行己、许景衡等元丰太学九先生，梨洲原列《永嘉学案》之一，谢山鉴于“世知永嘉诸子之传洛学，不知其兼传关学”，始定为《周许诸儒学案》。[②]

关于洛学的私淑，谢山在《武夷学案》之外，又补作了《陈邹诸儒学案》。在《忠肃陈了斋先生瓘》后按语中，谢山对于陈瓘的学术渊源作了清晰的辨证：

> 了翁最宗元城，则以为涑水私淑弟子可也。每得明道之文，衣冠读之，以为二程私淑弟子可也。精于皇极之学，以为康节私淑弟子可也。然其渊源则出于丰氏，而丰氏出于楼氏。当安定、泰山、古灵倡学时，四明五先生隐约里巷，讲学独善耳，远非诸公比也。一传而丰氏，其传已光大于世。再传而遂得了翁、先之二人。然则椎轮为大辂之始，其功不可诬也。了翁弟子遍东南，其后多归龟山之门。[③]

---

① 参见《宋元学案》卷三十一《吕范诸儒学案·修撰李潏水先生复》案语。

② 参见《宋元学案》卷三十《周许诸儒学家·序录》。

③ 参见《宋元学案》卷三十五。

吕本中与及门诸传，本在《和靖学案》，谢山始别为《紫微学案》，究其原因，就在于：

> 先生历从杨（龟山）、游（廌山）、尹（和靖）之门，而在尹氏为最久，故梨洲先生归之尹氏学案。愚以为先生之家学，在多识前言往行以畜德。盖自正献（吕晦叔）以来，所传如此。原明（吕希哲）再传而为先生，虽历登杨、游、尹之门，而所守者世传也。故中原文献之传，独为吕氏，其余大儒弗及也。故愚别为先生立一学案，以上绍原明，下启伯恭（吕祖谦）。①

对于紫微之学的评论，很可看出谢山识见之高。首先，谢山反对"以其喜言诗"，而"遂欲以江西图派擠之"的看法，确认吕本中"所造甚高"；其次，谢山认为"学者读其《童蒙训》、《官箴》而行之，足以入圣学矣"；最后，受家学之影响，吕本中"其于释氏之学，有未尽斥者"。这当然不足为训，但学者"于其佞佛，姑置之可也"②。

汉上先生朱震，"谓周、程、张、刘、邵氏之学出于一师"，无疑是一种舛错。但他"立身，则粹然真儒也"。有鉴于"世之传其学者，稍寡焉"，谢山特把朱震从原本的《上蔡学案》中分出来，别立为《汉上学案》。③

---

① 参见《宋元学案》卷三十六《文靖吕东莱先生本中》按语。

② 以上引文，均见《宋元学案》卷三十六《杂录》谢山按语。

③ 参见《宋元学案》卷三十七《序录》、《文定朱汉上先生震》按语。

陈默堂先生渊，材料不多。但作为杨龟山的爱婿，“其力排王(安石)学，不愧于师门”，谢山把他从原本的《龟山学案》中分出，别立《默堂学案》。①

《豫章学案》，谢山始称《道南学案》，后称《豫章延平学案》，定《序录》时才专称《豫章学案》。因为，在谢山看来，罗豫章(从彦)“在杨门所学虽醇，而所得实浅”。但他“一传为延平(李侗)，则邃矣；再传为晦翁，则大矣”②。

谢山认为，“龟山弟子以风节光显者，无如横浦(张九成)，而驳学亦以横浦为最”③。在横浦门人中，谢山又特别看重史浩。因为史浩既是中兴宰辅，又昌明理学有功。④

谢山从梨洲原本的《武夷学案》中，别为《衡麓学案》和《五峰学案》，为的是“当洛学陷入异端之日，致堂(胡寅)独皭然不染”⑤；而“绍兴诸儒所造，莫出五峰(胡宏)之上”⑥。为了表彰朱熹之师刘白水(勉之)、胡籍溪(宽)和刘屏山(子翚)，谢山特立《刘胡诸儒学案》。⑦ 为了表彰中兴二相，即赵鼎(得全)和张浚(紫岩)，以及他们的同调陈邦彦(良翰)和芮国器(煜)等人，以昌明伊、洛之学，谢山增补了《赵张诸儒学案》(原名《赵张二公学案》)。对于紫岩门人杨

① 参见《宋元学案》卷三十八《序录》。
② 参见《宋元学案》卷三十九《豫章学案·序录》。
③ 参见《宋元学案》卷四十《横浦学案·序录》。
④ 参见《宋元学案》卷四十《横浦学案》附录:《题忠定鄮峰真隐漫录》。
⑤ 参见《宋元学案》卷四十一《衡麓学案·序录》。
⑥ 参见《宋元学案》卷四十二《五峰学案·序录》。
⑦ 参见《宋元学案》卷四十三《刘胡诸儒学案·序录》。

万里（诚斋）的《易传》，谢山给予了高度的评价。① 至于紫岩的另一门人王十朋（梅溪），谢山赞曰："先生之学，一出于正，自孔、孟而下，惟韩文公、欧阳公、司马公是师，故其文粹然。"②

"南北宋之交，关、洛之书盛行浙东。"③可是，范浚"独为崛起"；许翰"得中原文献，别为一家"；而肖楚则"以其所学孤行"。有鉴于此，谢山特为之补修《范许诸儒学案》。④

朱熹对汪应辰评价极高，说他"学贯九流，而不自以为足；才高一世，而不自以为名；道高德备，而不自以为德；位高势重，而不自以为荣。盖玩心乎文、武之未坠，抗志乎先民之所程，巍乎其若嵩、岱之雄峙，浩乎其若沧海之涵渟"⑤。对于这样一位本农家子，而终粹然为醇儒的学者，谢山非常重视，特立了《玉山学案》。汪应辰之学侣赵汝愚，也"学务有用，举以司马温公、富郑公、韩魏公、范文正公自期"，这也是谢山所特别欣赏的一类学者。⑥

对于倡导"日用是根株，言语文字是注脚"的林光朝，谢山在梨洲原本基础上，对其学派修补颇详。因为在谢山看来，林艾轩"似兼有得于王信伯"，其"宗旨本于（尹）和靖者反

① 本书第三章曾谈到这个问题。参见《跋杨诚斋〈易传〉》。此文亦附录于《宋元学案》卷四十四《赵张诸儒学案》。

② 参见《赵张诸儒学案·忠文王梅溪先生十朋》。

③ 参见《宋元学案》卷四十五《范许诸儒学案·贤良范香溪先生浚》。

④ 以上引语，均见《范许诸儒学案·序录》。

⑤ 参见《宋元学案》卷四十六《玉山学案》附录。

⑥ 参见《玉山学案·忠定赵先生汝愚》。

少,而本于信伯者反多。实先槐堂之三陆而起,特槐堂贬及伊川,而艾轩则否,故晦翁于艾轩无贬词。终宋之世,艾轩之学,别为源流”①。

对于朱熹之学,谢山的《晦翁学案·序录》作了这样的总评:

> 杨文靖公四传(王梓材案:自杨而罗而李而朱,仅得三传。其言四传者,统言之也),而得朱子致广大,尽精微,综罗百代矣。江西之学、浙东之学,非不岸然,而终不能讳其偏。然善读朱子之书者,正当遍求诸家,以收去短集长之益。若墨守而屏弃一切焉,则非朱子之学也。

在这里,谢山又一次表明了自己的治学原则。梨洲为朱熹作传中强调指出:“其为学大抵穷理以致其知,反躬以践其实。而以居敬为主,全体大用,兼综条贯,表里精粗,交底于极。尝谓圣贤道统之传,散在方册,圣经之旨不明,而道统之传始晦。于是竭其精力,以研穷经贤之经训。其于百家之支,二氏之诞,不惮深辩,而力辟之。”谢山对于朱熹和朱学的评价,是与梨洲一致的。朱熹的时代,二氏之学泛滥,朱学力辟“二氏之诞”,又能融会佛老,正是它的杰出之处。梨洲和谢山看到并肯定这一点,亦难能而可贵。

为张栻所立的《南轩学案》,这是梨洲原本。但是,谢山在《序录》中明确指出,“南轩似明道,晦翁似伊川”;不同

---

① 参见《宋元学案》卷四十七《艾轩学案·序录》。

意“北溪诸子必欲谓南轩从晦翁转手”的看法。另外，谢山还从《南轩文集》中辑录增补了一百零四条材料。

> 宋乾淳以后，学派分为三：朱学也，吕学也，陆学也。三家同时，皆不甚合。朱学以格物致知，陆学以明心，吕学则兼取其长，而复以中原文献之统润色之。门庭径路虽别，要其归宿于圣人，则一也。①

谢山对《东莱学案》的梨洲原本，详加修补。补充了《东莱遗集》中的材料，就多达一百二十八条。在《序录》中，谢山赞扬吕祖谦有“宰相之量”，指出其学“平心易气，不欲逞口角，以与诸公角”。对于《宋史》把小东莱之学“抑之于儒”，谢山“与后世之君子”一样不以为然。另外，谢山所补充的一则黄东发有关吕学，以及朱、陆之争的评论，很值得重视。《日钞》曰：

> 东莱先生以理学，朱、张鼎立，为之师。其精词奥义，岂后学所能窥其万分之一。然尝观之晦翁与先生同心者，先生辩诘之不少恕。象山与晦翁异论者，先生容下之不少忤。鹅湖之会，先生谓元晦莫迈刚明，而工夫就实入细，殊未易量。谓子静(象山)亦坚实有力，但欠开阔。其后象山祭先生文，

① 参见《同谷三先生书院记》。此文亦附录于《宋元学案》卷五十一《东莱学案》。

亦自悔鹅湖之会集，粗心浮气。然而先生忠厚之至，一时调娱其间，有功于斯道何如邪。然其讲学之要，尤有功于今日者，学者不可不亟自思也。盖理学虽历万世而无变，讲之者每随世变而辄易。要当常以孔子为准的耳。孔子教人以孝、弟、忠、信，躬行为本。至子思则言诚，至孟子则言性，已渐发其秘，视孔子之说为已深。至濂溪则言太极，至横渠则言太虚，又尽发其秘，视子思、孟子之说为益深。一议论出，一士习变。至晦庵先生出，始会萃濂、洛之说，以上达洙、泗之传。取本朝诸儒议论之切于后学者为《近思录》；然犹以无极太极，阴阳造化冠之篇首，则亦以本朝之义为本也。东莱先生乾道四年(1168年)规约，以孝、弟、忠、信为本；明年规约，以明理躬行为本。至其题《近思录》卷首，则谓阴阳性命特使之知所响。讲学具有科级，若躐等陵节，流于空虚，岂所谓近思。呜呼，学者可以观矣！

东发此论，公允精当。谢山选录这一则，足见其首肯东发之心明眼慧。

朱、张(栻)、吕(祖谦)三先生讲学时，最同调者，清江刘氏兄弟(靖之、清之)也，敦笃和平，其生徒亦遍东南。

为此，谢山特立《清江学案》，并辨证了刘靖江为朱门弟子之误。①

朱子之徒不喜永嘉之学，目之为功利之学。但是，梨洲认为，“永嘉之学，教人就事理上理会，步步著实，言之必使可行，足以开物成务。”百家同样指出，薛季宣（艮斋）“凡夫礼乐兵农，莫不该通委曲，莫可施之实用”②。谢山承梨洲父子之说，也极为推重永嘉之学。梨洲原本合《艮斋学案》和《止斋学案》为《永嘉学案》，谢山始一分为二。谢山《艮斋学案·序录》评曰：

> 永嘉之学统远矣，其以程门袁氏之传为别派者，自艮斋薛文宪公始。艮斋之父学于武夷，而艮斋又自成一家，亦人门之盛也。其学主礼乐制度，以求见之事功。然观艮斋以参前倚衡言持敬，则大本未尝不整然。

在《止斋学案·序录》中，谢山既指出“永嘉诸子，皆在艮斋师友之间，其学从之出，而又各有不同”。又赞扬止斋（陈傅良）“最称醇恪”。

叶适，梨洲原本并入《永嘉学案》，谢山鉴于其生前“论学有所异同于朱子”，方回“遂拾小人之说以毁之，《宋史》亦不复白其诬”。于是，“续修《学案》，始别为立传，而特详具其事迹以明之。”③

---

① 参见《宋元学案》卷五十九《清江学案·序录》。

② 参见《宋元学案》第五十二《艮斋学案》梨洲、百家案语。

③ 参见《宋元学案》卷五十四《水心学案·忠定叶水心先生适》案语。

在《水心学案》中，谢山摘录了叶适《水心习学记言》中的这样一段话：

周官言道，则兼艺。贵自国子弟，贱及民庶，皆教之。其言儒以道得民，至德以为道本，最为要切，而未尝言其所以为道者。虽书尧、舜时，亦已言道；及孔子言道尤著明，然终不的言明道是何物。岂古人所谓道者，上下皆通知之，但患所行不至耶！老聃本周史官，而其书尽遗万事，而特言道。凡其形貌朕兆，眇忽微妙，无不悉具。予疑非聃所著，或隐者之词也。而易传及子思、孟子亦争言道，皆定为某物。故后世之于道，始有异说，而又益以庄、列、西方之学，愈乖离矣。今且当以周礼、二言为证，庶学者无畔援之患，而不失古人之统。

谢山在按语中指出："此永嘉以经制言学之大旨"。梨洲的按语则曰："以余论之，水心异识超旷，不假梯级。……其意欲废后儒之浮论，所言不无过高，以言乎疵则有之。若云其概无所谓，则亦堕于浮论矣。"显而易见，谢山之见，与梨洲一脉相承，但论述更为全面而深刻。且看其《序录》对水心之学的评论：

水心较止斋又稍晚出，其学始同而终异。永嘉功利之说，至水心始一洗之。然水心天资高，放言砭古人，多过情。自曾子、子思而言，皆不免，不仅如象山之诋伊川也。要亦有卓然不经人道者，未可以方隅之见弃之。乾淳诸老既殁，学术之会总为朱、陆二派，而水心断断其间，遂称鼎足。然水心工文，故弟子多流于词章。

对于乾淳之际同样倡言经制之学的唐仲友，谢山补修特立《说斋学案》。他指出：

乾淳之际，婺学最盛，东莱兄弟（吕祖谦、祖俭）以性命之学起，同甫（陈亮）以事功之学起，而说斋则为经制之学。考当时之为经制者，无若永嘉诸子，其于东莱、同甫，皆互相讨论，臭味契合。东莱尤能并包一切。而说斋独不与诸子接，孤行其教。[①]

在《提刑唐说斋先生仲友》和附录的《唐说斋文钞序》中，谢山更对这位"以经术、史学负重名于乾淳间"的学者，作了详尽的评论。谢山少时未见说斋之文，但"从深宁《困学纪闻》得其所引之言，皆有关于经世之学"。后来，谢山求说斋《六经解》等著述而不可得，仅从《永乐大典》中"得其文若干篇，诗若干首，钞而编之，以备南宋一家之言"。谢山之所以对唐仲文如此重视，是受了王应麟的影响。"深宁私淑于朱子者也，而津津如此，则已见昔人之有同心。"综观《说斋学案》，笔者以为谢山欣赏说斋的"不专主一说，苟同一人"，"痛辟佛老，斥当时之心学者"，以及经术、史学皆有关于经

① 参见《宋元学案》卷六十《说斋学案》附录案语。

世之学。[①] 至于唐仲文的为人和作为，谢山未作深究。对于唐仲文与朱熹之间的矛盾，朱熹六劾唐仲文的是非，谢山亦未作明确的表态。在《唐说斋文钞序》中，谢山曾这样说："自为朱子所纠，互相奏论，其力卒不胜朱子，而遂为世所訾。"在文末又指出："因为论其人之本末，或谓说斋自矜其博，常诋朱子不识一字，故朱子劾之；或又言说斋不肯与同甫相下，同甫搆之于朱子，此皆小人之言，最为可恶。要之，说斋之被纠，所当存而不论。而其言有可采者，即令朱子复起，或亦以予言为然也。"如此持论，不能不说谢山因偏爱说斋之学，而原谅了他的缺点和错误，显然是不可取的。

"水心之门，有为性命之学者，有为经制之学者，有为文字之学者。"[②]而水心学侣陈亮，"则专言事功，而无所承，其学更粗莽。"[③]

"俱以读书经济为事"的龙川之学，在当时与后世，常为"世所忌，以为近于功利"。[④] 谢山虽对陈亮晚节有所批评，但对非议其专言事功之学的攻击，却大不以为然。在《陈同甫论》中，谢山强调指出："论学之疏，不足以贬同甫也。"陈亮主张用富国强兵的事功来"济儒道之所不及"，他并不赞成"卒屈于富强"的"王道"，而想借"王霸之杂，事功之会"的历史经验，"以裨王道之阙而出乎富强之外。"[⑤]因此，在朱、陈的王霸利义之辩中，朱熹以"义利双行，王霸并用"来概

① 以上引文，见《唐说斋文钞序》、《提刑唐说斋先生仲友》。
② 参见《宋元学案》卷五十五《水心学案·盐官王拙斋大受》谢山案语。
③ 参见《宋元学案》卷五十六《龙川学案·序录》。
④ 引语均见《龙川学案·文毅陈龙川先生亮》百家案语。
⑤ 参见《龙川水心二先生文粹》后集卷十六《问皇帝王霸之道》。

括陈亮之学，这并不科学。

“三陆子之学”，梨洲原本以梭山（陆九韶）为《金溪学案》之一，复斋（陆九龄）为《金溪学案》之二，象山（陆九渊）为《金溪学案》之三。谢山则合并之一、之二为《梭山复斋学案》，之三称为《象山学案》。如此修定之后，学案名称就突出了三陆子。《梭山复斋学案·序录》，概括了三陆子之学的演变，并对梭山和复斋作了比较评论。谢山指出：

> “三陆子之学”，梭山启之，复斋昌之，象山成之。梭山是一朴实头地人，其言皆切近，有补于日用。复斋却尝从襄陵许氏（许翰）入手，喜为讨论之学。《宋史》但言复斋与象山和而不同，考之包恢之言，则梭山亦然，今不尽传，其可惜也。

至于三陆子是否“和而不同”，谢山有自己的看法，他说：

> 东莱谓复斋家庭讲和而不同，则固有不尽谐于象山者。象山纵极口称复斋，然语录中谓董元息被教授解《论语》又坏了，则固有不尽谐于复斋者。而大略以不传之学为己任，以舍我其谁自居则相同。若东发所谓形色必有其所以然者，视听言动必有其主宰于中者，则复斋亦原未尝抹杀此一层，未可以诋之也，特其词气有未圆者。要之，陆氏兄弟贤知之过，词气多有过高，遂成语病。而其倚天壁立，足

以振起人之志气，其功亦不可没。①

三陆子中，象山的成就和影响最大，这是毋庸置疑的。在《象山学案·序录》中，谢山对象山之学作出极为允当的概括和评论：

> 象山之学，先立乎其大者。本乎孟子，足以砭末俗口耳支离之学。但象山天分高，出语惊人。或失于偏而不自信，是则其病也。程门自谢上蔡以后，王信伯、林艾轩、张无垢，至于林艾轩，皆其前辈。及象山而大成，而其宗传亦最广，或因其偏而更甚之。若世之耳食雷同，自以为能羽翼紫阳者，竟诋象山为异学，则吾未之敢信。

在《广平定川学案》的一则案语中，谢山还引袁燮与舒璘之子钘的帖子，指出："此贴子正可彼此互相证明，陆子精处正在戒学者之束书不观，游谈无根。学者可不戒乎！"

"朱、陆之异同，为吾儒从来之大案"②。关于朱、陆之争，自鹅湖之会以后，一直为治理学者所重视；对于这个问题的不同见解，很可窥见学者的理学观点。《宋元学案》的编纂者，对朱、陆之争的看法，一言以蔽之曰："宗陆而不悖于朱。"梨洲在《文安陆象山先生九渊》后加案语曰：

---

① 参见《宋元学案》卷五十七《梭山复斋学案》案语。

② 参见《宋元学案》卷五十八《象山学案》顾諟案语。

先生之学，以尊德性为宗，谓先立乎其大，而后天下之所以与我者，不为小者所夺。夫苟本体不同，而徒致功于外，索是无源之水也。同时，紫阳之学，则以道问学为立，谓格物穷理，乃吾人之入圣之阶梯。是苟信心自是，而惟从事于覃思，是师心之用也。两家之意见既不同，逮后论太极图说，先生之兄梭山，谓不当加无极二字于太极之前，此明背孔子，且并非周子之言。紫阳谓孔子不言无极，而周子言之。盖实有见太极之真体，不言者不为少，言之者不为多。先生为梭山反复致辩，而朱、陆之异遂显。继先生与兄复斋会紫阳于鹅湖，……朱、陆之异益甚。……嗟乎，圣明之难明，濂、洛之后，正赖两先生继起，共扶持其废堕。胡乃自相龃龉，以致蔓延今日，犹然借此辨同辨异，以为口实，宁非吾道之不幸哉。虽然二先生之不苟同，正将以求夫至当之归，以明其道于天下后世，非有嫌隙于其间也。道本大公，各求其是，不敢轻易唯诺随人，此尹氏所谓有疑于心辨之勿明勿措，岂若后世口耳之学，不复求之心得而苟焉以自欺，泛然以应人者乎！况考二先生之生平自治，先生之尊德性，何尝不加功于学古笃行；紫阳之道问学，何尝不致力反身修德。特以示学者之入门，各有先后，此其所以异耳。然至晚年，二先生亦俱悔偏重。

百家的案语，则引朱熹复包显道书曰："南渡以来，八字著脚理会实工夫者，惟某与陆子静二人而已。某实敬其为人，老兄未可以轻议之也。”并指出：“世儒之纷纷竞辩朱、陆者，曷勿即观朱子之言。”

至于谢山，前文已经提及，他曾反复比较了朱、陆之异同，阐明了他对朱、陆之争的看法。谢山赞赏“会同朱、陆之说”，力主“其立言之偏，后人采其醇，而略其疵”；强调“必欲排陆以申朱者，非真有得于朱可知”，“必欲排朱以申陆者，非真有得于陆可知”。在《淳熙四先生祠堂碑文》[①]中，谢山更对朱、陆之学作了全面的比较研究。

三陆子讲学时的“最同调者”徐谊、陈葵及其门人，谢山特立《徐陈诸儒学案》，并辨证了徐谊为陆氏弟子之误。另外，谢山还从《永乐大典》中钞得徐谊门人丁黼别传一篇。[②]

《宋元学案》关于晦庵学派，自西山、元定、勉斋、潜庵、木钟、南湖、九峰、北溪诸学案之外，谢山修补时并归《沧州诸儒学案》。

蔡元定（季通），梨洲原本附《晦庵学案》，谢山始别立为《西山蔡氏学案》。《序录》指出：“西山蔡文节公，领袖朱门。然其律吕象数之学，盖得之其家庭之传。”[③]

为黄干所立《勉斋学案》，为梨洲原本，但谢山作了不少补充。在《序录》中，谢山称赞黄干“足以光其师传，为有体有用之儒”。谢山尤为欣赏勉斋不存“排陆以申朱”的门户

---

① 此文，亦附录于《象山学案》陆九渊传之后。

② 参见《宋元学案》卷六十一《徐陈诸儒学案》。

③ 蔡元定父发，号牧堂老人。精识博文，尤长于天文、地理、乐律、历数、兵陈之说。

之见。[①] 在"附录"中，谢山补充了一则黄东发有关勉斋在朱门中地位的评论。《日钞》曰：

> 乾淳之盛，晦庵、南轩、东莱称三先生。独晦庵先生得年最高，讲学最久，尤为集大成。晦庵既歿，门人如闽中则潘谦之、杨克仁、林玉卿、林子武、李守约、李公晦，江西则甘吉父、黄去私、张元德，江东则李敬子、胡伯量、蔡元思，浙中则叶味道、潘子善、黄子洪，皆号高弟。独勉斋先生强毅自立，足任负荷，如辅汉卿。

东发所提到的辅汉卿，名广，号潜庵，梨洲原有《潜庵学案》，谢山作了修定。百家指出，潜庵"所传之学，蜀则有魏鹤山了翁；闽则有熊勿轩禾、陈石堂普；吾东浙自韩恂斋翼甫，传子庄节、性，余端臣，再传而黄文洁震，逮至有明，传其学者不绝"[②]。可惜潜斋的"遗书散佚，世所葺《语溪宗辅录》者，特其糟粕"[③]。

在谢山看来，陈淳"卫师门甚力，多所发明。然亦有操异同之见，而失之过者"[④]。对于《北溪学案》的梨洲原本，谢山修补甚详。附录《北溪文集》中的材料，就多达六十条，另外，又作了不少案语加以评说。比如，陈淳《答苏德甫》有

① 参见《奉临川先生帖子》。
② 参见《宋元学案》卷六十四《潜斋学案》案语。
③ 参见《潜斋学案·序录》。
④ 参见《宋元学案》卷六十八《北溪学案·序录》。

这样一段话：

> 文公表出《近思录》及四子，以为初学入道之门，使人识圣门蹊径。于此融会贯通，以作权度，去读天下群书，究人生万事。非谓天下道理皆丛萃该备于此，无从他求，便可运用施为，无往而不通，是大不然也。程子曰：须大其心，使开阔。如只孤孤单单，窄窄狭狭去看道理，左动右疑，前触后窒，更无长进之望矣。

谢山案语则曰："此段甚佳。然愚谓四子之书，道理自无不该备，特博观事变，诚有不可以此自尽者。前此大儒，如尹和靖，持守甚固，却是不教人读书。得此说，可以救其流弊。"

"自南轩先生讲学湘中，蜀人多从之。"①"淳熙、嘉定而后，蜀士宵续灯，雨聚笠，以从事于南轩之书，湖湘间反不如也。"②有鉴于此，谢山续补了《二江诸儒学案》，收蜀中之为张学者；在《序录》中，则作了这样的评论：

> 宣公居长沙二水，而蜀中反疏然。自宇文挺臣（名绍节，号顾斋）、范文叔（名仲黼，号月舟）、陈平甫（概）传之入蜀，二江之讲舍，不下长沙。黄兼山（裳）、杨浩斋（知章）、程沧洲（遇孙），砥柱

① 参见《宋元学案》卷七十二《二江诸儒学案·教授程克斋先生公说》后附录：谢山《程氏〈春秋分配记〉序》。

② 参见《宋元学案》卷十二《进士陈平甫先生概》。

岷、峨，蜀学之盛，终出于宣公之绪。

谢山之所以如此重视南轩学派，原因在于“南轩弟子多留心经济之学”[①]，“非区区迂儒章句之陋”[②]。

谢山认为，“朱、张、吕三贤，同德同业，未易轩轾。张、吕早卒，未见其止，故集大成者归朱耳！”[③]因此，他对东莱弟子同样相当重视。他所补定的《丽泽诸儒学案》，赞扬“明招诸生，历元至明未绝，四百年文献之所寄也。”[④]

“象山之门，必以甬上四先生为首，盖本乾淳诸老一辈也。”[⑤]梨洲尝曰：

> 杨简、舒璘、袁燮、沈焕，所谓明州四先生也。慈湖(杨简)每提心之精神，谓之圣一语。而絜斋(袁燮)之告君，亦曰：古者大有为之君，所以根治道者，一言以蔽之，此心之精神而已。可以观四先生学术之同矣。文信公(文天祥)云：广平(舒璘)之学，春风和平；定川(沈焕)之学，秋霜肃凝。瞻彼慈湖，云间月澄；彼絜斋，玉泽冰壶。一时师友，聚于东浙，呜呼，盛哉！[⑥]

① 参见《宋元学案》卷七十一《岳麓诸儒学案·机宜陈克斋先生琦》案语。
② 参见《岳麓诸儒学案·文定吴畏斋先生猎》案语。
③ 参见《宋元学案》卷五十一《东莱学案》附录谢山案语。
④ 参见《宋元学案》卷七十三《丽泽诸儒学案·序录》。
⑤ 参见《宋元学案》卷七十四《慈湖学案·序录》。
⑥ 参见《宋元学案》卷七十六《广平、定川学案·端宪沈定川先生焕》案语。

谢山则指出：

> 甬上四先生之传陆学，杨、袁、舒皆自文安（陆九渊），而沈自文达（陆九龄）。《宋史》混而列之，非也。四先生之遗文，亦惟沈集绝不可见，惜夫！①

慈湖学派，梨洲原本附列于《金溪学案》，谢山始别立为《慈湖学案》。谢山依据其“论人之学，当观其行，不徒以其言”的原则，评价了慈湖之学。他在《序录》中指出：“慈湖之言，不可尽从，而行则可师。黄勉斋曰：‘杨敬仲（简）集皆德人之言也，而未闻道。’予因采其最粹且平易者，以志去短集长之意，则固有质之圣人而谬者。”在谢山看来，“文元（杨简）之斋明严恪，其生平践履，盖涑水（司马光）、横渠（张载）一辈人。曰诚，曰明，曰孝弟，曰忠信，圣学之全无以加矣。特以当时学者沉溺于章句之学，而不知所以自拔，故为本心之说，以提醒之。盖诚欲导其迷途，而使之悟。而非谓此一语之外，更无余也。而不善学者，乃凭此虚空之知觉，欲以浴沂风雩之天机，屏当一切，是岂文元之究竟哉！”

基于这样的评价，有种看法以为“发明本心，陆氏但以为入门，而文元遂以为究竟。故文元为陆氏功臣，而其失传者亦有之”。谢山对此则“以为未尽然”。②

絜斋学派，梨洲亦附于《金溪学案》，谢山始别为《絜斋

① 参见《端宪沈定川先生焕》案语。

② 以上引文，均见《宋元学案》卷七十四《慈湖学案》“附录”谢山案语。

学案》。关于袁燮，谢山把他与杨简作了比较。《序录》这样分析说：

> 慈湖之与絜斋，不可连类而语。慈湖泛滥夹杂，而絜斋之言有绳矩，东发先我言之矣。

在《城南书院记》[①]中，谢山又对袁燮与杨简之学作了进一步的比较：

> 四先生中，长庚晓日最光显于暮年者，文元与正献也。而文元之教，不如正献之密。盖槐堂（陆九渊）论学之宗旨，以发明本心为入门，而非其全力。正献之言有曰："学贵自得，心明则本立，是其入门也。"又曰："精思以得之，兢业以守之，是其全力也。"槐堂弟子多守前说，以为究竟是其稍有所见，即以为道在是，而一往蹈空，流于狂禅。以文元之齐明盛服，非礼不动，岂谓干操持之功有阙。而其教多以明心为言，盖有见于当时学者陷溺功利，沉锢词章，极重难返之势，必以提醒为要。故其说偏重，而不自知其疏。岂知弟子辈不善用之，反谓其师尝大悟几十，小悟几十，泛滥洋溢，直如异端，而并文元之学而诬之，可为浩叹者也。使其如正献之教，宁有是乎！

舒璘和沈焕，梨洲本并在《金溪学案》，谢山始为《广平

① 此文，附录于《宋元学案》卷七十五《絜斋学案》。

定川学案》。谢山称颂舒璘的“大儒风节”，指出“四先生中，莫若文靖之渊源为最博，其行亦最尊。其生平所著《诗说》、《礼教》，皆为经学之宗。《广平类稿》则其文也。《宝庆志》三：‘嘉定初期，朝廷革文弊，选前辈之文以范后学，舒文靖公实冠编首。’世知文靖之理学，而不知其文为当时宗仰若此。当文靖时，巨公元夫甚多，乃以其文为冠者。盖其心气和平，而议论质实，足以消诡诞之习俗。”①在《奉临川先生帖子》中，谢山还曾这样赞美舒璘说：

> 舒公广平之在陆氏，犹朱子之有勉斋也。闻人有诋朱子者，广平辄戒以不可轻议。则必欲排朱以申陆者，非真有得于陆可知。

沈焕师复斋（陆九龄），其生平大节对谢山颇有影响。袁燮状其行曰：

> 考君生平大节，宁终身固穷独善，而不肯苟同于众；宁龃龉与时不合，而不肯少更其守。凛然清风，振耸颓俗，使时见用，必能震朝廷之纲，折奸回之萌，屹立中流，为世之砥柱，亦可为难矣。然世之知君者，如此而已。至于日进其德，骎骎自期于纯全博大者，鲜能知之。君虽人品高明，而其中未安。不苟自恕，知非改过，践履笃实。其始面目严冷，清不容物。久久宽平，可敬可亲。面攻人之

① 参见《广平定川学案》舒璘传后“附录”《〈广平类稿〉序》。

短，退扬人之善。切磋如争，观爱如媚，古所谓直而温，毅而宏者，殆庶几乎！①

金溪学派，梨洲原本除上述“明州四先生”外，谢山尽归入《槐堂诸儒学案》。梨洲指出：

陆子之在象山，五年间弟子属籍者至数千人，何其盛哉！然其脉流传，偏在浙东，此外则傅梦泉而已。故朱子曰：‘浙东学者多子静门人，类能卓然自立，相见之次，便毅然有不可侵犯之色。’然则此数千人者，固多旅进旅退之徒耳。今传数十人于此，其概可睹矣。②

谢山之见，亦复如此。

“周、程、张、邵五子并时而生，又皆知交相好，聚奎之占，可谓奇验。而康节独以图书象数之学显。”③对于邵雍的弟子，谢山从梨洲原本《康节学案》别为《康节弟子学案》，后又一分为二，除《王张诸儒学案》外，又别立《张祝诸儒学案》。谢山《张祝诸儒学案·序录》评曰：

康节之学，不得其传。牛氏父子，自谓有所授受，世勿敢信也。张行成（文饶）疏通其纰缪，遂

① 参见《广平定川学案》附录。
② 参见《宋元学案》卷七十七《槐堂诸儒学案》案语。
③ 参见《宋元学案》卷九《百源学案》（上）百家案语。

> 成一家，玉山汪文定公(应辰)雅重之。其后如祝子泾(泌)，又稍不同。至于廖应淮(学海)之徒，则益诞矣。康节本出于希夷(陈抟)，其后卒流而为应淮，所谓必复其始者与！

谢山为廖应淮所作传略认为："先生学教，虽近于方伎。然亦畸士，有不可泯灭者，故附之《康节弟子学案》，以存其别派。"谢山对于宋元各类学者，只要它们在某方面有所特色和成就，皆能给予评介和表彰，这又是突出的一例。

《邱刘诸儒学案》，亦为谢山所特立。《序录》指出："自淳熙(1174—1189年)至嘉定(1208—1224年)，疏附先后诸家者，有若邱忠定公(崇)、刘文节公(光祖)、楼宣献公(钥)之徒，虽不入诸先生之学派，然皆能用先圣之道，而柴献肃公(中行)尤醇。"依谢山之见，邱崇乃"张吕同归"①，楼钥私淑晦翁，柴中行则乃"攻媿(楼钥)讲友"。

对于南宋嘉定(1208—1224年)之后私淑朱熹、张栻之学者，谢山在《鹤山学案》、《西山真氏学案》、《北山四先生学案》和《双峰学案》中，一一作了评介。《鹤山学案·序录》指出：

> 嘉定而后，私淑朱、张之学者，曰鹤山魏文靖公，兼有永嘉经制之粹，而去驳。世之称之者，以并之西山，有如温公、蜀公，不敢轩轾。梨洲则曰

---

① 参见《宋元学案》卷七十九《邱刘诸儒学案》附录：《叶水心祭先生文》。

鹤山之卓荦，非西山之依傍门户所能及，予以为知言。

魏了翁（华父），与兄高载，弟高稼、高崇同时共学。“因此私淑，于兄弟各有所成，皆南轩之瓣香也。而鹤山益旁搜诸家以大之盛矣！”①

《西山真氏学案》，梨洲原称《西山学案》，谢山益以真氏（德秀），是为了与西山蔡氏（元定）有所区别。“西山之望，直继晦翁，然晚节何其委蛇也。东发于朱学最尊信，而不满于西山。《理、度两朝政要》言之详矣。《宋史》亦有微词。”②梨洲、百家尝比较西山、鹤山之学说：

> 从来西山、鹤山并称，如鸟之双翼，车之双轮，不独举也。鹤山之志西山，亦以司马文正、范文正之生同志、死同传相比，后世亦无敢优劣之者。然百家尝闻先遗献之言曰：“两家学术，虽同出于考亭（朱熹），而鹤山识力横绝，真所谓卓荦观群书者，西山则依门傍户，不敢自出一头地，盖墨守之而已。”③

对于真德秀的学术和晚节，谢山《题真西山集》有更为详细的评论：

① 参见《宋元学案》卷八十《鹤山学案》谢山案语。

② 参见《宋元学案》卷八十一《西山真氏学案·序录》。

③ 参见《西山真氏学案》百家案语。

乾、淳（1165—1189年）诸老之后，百口交推以为正学大宗者，莫如西山。近临川李侍郎穆堂讥其沉溺于二氏之学，梵语、青词连轴接辐，垂老津津不惓，此岂有闻于圣人之道者。愚尝详考其本末，而叹西山之过负重名，尚不止于此。两宋诸儒，门庭径路，半出于佛老，然其立身行己，则固有不愧于古人者。龟山、上蔡而后，横浦、玉山皆是也。西山则自得罪史弥远以出，晚节颇多惭德。其学术之醇疵，如勿论可矣。文浩（黄震）笃行醇儒，固非轻诋人者。况其生平依归，左西江（陆九渊）而右建安（朱熹）。而论是时之有宰相器者，独推袁蒙斋（甫），而深惜西山之无实，则是非之公心也。其事又耳目所亲接，则非传闻失实也。《宋史》西山本传，即出文洁之手。其后元人重修，虽讳其骤军知举之短，而于呵护郑清之一节，亦多微词。然则端平之出，得非前此，偶著风节，本无定力，老将知而耄及之邪。吾于致叹于保岁寒之难也。西山以博学宏词起家，故辞令为最著。然其两制文字，凡愚嘉定以后宰执，多有伊、傅、周、召之誉，殆亦可以已而不已者与！或又言倪文节公纠弥远昆命之龟之制，弥远私人所据以自辩者，亦得之西山。虽西山未必以此求用于当时，然亦要可以已者耳。慈湖初见西山，因以其命讯日者，戒其须忘富贵利达之心。由今观之，西山未能终身践此言也。然则其不能攘斥佛老，固其宜乎！①

谢山论学，才德并重，上述对真德秀的评论，即是典型事例，举一可例其余矣。

北山四先生，指何基（子恭）、王柏（鲁斋）、金仁山（履祥）和许谦（白云），皆为浙江金华人。梨洲原本称《金华学案》，谢山始改《北山四先生学案》，其《序录》曰：

> 勉斋（黄干）之传，得金华而益昌。说者谓北山（何基）绝似和靖，鲁斋绝似上蔡。而金文安公（仁山）尤为明体达用之儒，浙学之中兴也。

谢山尝谓“婺中学统”凡三变，《宋文献公画像记》论曰：

> 予尝谓婺中之学，至白云而所求于道者，疑若稍浅，渐流于章句训诂，未有深造自得之语，视仁山远逊之。婺中学统一变也。义乌诸公师之，遂成文章之士，则再变也。至公（指宋濂）而渐流于佞佛者流，则三变也。犹幸方正公（孝孺）为公高弟，一振而有光于西河，几几乎可以复振徽公（朱熹）之绪，惜其以凶终，未见其止，而并不得其传。虽然吾读文献，文肃（柳贯）、渊颖（吴莱）及公之文，爱其雅驯不佻，粹然有儒者气象，此则究其所得于

① 文载《西山真氏学案》“附录”。亦见《鲒埼亭集外编》卷三十一。

经苑之坠言，不可诬也。[①]

《双峰学案》，多仍梨洲原本之旧，谢山修补未完。百家指出，“黄勉斋干得朱子之正统，其门人一传于金华何北山基，以递传于王鲁斋柏、金仁山履祥、许白云谦；又于江右传饶双峰鲁，其后遂有吴草庐澄，上接朱子之经学，可谓盛矣！”[②]谢山《序录》亦曰：“双峰亦勉斋之一支也，累传而得草庐。说者谓双峰晚年多不同于朱子，以此诋之。予谓是未足以少双峰也，独惜其书之不传。”在一则案语中，谢山还援引吴澄的话说：“澄少读《中庸》，不无一二与朱子异。后观饶伯舆父所见亦然，恨生晚，不获就正之。”进而明确指出：“双峰盖亦不尽同于朱子者。”

《存斋、晦斋、息庵学案》，为谢山所特立，《序录》指出：

> 鄱阳汤氏三先生（汤存斋千、汤晦斋静巾、汤息庵中），导源于南溪（柴中行），传宗于西山。而晦静由朱而入陆，传之东涧（汤汉），晦静又传之经畈（徐霖）。杨（简）、袁（燮）之后，陆学之一盛也。（方回以为东涧晚年始宗陆，误也。）

关于“三汤之学”，谢山在《答临川序三汤学统源流札子》中曾有详细的论说，前文已作评介，这里不赘。

---

① 《宋文献公画像记》，载《鲒埼亭集外编》卷十九，亦见《宋元学案》卷八十二《北山四先生学案》。

② 参见《宋元学案》卷八十三《双峰学案》案语。

"四明之学，以朱而变陆者，同时凡三人：史果斋(蒙卿)也，黄东发也，王伯厚也。三人学术既同归矣，而其倡和之言，不可得而闻，何也？厚斋著书之法则在西山，真为肖子矣！"①诚如本书第三章中所指出的，王应麟和黄震，是谢山极为敬仰的两位南宋学者。谢山续修《宋元学案》，大量摘录了他们对宋儒的精辟评论。深宁原传本附《真西山学案》，谢山始别立学案。在《序录》中，谢山这样评介深宁之学曰：

> 四明之学多陆氏，深宁之父，亦师史独善，以接陆学。而深宁绍其家训，又从王子文以接朱氏，从楼迂斋以接吕氏，又尝与汤东涧游。东涧亦兼治朱、吕、陆之学者也。和齐斟酌，不名一师。《宋史》但夸其词业之盛，予之微嫌深宁者，正以其词科习气未尽耳。若区区以其《玉海》之少作为足尽，其底蕴陋矣！

在《同谷三先生书院记》②中，谢山又对"王尚书深宁独得吕学之大宗"，作了补充。对于深宁的生平大节，谢山在两个问题上，提出了与《宋史》和明儒不同的看法。《王尚书画像记》③曰：

① 参见《宋元学案》卷八十五《深宁学案》百家案语。
② 此文亦见《深宁学案》"附录"。
③ 文载《鲒埼亭集外编》卷十九。

> 先生之学，私淑东莱，而兼综建安、江右、永嘉之传。生平大节，自拟于司空图、韩偓之间，良无所愧。其一，则《宋史》之书法也。先生于德祐(1275—1276年)之末，拜疏出关，此与曾渊子辈之潜窜者不同。……今与渊子辈同书曰遁，妄矣！其一，则明儒所议先生入元，曾为山长一节也。先生应元人山长之请，史传、家传、志乘诸传皆无之，不知其所出。然即令曾应之，则山长非命官，无所屈也。箕子且应武王之访，而况山长乎？予谓先生之拜疏而归，盖与马丞相碧梧同科，即为山长，亦与家政之教授同科。而先生之大节，如清天白日，不可掩也。

出于对深宁的崇敬，谢山补定了《深宁学案》，补充了大量资料：从《困学纪闻》中辑录了九十六条；从《深宁文集》中选录了九条；并摘录《同谷三先生书院》、《宋王尚书画像记》和《胡梅硐藏书窖记》等作为"附录"。

《东发学案》，梨洲本称《四明朱门学案》，谢山《序录》始称《东发学案》。百家尝述梨洲之论曰："当宋季之时，吾东浙狂慧充斥，慈湖之流弊极矣！果斋(蒙卿)、文洁不得不起而救之，然果斋之气魄，不能及于文洁，而《日钞》之作，折衷诸儒，即于考亭，亦不肯苟同，其所自得者深也。今但言文洁之上接考亭，岂知言哉！"[①]谢山《序录》同样认为，《日钞》乃"躬行自得之言"，并强调了东发对浙学的贡献：

---

① 参见《宋元学案》卷八十六《东发学案》百家案语。

> 四明之专宗朱氏者，东发为最。《日钞》百卷，躬行得之言也。渊源出于辅氏（辅广）。晦翁生平不喜浙学，而端平（1234—1236 年）以后，闽中、江右诸弟子支离舛戾，固陋无不有之。其能中振之者，北山（何基）师弟为一支，东发为一支，皆浙产也。其亦足以报先正惓惓浙学之意也夫！

至于东发对朱学的发扬光大，谢山《泽山书院记》[1]作了详细的论述。

对于元代的理学世系，谢山曾作了概括的评介，《静清书院记》[2]：

> 有元儒林世系，鲁斋（许衡）、白云（许谦），专主朱学；静修（刘因）颇祖康节；草庐（吴澄）兼主文安（陆九渊）。其足以辅翼二许（许衡、许谦）者，吾乡程敬叔兄弟（端礼、端学）最醇。鲁斋得之江汉赵氏（复），白云得之仁山（金履祥），而敬叔兄弟得之静清史先生。

《宋元学案》自卷八十七，至卷九十五，主要评介元儒理学；第一百卷则介绍金源儒林。

静清先生史蒙卿，梨洲原立学案称为《四明朱门学案

① 此文亦附录于《东发学案》。
② 此文亦附录于《宋元学案》卷八十七《静清学案》。

(一)》,谢山《序录》始改为《静清学案》。《教授史果斋先生蒙卿》指出,“四明之学,祖陆氏而宗杨(简)、袁(燮)。其言朱子之学,自黄东发与先生始。黄氏主于躬行,而先生务明体以达用,著书立言,一以朱子为法。宋亡,不复仕,自号静清处士,有《静清集》。”谢山《序录》则强调,史蒙卿有其“未必尽同于朱”的一面。他说:“四明史氏皆陆学,至静清始改而宗朱,渊源出于莲荡晏氏。然尝闻深宁不喜静清之说《易》,以其嗜奇也。则似乎未必尽同于朱。其所传为程畏斋兄弟(端礼、端学),则纯于朱者。”对于史蒙卿的“未必尽同于朱”,谢山是充分肯定的。《静清书院记》曰:

> 清容(袁桷)言静清尝与深宁说经,每好奇,以是多与深宁不合。则又可知静清虽宗朱学,而其独探微言,正非墨守集传、章句、或问诸书,以为苟同者。正如东发亦宗朱学,而其于先后天图说攻之甚力。盖必如是而始为硕儒。不善学者,但据一先生之言,穷老尽气,不敢少异,而未尝顾其心之安否。是为有信而无疑,学问之道未之有也。

欧阳守道,其学“如布帛菽粟,求为有益于世用,而不为高谈虚语,以自标榜于一时”[①]。为此,谢山特立《巽斋学案》。《序录》评曰:

> 巽斋之宗晦翁,不知所自。考之沧洲弟子,庐

① 参见《宋元学案》卷八十八《巽斋学案》“附录”:《文文山祭先生》。

> 陵有欧阳谦之,实尝从游巽斋。其后人邪其遗书宗旨,不可考见。然巽斋之门有文山(天祥),经畈(徐霖)之门有叠山(谢枋得),可以见宋儒讲学之无负于国矣!

对于文天祥,谢山不仅撰写了《忠烈文文山先生天祥》,并附录了《御试策》和《正气歌》并序,还评介了"文山讲友"罗开礼、张千载和欧阳逢泰。

《介轩学案》,梨洲原本称《新安学案》,谢山始易今名。介轩董梦程,字万里,江西鄱阳人。初学于董槃涧和程正思,其后学于黄勉斋。谢山《序录》认为:

> 勉斋之传,尚有自鄱阳入新安者,董介轩一派也。鄱阳之学,始于程蒙斋、董槃涧、王拙斋,而多卒业于董氏。然自许山屋外,渐流于训诂之学矣!

许衡字仲平,河内(黄河以北之地,约相当于今河南省)人。梨洲原本称《北方学案》,谢山定《序录》始易今名《鲁斋学案》。百家指出:

> 自石晋燕云十六州之割,北方之为异域也久矣!虽有宋诸儒迭出,声教不通。自赵江汉(复)以南冠之囚,吾道入北,而姚枢、窦默、许衡、刘因之徒得闻程朱之学,以广其徒。由是北方之学渐起,如吴澄之经学,姚燧之文学,指不胜屈,皆彬彬郁

郁矣！[1]

谢山《序录》同样认为，“河北之学，传自江汉先生赵复，曰姚枢，曰窦默，曰郝经，而鲁斋其大宗也，元时实赖之。”

在《题〈文正集〉后》，谢山对许衡作了总的评价：“要之，文正兴绝学于北方，其功不可泯。而生平所造诣，则仅在善人有恒之间，读其集可见也，故数传而易衰。”[2]

刘因传，梨洲本附《北方学案》，谢山始别为《静修学案》。其原因就在于，“静修先生亦出江汉（赵复）之传，又别为一派。蕺山（刘宗周）先生尝曰：‘静修颇近乎康节（邵雍）。’”[3]刘因有个不愿仕元的问题，谢山对此提出了“非宋人，仕元无害”的重要观点，并批评了“明儒之疏”。前文已详作论述，这里从略。

《草庐学案》，谢山作了修定。对于吴澄，谢山《序录》评曰：

> 草庐出于双峰（饶鲁），固朱学也，其后亦兼主陆学。盖草庐又师程氏绍开（月岩），程氏尝筑道一书院，思和合两家。然草庐之著书，则终近乎朱。

对于元代的许衡、刘因和吴澄三人，百家曾有总结性的评论，言简而意赅。他说：

---

① 参见《宋元学案》卷九十《鲁斋学案》案语。
② 参见《宋元学案》卷九十《鲁斋学案》“附录”。
③ 参见《宋元学案》卷九十一《静修学案·序录》。

> 有元学者，鲁斋、静修、草庐三人耳！草庐后至，鲁斋、静修盖元之所以藉以立国者也。二子之中，鲁斋之功甚大，数十年彬彬号称名卿、材大夫者，皆其门人，于是国人始有圣贤之学。①

谢山《序录》之评，显然与百家是一致的。

谢山在他所修的《隐君陈静明先生苑》中指出："元儒如草庐调动朱、陆之间，石塘由朱入陆，师山（郑玉）由陆入朱。若笃信而固守以嗣槐堂（陆九渊）之绪，静明（陈苑）、宝峰（赵偕）而已。"②陈苑及其门人祝蕃、李存，梨洲并附《金溪学案》，谢山始以静明、宝峰别为学案。《序录》评陈苑、赵偕之学曰：

> 经畈（徐霖）殁而陆学衰。石塘胡氏，虽由朱入陆，未能振也。中兴之者，江西有静明，浙江有宝峰。

谢山对于赵偕这位家乡先贤，不止于陈苑相提并论，且为赵偕及其门人陈麟、桂彦良、乌春风等补写了传略。在《横溪南山书院记》中，谢山还指出："吾乡之学，朱、陆二派并行，而明初如桂王傅清溪、乌高士春风、向献县遵博，皆出宝峰

① 参见《静修学案》案语。
② 参见《宋元学案》卷九十三《静明、宝峰学案》案语。

先生之传，宗主慈湖。”①

郑玉，字子美，安徽歙县人。他忠于元朝，至正十七年(1357年)，在明兵入徽州时，“具冠北面，再拜，自缢而卒”。在《师山文集》中，郑玉对比“古人之学”与“今人之学”说：“盖古人之学以所到之浅深，为所见之高下，所言皆实事。今人之学，是游心千里之外，而此身原不离家，所见虽远，而皆空言。此岂朱子数世之意，其得罪于圣门，而负朱子也深矣！”对于朱、陆之争，郑玉也持“和会”的态度，并抨击了近时“学术风俗之坏”说：“近时学者，未知本领所在，先立异同。宗朱则毁陆，党陆则非朱，此等皆是学术风俗之坏，殊非好气象也！”②谢山显然首肯郑玉的观点，他特立《师山学案》，并在《序录》中指出：

> 继草庐而和会朱、陆之学者，郑师山也。草庐多右陆，而师山则右朱，斯其所以不同。

谢山认为郑玉“和会朱陆”而“右朱”，这是允当之论，《师山文集》可以作证。比如，郑玉曰：

> 陆子静高明不及明道，缜密不及晦庵。然其简易光明之说，亦未始为无见之言也。故其徒传之久

① 参见《静明宝峰学案·文裕桂清溪先生彦良》云濠案语。据王梓材于赵偕传后案语可知“谢山又有意修补〈明儒〉而未暇，每于宋元儒之末，补而附之”。

② 以上引文，均见《宋元学案》卷九十四《师山学案》“附录”。

远，施于政事卓然可观，而无颓堕不振之习。但其教尽是略下功夫，而无先后之序；而其所见，又不免有知者过之失。故以之自修虽有余，而学之者有弊。学者当学朱子之学，然亦不必谤象山也。①

肖𣂏（字惟斗，号勤斋）和同恕（字宽甫，号榘庵），以及他们的同调和门人，其师承皆未详。但谢山特立《肖同诸儒学案》，并撰写了这样的《序录》：

有元立国，无可称者。惟学术尚未替，上虽贱之，下自趋之，是则洛、闽之沾溉者密也。如肖勤斋、同榘庵辈，其亦许、刘之徒乎！

《元祐党案》、《庆元党案》、《荆公新学略》和《苏氏蜀学略》，皆为谢山所特立。可谓谢山修补《宋元学案》的一大发明创造，它充分显示了谢山研治宋元理学的别具只眼和卓越胆识。谢山评元祐、庆元党案说：

元祐（1086—1094 年）之学，二蔡（蔡京、蔡卞）、二惇（章惇、安惇）禁之，中兴而丰国赵公（赵鼎）弛之。和议起，秦桧又禁之，绍兴（1131—1162 年）之末又弛之。郑丙、陈贾忌、晦翁又启之，而一变而为庆元（1195—1200 年）之锢籍矣。此两宋治乱存在之所关。嘉定（1208—1224 年）而后，阳

① 参见《师山学案》的《师山文集·与汪真卿》。

崇而阴摧之，而儒术亦渐衰矣。其事迹已散见诸公传，又放大事表之意。

谢山对朝廷能否实行学术上的百家争鸣看得极为重要。元祐和庆元年间，当政者对“儒术”的两度先“禁”后“弛”，在谢山看来，“此两宋治乱存在之所关”。学术上能做到百家争鸣，这是“治”的重要标志；反之，则说明政局已“乱”。笔者以为，谢山之所以特立《元祐党案》和《庆元党案》，且一改“学案”体例，别出心裁地在《元祐党案》中，先谱“元祐党籍”，并附“攻元祐之学者”和“攻专门之学者”；在《庆元党案》中，先谱“庆元之党禁”，并附“攻庆元伪学者”和“晚宋诋訾诸儒者”，意在用历史的经验论说学术与政治的密切关系，强调只有政治开明（“治”），方能促进学术的发展，若用行政手段禁止某种学术的流行，这是“乱”的表现，必然导致学术的衰落。

谢山称王安石之“新学”、苏氏之“蜀学”为“学略”，而不称“学案”。王梓材认为，“以其并为杂学，故列之学案之后，别谓之学略云。”①此说尚可商榷，先看《序录》的评论：

荆公《淮南杂说》初出，见者以为孟子；老泉（苏洵）文初出，见者以为荀子。已而聚讼大起，《三经新义》累数十年而始废，而蜀学亦遂为敌国上下。学案者不可不穷其本末也。且荆公欲明圣学而杂于禅，苏氏出于纵横之学而杂于禅。甚矣，西竺

① 参见《宋元学案》卷九十八《荆公新学略》案语。

之能张其军也！

在谢山看来，"荆公新学"和"苏氏蜀学"的出现不是偶然的，且产生了相当大的影响。研究宋元学术史，对"荆公新学"和"苏氏蜀学"，均"不可不穷其本末"，此其一；其二，对"荆公新学"和"苏氏蜀学"，从惊为孟子和荀子再世，到视为"敌国上下"，有一个长达数十年的演变过程；其三，"荆公新学"和"苏氏蜀学"皆"杂于禅"，这是事实。但宋元理学家，"杂于禅"者比比皆是，谢山曾为此而慨叹："甚矣，西竺之能张其军也。"据此，笔者以为，谢山续修《宋元学案》，特立《荆公新学略》和《苏氏蜀学略》，同样表明他在学术上主张百家争鸣，他并不认为它们是"杂学"，而应该排斥于《宋元学案》之外。至于，"荆公新学"和"苏氏蜀学"之所以"列之学案之后，别谓之学略"，乃是由于它们具有与众不同的特殊性，非传统"学案"所能范围。

谢山肯定"荆公重实学"，并不人云亦云地反对他的"新法"和"新学"。但他又把"荆公新学"排除在"正学"之外，认为舒信道"本属正学，特以附丽荆公，遂为吕（伟卿）、蔡（京）一流"[1]。这既表明谢山作为一个杰出史学家的胆识和卓见，也暴露了他的正统思想。谢山在《荆公新学略》中，为王安石所撰的传略说明了这一点，他为刘静春的一段话所加案语也证明了这一点。刘静春曰：

介甫不凭注疏，欲修圣人之经；不凭今之法令，

① 参见《鲒埼亭集外编》卷十八《嬾堂记》。

> 欲新天下之法，可谓知务。第出于己者，反不逮旧，故上误裕陵，以至于今。后之君子必不安于注疏之学，必不局于法令之文，此二者既正，则人材自出，治道自举。①

在这里，刘静春对于王安石的"新法"和"新学"，既有肯定，也有批评。谢山案曰"此条最精"，这说明他完全同意刘静春之见地。

谢山治学之可贵，在于严谨缜密和实事求是。他对评论的对象，皆从搜集资料入手，下了一番功夫，做到知己知彼。对于"荆公新学"，谢山曾作过深入的研究。在《陈用之〈论语解〉序》中，谢山尝曰：

> 予家居，细为校雠，欲觅穷经家之有力者，取荆公《周礼新义》、王昭禹《周礼经》、郑宗颜《考工记注》、陆佃《尔雅新义》，暨是书合梓之，以见熙、丰（宋神宗熙宁、元丰年号，1068—1085 年）之学之概，无使蔡卞之《诗》独行，而未能也。经师之作存于今者稀矣，虽或不醇，要当力为存之。②

在《论王荆公〈三经新义〉事附〈宋史·经籍志〉》③一文中，谢山曾记载黄隐焚烧王安石的《三经新义》一事曰：

① 参见《荆公新学略》"附录"。

② 参见《荆公新学略》"附录"。陈用之，名详道，王安石门人。

③ 文载《鲒埼亭集外编》卷四十九。

> 荆公《三经新义》，至南渡而废弃。元祐时，不过曰“经义”，兼用注疏及诸家，不得专主王氏之解，所禁者字说耳。独莆田黄隐作司业，竟焚其书。当时在廷诸公，不以为然，弹章屡上。按《山堂考索》所载，元祐元年(1086年)十月癸丑，刘挚言国子司业黄隐，学不足以教人，行不足以服众。故相王安石经训视诸儒之说，得圣贤之意为多。故先帝立之于学，程式多士。而安石晚年字说溺于释典，是以近制禁学者无习而已。至其经义，盖与先儒之说并存，未尝禁也。隐猥见安石政事多已更改，妄意迎合，欲废其学。每见生员试卷引用，辄加排斥，何以劝率学校？同时，吕陶亦言，经义之说，盖无古今新旧，惟贵其当。先儒之传注，未必尽是；王氏之解，未必尽非。隐之诵记王氏“新义”，推尊久矣。一旦闻朝廷议科举，则语太学诸生，不可复从王氏。或引用者，类多黜降。诸生有闻安石之死，而欲设斋致奠，以伸师资之报者。隐辄忿怒，欲绳以法，尤可鄙也。于是，上官均等皆乞罢隐慰公论。

谢山认为，从刘挚、吕陶等人对黄隐的鄙视和评击，可以看出，“元祐诸贤平心亦已至矣”。由于刘、吕之“二疏不载《宋史》”，谢山“特录之以附《经籍志》之后”。由此亦可见，谢山对王安石的《三经新义》是肯定的。

总之，“荆公重实学，而诸绍述者反驱口于词章，可谓相背而驰矣。”[①]这当是谢山重视和肯定荆公及其“新学”的根本原因。

对于“苏氏蜀学”，谢山勾勒得相当详细。对于苏氏父子的文章，谢山更是赞扬备至；

> 嘉祐（1056—1063 年）时，（苏洵）与二子轼、辙皆至京师。欧阳兖公（修）得其所著书二十二篇，大爱其文词，以为贾谊、刘向不过也。书既出，公卿士夫争传之，一时学者兢效苏氏为文章。[②]
>
> 先生与弟辙，夙承家学。自谓作文如行云流水，初无定质，但行于所当行，止于所不可不止；虽嬉笑怒骂之词，皆可书而诵之。其体浑涵，光芒雄视百代，有文章以来盖亦鲜矣！[③]
>
> 先生性沉静简洁，为文汪洋澹泊，似其为人，而秀杰之气终不可掩。[④]

不过，“苏氏出纵横之学，而亦杂于禅”，谢山对此持批评态度。朱熹曾以苏轼《易解》和苏辙《老子解》，与张无垢《中庸解》、吕氏《大学解》并驳之，谓之《杂学辩》。谢山特摘录《易解》作为《苏氏蜀学略》的“附录”。

李纯甫，字之纯，自号屏山居士，金源一大学者。作为

---

① 参见《鲒埼亭集》卷三十五《词科缘起》。
② 参见《宋元学案》卷九十九《苏氏蜀学略·文公苏老泉先生洵》。
③ 参见《苏氏蜀学略·文忠苏东坡先生轼》。
④ 参见《苏氏蜀学略·文定颍滨先生辙》。

"王苏学派"(略表则称"王学苏学余波"),谢山于《宋元学案》的第一百卷,特立《屏山〈鸣道集说〉略》。王梓材认为,"是卷与上两卷,皆谢山所特立,以辟禅学者。不曰案,而曰略,盖示外之意云。"应当承认,谢山特立《荆公新学略》、《苏氏蜀学略》和《屏山〈鸣道集说〉略》,确有"辟禅学者"之意,但前二略的意义远不止"辟禅学者",前文已作辨证。"不曰案,而曰略",笔者认为,除了"示外之意",即把它们排斥于"正学"之外,也还表明了它们具有与众不同的特殊性。谢山《序录》评《屏山〈鸣道集说〉略》曰:

> 关、洛陷于完颜(按:指金朝),百年不闻其学统,其亦可叹也,李屏山之雄文,而溺于异端,敢为无忌惮之言,尽取涑水以来大儒之书,恣其狂舌,可为齿冷。然亦不必辩也,略举其大旨,使后世学者见而嗤之。其时,河北之正学且起,不有狂风怪雾,无以见皎日之光明也。

谢山对李屏山"尽取涑水以来大儒之书,恣其狂舌",肆无忌惮地宣扬禅学,给予了抨击,此其一。其二,不要怕出"异端邪说",没有这样的与传统大相径庭的"异端邪说",也显示不出"正学"的力量。应该说,这是一种有识见的评论。至于作为一个学派,李屏山的特点就在于"援儒入释,推释附儒"。谢山《跋〈雪庭西舍记〉》[①]指出:

① 文载《屏山〈鸣道集说〉略》"附录"。

屏山为金代文章大家，著述多于滏水（赵秉文），而今不传，唯《永乐大典》中有其集。屏山援儒入释，推释附儒，既已决波排澜，不足为怪。其所著《鸣道集说》一书，濂、洛以来，无不遭其掊击。近见其《雪庭西舍记》石本，犹此说也。其引致堂《读史管见》，以为致堂崇正辩之，作满纸骂破戒之说，而实未尝不心折于老佛。嘻！屏山佞佛已耳，亦何用取古人而周内之。

关于屏山的《鸣道集说》，汪琬曾有所评论。谢山认为"钝翁驳之详矣"[①]。《汪尧峰文钞·〈鸣道集说〉序》云：

其说根柢性命，而加之以变幻诡谲。大略以尧、舜、禹、汤、文、武之后，道术将裂，故奉老聃、孔子、孟子、庄周，洎佛如来为五圣人。而推老庄浮屠之言，以为合于吾孔、孟，又推唐之李习之，宋之王介甫父子、苏子瞻兄弟，以为能阴引老庄浮屠之言，以证明吾孔、孟诸书。于是，发为雄词怪辩，委曲疏通，其所见而极其旨趣，则往往归之于佛。凡宋儒之关辟佛者，大肆掊击。自司马文正公而下，讫于程、朱，无得免者。

"屏山讲友"赵秉文（周臣），谢山原曾别立学案，后归

① 参见《屏山〈鸣道集说〉略》"附录"：《跋〈鸣道集说〉》。

并屏山之后。赵秉文“喜欢佛老之说，以穷其指归。然晚年自编诗文，凡涉二家者，概不存录。而以中和诚诸说冠之集首，以拟退之、明道，则犹有扶教传古之意焉”①。谢山把赵秉文放在金源一代之学中作了公允的评价。《滏水文集》后，谢山有案语曰：

> 建炎(1127—1130年)南渡，学统与之俱迁。完颜一代，遂无人焉。元裕之(遗山)曰：“国初经术，祖金陵之余波。”概可知已。垂晚始得滏水。予初读其论学诸篇，所得虽浅，然知所趋向。盖因文见道者，亦韩、欧之徒欤。及读其论米芾临终事而疑之，则仍然佞佛人也。追取《归潜志》参之，乃知滏水本学佛，而袭以儒。其视李屏山特五十步、百步之差耳！虽然犹知畏名教之闲，则终不可与屏山同例论也。刘从益(子云)、宋九嘉(飞卿)能排佛，可谓豪杰之士。顾其书无传焉。董文甫(国华)者，亦滏水之亚也，皆附见之，聊为晦冥中存一线耳！

谢山《宋元学案》的百卷《序录》，实乃两宋、金、元的理学发展的论纲。它理清了两宋、金、元理学演变的脉络，评介了为数众多的各家学统，发掘了不少新的文献资料，丰富了各个学派，并对《宋史》的讹舛和遗漏作了补充、修正。综观百卷《序录》，关于谢山的研治两宋、金、元理学，我们可以得出这样的结论：

---

① 参见《屏山〈鸣道集说〉略·资善赵滏水先生秉文》。

谢山痛恨门户之见，赞赏取长补短。

谢山力主荟萃百家，独探微言；反对墨守师说，有信无疑。

谢山推重大家，亦不小看一般学者。

谢山首肯“如布帛菽粟，以求有益于世用”，鄙视“高谈虚说，以自标榜于一时”。

谢山维护“正学”，也能实事求是地评价“异端”。

内容博大精深，头绪纷繁复杂的《宋元学案》，在梨洲原本的基础上，经谢山修补而青出于蓝，与上述谢山不同凡响的理学思想和治学倾向，当然是密切相关的，这是不言而喻的。

第六章 《困学纪闻》三笺和七校《水经注》

顾亭林深恶明代理学家“舍多学而识，以求一贯之方，置四海之困穷不言，而终日讲危微精一之说”①。他积极提倡切实读书，博学于文，以从事于经世致用之学。而强调从翔实可靠的证据中，得出科学的结论，则是亭林治学方法的一大特点。谢山继承了亭林的这种治学精神和方法，他“多学而识”，一生从事经世致用之学，十分重视文献资料的搜访、编纂和研究。

谢山赞赏唐代陆德明《经典释文》的“力存古儒笺”，而不满孔颖达的《五经正义》“依违旧注，不能有所发明，汉、晋经师异同之说，芟弃十九，令后世无所参考”②。在谢山看来，编纂文献资料，“必综汇历代所有，不以重复繁见为嫌

① 参见《亭林文集》卷三《与友人论学书》。

② 参见《鲒埼亭集外编》卷三十八《唐孔、陆两经师优劣论》。

者”[①];艺文一门,“不当专收本代之书”,“即以本代之书言之,……必略及大意”,“凡撰述、复审、删正之人”均应详载。[②] 正由于谢山从事经史研究,必求其材料的丰富、翔实和完整,故其学“如百尺楼台,实从地起,其功非积年工力不可”。从《困学纪闻》三笺和七校《水经注》,我们既可窥见谢山的“多学而识”,亦能看出他“力存古儒笺”,而又有所发明的治学方法。

一、深宁之学对全祖望的影响

在第三章和第五章中,我们已从两个角度,评介了深宁和深宁之学,在这里,再从另一个角度作些补充。

> 堂堂深宁,正学是宗。荟萃鸿词,比辔三洪。六经百氏,旁推交通。孤忠草诏,三军动容。大命既去,幅巾潜踪。如偓如图,以保令终。[③]

深宁先生王应麟,字伯厚,南宋庆元府鄞县人。与弟应凤同日生,九岁通六经,从王文埜受学。淳祐元年(1241年)进士。鉴于“今之事举子业者,一切委弃,制度典故漫不肖,非国家所望于通儒。于是闭门发愤,誓以博学鸿词科自见,假馆阁书读之”。宝祐四年(1256 年)中博学鸿词科。

---

① 参见《鲒埼亭集外编》卷四十二《移明史馆帖子》(一)。

② 参见《鲒埼亭集外编》卷四十二《移明史馆帖子》(二)。

③ 参见《鲒埼亭集》卷四《湖语》。

其弟应凤，开庆元年(1259年)亦中是科。王应麟所著有《深宁集》、《困学纪闻》、《玉海》等。[①]

谢山少时就曾拜读过王应麟的《四明七观》和《困学纪闻》，[②]对深宁和深宁之学极为推崇。在上一章中，我们已经指出，梨洲原将深宁附于《真西山学案》，谢山续修《宋元学案》，始别立《深宁学案》。在《深宁学案》中，谢山所补充的资料，仅《困学纪闻》的节录，就多达九十余条。在《序录》中，谢山对深宁之学的渊源和特点，作了极为精当的评论。在《同谷三先生书院记》中，谢山又对"王尚书深宁独得吕学之大宗"，作了补充论述。在《王尚书画像记》，谢山再次指出，深宁"私淑东莱，而兼综建安、江右、永嘉之传"，并就其生平大节，辨正了《宋史》之妄和明儒之迂。谢山对深宁和深宁之学的推崇，集中地反映在他的《王尚书汲古堂》[③]一诗中。

清初，阎若璩笃嗜王应麟之著述，曾"三嘱人入鄞求先生之行状、神道碑、墓志，欲附之卷尾；又求其画像，欲摹之卷首，而皆不可得"。谢山罢官归家，为寻觅到王应麟的画像而喜出望外："亡宋遗民所云咸淳(1265—1274年)人物面目，当时已等之彝鼎，况大儒如先生乎！……今观先生之像，须眉惆怅，端居不乐，其当杜门谢客之际乎！惜不令百诗(阎若璩)见之也！"[④]谢山对于深宁这位家乡先贤的推崇之

① 参见《宋元学案》卷八十五《深宁学案》。

② 参见《鲒埼亭集序编》卷二十三《曹放斋诗说序》；《宋元学案》卷六十《说斋学案·唐说斋文钞序》。

③ 诗载《勾馀土音》卷二。

④ 以引文，均见《宋王尚书画像记》。

情，真可谓溢于言表。谢山论学兼取诸家，反对门户之见。他“生平于解经，未尝专主一家之说，以启口舌之争，但求其是而已”①。这与深宁之学“和齐斟酌，不名一师”的启迪不无关系。至于深宁“综罗文献”的治学特点，对谢山治学的影响更是显而易见的。李绂赞赏谢山为“深宁、东发以后一人”，生动地说明了这一点。另外，王应麟关于“今之事举子业者，一切委弃，制度典故漫不肖，非国家所望于通儒”的见解，以及他发愤读书和著书立说的实践，对谢山以“通儒”严格要求自己和别人，也有着勿庸置疑的影响。至于某些经史问题的见解，谢山同样颇受深宁之学的启示。比如，深宁尝引黄山谷诗“荆公六艺学，妙处端不朽”，并曰：“信夫！”②谢山对于荆公和荆公之学，虽不无批评，但他称赞王安石知鄞县的惠政，对其新法亦能一分为二，更确认“荆公重实学”；对“荆公六艺学”，同样赞赏不已。谢山还特录刘挚和吕陶驳斥黄隐攻击和禁毁荆公《三经新义》的二疏，附于《宋史·经籍志》。这些情况，我们在上一章中皆已指出。当然，王应麟的《困学纪闻》对于王安石也有不当的评论，对此，谢山在笺中也能直言指出。比如，卷三王应麟曰：“乱离瘼矣，爰其适归。《新经义》云：‘乱出乎上，而受患常在下。及其极也，乃适归乎其所出矣。’噫，宣(和)、靖(康)之际，其言验矣，而非乱者谁欤？言与行违，心与迹异，荆舒③之谓也。”对于深宁此论，谢山评云：

① 参见《经史问答》卷二。

② 参见《困学纪闻》卷二。

③ 王安石初封舒国公，元丰三年改封荆，崇宁中追封舒王。

王荆公用意气则有之，言行心迹不至歧而为二也。章、蔡之致乱，不可以罪荆公。

不言而喻，谢山之见，比深宁更为公允。

二、《困学纪闻》三笺述评

牟应龙在元刻本《困学纪闻序》中，对《困学纪闻》评价极高。他说：

盖九经诸子之旨趣，历代史传之事要，制度名物之原委，以至宗工钜儒之诗文议论，皆后学所当知。公作是书，各以类聚，考订评论，皆出己意，发前人之所未发，词约而明，理融而达，该邃渊综，非读书万卷，何以能之。

《四库全书总目提要》对《困学纪闻》，则作了这样的评介：

是编乃其札记考证之文，凡说经八卷，天道、地理、诸子二卷，考史六卷，评诗文三卷，杂识一卷。卷首有《自序》云“幼承义方，晚遇艰屯，炳烛之明，用志不分”（自序原文尚有：“困而学之，庶自别于下民，开卷有得，述为纪闻。”——引者）云云。盖成于入元之后也。应麟博洽多闻，在宋代罕有其伦比。虽源亦出朱子，然书中辨正朱子语数条。如

《论语注》"不舍昼夜",舍字之音;《孟子注》曹交,曹君之弟,及谓《大戴礼》为郑康成注之类,皆考证是非,不相阿附。不肯如元胡炳文诸人坚持门户,亦不至如明杨慎、陈耀文,国朝毛奇龄诸人肆相攻击。盖学问既深,意气自平。能知汉、唐诸儒本本原原具有根柢,未可妄诋以空言;又知洛、闽诸儒亦非全无心得,未可概视为弇陋。故能兼收并取,绝无党同伐异之私。所考率切实可据,良有由也。

"四库全书"本《困学纪闻》,"乃国朝阎若璩、何焯所校,各有详注,多足与应麟之说相发明。今仍从刊本,附于各条之下,以相参证。"编纂者对阎、何二笺作了比较,指出:

若璩考证之功,十倍于焯。然若璩不薄视应麟;焯则动以词科之学,轻相诟厉。考应麟博极群书,著述至六百余卷。焯所闻见,恐未能望其津涯,未免轻于立论,是即不及若璩之一徵。以其拾遗补罅,一知半解,亦或可采,故仍并存之,不加芟薙焉。

谢山继阎、何二氏对《困学纪闻》所作的三笺,"四库全书"本未收,当是编纂者未见其稿。谢山对于《困学纪闻》阎、何二氏之笺的评价,以及他三笺的情况,在《〈困学纪闻〉三笺序》[①]中说得相当详细。谢山认为,"碎金所萃"的《困学纪闻》,"良后学之津梁"。"顾其援引书籍奥博,难以猝得。其

① 文载《鲒埼亭集外编》卷二十五。

来历，太原阎征君潜邱尝为笺，已而长洲何学士义门又补之。斯二笺者，世宗宪皇帝居潜藩，皆尝充乙夜之览。"对于阎、何二笺，谢山同样作了比较评论：

> 潜邱详于开索，其于是书最所致意。然笔舌见漫，不能抉其精要，时挟偏乖之见。如力攻《古文尚书》，乃其平日得意之作，顾何必哓哓搀入此笺之内，无乃不知所以裁之耶！义门则简核，而欲高自标置。晚年妄思论学，遂谓尚书不免词科人习气。不知己之批尾家当尚有流露，此笺未经洗涤者。

正是由于谢山对阎、何二笺尚有不满之处，故经万孺庐的促进，对《困学纪闻》作了三笺。谢山自序曰：

> 岁在辛酉(乾隆六年，1741 年)，予客江都寓寮，无事，取二本合订之。冗者删简，而未尽者则申其说，其未及考索者补之，而驳正其纰谬者，又得三百余条。江西万丈孺庐见之叹赏，以为在二家之上。予学殖荒落，岂敢与前辈争入室操戈之胜。况莫为之前，予亦未能成此笺也。胡身之(三省)谓小颜(师古)释班史，弹射数十家无完肤。而三刘(刘敞、刘攽、刘奉世)所以正小颜者，正复不少。是书虽经三笺，然阙如者尚多有之，又安知海内博物君子不有如三刘者乎。予日望之矣！

由此可见，谢山三笺《困学纪闻》是因为是书"援引古籍奥博，难以猝得”，而他对阎、何二笺又不满意。不过，这还是表面上的原因，谢山三笺《困学纪闻》，尚有其深层的用意。谢国桢先生曾经指出：

> 王应麟和胡三省同是生于南宋的末年，同是负有国家兴亡之感，扶持清议，发扬民族气节的志士。陈垣先生著《通鉴胡注表微》，说明了胡三省著书的微尚之旨，举出了一些隐讳而不易使人发现的例子。王应麟著《困学纪闻》二十卷，与胡三省注《通鉴》有异曲同工之妙。这部书的内容表面上是谈经，读史，历代的典章制度以及谈文学艺术作品，其实他书中包含着热爱祖国发扬民族气节的无限深义。清代的阎若璩、何焯均为之作注，全祖望也煞费心力为之作了《三笺》。他著的序上说：“潜邱……力攻《古文尚书》，乃其平日得意之作，顾何必哓哓搀入此笺之内?”“义门……晚年妄思论学，遂谓此书尚不免词科人习气。”“予客江都寓寮，无事，取二本合订之，冗者删简，而未尽者则申其说，其未及考索者补之，而驳正其纰谬者，又得三百余条，江西万丈孺庐见之叹赏，以为在二家之上。”所谓在二家之上者，就是全氏独出心裁，标志出来著者提倡民族气节的深意。王应麟说：“清议废，风俗坏，则有毁宗泽而张邦昌者，有贬张浚而褒秦桧者，观民风设教，尽贤德善俗，可不谨哉!”又说：“东都之季，清议扶之而有余；强秦之末，壮士守之而不足。”又说：“刘行简曰：‘天下之治，众君子成之而不足，

一小人败之而有余。'皆至论也。"从这些论据里可以看出明末黄宗羲、顾炎武的学术思想,就是从这里面发展出来的,因之全祖望著书立说有了理论的根据,裒辑丛残,网罗遗闻,写出了明末文史学家的传记和他们进步的学术思想。①

笔者同意谢先生的看法,谢山确有借三笺《困学纪闻》以发扬民族气节的良苦用心。谢山《〈两汉节义传〉题词》②云:

往者,吾乡宋大儒深宁王公,尝以班史不叙杀身成仁之美,欲补撰《两汉节义传》而不果。但发其略于《困学纪闻》。近世长洲何氏义门,颇为班史佞臣,反言忠臣表节义,亦不在立传与否。果尔,则史臣所当立传者是何等人也?吾乡杲堂李丈,取其中四十二人为一十五传,又附以二十二人为五传,每传一论,淋漓悲恸,足令百世而下张目,赤符残焰不觉为之生色。……是书固明争光之文也。予以晚出,未得侍当日履饷之末,以备商榷,斯为恨事。爰牵连及之,并载《困学纪闻》注中,庶以成深宁之志也夫!

在谢山看来,表彰节义,并为节义者立传,史臣责无旁贷。为此,他对何焯之论不以为然,而赞赏《困学纪闻》宣扬节义

① 参见《清代卓越的史学家全祖望》。
② 文载《鲒埼亭集》卷三十一。

之旨。谢山的所谓“牵连及之”，也就是说，他通过三笺《困学纪闻》，既要阐发深宁的宣扬节义之旨，也要联系明清易代之际的人与事，鼓吹节义。比如，卷二“商工之泽深矣，……孔子删诗，存北鄘于风，系商于颂。吁，商之泽深矣”条，何焯笺云：“诗书之义，又自不同。”这只是就事论事。谢山三笺则曰：“厓山未平时[①]，元人以告变之章，大捕四明遗老，以为欲迎二王，深宁所以唏嘘而言此。”又如，卷十三“张文潜梁父吟曰：永安受诏堪重涕，于挈痛儿是天意。……说斋云：人心思汉，王郎假之而有余。人心去汉，孔明扶之而不足”条，谢山三笺云：“书中再引说斋此语，岂徒感季汉也，痛厓山耳！”[②]同卷“祖逊曰：晋室之乱，非上无道，而下怨叛也。晋之德泽浅矣。姚弋仲曰：亟自归于晋。王猛曰：勿以晋为图，人心知义，非后世所及也”条，谢山三笺指出：“亦以比宋之无失德，而致叹于姚弋仲、王猛之不若，则隐指夏贵辈也。”同卷“陈无淮、无荆襄、无蜀而立国三十二年，江左犹有人也”条，谢山三笺亦指出：“此有感于刘整之以蜀，吕文焕之以蜀，夏贵之以淮西并降元，而当时中外诸臣遂不能自支也。”卷十八“建隆（宋太祖赵匡胤年号，960—963 年）初，诏五代时命官投状，叙理复命之。郭恕先诗云：为逢末劫归依佛，不就新恩叙理官。飞龙在天，利见大人，而犹不屈，其志如此”条，谢山三笺云：“郭恕先历仕诸朝，非一行传中人物也。

---

① 厓山，也称厓门山，在广东新会县南大海中。宋绍兴中置厓山寨，是扼守南海的门户。宋末为抗元的最后据点。宋祥兴二年（1279 年），宋军战败，陆秀夫负帝昺于此沉海。

② 卷七“民心之得失，此兴亡之大几也”条，已引用过唐说斋此语，故云“书中再引说斋此语”。

深宁特有慨于仕元之徒耳！‘末劫归佛’，遂为近日虞山（按：指钱谦益）口舌。”凡此等等，皆可见谢山三笺《困学纪闻》，不止对阎、何二笺作了补充和修正，还阐明了王应麟当日撰著此书的“微尚之旨”，这是有别于阎、何二笺的一大特点。

至于谢山《困学纪闻》三笺的学术价值，以笔者之见，主要表现在以下三个方面：

自序所说的“冗者删简，而未尽者则申其说，其未及考索者则补之，而驳正其讹谬者”，此其一。

“冗者删简”，所在多有，不再赘述。“未尽者则申其说”，“未及考索者则补之”，亦比比皆是。这里略举数例，窥豹一斑。

卷一《易》

叶少蕴谓凡见于有为者，皆言用。用之者何，体也。而《易》不以体对用，故别而论之，曰《易》无体。晁景迁曰：“体用本乎释氏。”

阎按：景迁名说之，即后所云晁以道也。

全云：李二曲尝畅此论。

艮者，限也，限立而内外不越。无命限之，内也不可出；人欲限之，外也不可入。郭冲晦云。

阎按：冲晦，郭雍所赐号。

全云：此条出自《白羊问答》。又云：郭雍，字子和，父忠孝，号兼山，程子门人。

乾坤之次，屯曰建侯。封建与天地并立。一旅复夏，共和存周，封建之效也。匹夫亡秦，五胡覆晋，郡县之失也。

何云：晋室八王树兵，非不封建也，终收琅邪渡江之效，则失中有得。

全云：封建兼有得失，郡县亦然。如唐以藩镇而亡，宋以削除藩镇而亡也。典午封建之初，原无先王之规制，致其后日寻干戈。而平吴以来，遂尽削郡县武备，则天子之势反弱，此于封建、郡县直两失之。何说谬。

卷三《诗》，阎、何二笺极少，谢山作了大量补充。比如：

营谢戍申，其笃于母家一也。一美焉，一刺焉。宣王亲亲，平王忘雠也。

全云：营谢本不足美。美宣王之诗，盖多溢词。故此等城作，皆归扬扢之中。

叶氏云：汉世文章，未有引诗序者。魏黄初四年诏云：曹诗刺远君子，近小人。盖诗序至此始行。

全云：毛诗盖于是始列学官也。陈氏《魏志》失纪。

朱子诗序辨说，多取郑渔仲诗辩，妄。艾轩谓欧阳公诗本义，不当谓之本义，古人旨意精粹，何尝如此费词。

全云：厚斋盖亦不取郑渔仲之学。愚按渔仲最多武断。

对于阎、何二笺中的讹谬，谢山三笺驳正不少。有些是单纯的驳正，更多的则是在驳正中作了申述和补充。

单纯的驳正，往往是有关知识性的。比如，卷四《周

礼》

水有疏导，火有出纳。……《盐铁论》大夫曰："五行东方木，而丹章。"

阎按：丹谓丹阳，章谓彰郡。

全云：丹、章谓丹阳、豫章，阎氏谓彰郡，非也。

古未有笔，以书刀刻字于方策，谓之削。鲁为诗书之国，故《考工记》以鲁之削为良。

何云：笔则笔，削则削，当是既书而后削。

全云：笔削之削，非此说。何说非。

在驳正中所作的申述和补充，往往可见谢山之思想。比如，卷二《书》曰：

程子谓共兜之徒，及舜登庸之始，侧陋之人，顾居其上，此凶乱之人所不能堪，故其恶显，而舜诛之。

何云：程子崇政殿说书之召司马、吕荐之者，殆圣矣。既出而为当时巍科盛名之士所嫉。此说其有为之言。

全云：程子此说未必因苏、孔诸公而发，且洛、蜀之争，互有是非，何氏过推伊川，尚不脱时文识见。

卷五《礼记》

曾子问于变乱无不讲，《无图篇》言天地万物之理。曾子之学，博而约者也。

阎按：此有谓曾子之学，专用于内者，然欤！

全云：讲变乱，言天地万物之理，岂用心于外耶！告子意外之说也。阎说谬。

卷十五《考史》

微之又云：东莱之学甚正，而优柔细密之中，似有和光同尘之弊。象山之学虽偏，而猛厉粗略之外，却无枉尺直寻之意。

何云：惟事关君德者，不可不争。至于处众和而不同，可也。

全云：此以二公学术言之，谓吕学深稳而稍不同，陆学则自成其是也。观鹅湖之会可见。何说谬。

其次，在三笺中，谢山在不少问题上，对深宁，以及阎、何二氏的看法，提出了商榷之见。

谢山景仰深宁和深宁之学，他对何焯笺中“轻议”深宁，大为不满。[①] 但是，谢山对《困学纪闻》中的某些条目，亦能提出商榷之见。比如，

卷一《易》

冯当可谓王辅嗣蔽于虚无，而《易》与人事疏。伊川专于治乱，而《易》与天道远。又谓近有伊川，然后《易》与世故通，而王氏之说可废。

全云：辅嗣疵颣诚有之，然未尝不近人事，未可废

---

① 参见《困学纪闻》卷一后“刘屏山云”条“何云”和“全云”。

也。①

谢山三笺与阎、何二氏的商榷，更是随处可见。比如：

卷二《书》

尔乃顺之于外，曰谋斯猷，惟我后之德。先儒谓成王失言，盖将顺其美，善则称君，固事君之法。然君不可以是告其臣，顺之一字，其弊为谀。有善归主，李斯所以亡秦也，曾是以为良显乎。阖愎之居，诵斯言归过，求名之不疑，不可解矣。承弼昭事，称文武而不及成王，其有以夫。

阎按：《尚书古文疏证》云：君陈此六语，引于坊记，安知当日非大小臣工相诫之词。未必为君告臣，只缘晚出书，作成王语气。成王之冤，于是且千余年矣。试看下文，取证大誓六语，为人子之言，则取证君陈，亦必为人臣之言例可知，详卷二第二十七条。

全云：此六语果有疵，不可谓非成王之失言也。若遂以此为古文作伪之证，则又过矣。潜邱力攻《古文尚书》为伪，余未敢信。

卷八《经说》

秦有誓而书亡，鲁有颂而诗亡。鲁郊禘秦僭畤，而礼亡。大夫肆夏，三家雍徹而乐亡。

何云："秦誓"、"鲁颂"，孔子存之于经，安得谓诗

① 谢山与深宁商榷之例尚多，参见后文。

书由此而亡哉！“鲁颂”犹可曰孔子，鲁臣，不容不存。若秦，则何所回互，是未可轻于立论。

全云：存于经者，正以见诗之由此而亡。

最后，三笺的学术价值还表现在，通过对诸多历史事件和历史人物的评论，谢山所提出的一家之言，足见其卓越的史识。

深宁原著在多处对王安石及其“荆公学术”作了评介，谢山三笺对此亦提出了自己的精辟之见。

卷一《易》

井之九三，荆公解云：求王明，孔子所谓异乎人之求也。君子于君也，以不求求之；其于民也，以不取取之；其于天也，以不祷祷之；其于命也，以不知知之。井之道无求也，以不求求之而已。文意精妙，诸儒所不及。

何云：是亦辅嗣清言之俦也。

全云：何氏以为此特辅嗣清言之俦，尚未尽其实。荆公学术略具于此。所谓以不求求之者，即其初年屡征不赴之术也；以不取取之者，即其不加赋而国用足之说也；以不祷祷之者，一变而为天变不足畏之妄谈矣，岂特清言也已哉！

又云：荆公作《易解》，而不列于“三经”，其后承其学者，有耿南仲、龚原诸家。然南轩颇有取于荆公之说。

卷三《诗》

凡百君子，各敬尔身。胡不相畏，不畏于天。荆公谓世虽昏乱，君子不可以为恶，自敬故也。畏人故也，畏天故也。愚谓诗云：同宗既灭，哀痛深矣。犹以敬畏相戒，圣贤心学，守而勿失。中夏虽亡，而义理未尝亡。世道虽坏，而本心未尝坏，君子修身以俟命而已。

阎云：王氏二十年杜门不出，概见于此。

全云：三不足畏之说，何以与斯言相反？乱离瘼矣，爰其适归。《新经义》云："乱出乎上，而受患常在下。及其极也，乃适归乎其所出矣。"噫，宣、靖之际，其言验矣。而兆乱者谁欤？言与行违，心与迹异，荆舒之谓也。

全云：王荆公用意气则有之，言行心迹不至歧而为二也。章、蔡之致乱，不可以罪荆公。

卷十八《评诗》

荆公伤杜醇曰："隐约不外求，耕桑有妻子。藜杖牧鸡豚，筠筒钓魴鲤。"吊王致曰："老妻稻下收遗秉，稚子松间拾堕樵。"二人，四明乡先生也，固穷守道如此，今人知者鲜矣。利欲滔滔，廉耻寥寥，孰能景慕前贤哉！

全云：《四明庆历五先生》曰："大隐杨先生适，石台杜先生醇，西湖楼先生郁，鄞江王先生致，鄞江犹子桃源先生说也。”荆公令鄞时，皆所尊礼，其讲学在濂、洛未起之先，亦泰山、安定、徂徕之流亚也。

对于历史事件和历史人物的评论，谢山皆能做到实事求是，故而言之成理，持之有故。比如：

卷三《诗》

汉恩泽侯表曰：帝舅缘《大雅》申伯之意，后之宠外戚者，率以是藉口。自宣王褒申伯，而申侯终以召戎之祸，犹可以为万世法乎！外戚秉政，未或不亡。汉亡于王莽、何进；晋亡于贾谧；唐几亡于杨国忠；后晋亡于冯玉。

何云：庾亮有贤名，然终致苏峻之乱。

全云：曹操篡汉，而伏完死难；司马氏篡魏，而张缉死难；萧道成篡宋，而王蕴死难；杨坚以外戚篡周，而尉迟迥亦以外戚死难。外戚非必皆不贤也。汉之吕、霍、上官不可用矣，而窦婴则名臣，王商、冯野、王傅喜三人，元成哀若能大用之，可无王氏之祸。要之，在知人耳。然深宁则有感于贾妃而言。

卷八《孟子》

行一不义，杀一不辜，而得天下，皆不为也。诸葛武侯谓汉贼不两立，其义正矣。然取刘璋之事，可谓义乎?

全云:昭烈不取刘璋,则益州必归曹氏,其取之宜也。但其失有二:始之不宜以同盟之言欺孙权,使其后有索还荆州之事;继之不应与刘璋结好,而反攻之。若毅然取之,不妨辞吴军独上,亦不妨声刘璋之昏,而讨之也。

卷七《公羊》

文中子谓范宁有志于《春秋》,征圣经而诘众传,盖杜预屈经以申传,何休引纬以汩经,唯宁之学最善。

全云:六朝清言成俗,宁独能罪王、何以救世道,真儒也!

卷六《左氏传》

汉高帝之赦季布,魏武帝之免梁鹄,吴景帝之遣李衡,皆有人君之量。

全云:一是英雄,一是奸雄,一是中主之宽大者。

卷十五《考史》

吕文靖为相,非无一疵可议。子为名相,而扬其父之美。史直翁为相,非无一善可称,子为权臣,而掩其父之美。《易》曰:有子考无咎。

全云:直翁固是良相,其荐朱、陆、陈、杨、叶诸公，乾淳大儒一举而尽之矣。吕申公所不及。

卷十七《评文》

韩、柳并称，而道不同。韩作《师说》，而柳不肯为师；韩辟佛，而柳谓佛与圣人合；韩谓史有祸天刑，而柳谓刑祸非所恐。（原注：柳以封禅为非，而韩以封泰山、镂玉牒劝宪宗。）

全云：一作《师说》，一不肯为师，是各量其力。辟佛是韩胜，非封禅是柳胜。作史之说亦柳为长。然韩子大本大原处胜，而柳不逮也。

谢山的《困学纪闻》三笺，不仅有其深层的良苦用心；而作为笺注，在学术上也作出了自己的贡献。但是，与王应麟的原著，以及阎、何二笺一样，也存在着局限和讹误。比如，卷八《孟子》，"民心之得失，此兴亡之大几也……"条，谢山之笺就宣扬了命定论思想；卷二《书》"王景文谓文章根本在'六经'，张安国欲记考古图日……"条，何焯疑王景文为宋景文，谢山则误张安国为张伯玉。另外，诚如谢山自序所说："是书虽经三笺，然阙如者尚多有之。"仅就笺注而言，谢山亦并不以为自己之笺是十全十美的。

三、清初的"《水经》学"和全祖望的贡献

(一)《水经》、《水经注》和"《水经》学"概说

谢山尝言:"读史之难,莫如释地;释地之难,莫如言水。"[①]《水经》就是一部专门"言水"之书,祖《禹贡》而父《河渠》、《沟洫》,它集域内诸水(共一百三十七条),正其名称,穷源竟委,详其经疏,以及分合会流入海入江之道。

《水经》之作者有两说:一说晋代郭璞所撰,《新唐书·艺文志》、王应麟《困学纪闻》虽主此说,然皆有疑问。另一说西汉成帝时人桑钦所撰,《唐六典》、《旧唐书·艺文志》、郑樵《通志·艺文志》、晁公武《群斋读书志》皆主是说。以上二说,清代治《水经》的学者经过考证,皆予以否定了。

《水经》立文过于简质,《水经注》则详其源流经过,并旁及经流之地、遗闻逸事、山川景物。自晋以来,注《水经》者两家。一为晋代郭璞,一为后魏郦道元,并见诸《隋书·经籍志》。郭注《水经》只有二卷,郦注则多达四十卷。郭注《水经》传至唐代,杜祐(735—812年)犹见之。宋王应麟《困学纪闻》则谓"郭书不传",其亡佚当在唐玄宗开元(713—741年)之后。郦注《水经》四十卷之旧本,在唐代,

① 参见薛福成校刊《全校水经注·五校本题词》。

有李吉甫之删节本。[①] 在宋代，又有五卷之佚亡。[②] 另外，北宋时又有蜀刊本之迁就失真，[③]元祐本之任意离析[④]。因此，《水经注》流传到宋、金时代，或字句脱误，或经注混淆，或首尾颠踬而不联，或句读转易而不次；断头刖足，刻腹纳肝，而奇字涩句，交棘口吻。于是，明、清两代便出现了校理郦道元《水经注》和研治《水经》的热潮。

南宋初年之宋本《水经注》，到明代永乐年间（1403—1424 年），内库尚有此书。《永乐大典》所收《水经注》全文，即据此本迻录[⑤]。惟此书本藏于秘阁，一般人无法窥见。影宋钞本《水经注》，与《永乐大典》所据之南宋本，似非一源。黄省曾、归有光、柳佥、赵琦美、吴琯、谢兆申、孙汝登、朱谋㙔等人都曾见到过这个本子。且据以校正《水经注》。校本以柳佥、赵琦美为最精，刊本以黄省曾、吴琯、朱谋㙔为最著，其中刊行于万历四十三年（1615 年）的朱谋㙔《水经注笺》，以吴琯本为底本，而以宋本、黄本校注其下；又与其友谢兆申、孙汝登商榷雠校。《水经注笺》引证史实，以辅注文，

---

① 《唐书·经籍志》著录李吉甫《删水经》十卷。是否别有新注，无考。

② 元欧阳元《补正〈水经〉序》云："《崇文总目》云：'郦注四十卷，亡其五。'"

③ 欧阳元《补正〈水经〉序》谓金代蔡珪《补〈水经〉》三卷，"正蜀板迁就失真。"

④ 参见钱曾《读书敏求记·〈水经注·跋〉》引陆孟凫家影抄宋刻《水经注》无名氏旧跋。

⑤ 宋刊残本尚存十五卷，其卷次为：卷五至八，卷十六至十九，卷三十四至四十。惟卷五前缺前二十六页，卷十八仅存前五页。此残本《水经注》，旧藏内阁大库，辗转为袁克文所得，后归江安傅氏双鉴楼。傅氏曾取大典本与此本互校，其脱页之文及字句异同，与残宋本八九合。

自郦道元《水经注》以来，尚为创见，故顾炎武推为有明三百年来一部书。[①]

综观明代人刊校郦道元之《水经注》，虽尚多疏忽，且常带有臆改之处。不过，《水经注》之校理，到清代之所以能够跃进一大步，"《水经》学"的研究，到清代之所以开创了新局面，与明代诸家之悉心校刊《水经注》，显然是分不开的。明人之校刊《水经注》，在"《水经》学"的研究史上，理应占有一席地位。

有清三百年中，董理雠校郦道元《水经注》者，人数众多，前仆后继，不断有所发明创造。大致可以分为顺、康，乾、嘉和道、咸以降三个时期。

清初，顾炎武、季沧苇及一时学者，多有《水经注》校本。黄宗羲则撰《今水经》，以续朱谋㙔《水经注笺》。同时，又有吴人孙潜之再校《水经》[②]，姜宸英之《水经注》手校本[③]，何焯之三校本《水经注》。胡渭之《禹贡撰指》，顾祖禹之《读史方舆纪要》，皆援郦注《水经》。至于黄仪之《水经注图》，每水各为一图，阎若璩见之，叹曰："郦道元千古第一知己也！"惜其稿不传。[④] 另外，阎若璩、刘献廷也在他们的著作中，对《水经注》亦发前人之所未发，精义颇多。[⑤] 上述

---

① 参见阎若璩《尚书古文疏证》引文。

② 孙潜，字潜夫，一字节庵，又字知节君、菽园。康熙六年，从叶石君处借得赵琦美三校本一勘，又用柳大中家钞本再勘。参见孙潜《水经》再校本跋。

③ 此本曾藏全祖望处，赵一清尝见之。

④ 赵一清谓此书归于王士禛"池北书库"，恐不可信。

⑤ 参见阎若璩《古文尚书疏证》、《潜邱札记》所援引《水经注》部分，刘献廷《广阳杂记》。

顺、康时期研治《水经注》诸家，虽号称专诣，但因仍明刊，尚未能细辨经注之混淆。

早在元、明时代，已有人怀疑《水经注》经注相混，但未加厘剔。沈炳巽于乾隆初所撰《水经集释正讷》四十卷，校正多同朱谋㙔《水经注笺》，征史释地尤备，为全祖望所推重。可是，其书亦未能对《水经注》的经注相混作出正确的辨证。直到全祖望校理《水经注》，才继承其先世之卓见，分别经注。同时代的赵一清，以及稍后的戴震校本，亦分别经注义例。另有《戴氏遗书》本《水经注》（不分卷），戴震创例，孔继涵踵成之。此书不用校语，而经注更定，全同官本。它以江河为纲，以他水按地脉先后，分属于江河二渎，左右相次，此为变易郦注原第之始。又于注文寻其段落，更端提行，自为起讫。除全、赵、戴氏等之外，乾、嘉时期尚有常熟人王峻，尝欲审正《水经注》之经注混淆，撰著《水经广注》，惜未成书。[①] 孔继涵的《水经释地》八卷，孙星衍手校《水经注》，则详释今地。至于道、咸以降，脉水之密，则以董祐诚《水经图说》残稿四卷为审；依注作图，以汪士铎《水经注图》为著；综辑群说，以王先谦《水经注合校》为详；准今证古，以沈钦韩《水经注疏证》四十一卷为备。[②]

最后，尚须提及的是近人王国维曾长期致力于《水经注》的研究和校勘，对历来《水经注》的校勘情况作过总结。

---

① 参见钱大昕《潜研堂文集》。

② 本节内容，采用了汪辟疆先生之说，参见《分析〈水经〉和〈水经注〉作者的纷歧问题》、《〈水经注〉与〈水经注疏〉》，载《汪辟疆文集》，上海古籍出版社，1988年版。

在《聚珍本戴校〈水经注〉跋》中，王国维指出："更正错简，则明有朱王孙，国朝有孙潜夫、黄子鸿、胡东樵。厘订经注，则明有冯开之，国朝有全谢山、赵东潜。捃补逸文，则有全、赵二氏。考订史事，则有朱王孙、何义门、沈绎旃。校定文字，则有吴、朱、孙、沈、全、赵诸家。皆有不可没之功。"值得注意的是，王国维在充分肯定谢山对于"《水经》学"所作贡献的同时，也曾指出，"全氏好以己所订正之处，托于其先人所见宋本"。

（二）全祖望七校《水经注》，及其对"《水经》学"的贡献

谢山"少时就父师受《春秋》学，亦颇留心地理"[1]。谢山之先世全元立（字汝德，号九山，官南工部侍郎）、全天叙（字伯典，官少詹韦兼侍读学士）和全吾骐，皆曾校治《水经注》，所谓双韭山房旧校也。在《赠赵东潜校〈水经〉序》中，谢山曰：

> 予家自先司空公、先宗伯公、先赠公三世皆于是书有校本。故予年二十以后，雅有志于是书。始也衣食奔走，近者衰病侵寻，双韭山房手校之本，更是迭非，卒未得毕业。眷眷世学，不胜惭赧。

谢山到底何年始校《水经注》？已无材料可考。董秉纯《谢山先生年谱》定于乾隆十四年（1749 年）夏。可是次年，谢山

① 参见《鲒埼亭集外编》卷四十一《奉慈溪冯明远先生论燕虢封国书》。

已有五校本《题词》。一年五校，当无此可能，显系《董谱》记载有误。谢山受家学的影响，虽然“年二十以后，雅有志于是书”，但真正着手校理《水经注》，确是他晚年之事。诚如《董谱》所说，谢山“晚年精力所注，用功最勤”之书，就是校理《水经注》。据可靠的资料，乾隆十五年（1750年），《水经注》的五校本卒业，《题词》和《序目》皆作于钱塘篁庵，这就是所谓的“大小字本”。七校于粤，时在乾隆十七年（1752年），谢山自订《双韭山房书目》，已有七校《水经注》四十卷。[①] 乾隆十八年（1753年）七月，谢山由粤返家养疴，犹时时检阅《水经注》。十九年（1754年）春尽，谢山养病杭州，仍不忘研治《水经注》，十一月返里。二十年（1755年）五月，谢山“病中，忽悟得‘洵波’二字，乃‘芍陂’之误文，但考泄水合濡水入芍陂，亦非出也”[②]。谢山卒于七月初二，可见他直到病逝之前，尚在积极思考《水经注》中的一些难题。

谢山在七校《水经注》的过程中，陆续撰写了一系列有关《水经注》的序、跋和书信，主要有：《赠赵东潜校〈水经〉序》[③]，《柳氏〈水经〉校本跋》，《清常道人赵琦美脉望馆三校本〈水经注〉跋》，《孙氏〈水经〉再校本跋》，《何氏三校本〈水经〉跋》，《再跋何氏〈水经〉》，《三跋何氏〈水经〉》，《沈氏〈水经〉校本跋》，《〈水经·渐江水篇〉》的跋一、跋二、跋三、跋四、跋五，《〈水经·济水篇〉跋》，《〈水经·

① 由此推测，七校本在乾隆十七年后，当又有所加工，似已勒为足本。

② 参见《鲒埼亭集外编》卷三十二《〈水经·泄水篇〉跋》。

③ 载《鲒埼亭集》卷三十二。

渠水篇〉跋》,《〈水经·泄水篇〉跋》,《〈水经·江水篇〉跋》,《〈水经·漓水篇〉跋》,《〈水经·涑水篇〉跋》,[①]《〈水经·湛水篇〉帖子柬东潜》,《〈水经·潞水篇〉帖子柬东潜》,《〈水经·列葭水〉帖子柬东潜》,《〈水经·渚水篇〉帖子柬东潜》,《〈水经·斯洨水〉帖子柬东潜》,《〈水经·雍水篇〉帖子柬东潜》,《〈水经·浐水篇〉贴子柬东潜》,《〈水经·夏肥水〉帖子柬东潜》,《〈水经·嶓冢山〉帖子柬东潜》等等。[②] 另外,在《经史问答》中,尚有不少条目,涉及到《水经注》的问题。上述这些文章,或纠谬,或与友人商榷,或为友人答疑,或评论前人校本的得失,对于"《水经》学"的研究,皆有重要的参考价值。

前人评曰:"谢山所治之书,莫大于《学案》,莫精于《水经》。"[③]谢山研治《水经》之精,离不开家学的熏陶和影响,以及对前人成果的批判继承,更与他花大力气苦苦钻研分不开。那么,谢山为什么在晚年要精心七校《水经注》呢?原因就在于,在谢山看来,《水经》及注是一部于国计民生极有用之书,校理《水经》及注,就是为了经世致用。在《五校本题词》中,谢山对郦道元的《水经注》这样评论说:

> 合天下之川渎以成一编,即令皆车辙马迹之所及,经而缠络,支烦条贯,手夥有以,知其易舛也。况生于分裂之代,有未能遍历者,则其据史志而记

① 以上皆载《鲒埼亭集外编》卷三十二。

② 以上皆载《鲒埼亭集外编》卷四十五。

③ 参见薛福成校刊《全校〈水经注〉》王梓材于道光二十年所撰的《跋》。

之,从传闻而审之,固多狐疑难信者矣。故其原序已日粗缀,津绪又阙旁通。盖得失寸心之语。故予谓善长之书,当谅其阙失,而补救之。杜岐公(祐)、陈直斋(振孙)之责备,固不可为非,然亦未容苛求也。须知自班志后续《汉书》,于水道即极草草。若非善长此书,谁为综覈汉、晋以来之水道,存其崖略者乎?予平心之论也。

如此"平心之论",堪称实事求是之楷模。谢山之七校《水经注》,即是"谅其阙失,而补救之"的具体行动。《水经》并非是"古玉斓斑,仅供清玩"的古董,[①]亦不是"囚捉幽异,空濛萧瑟"的小品[②]。而是一部可为"天下兴大利,祛大害"的"有用之书"[③]。谢山于《五校本题词》的结尾,尝引朱郁仪《〈水经注〉序》中之语,说"有国有家者,使能因是《水经》之理,引申触类,以施于政,何患不地平而天成乎"!不过,谢山认为,《水经》之能否经世致用,其前提是要有一个善本。"《水经》今亦无善本"[④],而"世之读误本《水经》者多矣"[⑤]。于是,谢山尽其所能,想通过校理《水经注》,为世人提供一个善本,以便应用。谢山研治《水经》及注,虽七校而至死尚未最后完工,身后遗稿又遭到冷遇和窜改。但是,谢山不愧为《水经》及注之功臣,在"《水经》学"的

① 语见刘献廷《广阳杂记》。

② 语见谭元春《评点〈水经注〉序》。

③ 语见董沛孟《全校〈水经注〉·例言》。

④ 参见《经史问答》卷九。

⑤ 参见《鲒埼亭集》卷三十四《〈水经·砾溪〉帖子柬慎甫》。

发展史上，他起了承前启后的作用，其贡献是巨大的。

首先，关于《水经》的作者问题，谢山对于前人之见，有所吸收，亦有所辨证，并提出了自己的新见。《五校本题词》劈头就说：

> 《水经》在唐世，尚未有指其撰人者。其以为桑氏（钦），盖自《唐六典》始也。而杜岐公以为东京和、顺二帝（汉和帝刘肇89—105年在位，汉顺帝刘保126—144年在位）以后人之作，乐永言从之。《旧唐志》始以为郭氏（璞），《新唐书》兼采桑、郭，而未敢定。郑渔仲、晁公武始定，以为桑氏。蔡正甫则定以为郭氏（以圭斋序语而知之）。王厚斋则谓道元，疑有所附益。近世胡东樵则以为东汉人创之，晋、魏以后人继成之。而阎潜邱且谓有出于道元以后妄增者，是亦考者之难恝置也。

谢山先纠正《水经注》的"经注相混"，然后通过考证，提出了"东汉初人为之，曹魏初年人续成之"的新看法。谢山指出：

> 然经之用东汉地名，则陇西、河关、中山、曲阳、京北、上洛之文可据也。是必不出桑氏之手，则亦明矣。且诸公亦但于地名间求之，而未及乎其大者。遮害口之道，则以王莽河为故渎矣。淇水、洹水诸篇，则及于曹氏所遇之白沟矣。濁漳水由清漳入河，而至是尽改其旧，是岂可尽以为经注之相淆

> 哉！然则书始于东京，尚有成于建安以后者，而何有于桑氏。又桑氏之言漯水，言易水，《汉志》与郦注皆引之，而颇与本经不合。且使经文果出桑氏，则善长亦不应直呼其名(胡东樵语)，是尤了然易晓者，固无以议为也。正甫欲以为郭氏，则既不应以一人而为之经，又为之注；且郭氏，晋人也，不用晋人州郡之名，而一一取之汉代，非体也。又况其三江之说，则亦显与是经不合乎。若乎经之用建安以后地名者，间有二三条不过魏初而止，其余如漳水篇之涉如，圣水篇之长乡，皆是传写之误文。至如诸葛垒、薄骨津镇、平鲁、平齐诸城，则固皆注之溷于经者也，厚斋亦稍失考耳。吾故曰：东京初人为之，曹魏初年人续成之，是不易之论也。①

其次，董沛孟《全校〈水经注〉·凡例》指出，谢山“毕生治《水经》，而未获《大典》本以参校其异同”。但是，“先生所据者，有杨慎本、黄省曾本、归有光本、柳佥本、谢兆申本、朱谋玮本、赵琦美本、吴琯本、朱之臣本、陈仁锡本、钱曾本、夏允彝本、孙潜本、黄仪本(仅渭水、沔水两篇)、姜宸英本、沈氏本(吴人)、何焯本、董熜本、沈炳巽本、齐召南本、赵一清本、全氏三世校本；至周婴、顾炎武、顾祖禹、阎若璩、胡渭诸家之说，采自他书，非实见其《水

① 戴震所校的官本《水经注》提要，亦认为《水经》作者，“大抵三国时人”，在他私撰本序中，更断定“实魏人纂叙无疑”。后来，杨守敬《水经注疏·凡例》，亦认为《水经》乃三国魏人撰。

经》校本也。”由此可见,谢山七校《水经注》,曾广泛参考,并吸收了前人的研究成果,可谓博采众长,转益多师,故其校本实乃博考而集大成之作。

谢山“尚论古人著作,诋之固不可,过于深文谀之,亦不必徒为佞语,然后其言可立”①。对于前人和同时代的《水经注》校本,谢山就是采取这样的实事求是态度。他曾对明、清诸多《水经注》校本,一一作了评论。《五校本题词》曰:

明中叶,有柳大中者,首有功于是书。以宋本校正渠水、颍水二篇错简,又补渭水篇脱文一翻,凡四百二十余字。已而有谢伯耳者,以宋本校正河水、洪水、瀌水、江水、淯水诸篇错简,又补渭水篇脱文,凡八十余字。其后,朱郁仪见谢本大喜,悉引其书入笺中,大行于世。而柳本隐约不见,藏于洞庭叶石君库中。及赵一清、孙潜夫购得之,迹遂流传。然何义门犹未见,近始得之。国初,黄子鸿亦得宋本,校正渭水错简,尤为有功。三家所得之宋本,似皆各为一槧,故有得有失,而不相合,所以藉乎博考也。同时,胡东樵亦校正沔水篇。及予又校渐水篇,是皆更定之大者,其余片词数语,不复悉陈。

对于清初“诸老”的研治《水经》,谢山更是一再提出,给予了充分的肯定,同时,亦指出了存在的问题。谢山《赠

① 参见《五校本题词》。

赵东潜校〈水经〉序》这样说：

> 百年以来乃有专门之学，顾亭林、顾宛溪、黄子鸿、胡东樵、阎百诗五君子，慨然于蔡正甫亡之不可得见，合群籍而通之。购旧椠以校之，竭精思以审之，是书始渐见天日。同时，刘继庄自燕中来，亦地学之雄也，欲因丽泽之，益荟萃为是书之疏，而惜其不果。

在《沈氏〈水经〉校本跋》中，谢山又指出：

> 国初诸老皆有《水经》校本，如顾亭林、宛溪、胡东樵、黄子鸿、阎百诗、刘继庄，而俱无传者。惟亭林之本，见于何氏所录；黄氏之本，相传入于新城池北库中，独渭水、沔水二篇行于世。继庄竟脱落，若东樵、百诗之本，虽未见，而其疏据之旁出者，颇多纰谬。

对于友朋同好的《水经》研究成果，谢山更是十分推重。乾隆十五年(1750年)，谢山曾贻书苕中老友沈绎旃，“求其稿，绎旃欣然携之杭”，两人“讨论浃旬”，沈绎旃把稿本留置于谢山的插架中。谢山认为沈绎旃的校本，“其发摘讹误，如错姑水、檀台冈、瑮侯亭、横山，并汉功臣表郸侯之误音为多，不特有功于善长而已。予于是书所借助老友，莫如绎旃；通家子则赵生一清。不意从残雠对中，逢此二特，是则厚幸也夫！”①

对于赵东潜在《水经》研究领域的“夺纛而登，囊括一切”，谢山不胜欣慰。他特为赵东潜的《水经》校本作序。序文充分肯定了赵东潜治《水经》的成绩，谢山这样说：

> 杭有赵君东潜者，吾友谷林征士之子也，藏书数十万卷，甲于东南。禀其家庭之密授，读书从事于根柢之学，一时词章之士，莫能抗手。爰有笺释之作，拾遗纠谬，旁推交通，裒然成编。五君子及继庄之薪火，喜有代兴，而诸家之毛举屑屑者，俯首下风。安定至是，始有功臣；而正甫之书，虽谓其不亡可也。

在《五校本题词》中，谢山又一次称赞沈绎旃和赵东潜二人的《水经注》校本说：

> 近日有二人焉，一为苕中老友沈绎旃，其校定此书几三十载，最能扶善长之疏漏，予采之甚博。一为杭人赵诚夫，瑰奇淹雅，极多考证，合而综之，几无复剩遗矣！

谢山校理《水经注》，不仅“剖别经注，改易次第”，还发现和纠正了“注之自相乱”的情况。这是谢山对“《水经》学”所作出的又一大贡献。薛福成《全校〈水经注〉

① 参见《沈氏〈水经〉校本跋》。

序》评曰：

宋元以来，此书已无善本。朱郁仪所校，盛行明代。然其讹错淆乱，去俗本亦不甚远也。国初，顾、阎、胡、黄诸老，并治《水经》，拾遗订谬，时有所得。何义门、沈绎旃继之，而集大成于全谢山先生。先生闳览硕学，著述数十种。《水经》一书，尤生平所致力者。校于扬，校于杭，校于粤，经七校而始有完书。剖别经注，改易次第，采诸家之长，补原文之佚，神明焕发，顿还旧观。

在《五校本题词》中，谢山对“经与注乱”和“注之自相乱”，以及如何发现和纠正此种情况，均有详细的说明，并列举具体事例作了论述。谢山指出：

经文与注文颇相似，故能相溷。而不知熟玩之，则固判然不同也。经文简，注文繁，简者必审择于其地望，繁者必详及于渊源。一为纲，一为目，以此思之，盖过半矣。若其所以相溷者，其始特钞胥之厉耳。及板本仍之，而世莫之疑焉。幸割裂所及，止于河、济、江、淮、渭、洛、沔七篇，若其余则无有焉，盖居然善长之旧本也。故取其余之一百十有七篇，而熟玩之，而是七篇可校矣。然是七篇者大川也，被溷而莫之正，则其书无可观者。是以不可不急定也。今所定河水经文，不过五十三条，而旧以注溷之，为二百五十四条。济水不过三十三条，而旧为七十余条。江水不过二十二条，而旧为一百二十八条。淮水不过八条，而旧为二十四条。沔水不过十八条，而旧为一百二条。（今按：以上考定经文，皆五校定本。检殷氏七校残本，河水五十六条，淮水十二条，沔水十九条。）然则其缠络之所以不相贯通者，皆由于此。一旦更张而合并之，遂觉星罗棋布，经文固无重复支离之失，而注亦盖见章法矣。昆山黄子鸿从于是书，惜乎未见及此也！（一百十七篇中，漳水、获水、泗水三篇，亦尚各溷一条，乃是偶误，非若七篇中之寸寸分裂也。）

在《五校本题词》中，谢山还以“河水篇一条证之”，说明“不知注之溷于经，而反改经以避注，经之受累甚矣”。又“试以沔水一条证之”，指出“经注之溷，其空费学者之疑窦”，为害甚烈。从而强调《水经注》“其经注相溷之处，若不合并为净本，则读者终茫然无理会”。谢山之所以下苦功校理《水经注》，也就是为了恢复“当年善长真面目”，使《水经》可读而能理会，进而经世致用。

旧本《水经注》不仅“经与注乱”，而且“注之自相乱也”。为什么会发生这样的情况呢？谢山《五校本题词》解释说：

盖善长之注，原以翼经，故其专言水道者为大注，其兼及于州郡城郭之沿革，而不关于水者，乃小注。旁引诸杂书沿革逸事，又附注之余录也。故大注为大文，小注则皆小字，如毛诗之有郑笺。不知何时尽钞变为大文，而于是注中之文义遂多，中隔不相连属。盖自宋刊已然，则从而附会之曰：善长之文之古也。而求水道者愈目眩神摇，求其纲领而不得。若细观之，则其横亘之痕迹显然。且其中音释之语，亦溷为大文，古今书史无此例也。是言也，前人从未见及之者。首发之，先司空公实为创获，其后先宗伯公始句出为朱墨分其界，先大父赠公又细勘之。至予始直令缮写为大小字，作定本。虽未必一一尽合于旧，然较若列眉矣。

谢山尝一再感叹“地学之难”[①]，为此，他对自己所校《水经注》，还是颇有自知之明的。在《五校本题词》中，谢山就指出：“生平五校是编，改正不为不多。然阙疑甚多，即所确然自信者，亦安得保其无错。所望于好古君子之益我耳。”同时，正由于“释地之难，莫如言水”，因此，谢山研治《水经》的态度十分严谨。兹举一例，以见大略。在《浦阳江记》[②]中，谢山有这样一段话：

吾读郦氏注《水经》，其所志浦阳之水，本皆属曹娥，其末始引及肖山之潘水，则是钱清江之上流。而疏析不清，不知其已一分为二，而反以合而为一。故曰上虞江水，东至永兴与浙江合，则是太康湖嵂浦之水，能至义桥麻溪以入海。移东就西，其谬已

① 参见《经史问答》卷九。

② 文载《鲒埼亭集》卷三十。

甚。盖郦氏未尝身至江南,以有此失也;抑或者六朝之世,堤堰未备,东小江水尚能西出,则东道之水,得至永兴,亦未可定。是非为郦氏回护也,考其时则然矣!

谢山虽曾身经其境,实地考察了浦阳之水。但考虑到历史的变迁,对郦注之谬误,并不遽下结论,这正是他治《水经》的严谨之处。谢山研治地学,非常重视实地调查。例如,“《说文》有曲成之治水,而武阳则略焉。……予反复考之,及亲至东莱访诸古迹,方知《汉志》曲成之治水,是沽水,非治水。……因叹《说文》尚不可信,何况其他。犹幸大小沽至今无恙,得以亲履其地,而得之。”①

最后,尚须一提的是,谢山在《五校本题词》中曾指出,“是书于天下之水,东方则朝鲜,西方则交趾,俱无所遗,独闽中不具。”至于《水经》为何“独闽中不具”,谢山亦作了言之成理的分析。有鉴于《水经》“独闽中不具”,谢山曾“思为《闽水经》一卷补之,才薄不敢任也。”当然,“才薄”是谦虚,生活无定,天不假年,才是谢山未能完成《闽水经》的原因,这是非常令人遗憾的事!

① 参见《鲒埼亭集》卷三十《东莱大小沽河记》。

第七章 全祖望的文论和人物传记

“志士雄文重两朝，睠怀旧德我心劳。”谢山之“睠怀旧德我心劳”，理应包括两个方面：一方面是毕生不遗余力地搜集、整理“故国忠义”的遗文逸献和遗闻逸事；另一方面则是通过碑版之文和其他形式，竭尽全力地表彰“故国忠义”的英勇业绩和忠义大节。令人欣慰的是，由于谢山的“心劳”和笔耕，不少“志士雄文”得以重见天日；而他自己呕心沥血所撰著的表彰“志士”们之“雄文”，则更为后人所推重而流芳百世。

谢山尝谓：“古今宿儒，有经术者未必兼文章；有文章或未必本经术。所以申（培）、毛（毛亨、毛苌）、服（虔）、郑（玄）之于迁（司马迁）、固（班固），各有沟浍。唯是经术文章之兼固难，而其用之足为斯世斯民之重，则难之尤难者。前侍郎桐城方公，庶几不愧于此。”①其实，谢山同样是位“庶几不愧于此”的

① 参见《鲒埼亭集》卷十七《前侍郎桐城方公神道碑铭》。

思想家。谢山不止如阮元所称赞的，经学、史才、词科三者兼擅，且能"以经学、史学发为文章"，"用之足为斯世斯民之重"。虽然，谢山的文论和诗学，在有清一代，皆不足为名家。可是，他的人物传记，却有极高的文献价值和文学价值，在清代是第一流的，其影响十分深远。说谢山是中国文学史上的传记文学大家，当非溢美之词。

一、全祖望文论述评

《文说二首》[①]，很可以看出谢山文论的核心美学思想。《文说二首》曰：

> 作文以经术为根柢，然其成也，有大家，有作家。譬之山川名胜，必有牢笼一切之规，而后可以登地望。若一丘一壑之佳，则到处有之。然其限于天者，人无如之何也。唐、宋八家而后，作家多，大家不过一二。周平园（必大）、楼攻媿（钥）力为恢张，微近于廓；水心（叶适）则行文有蹊径，同甫（陈亮）尤多客气，其余瘦肥浓淡，得其一体而已。有元一代，规矩相承，而气魄差减。明初集大成者，惟潜溪（宋濂）；中叶以后，真伪相半。虽最醇者，莫如震川（归有光），亦尚在水心伯仲之间。独蒙叟（钱谦益）雄视晚明，而拟之潜溪，逊其春容大雅之致，此又有随乎国远而不自知者。语曰："文章天地

① 文载《鲒埼亭集外编》卷四十八。

之元气。"岂不信哉！

扬雄之美新，贻笑千古，固文人之最甚者。余如退之（韩愈）《上宰相书》、《潮州谢上表》、《祭裴中丞文》、《京兆尹李东实墓铭》；放翁（陆游）《阅古泉》、《南园记》、《西山建樵青词》，皆为白圭之玷。就中言之，放翁二记尚有微词，然不如不作之为愈也。水心应酬文字，半属可删。吾故曰："儒者之为文也，其养之当如婴儿，其卫之当如处女。"

"作文当以经术为根柢"，这无疑是谢山文论的带有根本性的观点。晚明蒙叟之所以"春容大雅之致"，逊于明初的潜溪，这与"国远"有着密切的关系，从而坚信"文章天地之元气"，这是谢山论文的又一个重要观点。另外，谢山从"儒者之为文也，其养之当如婴儿，其卫之当如处女"的观点出发，竭力反对"应酬文字"。谢山不仅不满于韩愈、陆游、叶适等人的"应酬文字"，对黄宗羲的晚年文字，亦颇多批评。其原因之一，就是"多应酬亲朋门旧之请，以谀墓掩真色"①，至于自己，谢山尝谓"应酬文字，十九束阁"②。

谢山曾反复地阐说了"作文当以经术为根柢"的观点。他指出：

予尝谓文章不根于"六经"，虽其人才力足以凌厉一时，而总无醇古之味。其言亦必杂于机变权术，

① 参见《鲒埼亭集外编》卷四十四《奉九沙先生论南雷全集书》。

② 参见《鲒埼亭集外编》卷四十四《钱芍庭七十序》。

至其虚憍恫喝之气，末流或一折而入于时文。有宋诸家，庐（欧阳修）、南丰（曾巩）、临川（王安石），所谓深于经者也，而皆心折于公是先生（刘敞）。盖先生于书无所不窥，尤笃志经术，多得于心。所著《七经小传》、《春秋五书》，经苑中莫与抗敌。故其文雄深雅健，摹《春秋》、公、谷（《公羊传》、谷羊传》）两家，大小戴记（《大戴礼记》、《小戴礼记》），皆能神肖。①

在《〈荥阳外史〉题词》②中，谢山又通过评论明文，鼓吹了他那"作文当以经术为根柢"之说：

明文莫盛于初年，其酝酿于根柢者，大率皆深厚，而又恪守高曾之规矩，所谓典型未替者也。其后渐衰渐支，而别体错出而不一。彼作者之心，孰不有矜厉自高，蔑视前人之气，而岂不知其日趋而下也。

谢山倡导"作文当以经术为根柢"，当然并不是要作者文章中作迂腐的说教，而意在强调文章必须"以理胜"。谢山评明代黄南山之文曰："读其集，信笔直道其胸之所有，勤勤恳恳，藻采尽落，而以理胜。"③谢山还赞扬南宋舒璘之文说："盖其

① 参见《鲒埼亭集外编》卷二十四《公是先生文钞序》。
② 文载《鲒埼亭集外编》卷二十四。
③ 参见《鲒埼亭集外编》卷二十四《黄南山先生〈传家集〉序》。

心气平和，而议论质实，足以消诡诞之习俗，天荒地老，终于不朽。”[①]谢山特别欣赏方苞、李绂等人的“以经学、史学发为文章”；他还指出能克绍家声的同年杨企山，“其才宏肆，其法谨严，其气息春容，而大雅由是而进之。陶铸乃有，贯穿一切，吾未有以测其所至，其足为诸老先辈之潜义无疑。”[②]尚须指出的是，谢山虽强调文章必须“以理胜”，但他并不因此而排斥“独抒心得”之文。他称赞沈彤“为人醇笃，尺洗中吴名士之习。读书以穷经为事，穿古人之异同，而求其至是。其为文章，不务词华，独抒心得”[③]。

从“作文当以经术为根柢”出发，谢山认为：“文亦大有差等矣：有见道之文，有经世之文，降而为词章之文。而词章之中差等亦正复不一，又降而为场屋科举之文，则本不可以文称，特以其依托遗经而推之。而数百年来功名之径所自出，遇者遂以为天下文章莫大乎是。”[④]谢山推重“见道之文”和“经世之文”，他以“词章之文”为余事，而极为鄙视“场屋科举之文”。谢山有首题为《偶与南漪语及科举之害》之诗，对“场屋之文”和“科举之害”作了有力的批判。[⑤]

正由于谢山坚持“作文当以经术为根柢”的观点，他论

① 参见《鲒埼亭集外编》卷二十四《〈杨氏葬录〉序》。

② 参见《鲒埼亭集外编》卷二十六《〈杨氏葬录〉序》。

③ 参见《鲒埼亭集外编》卷二十《沈果堂墓版文》。在《送沈征士彤南归引》(载《鲒埼亭集外编》卷二十六)中，又指出，“叩其所学，则实能贯穿古今经术而折衷之，文章亦雅洁，不类吴下词章之士。”

④ 参见《鲒埼亭集外编》卷二十五《〈帖经小课〉题词》

⑤ 参见第二章《关于谢山生平的几个问题》。

文标举“文品”、“本领”和“魄力”，并置“文品”于首位。[①]

张鲵渊“殉难，阖门二十七人同尽。独公冢孙张茂滋以遗民保宗祀逃出道隆观中，行至中途，仍被俘，囚于鄞狱”。后来，张茂滋被释放，病中“著《余生录》且万言，其述俘囚中困阨，令人不能卒读”。这部《余生录》手稿就珍藏在谢山家中，谢山“每一展阅，辄为泫然”。为什么张茂滋的《余生录》如此感动了谢山呢？原因在于张茂滋的“文品”可佳，而《余生录》“文境固真，亦笔力足以达之”。值得一提的是，《余生录》原名《蒙难记言》，“其文系骈体，请正于先赠公，以为勿佳，乃改撰此录。”[②]

谢山采诗和论诗，“以人为重”。同样，他论文亦“以人为重”。“以人为重”，亦即坚持文品出于人品的观点。谢山鄙视庾信，对其《哀江南赋》的评价亦很低。谢山斥责说：“甚矣，庾信之无耻！失身宇文，而犹指鹑首。……即以其文言之，亦自不工。……若颜氏《观我生赋》，实胜于信，盖深有愧恨之意，而非谬为支言为欺世者。予尝谓近人如东涧（钱谦益），信之徒也；梅村（吴伟业），则颜之徒也。同一失节，而其中区以别矣。”[③]谢山对于庾信和颜之推，钱谦益和吴伟业的“同一失节”，能作如此的“区以别矣”，实属难能可贵。但这样的区别，并不影响他坚持“以人为重”的评诗、论人原则。

---

① 参见《鲒埼亭集外编》卷三十一《〈湘帆堂集〉跋尾》。

② 以上引文，均见《鲒埼亭集外编》卷三十一《跋张茂滋〈余生录〉》。

③ 参见《鲒埼亭集外编》卷三十三《题〈哀江南赋〉后》。

谢山尝言:“愚留心桑梓文献,久其为诸志所失者,已多为文章表之。”谢山的这类文章,大多属于传记文学。对于古已有之的“传”体文样式,谢山曾在《答沈东甫征君文体杂问》[①]中,作了这样的论说:

然考之于古,传之例有六:其一则史传是也。史传之外,有家传。《隋书·经籍志》中所列六朝人家传之目,则八家以前多有之。盖或上之史馆,或存之家乘者也。又有特传,盖不出于其家之请而自为之,如欧公(欧阳修)之桑怿,南丰(曾巩)之徐复、洪渥是也。又有别传之类,东坡于陈慥是也。又其次,始为寄托之传,如韩公(韩愈)圬者,柳州(宗元)梓人、种树之类是也。又其次,为游戏之传,如韩公之毛颖是也。

谢山作文,即坚持“以经术为根柢”,又有“补献征”和“补史宬”的追求。[②] 因此,他为明清之际为数众多的“故国忠义”和杰出学者,以及同时代的忠臣、良吏、学者、诗人和亲朋好友所作之传,有“史传”、“家传”、“特传”和“别传”,却无“寄托之传”和“游戏之传”。

谢山指出,梨洲“多碑版之文,其于国难诸公表彰尤力”。谢山继承和发扬了梨洲的这种经世致用精神,在运用

---

① 文载《鲒埼亭集外编》卷四十七。

② “我今作诗补史宬”,“我诗虽不工,聊足补献征”,这是谢山诗学的一个重要内容,亦是他对传记体文章的一种美学追求。参见本书第八章。

“碑版之文”以表彰“国难诸公”方面，可谓青出于蓝。梨洲为张苍水“作《苍翁志》，但据《北征录》为蓝本，大段疏漏，不止以尚书为侍郎也”。万九沙要谢山“别撰碑文一首”，谢山回答曰：“某文岂敢续黄先生之后，然考证遗事，所不敢辞。”在为张苍水所撰神道碑铭中，谢山希望并深信，“他年补史者，其视我碑铭。”①

最后，尚须指出的是，作为一个学识渊博的史学家，谢山对于“碑版故事”，亦有理论上的阐说。在《奉答谢石林侍御论碑版故事帖子》②一文中，谢山曰：

> 《会典》：五品以上用碑，五品以下用碣，庶人祗用圹铭，即柳州（柳宗元）所引唐令也。然以今之官制考之，正难以一例拘。……至于墓表，则碑碣所通用。墓碣称表，柳州为其父侍御府君及陆给事是也。墓碑称表，欧阳公为其父崇公是也。……碑碣之变称，考汉人文字，有曰神道阙铭，曰墓阙铭，曰墓石柱文，曰墓幢记，曰冢阙铭，曰穿中柱文，曰殡表，曰灵表，曰神诰，曰哀赞，曰哀词，皆金石例所未备也。

对于其中的哀词、哀赞和颂词，谢山则认为“皆起源于东汉，

① 参见《鲒埼亭集》卷九《明故权兵部尚书兼翰林院侍讲学士鄞张公神道碑铭》及附《旧寄万编修九沙札》。

② 文载《鲒埼亭集外编》卷四十六。

本不过伤逝之作,而间有以充碑版之文者”[①]。

二、表彰“故国忠义”是谢山人物传记的主旋律

《鲒埼亭集》三十八卷,其中墓志十七卷,传状四卷;《鲒埼亭集外编》五十卷,其中墓志五卷,传状四卷。内外编共八十八卷,墓志、传状多达三十卷。另外,《续甬上耆旧诗集》中谢山为诗人所作小传,同样属于人物传记体裁。这个统计数字,已足以说明谢山对人物传记之重视;而人物传记在谢山著述中所占的重要地位,于此亦可一目了然。

谢山的人物传记,其传主可大别为三类:第一类,生活于明清易代之际,主要是“故国忠义”,包括抗清殉难烈士,坚持与清王朝不合作的隐逸之士,坚持民族大节的遗民学者和诗人等等;第二类是宋、元、明三代的著名理学家,这类文章可以看作为谢山对《宋元学案》和《明儒学案》的补充和修正;第三类则是当代杰出的学者、诗人,以及清官、良吏,其中主要是谢山的师长友好。在这三类人物传记中,谢山用心良苦和用力最勤的,无疑是第一类。可以这样说,表彰“故国忠义”,是谢山人物传记的主旋律。究其原因,绝非偶然。这既是谢山的时代所使然,也是谢山的思想和治学特点的必然结果;当然,这与谢山的家世、家学和交游也有着密切的关系。

清初,浙江的士大夫文人和人民抗清斗争最为激烈,甬

---

① 参见《答沈东甫征君文体杂问》。

上更多“故国忠义”。雍正皇帝曾经斥责浙江“风俗浇漓，人怀不逞”。可是，谢山却为此而骄傲，曾不厌其烦地指出：

自明之季，吾乡号称忠义之区，其可指而数者四十余人。①

呜呼！桑海之交，吾乡死国难者六十余人，遂为忠义之邦。②

鄞士尚忠义，……百年以来，诸公或死，或生，不必尽同，而其趋则一。吾乡遂以成邹、鲁之俗，其功大矣，是非世俗之所知也。③

明末吾乡贤吏，而其后死报国者九人。④

对于为数众多、方面极广的“故国忠义”，尤其是家乡的“尚节义”之志士仁人，谢山无限敬崇。他为自己“生也晚，不及奉诸老履绚”而深感遗憾；⑤他为“故国乔木日以陵夷，而遗文与之俱剥落，征文征献将于何所”而“累唏长叹，不能自已”⑥。为了继承和发扬“故国忠义”的“尚节义”精神，谢山一面积极搜求他们的遗文逸献和遗闻逸事，一面精心撰写人物传记，为他们树碑立传，歌功颂德。谢山尝作了这样的

① 参见《鲒埼亭集外编》卷二十五《钱忠介公全集序》。

② 参见《鲒埼亭集外编》卷二十二《祭甲申三忠记》。

③ 参见《鲒埼亭集》卷三十《涧上徐先生祠堂记》。

④ 参见《鲒埼亭集外编》卷十一《明兵科都给事中前知慈溪江都王公事略》。

⑤ 参见《鲒埼亭集外编》卷五《明监察御史退山钱公墓石盖文》。

⑥ 参见《鲒埼亭集外编》卷二十五《〈雪交亭集〉序》。

自述：

> 桑海之际，吾乡以书生见者，最多奇士，如所云“六狂生”、“五君子”、“三义士”，皆布衣也。当时多以嫌讳，勿敢传。年来已再世，遭遇天子宽大，屡下明诏。于是，烈士之遗行，稍稍得出。而予谬以文章推于乡里诸公之碑表，多以见属。①

需要指出的是，虽然自乾隆三十九年（1774年）至四十八年（1783年）间，文字狱仍多达数十起；在查抄销毁“违碍文字”方面，浙江又超过了其他省份。据《咫进斋禁书总目》卷首统计，十年之间，竟有一万三千八百六十二部之多。不过，谢山生活的时代，离“桑海之交”已有百年，政治形势已发生了根本的变化。特别是康熙帝诏修《明史》，已为明代抗清官吏立了传，作了初步的肯定。故而在谢山看来，当时之讳忌固多也，“今已年运而佳，吠尧之嫌，尽在蠲除。不及时大阐幽德，将与桑海劫灰，同归脱落。”②于是他身体力行，抓住了这个有利时机，又巧妙地避免了文字上的违碍和触忤。结果在清初“多以嫌讳，勿敢传”的有关“故国忠义”事迹，通过谢山的人物传，开始广泛地流传于世，“故国忠义”的“幽德”，也随之大为发扬。

谢山呕心沥血地为“故国忠义”树碑立传，歌功颂德，与黄宗羲运用碑版文章表彰“国难诸公”显然殊有关系。可是，

① 参见《鲒埼亭集外编》卷六《明娄秀才窆石志》。

② 参见《鲒埼亭集外编》卷六《明故按察副使监军赣庵陆公墓碑铭》。

家乡先贤和家世对谢山的影响，亦不可勿视。关于这个问题，我们在第二章中已详作论述，不再多说。在这里，再举一个具体事例作为补充。被谢山称之为“厓山三逐相之流”的明故都督张廷绶，乙酉年(1645 年)在浙江台州坚持抗清斗争，被杀。谢山的“先曾王父兄弟在江上，尝为方国安部将所恨，几致不测。都督救之得免。先赠公尝欲为都督作传而未就也，高兵部(宇泰)《雪交亭集》载其名，未详其事”。谢山鉴于“今已百年，杞宋之文献，日不足征；而都督家门已绝，莫可搜索，恐遂无知者”。于是，他便“聊据所闻”，撰写了《明故都督张公行状》，完成了先赠公的遗愿。①

（一）三种类型，一个精神

前文已经指出，谢山的所谓“故国忠义”、“故国乔木”，除了“死国者”，即抗清殉难烈士之外，尚应包括坚持与清王朝不合作的隐逸之士，以及坚持反清的遗民学者和诗人等。因为在谢山看来，“百年以来，诸公或死，或生，不必尽同，而其趋则一。”所谓“其趋则一”，就是指他们“尚节义”，忠于业已覆灭的朱明王朝，忠于风雨飘摇的南明政权，忠于汉民族，而对清王朝则决不妥协，采用各种方式抗争到底。谢山曾评抗清遇害的鄞县“五君子”曰：

> 呜呼！大朝为天命所眷，江南半壁且不支，何有于浙东？浙东一道且不支，何有于宁波？诸公之

① 以上引文，均见《鲒埼亭集外编》卷十《明故都督张公行状》。

> 耿耿未下者，虽云故国故君之感，其如天意何！然而稽古在昔，终不能不比之厓山一辈人物，况又出自祭布衣，此其所以益难也。①

可见，谢山确认明朝的覆灭是“天命”所致（有其必然性），清朝代明而兴，亦是“天命”所致（有其必然性）。尽管如此，谢山又确认“故国忠义”，坚持站在朱明王朝的立场，为保家卫国而与清兵浴血奋战，或死或生皆忠贞不屈，其可歌可泣的英勇事迹，理应大力表彰。笔者以为，出生于康熙年间的谢山，对清王朝的肯定，是无可指责的；而他不遗余力地搜讨和表彰“故国忠义”，则是难能可贵的。从中不止可以看到一代杰出史学家的胆识和才学，亦能体察他所执着的爱国思想和行动。爱国主义是中华民族的优良传统。“历史上的爱国主义者，尽管受到时代和阶级的局限，但他们的爱国思想和行动，都不同程度地顺应历史发展的潮流，或者在一定程度上代表历史发展的方向，他们都为祖国的富强和人民的幸福作出了自己的贡献。”②明清之际坚持抗清斗争的志士仁人，他们是爱国主义者；他们的各种形式的抗清斗争，是彪炳千古的爱国行动。谢山甘冒政治风险，为他们树碑立传和歌功颂德，正是为了表彰他们的爱国思想和行动，他们的“尚节义”精神。不言而喻，谢山自己也是个“尚节义”之士，同样执着于爱国思想和行动。

---

① 参见《鲒埼亭集》卷八《明兵科都给事中董公神道表》。

② 参见中共中央宣传部、中共中央书记处研究室《关于加强爱国主义宣传教育的意见》，载 1983 年 7 月 16 日《人民日报》。

谢山所表彰的"故国忠义"，面广量大，形形色色。有起兵抗清，终于以身殉国者；有参加过激烈的抗清斗争，最后归于隐逸者；有赫赫有名的大臣和将军，也有默默无闻的秀才和布衣；有一介武夫，也有著名学者；有名门闺秀，也有青楼妓女……即使同样以身殉国，或同归于隐逸，又有不同的类型；同样是武夫、学者、闺秀，也各有各的特点。谢山为"故国忠义"所撰的人物传记、传主的具体情况虽然千差万别，可是"其趋则一"。谢山的这类人物传记，既抓住了传主们各不相同的个性特点，又突出地渲染了他们的共同精神，其概括性和感染力特别强烈。

（二）四个方面，一个目的

谢山有关记述和表彰"故国忠义"中的"死国者"的人物传记，突出了四个方面的内容，为的是一个目的。在当时既有强烈的现实意义，对后人亦有深刻的教育意义。

首先，突出了"死国者"的忠于故国，坚持抗清斗争，百折不挠，不降其志，不屈其节，英勇就义的精神。

康熙元年(1662年)，张煌言尝复招抚他的清朝安抚使书曰："不佞所以百折不回者，上则欲匡扶宗社，下则欲保捍桑梓。乃因国事之靡宁，而致民生之愈蹙。"在复浙督赵廷臣书中又一次表白："执事新朝佐命，仆明室孤臣，区区之诚，言尽于此。"张煌言的这种感情、观点和立场，在当时的"故国忠义"中颇有代表性。作为"明室孤臣"，他们痛恨"新朝佐命"统治之残酷；为了"匡扶宗社"和"保捍桑梓"，他们义无反顾，坚持抗清斗争，不惜一切，之死靡他。张煌言被捕后，浙江提督张杰“以客延之，举酒属曰：‘迟公久矣！’公曰：‘父死不能葬，国亡不能救，今日之举，速死而已！’数日，送公于杭。出宁城门，再拜曰：‘某不肖，有孤负故乡父老二十年来之望。’……九月初七日，公赴市，遥望凤凰山一带曰：‘好山色！’赋《绝命词》，挺立受刑，子木等三人殉焉”[①]！谢山之文，如实记载，看似平淡无奇，可是作为大明忠臣和抗清英雄的张煌言，如此坚贞不屈，视死如归，悲壮殉国的情景历历在目，不能不激起读者的悲愤和敬仰！

史可法受命于危难之际，坚守扬州孤城，终于断头死国，这是抗清斗争中的著名事件。谢山的《梅花岭记》，着重记述了乙酉（1645 年）四月扬州城陷落之后，史可法的忠勇殉国，字里行间洋溢着这位抗清英雄的“长留天地之间”的浩然之气。后来的登梅花岭者，与谢山一样，无不“想见当日围城光景，此即忠烈之面目，宛然可遇”。二百多年来，《梅花岭记》之所以脍炙人口，激动人心，其原因就在这里。[②]

关于史可法之死，谢山在《续甬上耆旧诗集》所选王解洲《渡江吟吊史阁部》后的“诗话”中，又作了这样的补充：

> 史阁部之死，有三说。其一云：被擒，见和硕预亲王，不屈正命；其二云：诸将欲拥之出，死于乱兵；其三，青衣乌帽，从天宁门出，不知所终，即

---

① 以上引文，均见《明故权兵部尚书兼翰林院侍讲学士鄞张公神道碑铭》。张煌言《绝命词》曰：“我年四十五，复逢九月七。大厦已不克，成仁万事毕！”谢山《续甬上耆旧诗集》卷十四选录了此诗。

② 以上引文，均见《鲒埼亭集》卷二十《梅花岭记》。

> 后英、霍诸寨所托名也。独解洲诗谓其突围突门而出，自尽于野寺。不知何据，要足以备参考。至于幕下欲决高邮湖以灌北军，阁部不可。此事在诸野史皆未载，尤足补遗，可以称诗史矣！

此则“诗话”，既说明了史可法的忠贞不屈，及其所产生的社会反响；又赞扬了他那“社稷终输民命重”的民本思想。

另外，值得一提的是，史可法当日坚守扬州之时，“内困于谗口，外则诸镇不用命，待死而已”。可是，王缵爵因不满马士英和阮大铖之所为，“故请赴阁部军前自效，乃以同知扬州府监军，……寻晋按察佥事持节。”史可法怜惜王缵爵，一日对他说：“时事可知矣，君徒死于此，何益？吾当送君还留都，以为后图。”王缵爵回答曰：“下官世受国恩，愿从明公死，不从马、阮生也。”史可法听后深受感动，“改容谢之”①。就这样，通过谢山的多侧面描述，一代民族英雄史可法的高大形象就立体化地呈现在读者面前了。

在抗清斗争中，合门死国，夫妇殉节者，比比皆是。

钱肃乐，字虞孙，一字希声，学者称止亭先生。当清兵到达甬上之时，他在家乡鄞县团结士绅和布衣，首举义旗。“太保起兵，弟从军者四人，从子一人，又族弟二人曰肃文、肃度。”②“忠介钱公以戊子(1648 年)卒于闽之浪琦，其第五弟检讨(肃范)殉于福安；又七年，其第九弟推官(肃典)殉于鄞；明年，其第七弟兵部(肃遴)亡命，发狂而死于昆山。

① 参见《鲒埼亭集外编》卷四《明淮扬监军佥事谥节愍鄞王公神道碑铭》。
② 参见《鲒埼亭集外编》卷五《明钱八将军墓表》。

君子曰：钱氏有四忠焉。”①其实，钱氏死国者尚不止“四忠”。谢山指出：“自公入海，其家被籍，而夫人之父光远破家为公输饷，参幕府事。公既入海，光远自缢而死。”为此，谢山感叹曰：“父子兄弟翁婿相继死国，良可恸也！”②另外，钱肃乐起兵时，族弟肃绣（字文卿，世称钱八将军），也仗策请自效，“江上出战，文卿为先茅，浮白大呼，挺矛直前。尝中利刃，肠出不及纳。一手纳。一手揽之，一手榷斗不止，卒连斫二人仆地，始得还营。一军皆惊，而文卿意气自若。”这位战场上的英雄，“兵解以后，穷老桑麻之间。……日饮无何，郁郁而死。”③

华亭张肯堂，字载宁，别号鲵渊。在抗清斗争中，合门二十七人殉难的事迹，更令人肃然起敬。谢山为了突出这一点，在为张肯堂所撰的《神道碑铭》中，劈头就描述了一幅惨绝人寰的场面：

顺治八年辛卯（1651 年），大兵破翁洲（今浙江舟山市），太傅阁部留守华亭张公阖门死之。大兵入其家，到所谓雪交亭下，见遗骸二十有七：有悬梁间者；亦有绝缳而坠者；其中珥貂束带佩玉者，则公也；庑下亦有冠服俨然者，则公之门下士仪部吴江吴兆人也；有以兵死者，则诸部将也；亦有浮尸

① 参见《鲒埼亭集外编》卷五《明职方主事兼三钱公坟铭》。

② 以上引文，均见《鲒埼亭集》卷七《明故兵部尚书兼东阁大学士赠太保吏部尚书谥忠介钱公神道第二碑铭》。

③ 参见《明钱八将军墓表》。

水面者。大兵为之惊愕，却步叹息，迁延而退，命扃其门。

张肯堂合门死国的事迹，在当日极为震动人心。“制府闻公绝命词手迹，悬赏募之。一老兵得以献，制府赏之，其人不受，曰：‘以慰公昭忠之意耳，非羡公金也。’闻者贤之。”这不过是谢山信手拈来的一个细节而已，但已足以说明张肯堂精神之可贵和感人。①

朱大典亦“孤城抗命，阖门自尽”。

朱大典坚守金华三月，“外无蚍蜉蚁子之援，而部下士卒无叛心。”最后，城陷，“公麾其爱妾幼女，及万化（按：大典之子），妻章氏投井死，而急过邦璿（按：吴邦璿系部将）。邦璿方与武（按：吴武系部将）语，公曰：‘二将军何语？’邦璿曰：‘下官等皆应从明公死，然城中火药尚多，不可资人，不如焚之，以为吾辈死所。’公出袖中火绳示之曰：‘此固吾意。’乃共入库中环坐，宾客仆从愿从者皆从焉。公子万化尚巷战，力尽见执，有告者曰：‘公子死矣！’公即命从者举火，顷刻药发如地震。王师反走辟易，多蹂践死。火止，大索公不得，乃知在灰烬中。而傅岩（按：御史）亦死于义乌，邦璿妻傅氏亦死。公孙都督钰以奉表入闽，亦死浦城。金华城中之死者亦十九。”②

---

① 以上引文，均见《鲒埼亭集》卷九《明太傅吏部尚书文渊阁大学士华亭张公神道碑铭》。

② 参见《鲒埼亭集外编》卷九《明文华殿大学士兵部尚书督师金华朱公事状》。

还有一些“故国忠义”，其死国既出人意外，又不在战场或刑场之上，谈不上轰轰烈烈。可是，他们的崇高精神，与那些面对敌人的屠刀，不屈而死者，同样可歌可泣，感人至深。

例如，顺治丁亥(1647 年)，因“五君子之祸”而被捕的李桐，对簿公堂之时，他与高斗枢二人“誓死嘿不出一语，既得出，高公叹曰：‘幸脱虎口之中，非始原所及也。’论者亦谓当此大厄，强项不屈，而卒得不死，以为大庆。而李公曰：‘吾前此不欲陨黑阱耳，今得见白日而死矣。’于是，闭气绝粒，数日，卒死之。家人问遗言，张目不答。高公叹曰：‘吾愧之也夫！’”①

“华氏忠烈”和“杨氏四忠双烈”，其“凛然大节”，真可谓“故园故家，均为有光”。

华夏，字去甫，别字嘿农。因所贻大兰山义军帛书，被清兵所赚取而被捕。“直指(秦世桢)乃令知府大陈刑具讯检讨(指华夏)，究其党与，检讨慷慨独承曰：‘心、腹、肾、肠、肝、胆，吾同谋也。’及问帛书所载杨(文琦)、王(家勤)、屠(献宸)、董(德钦)诸人，皆言其不预。知府再拷之，检讨大呼曰：‘太祖高皇帝造谋，烈皇帝主兵，安皇帝司饷。其余甲申、乙酉殉节诸忠范公景文史公可法而下，皆同谋也。’知府三拷之，终不屈。……检讨在狱中，鼓琴、赋诗如平日。自称过宜居士。或问之，曰：‘周公之过，不亦宜乎！② 何有于谋！’戊子(1648 年)五月初二日，行刑，直指谓曰：‘非

① 参见《鲒埼亭集外编》卷五《故仪部韦庵李公阡表》。

② 此语见《孟子·公孙丑》。

不欲生汝，奈国法何。'检讨曰：'事成，吾不汝置；事败，汝亦不吾置也。'绝命，有白光一缕，冲天而去。"[①]至于华夏的夫人陆氏，"有隽才，而性贞且孝。"关于她自缢时慷慨从容的情状，在谢山的笔下，真可谓惊天地而泣鬼神。

其次，谢山在人物传记中突出了"死国者"处境之艰难，以此反衬其忠义精神之伟大。

乙酉(1645 年)六月，清兵攻占杭州等地；闰六月，鲁王朱以海监国于绍兴，唐王朱聿键称帝于福州。"浙东之学士大夫，以至军民，尚惓惓故国，山寨四起，皆以恢复为辞。"[②]由于鲁王在监国之后，大仇未报，不思卧薪尝胆，"渐耽逸乐，轻用恩赏"[③]；鲁王监国与唐王之间的矛盾冲突；浙江抗清政权内部马士英、阮大铖等阉党余孽的作祟；浙、闽一些骄兵悍将的飞扬跋扈，以及"正兵"(抗清军队)与"义兵"(抗清人民武装)的争饷摩擦等等原因，坚持抗清的"故国忠义"，其处境十分艰难。大批"学士大夫，以至军民"，就是在内外交困下坚持抗清斗争，并为国而断头、丧家。在《明工部尚书仍兼吏部侍郎上海朱公事状》[④]中，谢山曾对当时浙、闽的抗清政权中诸帅的交斗残杀，以及文臣的左右为难情况，作了这样的分析：

海上之局，皆诸师枋之，更胜迭负，强者当国，

---

① 参见《鲒埼亭集外编》卷十《华氏忠烈合状》。

② 参见《华氏忠烈合状》。

③ 参见《鲒埼亭集》卷二十七《庄太常传》。

④ 文载《鲒埼亭集外编》卷九。

> 互相鱼肉。郑彩始与郑遵谦称兄弟，已而杀之；又与周瑞为父子，不久即交恶。（周）鹤芝亦尝称门生于彩，已而交斗，而郑成功深不喜彩；鹤芝与瑞乃兄弟，相疾如仇。此闽中诸帅之略也。黄斌卿尤猜忌，连杀荆本彻、贺君尧；虽与张名振为亲家，思并其军，又欲杀王朝先。名振部将阮进归斌卿，已而又与斌卿交恶；复与名振合，名振又枉杀朝先。此浙中诸帅之略也。其中文臣左右其间，动即获咎，如熊公汝霖、钱公肃乐、沈公宸荃，皆以此死。

例如，钱肃乐，曾就"议取浙东之正饷以予正兵，而义兵取给于富室乐输之饷"之弊，"屡疏入告，（鲁）王不能诘"。对于"闽中颁诏"，钱肃乐、朱大典等人认为，"大敌在前，而同姓先争，岂能成中兴之业？即权宜称皇太侄以报命，未为不可。"针对骄兵悍将的横暴跋扈，钱肃乐抨击说："今也竭小民之膏血，不足供藩镇之一吸；继也合藩镇之兵马，不足卫小民之一发。"他还指出，"国家多难，大帅往往掩败为功"。钱肃乐的这些正义行动，引起了诸藩和诸帅的憎恶，"甚且有令壮士劫取公首者"。谢山对此发出了极为沉痛的感慨：

> 呜呼！公之在江上也，厄于方（国安）、王（之仁）；公去江上，不旋踵而列戍崩溃，方、王同归于尽。公之在海上也，厄于郑氏，公死海上，未卒哭而闽土尽失，郑彩亦见摧于延平（郑成功）以死。则甚矣，庸妄人之害国以自害也！虽然，浙东列郡并

> 起事，事败之后，独吾乡山寨海槎，相寻不息，诸义士甘湛族之祸，敢于逆天而勿顾，卒延翁洲之祚，至辛亥(1671 年)而始斩，则公之感人者深矣！[①]

正是由于浙、闽抗清政权内部的腐败，“故国忠义”多方受抑，难以充分发挥其作用，谢山才有“皇朝应天顺人，同轨毕附”，而“故国忠义”的“欲以精卫之力，填阙海波，……乃一掷不中，至再至三，卒以丧元，可谓愚矣”的看法。不过，谢山同时又认为，“然而欲存君臣之义于天地之间，则小腆(犹言小主，出处见《书·大诰》)虽顽，终贤于筐篚壶浆之辈；至于身经百炼，终不为绕指之柔，皇朝杀其身，未尝不谅其心矣。”[②]不管抗清政权的内部有多么腐败，对于“故国忠义”的“奋臂一呼，浙东运连，虽然爝火，残喘所延，以酬高庙，以报烈皇，以见忠烈，世臣有光”[③]，谢山还是给予了充分的肯定。

第三，“故国忠义”之所以坚贞不屈，大义凛然，其处境虽然艰难，却能百折不回地坚持抗清斗争，这与他们有着高尚的人品也是分不开的。为此，谢山的人物传记，对“死国者”的疾恶如仇，为官清正，关心民瘼，以及注重有用之学等方面，也作了突出的介绍。

在为张煌言所撰的《张公神道碑铭》中，谢山在记叙了

---

① 以上引文，均见《钱公神道第二碑铭》。

② 以上引文，均见《华氏忠烈合状》。

③ 参见《鲒埼亭集外编》卷一《明兵部尚书兼东阁大学士赠太保谥忠襄孙公神道碑铭》。

张煌言的抗清事迹后，深有感慨地说：

> 呜呼！吾乡死事诸公，公为最后，而所成亦最伟。然世人但知夸公之忠诚，而予更服公之经略。故涉历山海之间，且耕且屯，而民乐输赋；据抚淮北三十余城，而市不易肆；小住缑城，而陂塘之利传之无究。惟其深仁以成遗爱，斯在古人中，诸葛孔明渭南之师，不过尔尔。诸葛有荆、益之凭借，所以得三分之业，而公无所资，终于赍志以死，则天也。

谢山称颂张肯堂，“以张世之才，牵丝(《礼记·缁衣》:“王言如丝，其出如纶。”)则为循吏，入台省则为名谏臣，扶军则为节度。顾皆不久其任，本得展其所用，乃遭丧乱。”比如，崇祯十五年(1642 年)，“二京、山东、山西、河南、陕西等处，人相食，大吏以饷匮故，令有司催科如故。”张肯堂上疏言：“灾可畏，宜行大宽之政。今任茧丝之吏(敛税之官)，以求必不可得之粮，弱者转死沟壑，强者啸聚山林，是驱之为盗也。长官一切以法从事，图圄盈满，而资不可除；其不为盗者，皆以饿至奄奄，何以御盗？宜下肆赦之条，捐逋欠，招流亡，赦过误，开自新，庶几可以挽回天意。”事后，张肯堂又向首铺周延儒“面陈要务，延儒公言，捐粮五百余万，清宽狱以千计”。崇祯十六年(1643 年)，张肯堂又“疏请休复向来言事诸臣”，于是原降科臣李清等皆得召用。①

① 参见《明太傅吏部尚书文渊阁大学士华亭张公神道碑铭》。

“到头一死，降臣（指洪承畴）忸怩”的沈廷扬，“自少喜为有用之学，不屑屑章句。”崇祯九年（1636 年），“河道累决，漕运艰阻，思陵患之。沈廷扬应诏上言海运可复。思宗召见。”谢山在为沈廷扬所撰的《神道碑铭》中，详细地记述了有关沈廷扬上《海运书》五卷，提出“从淮上截漕，竟出淮河口入海放洋”的建议，并负责此项工作，督运凡七年的情况。①

像上述这样的循吏清官，如此有用之才，在明清易代之际，虽然坚持抗清斗争，却动辄掣肘，无法施展其抱负。“孤臣空怀敌国兮，终无所成”②；“有志未遂长负恫”③，这是谢山深以为痛心千古憾事！

最后，为了避免文字触忤，谢山的人物传记，对清兵镇压抗清义军和杀戮“故国忠义”的内容，或侧写，或暗写，或略写；即使正面写，亦不尽情渲染。可是，清兵的残暴还是表现得相当突出，故也能给人以难忘的印象。

王翊被执，“神色自如，赋诗不辍。”请看谢山笔下王翊英勇就义的情景：

> 海道王安禄延之入见，请观绝命词，公援笔书之；书毕，以笔擿其面而出。每日，从容束帻，掠鬓修容，谓士兵曰：“使汝等得见汉官威仪也。”十

---

① 参见《鲒埼亭集外编》卷四《明户部右侍郎都察院右佥都御史赠户部尚书崇明沈公神道碑铭》。

② 语见《鲒埼亭集外编》卷四《忠介钱公神道第二碑铭》。

③ 语见《鲒埼亭集外编》卷五《明故太仆寺少卿眉仙冯公神道碑阙铭》。

> 二日，总督陈锦讯之，公坐地上曰："无多言，成败利钝，皆天也！"十四日行刑，群帅愤其积年倔强，聚面射之，或中肩，或中颊，或中胁，公不稍动，如贯植木。洞胸者三，尚不仆，刲额绝耳，终不倒，乃斧其首而下之，始仆。①

王翊的坚强和清兵的残酷，同样令人难以忘怀！

徐启睿，"佩剑集其麾下百夫"，渡江出击，寡不敌众，"忽陷泥淖中，遂被执。谕之降，则漫骂。大兵怒，刳其腹，实以草，悬之江门。……百夫见公之死，亦无降者。"②

"管江三烈士"，寨陷，秀才杜懋俊"犹以家丁力战，头目中矢如蝟，重伤倚墙而毙，尸屹立不仆者数日。公子（施宗岕）纵火自焚。兆䓗（施宗岕叔）被缚，砍其首十二刀而后坠。事定，管江之血如渠"③。

章钦臣，"军败见执，死之。夫人例应没入旗下，将发遣，夫人漫骂不屈。问官始恐之以斩，再恐之以磔。夫人曰：'死则死耳，吾不可辱！'问官大怒，竟磔之；而行刑者见夫人饶姿色，不无亵语，夫人骂愈甚，刑毕而其人暴死。夫人遂时时降神，东越居民尸祝之。"④

以上这些事例，均属略写。但是，这样写，既突出了"故国忠义"的视死如归，忠贞不屈的精神，又揭露了清兵的

---

① 参见《鲒埼亭集外编》卷四《明故兵部右侍郎兼都察院右佥都御史王公墓碑》。

② 参见《鲒埼亭集》卷四《明锦衣徐公墓柱铭》。

③ 参见《鲒埼亭集》卷八《明管江杜秀才窆石志》。

④ 参见《鲒埼亭集外编》卷十三《大金夫人庙碑铭》。

凶残暴虐。应该指出的是，为“故国忠义”树碑立传，必然要涉及到清兵的暴行。谢山的人物传记，既要揭露清兵的暴行，又要不致招来文字狱的迫害，不能不煞费苦心。兹举一例，以见大概。

曾赴日本乞师的督师冯京第，因王升出卖而被俘。清兵“械见大帅，则已委顿骨立矣。及至帐中，蹶然而起，挺立不屈。鞭笞雨下掠之，乃仆于地。时从公赴难者，都督张元而下，尚五十人。明日行刑，乃支解之，以刀共夸其心，醢之为羹，盖极积年搆兵之也。而五十人从公者，乃皆死。遂枭公首，抛公骨。大帅部下一卒，愿得公一肩食之，许焉，因负以去。”“盖自甲乙(甲申、乙酉)以来，殉节诸公虽多，未有如公之惨者”，为此，谢山对冯京第之惨死，作了细致的记载。清兵的残暴，在这里也得到了最充分的揭露。可是，为了免遭文字违碍之祸害，谢山对冯京第之惨死，又作了这样的评说：“顾叙功簿上，诏以王升反覆不忠伏诛，乃知圣朝之于公，虽杀之，而未尝不怜之。其所以酷死，则诸帅之所为也。”①在这里，既充分地揭露了清兵对“故国忠义”的残杀，又巧妙地歌颂“圣朝”而归罪于“诸帅”，谢山之用心可谓良苦极矣！

对于“故国忠义”中的“死国者”，谢山的人物传记在纪实方面，做到了上述的四个突出，由此也就突出了传主们的爱国主义精神。那么，对于未“死国者”的“故国忠义”，谢山又如何为他们树碑立传的呢？

谢山认为，“士之报国，原自各有分限，未尝概以一死期

① 参见《续甬上耆旧诗集》卷十一冯京第小传。

之。”[①]为此，他力主《明史》的“《忠义列传》宜列抗节不仕者于后”[②]。不言而喻，谢山所表彰的“故国忠义”中，当然也包括“抗节不仕者”，即所谓“隐逸”。在谢山看来，“幸生不讳之时，阐潜表微，于今为盛，而使苦心亮节，不得表见于班管，甚者如刘遗民、孙郃，竟为史臣之所遗，是后死者之愧也。”[③]

谢山为之立传的“抗节不仕者”，亦有多种类型。虽未一死报国，但终身“抗节不仕”，则是他们的共同特点。

大多数“抗节不仕者”，都曾参与过抗清的武装斗争。他们“侧身忧患之中，九死不死；其所以不死者，盖欲留身有待，而卒不克”，于是，便隐居而“抗节不仕”。李邺嗣之父李桐，殉难于戊子年（1648 年）的鄞县“五君子之祸”。李邺嗣尝赋诗曰：“采薇硁硁，是为末节；臣靡（夏遗臣靡）犹在，复兴汉室。”可是，胸怀大志，“所图莫遂，故垂死而喟然。”康熙十七年（1678 年），“浙之大吏，皆欲以先生应词科之荐，以死力辞。已而万征君季野，亦有史馆之招，先生送之，叹曰：‘嗟呼！郑次都能招郅君章同隐戈阳山中，不能禁其喟然而别，从此出处之事，且有操之者。’征君以是终不受馆职。幕府以重币乞先生课其子，为诗谢之。”如此高风亮节，当然博得了谢山的赞颂。谢山“谓先生一身流离国难，则宋之谢翱、郑思肖；委蛇家祸，则晋之王裒，唐之甄逢；周旋于忠

①③　参见《移明史馆帖子》（五）。

②　参见《移明史馆帖子》（六）。

义之间，则汉之云敞、闾子直”。[1]

对“海东文献”颇有贡献的沈光文，顺治八年(1651年)，从大陆飘泊到台湾。十八年(1661年)，郑成功攻克台湾，“知公在，大喜，以客礼见”。郑经即位后，“颇改父之臣与父之政，军亦日削，公作赋有所讽，乃为爱憎所白，几至不测。……叹曰：‘吾廿载飘零绝岛，弃坟墓不顾者，不过欲完发以见先皇帝于地下，而卒不克，其命也夫！’”康熙十二年(1673年)，“大兵下台湾，诸遗臣皆物故，公亦老矣。闽督姚启圣招公，辞之，后卒于诸罗。沈光文居台湾三十八载，公之后人遂居台湾，今繁衍成族。”沈光文是又一种类型的“抗节不仕者”[2]。

诗人周容，处士叶谦、陆宇燝等人的“抗节不仕”，又不同于李邺嗣和沈光文。

周容，“国难后，弃诸生，放浪湖山，世多方之徐渭，非其伦也。”他“丧乱而后，尝尽剃其发为僧矣。未几，以母在，还被服。晚年已倦游，适有以非意于之者，乃复出门。时里中史侍郎立斋于京，招先生往；已而有博学鸿儒之辟，朝臣争欲荐之，先生以死力辞。”对于这样一位没有参加过抗清武装斗争的布衣诗人，谢山的评价是：“先生之节，不愧遗民；

① 以上引文，均见《鲒埼亭集外编》卷十一《李杲堂先生逸事状》。王裒之父仪，为司马昭所杀，生平不西向坐，隐居教授；三征七辟，皆不就。参见《晋书》本传。甄逢之父济，为安禄山父子所胁迫，终不肯受其官，甄逢以父节行，不得在国史，多方奔走，终得显名。参见《新唐书·甄济传》。云敞师吴章为王莽所杀，收抱章尸，归棺敛葬。参见《汉书》本传。闾子直，藏匿第五种于家数年，卒被赦，未被单超所害。参见《后汉书·第五种传》。

② 参见《鲒埼亭集》卷二十七《沈太仆传》。

浮海急难，几困波臣；出其余事，乃作诗人。”①

处士叶谦，“以儒学起，而亦以国亡爵绝。……顾自谓忠节之后，不肯屈身二姓。尝曰：‘我家早不敢与晋之陶氏比大，然其为世臣，则一也。’闻者笑之。”②

陆宇燝则竭尽全力，抚养、照顾为国捐躯的烈士遗孤。“同里杜秀才懋俊，仗义物故，先生藏其遗孤宪琦，延师教之，长为授室。宪琦羸弱，先生抚之如婴儿，苟见其色理不和，辄有忧色。华亭张阁部孙茂滋，囚鄞狱中，先生百计出之。茂滋既出而病几死，先生一茶一药，无不躬亲。叶布衣谦早夭，先生养其母终身。”③

“虽为故国抱杞人之忧，而知时事之难以犯手，故置身事局外，卒无不如其所料者”，这是又一类型的“抗节不仕者”，谢山同样予以表彰。

例如，终“以愤懑失意自裁”的钱光绣，其族兄即鄞县首举义旗的钱肃乐。他于“丙戌（1646 年）以后，颓然自放，生平师友大半死剑铓，所之有山阳之痛，不堪回首，遂以佞佛之癖，决波倒澜，俨然宗门人物矣。其别置‘寒灰道人’。”不过，“其与浮屠法幢论素位，以为必如苏武，方为素乎夷狄而行，并非随波逐流之谓，此则儒门之伟论也”。另外，钱光绣“于出处之际最严，沈宫坊延嘉被荐，先生贻之书曰：‘闻之梵语，修罗每膳必尝千种兼珍，末后一口，化为青泥。玉堂清梦，非复昔日兼珍，青泥滋味，恐所不

① 参见《鲒埼亭集外编》卷六《周征群墓幢铭》。

② 参见《鲒埼亭集外编》卷六《叶处士志》。

③ 参见《鲒埼亭集外编》卷六《陆披云先生阡表》。

免，吾兄其慎之！'宫坊故不肯出山，得先生书，谢为畏友。葛学士世振被荐得辞，先生踵门以诗贺之。……忠介之殉，诸弟远出未归，先生修其祭祀，祝版之词，凄怆感动行路。又访其弟媳鲍安人之为尼吴者。……晚年，与（高）宇泰为耆社，慎选遗民九人而已，其后又增其二。山、王之徒（宋颜延之作《五君咏》，称述'竹林七贤'，山涛、王戎以显贵不列其内。参见《南史·颜延之传》），不得与也。"①

"有托以逃者"，这是"抗节不仕者"的又一种类型。

谢山认为"佯狂以死"的"颠和尚"（周通城），"沉湎以死"的"醉和尚"（周思南），以及"苦身持力，不入城以死"的"野和尚"（周顺德），"是三公者，真所谓有托以逃者耶？其在和尚中，当为唐子，然而不愧孤臣矣！"以周思南而言，"东江建国"，钱肃乐、徐启睿等招之，"先生固辞不出，而破家输饷，勿少吝。丙戌（1646 年）六月，家人自江上告失守，先生恸哭，自沉于水，以救得苏，乃削发入灌顶山中。先生故善饮，至是益日饮无何。……先生虽困于酒呼，而江湖侠客，有以事相投止者，虽其甚醉，辄蹶然起，一一接之，无失词；倾其所有输之，唯恐其不给也。以是尽丧其家。庚寅（1650 年），呕血不可复止，竟卒，得年四十。"时人认为这样一位"醉和尚"，之所以"爛然长醉者，期于复醒时，以自全也"。谢山则评"醉和尚"之"醉"和"死"曰：

> 呜呼！先生不死于丙戌，而死于庚寅，不死于水，而死于酒。其四年中巧戕酷贼以自蛊，其宋皇

① 参见《鲒埼亭集外编》卷十一《钱蛰庵征君述》。

甫东先生之流与！吾故以为和尚之最苦者！[1]

最后还有一类“抗节不仕者”，虽自以为非“义士”，实在也是忠于故国的“隐逸”。例如，布衣周西，“自闭门深山，不乐与浮沉者为缘，一蓑一笠，愿偶麋鹿。而不知者不以为笑，即以为诅，此不足怪。”但他断不敢“妄欲以义士自欺”。因为，在周西看来，“所谓义士者，当为蹈海之鲁连，争帝暴秦；奋臂之陈涉，突起发难；张良之报仇，翟义之讨贼，骆宾王之草檄，谢枋得之却聘而死。否则，如陈咸之闭户不出（王莽时，陈咸闭户不出，仍用汉家祖腊。参见《后汉书·陈宪传》），梅福之逃吴门为市卒（王莽时，梅福弃妻子去九江，或传以为仙，或见其为吴市门卒。参见《汉书》本传），陶潜之终身为晋征士，此虽不得志于今，亦当知重于后，而西皆未能也。如吾蛟川薛自瑜、陈鸿宾、艾仲可、郑调甫诸先生，裂冠毁裳，逃名空谷，如疾风劲草，老而愈壮，庶几古人。而西则事焉而未逮也，其敢侈谈义士乎！”如此议论，其实适足以见周西对故国之忠义。何况，周西“丙戌（1646 年），年二十六，叹曰‘杨铁崖称老寡妇（明太祖召杨维桢纂《礼书》、《乐书》，维桢说：“岂有老妇将就木，而再理家者耶！”赋《老客妇谣》见志。参见《明史》本传），今其时矣！”遂弃举业，以教授奉母，“戊辰（1678 年），年六十八，病卒。”[2]谢山对周西其人其事，虽未作评论。不过，为他作传，字里行间充满着同情，已说明了对这位“隐逸”的肯定。

---

① 以上引文均见《鲒埼亭集》卷二十七《周思南传》。

② 参见《鲒埼亭集》卷二十七《周布衣传》。

谢山为之作传,并竭力表彰的"故国忠义",其第三部分人,则是遗民学者。为数可观的清初遗民学者,就其在中国文化思想史上的贡献和影响而言,可区别为杰出的学者,著名的学者和一般的学者。杰出的学者("大儒"),有顾炎武、黄宗羲、李颙(容)等人;著名的学者,有刘宗周、万斯同、刘继庄、应扮谦、陆世仪、傅山、李邺嗣等;一般的学者则如施石农、沈兰、李天植等人。

为遗民学者树碑立传,谢山是双管齐下:一方面表彰其坚持苦节;另一方面评述其学术成就。谢山学识渊博,见识卓绝;论述学术流派,原本就是他史学的一大特点。因此,评述诸家学术,均能言简意赅地揭示其主旨和派系。

谢山对万斯同既参与《明史》的编纂工作,又以死辞"翰林院纂修官领史局",作了这样的评论:

> 盖先生欲以遗民自居,而即以任故国之史事报故国。①

从事学术研究以"报故国",可以说是清初遗民学者的共同特点。谢山以遗民学者为传主的人物传记,并不为立传而立传,为学术而学术;而与他表彰"死国者"和"抗节不仕者"一样,也有其弘扬民族气节的崇高目的。

谢山鉴于百家为其父黄宗羲所作《行略》,"中固嗛嗛多未尽者,盖当时尚不免有所嫌讳也。"对《行略》于梨洲生平事迹,"不过始为党锢,后为遗民而中间陵谷崎岖,起军乞帅,

① 参见《万贞文先生传》。

从亡诸大寨,有为史氏所不详者",极为不满。因此,他所撰写的《梨洲先生神道碑文》,不仅记叙了梨洲崇祯朝的为父复仇,与魏阉死党作斗争,南明弘光朝与阉党余孽马士英、阮大铖作斗争的事迹,更详尽地记叙了梨洲投身鲁王监国抗清斗争的事迹,以及"其后海氛澌灭,公无复望,乃奉太夫人返里门",致力于学术著述,坚辞博学鸿儒和纂修《明史》的推荐等事迹。当然,关于梨洲的学术渊源、学术活动、治学特点和学术成就的评议,也是碑文的重要内容。

谢山鉴于"历年渐远,读先生之书者虽多,而能言其大节者已罕",故所撰《亭林先生神道表》,突出了顾炎武之大节。文章略述了亭林先生在乙酉(1645 年)之后的抗清活动,却详叙了他的遍观四方,"六谒孝陵,六谒思陵",直到定居陕西华阴,"其(复国)心耿耿未下"之情。亭林曾三次以"身殉来坚辞当局和大官之推荐"。或曰:"先生盍亦听人一荐,荐而不出,其名愈高矣!"先生笑曰:"此所谓钓名者也。今夫妇人之失所天也,从一而终,之死靡慝,其心岂欲见知于人?若曰盍亦令人强委禽焉,而力拒以明节,则吾未之闻矣!"

亭林"于书无所不窥,尤留心经世之学"。谢山揭橥了他"有关民生之利者,务质之于今日所可为,而不为泥古之空"的治学主旨。并指出,亭林的《天下郡国利病书》等著作,"探原竟委,言言可以见之施行,又一稟于王道而不少参以功利之说者也"。谢山推重亭林的"终身精诣之书"——《日知录》,说"凡经史之粹言具在焉"。谢山欣赏亭林的反对"舍经学以言理学",并把它概括为"经学即理学"的名言。谢山还赞扬亭林的重视实地研究的治学方法。

同为遗民学者中的翘楚,亭林和梨洲的人生道路并不相同,其学术亦各有特点。谢山为他们所作的传记,对此作了极为精细而生动的描述。亭林和梨洲同时代的北方大儒李颙,又有区别于亭林和梨洲的人生道路、个性特点和学术倾向。对此,谢山的《二曲先生窆石文》,同样有着精彩的描述和评论。

二曲先生"以昌明关学为己任",康熙西巡,特赐"关中大儒"四字以宠之。可是,李颙与亭林、梨洲一样,"终身不出"。康熙十二年(1673 年),陕督鄂君亮以隐逸荐,李颙八上辞牍,为了对付"大吏岁岁来问起居,欲具车马送使觐天子,先生遂自称废疾,长卧不起"。康熙十七年(1678 年),"部臣以海内真儒学,复得旨召对,……大吏劝行益急,檄属吏守之。先生固称病委,舁其床至行省,大吏亲至榻前从臾(同怂恿)。先生遂绝粒,水浆不入口者六日,而大吏犹欲强之。先生拔刀自刺,陕西官属大骇,乃得予假治病。"至于李颙之学,谢山谓"以悔过自新为宗旨";又谓关学自张载以来,几经兴废,到李颙才"以昌明关学为己任"。[①]

大儒不仅在学术上作出了巨大的贡献,更难能可贵的是,"受知当宁(路门外门屏之间云宁,天子在此接受诸侯的朝见),又终保完节"[②]。谢山为他们所撰的传记,正是抓住了这两个关键做文章,故而不仅给人的印象特别深刻,而且启人之思颇多。

对于著名的学者,谢山同样突出了他们的"坚苦持气节"[③],以及他们在学术上的独特建树。

---

① 以上引文,均见《鲒埼亭集》卷十二《二曲先生窆石文》。

② 语出《梨洲先生神道碑铭》。

③ 语见《鲒埼亭集》卷二十六《阳曲傅山先生事略》。

万斯同，既力辞康熙十七年（1678 年）的博学鸿词之荐，又坚持“以布衣参史局，不署衔，不受俸”，在“任故国之史事报故国”方面，作出了不可磨灭的贡献。①

应㧑谦，“于遗经皆实践而力行之，不以剿说。”他“既遭丧乱，自以故国诸生，绝志进取。叹曰：‘今日唯正人心而维世教，庶不负所生耳。’乃益尽力于著书。”应㧑谦亦曾多次称病，辞却大吏们的推荐。②

朱衣道人傅山，是位“时时怀翟义（翟汉起兵讨王莽，兵败被杀。参见《汉书·翟方进传》）之志者”。顺治十一年（1654 年），傅山“以连染遭刑戮，抗词不屈，绝粒九日，几死。门人有以奇计救之者，得免。然先生深自咤恨，以为不如速死之为愈。而其仰视天，俯画地者，并未尝一日止。凡如是者，二十年，天下大定。自是始以黄冠自放，稍出土穴，与客接。”康熙十七年（1678 年），被荐博学鸿儒，傅山“固辞，有司不可。先生称疾，有司令役夫舁其床以行，二孙侍。既至京师三十里，以死拒不入城”。后虽入城，但“望午门，泪涔涔下”，次日遽归。“间有问学者，则告之曰：‘老夫学庄、列者也，于此间诸仁义事实羞道之。即强言之，亦不工。’又雅不善欧公以后文，曰：是所谓江南之文也。……或强以宋诸儒之学问，则曰：‘必不得已，吾取同甫先生。’”傅山尝“语人学书之法：宁拙毋巧，宁丑毋媚，宁支离毋轻滑，宁真率毋安排。”谢山对此评曰：“君子以为先生非止言书也。”③

① 参见《万贞文先生传》。

② 参见《鲒埼亭集》十二《应潜斋先生神道碑铭》。

③ 参见《阳曲傅先生事略》。

谢山在《陆桴亭先生传》[1]的结尾这样说：

予惟国初儒者，曰孙夏峰，曰黄梨洲，曰李二曲最有名，而桴亭先生少知者。及读其书而叹其学之邃也。乃仿温公所作《文中子传》之例，采其粹言为传一篇，以为他日国史底本。

陆世仪，字道威，号桴亭，明清之际太仓州（今江苏太仓县）人。明亡，不应科举，以授徒自给，师事刘宗周，其学尊二程和朱子，以居敬为本，主敦守礼法。著有《思辨录》、《明季复社纪略》等。在《陆桴亭先生传》中，谢山概说了他对明代理学发展的认识之后，指出："桴亭先生不喜陈（献章）、王（阳明）之学也，顾能洞见其得失之故。而平心以论之，苟非其深造自得，安能若是。"接着，便记述了陆桴亭之论白沙、论阳明、论整庵，以及论白沙和阳明的弟子，摘录了陆桴亭的大量的精当之论。谢山对陆桴亭对知行关系的见解亦极为欣赏，文章指出："诸生尝问知行先后之序，曰：'有知及之，而行不逮者，知者是也；有行及之，而知不逮者，贤者是也，故未可以概而论之。及其至也，真知即是行；真行始是知，又未可以歧而言之。闻者无不叹服。'"对于陆桴亭之学，谢山在《陆桴亭先生传》中也作了总的评价说：

又尝谓学者曰：世有大儒，决不别立宗旨。辟之大医国手，无科不精，无方不备，无药不用。岂

① 文载《鲒埼亭集》卷二十八。

有执一海上方，而沾沾语人曰：舍此更无科无方无药也。近之谈宗旨者，皆海上方也。凡先生《思辨录》所述，上自周、汉诸儒，以迄于今。仰而象纬律历，下而礼乐政事异同，旁及异端，其所疏证剖晰，盖数百万言，无不粹且醇，予不能尽举也。其最足以废诸家纷争之说，而百世俟之而不易者，在论明儒，顾《明史·儒林传》中未尝采也。予故撮其大略于此篇。

谢山为一般的学者立传，仍然表彰气节和评论学术并重。例如，施相，“明诸生，乙酉(1645 年)后弃衣巾，为遗民”。他“论学不傍门户，不标宗旨”。其好友“(万)公择之学，出于姚江(王阳明)，而(徐)狷石以应潜斋为友，各有源流。然先生皆不相依泝，独以所见自成”[1]。又如，沈兰，是刘宗周的弟子，“甲申(1644 年)之变，年二十七，即弃诸生。”谢山评其学曰：“其学以诚敬为本，刻苦清厉以自宁。推而至于事物之繁，天地古今之变，则以适于世用者为主。其言无不切于人心，力排佛老，曰：其精者傍吾儒，其异者不可一日容也。”谢山特别赞赏的，则是沈兰的“道在躬行”的思想。[2]

需要强调的是，谢山并不是为历史而历史，他的史学研究非常重视经世致用，力图产生移风易俗的社会作用。因此，谢山为“故国忠义”立传树碑，其意在“大阐幽德”，使后人

① 参见《鲒埼亭集》卷十三《施石农先生墓志铭》。
② 参见《鲒埼亭集》卷十三《沈甸华先生墓碣铭》。

皆知他们的"尚忠义"大节。谢山的人物传记,都具有真切的历史感,不止有很高的文献价值,也有很高的认识价值和美学价值。在当时,它们颇受有识之士的赏识,对后世则影响极为深远。前文已经提及,陈垣先生 1943 年在辅仁大学历史系开讲《史源学实习》课,用《鲒埼亭集》作为课本,以寄寓"故国之思",宣传爱国思想,痛斥卖国汉奸。这个实例,颇能说明谢山之史学研究及其表彰"故国忠义"的人物传记的认识价值和深远影响。

三、全祖望人物传记的文献价值

人物传记的生命在于真实。因此,作者必须对传主作出实事求是的评价,不虚美,不隐恶,笔则笔,削则削。谢山的人物传记,就做到了这一点,故其文献价值是无庸置疑的。且不论其他,单就其人物传记的材料来源而言,就已足以看出其写作态度之严谨。仍然以他为"故国忠义"的树碑立传为例,其丰富、翔实的材料,来源于以下五个方面:

一是传主的文集、诗集和杂著。

例如,李长祥的《天问阁集》四卷,其所载"旧闻逸事,有足疏证史察者"。可是,"《明史》即不为立传,而世亦莫知其本末。"谢山之所以能为李长祥立传,原因就在于,"先太常公一门皆尝共事,故颇悉之。及钞斯集(指《天问阁集》)益得以旧所闻互相考见,乃为之状"。[①] 又如,前文曾介绍的沈光文,"居台三十余年",他的著述《花木杂记》、《台

---

① 参见《鲒埼亭集外编》卷九《前侍郎达州李公研斋行状》。

湾赋》、《东海赋》、《檨赋》、《桐花赋》、《芳草赋》、《古今诗体》，由于谢山嘱咐鄞人游台者的查访，终“得之以归，几十卷”。这些珍贵的“海东文献”，“今之志台湾者皆取资焉”。谢山的《续甬上耆旧诗集》选录了沈光文的诗作，并据他的遗著，撰写了《沈太仆传》。[①]

二是由传主的家属、家族和友好所提供。

例如，钱肃乐抗清“事实之详，宜莫如其弟退山先生(钱肃图)之文”。虽然“亦有遗且误者”，但为谢山为钱忠介作神道第二碑铭，提供了重要资料。[②] 又如，谢山为董剑锷作墓版文，主要依据就是董宏所转《董氏忠乘》。[③] 谢山为陆观作墓志，是陆观族弟周经“以其事请予揭诸墓，予乃序以贻之”[④]。

三是谢山的祖父、父亲和族中长辈所述。

例如，关于张名振、张煌言的很多材料，就“得之先族母(张煌言之女)之所传者”[⑤]。谢山父亲，年十五，即随父“拜林时对床下，自是尝抠衣请益”。谢山为林时对所撰《逸事状》，主要依据乃父的介绍。[⑥] 关于李邺嗣的事迹，谢山“得之先大父赠公所述者，益稍足具十之三四，乃诠次而复

---

① 参见《沈太仆传》。

② 参见《忠介钱公神道第二碑铭》。

③ 参见《鲒埼亭集外编》卷六《湖上社老董晓山先生墓版文》。

④ 参见《鲒埼亭集外编》卷六《陆佛民先生志》。

⑤ 参见谢山为张煌言、张名振所作的《神道碑铭》、《墓志铭》。

⑥ 参见《鲒埼亭集》卷二十五《明太常寺卿晋秩右副都御史茧庵林公逸事状》。

之。”[①]鄞县“六狂生”之一的毛聚奎，“其诗古文词，皆倔奇”，但大多已散佚，谢山大父曾录其文数篇。谢山撰《毛户部传》，转录了他的《方石铭》、《舆人皂人丐人传》和《周乘六自序卷跋》，皆其文章之幸存者，为传记增加了丰富的内容。[②]由于谢山之父曾参与过徐孚远的山寨抗清斗争，对徐孚远的事迹，“知之最详”，谢山才能“序次而传之”，为徐孚远作传。[③]

四是参照和折衷各家的记载。

清初记载“故国忠义”事迹的著述颇多，有些可靠，但有些讹误较多，经过甄别和参证，皆有其可资参考的价值。例如，关于东王公王江的事迹，已详载于黄宗羲的《四明寨记》。谢山受友人郑性所托，“为其神道之文，乃即据黄氏所纪而删补之。”[④]另外，谢山应梨洲孙千人之请，为梨洲黄公撰神道碑文，是“捃摭公遗书，参以《行略》(系百家所撰)”而成，碑文不仅增加了有关梨洲抗清的事迹，而且用夹注的方式，纠正了《行略》的讹误。[⑤]

五是作实地的访问和调查。

谢山的实地访问和调查，一为收集“故国忠义”的遗闻逸事；二为亲身体验当日“故国忠义”所处环境之艰难困苦。“明之亡也，浙东山寨大起，……诸死节者姓氏彪炳人间”。谢山“尝游大兰一带”，这有助于他为王翊等“死节者”构思和

① 参见《鲒埼亭集外编》卷十一《李杲堂先生逸事状》。

② 参见《鲒埼亭集外编》卷二十七《毛户部传》。

③ 参见《鲒埼亭集外编》卷十二《徐都御史传》。

④ 参见《鲒埼亭集外编》卷五《明故都察院右副都御史东王公神道阙铭》。

⑤ 参见《梨洲先生神道碑文》。

撰写传记之文。[1] 谢山又“尝过杜氏之居，流览当年战场”，故其表彰“管江三烈士”（杜懋俊、施宗炌、杜兆茄）之文，真切动人。[2] 关于为张肯堂撰写神道碑铭事，谢山自述其缘起曰：

> 雍正四年（1726 年），予游补陀（普陀山），诸僧导予游故迹，予概勿往，而先登荣山，求公埋骨之地，尚有一石，题曰“张相国墓”。隐秀庵僧百成，予宗人也。谓予曰：“子既拜公墓，曷为文以纪之？其丽牲之石（犹言系牲之碑），吾当谋之以为山中之重。”呜呼，荒山野冢，非有石麟、辟邪（系石兽）、翁仲（系石人）之仪也，非有墓田丙舍之寄也。然则百成之惓惓于此，其示重可感也！予乃博考唐、鲁二王野乘，参之《明史》，折衷于茂滋所述，论定其异同，以为公碑。[3]

为了增强人物传记的纪实性和文献性，谢山常常全文记录传主所作的重要奏疏、文章和诗作。例如，为了突出张肯堂作为“名谏臣”和“贤节度”的“经世之才”，谢山在为他所撰的神道碑铭中，大量摘引了张肯堂的谏疏。张肯堂一度曾“栽花种竹于圃中，作《寓生居记》，以见其志”。谢山在

---

① 参见《鲒埼亭集外编》卷四《明故兵部右侍郎兼都察院右佥都御史王公墓铭》。

② 参见《明管江杜秀才窆石志》。

③ 参见《华亭张公神道碑铭》。

传记中又全文引录了《寓生居记》，这样不仅生动地反映了张肯堂的报国抱负，以及他在南明政权中的“不得志”情况；也概括了这类忠心耿耿的学士大夫，面对腐败的现实，厄于骄兵悍将的淫威，而无法施展其“经世之才”的苦闷心态。另外，清兵攻陷翁洲城，在记叙张肯堂合家殉难时，谢山还录下了张肯堂的《永诀词》：“虚名廿载误尘寰，晚节空愁学圃间。难赋《归来》如靖节，聊歌《正气》续文山。君恩未报徒长恨，臣道无亏在克艰。留与千秋青史笔，衣冠二字莫轻删。”这首《永诀词》，无疑收到画龙点睛的效果。①

又如，钱肃乐避难福清，生活极为艰苦。“常夜涉绝谷，足尽裂，乃祝发以免物色”。谢山的《钱公第二碑铭》叙述钱肃乐避难福清之事，插入了他的题壁诗云：“一个猛想时，身世不知何处？数声钝磬里，归途还在这边。”这样的处理，不止可以明其大志，而且自然地引出了“识者以为非缁流也，乃稍稍有从公问学者，公赖其修脯以自给。”②

为了突出吴钟峦的“愤士大夫多失节”，谢山摘录了他的《十愿斋说》的第一、第二和第十愿，还全文引用了他的《从客问》，强调死节诸君子“皆公忠直亮之臣”，“诸君子之抗节者”，则不必皆去死。③ 在《周监军传》中，谢山全文引录了周无初的奇文《捉鬼者传》，在《毛户部传》中，谢山全文引录了毛聚硅的《方石铭》、《舆人皂人丐人传》和《周乘六自序卷跋》。凡此等等，传主的奏疏、文章和诗作，其本身无不

① 参见《华亭张公神道碑铭》。
② 参见《忠介钱公神道第二碑铭》。
③ 参见《明礼部尚书仍兼通政使武进吴公事状》。

具有一定的文献价值，而谢山的巧妙穿插援引，则有助于传主独特个性的描绘和刻画。

借评论概括地表彰一批“故国忠义”，这是谢山为了增强人物传记的纪实性和文献价值所采用的又一种手法。

例如，《明兵科给事中前知慈溪县江都王公事略》，谢山为贤吏王玉藻立了传，给予了热情的歌颂。在篇末，谢山则作了这样的评论：

> 呜呼！明之吾乡多贤吏，而其后以死报国者九人：前宁波府推官则仪部黄公端伯、驾部林公之蕃，知鄞县则尚书沈公犹龙、侍郎张公伯鲸、御史王公章，知慈溪县则巡道陈公瑸、检讨汪公伟，知奉化县则给事胡公梦泰；其以乙酉(1645 年)受鄞县之命，不久即去，卒死国者，驾部王公之栻。而公以首阳之节参之，其耿耿之心，未尝于诸公有愧也。

谢山之所以如此表彰“以死报国”的贤吏，目的在于“扶忠义以勖长吏之一助”①。

又如，徐孚远是松江“几社”中的一位“言经济者之杰”，他在台湾，“以江左社盟祭酒为之领袖，台人争从之游”。谢山的《徐都御史传》指出，包括徐孚远在内的“明季海外诸公，流离穷岛，不食周粟以死，盖又古来殉难之一变局也”。在《徐都御史传》的结尾，谢山又自然地表彰了其他几位“几社”的殉难者曰：

---

① 参见《鲒埼亭集外编》卷十一《江都王公事略》。

"几社"殉难者四：夏（仲彝）、陈（子龙）、何（悫人）三公死于二十年之前，公死于二十年之后，九原相见，不害其为白首同归也。

谢山为"翁洲之难"殉难的李向中作了事状，表彰了他的忠义事迹。但在"附文存"中，谢山又作了这样的补充：

翁洲之难，死者甚多，而左班则以阁部张公（肯堂）、尚书吴公（钟峦）、朱公（永祐）、李公（向中），吾乡兵科董公（志宁）；右班则安洋将军刘公（世勋）最烈，时称"六大忠"。①

四、全祖望的人物传记的艺术成就和美学价值

谢山的人物传记的认识价值和文献价值，是与它的美学价值紧相联系在一起的；谢山的人物传记之所以脍炙人口，感人肺腑，产生了深远的影响，也是与它具有高度的艺术成就分不开的。

首先，谢山的人物传记，既是一项历史工程，也是一项文学工程和学术工程，且具有系列性的特点。以明清易代之际的人物传记为例，谢山选择了几十个既有共性，又富有个

① 参见《鲒埼亭集外编》卷九《明兵部尚书兼掌都察院事种祥李公事状》。

性，内涵深刻而又互相区别的人物，作为传主，作为典型，通过对他们的抗清斗争事迹的心路历程，他们的学术造诣和贡献的描述，形象而深刻地反映了明末清初这一个“天崩地裂”的时代，揭示并歌颂了“故国忠义”的“尚忠义”精神，亦即这个特定时代的爱国主义精神。

关于“故国忠义”的三种类型，即“死国者”，“抗节不仕者”和“坚苦持气节”的遗民学者，就是三大人物系列；而每一个类型中，又有若干有内在联系的人物系列。

例如，为了表彰“翁洲之难”的“六大忠臣”，谢山撰写了《明太傅吏部尚书文渊阁大学士华亭张公神道碑铭》、《明兵科都给事中董公神道表》、《明礼部尚书仍兼通政使武进吴公事状》、《明兵部尚书兼掌都察院事种祥李公事状》、《明工部尚书仍兼吏部侍郎上海朱公事状》等系列人物传记。又如，有关顺治丁亥（1647 年）鄞县的“五君子之祸”，谢山特撰《华氏忠烈合传》、《杨氏四忠双烈合状》（“合状”，也是谢山为表彰“故国忠义”的一种创造。）、《屠董二君子合状》、《王评事事状》、《故仪都韦庵李公阡表》、《李杲堂先生逸事状》等系列人物传记。

遗民学者，实际上也是三大系列：大儒系列，著名学者系列和一般学者系列。谢山为他们树碑立传，既有共同之处，更各有各的特点。而许多传主所共同具有的精神，通过系列文章给读者的印象更为深刻。读者通过三大系列的遗民学者传记，对明末清初的学术界也就有了全方位的多侧面的了解。

系列人物传记，比之单篇人物传记，给读者的冲击和教育更为强烈。像以上这样的系列人物传记，可使读者更全面地了解某一历史事件的真相；各篇互相印证和补充，又可增强人物传记的历史真实性和涵盖面。

其次，谢山的人物传记，在历史和文学的结合，纪传和评论的结合方面，都达到了相当高的水平。因此，它们不仅文学性很强，也富有历史哲学内涵的启示性；不仅有巨大的历史文献价值，也有极强的文学可读性，真可谓引人入胜，耐人寻味，启人反思。

人物传记，必须着力刻画人物的性格，并写出其性格的发展史。谢山的人物传记，写出了人物的性格，也写出了性格的发展，显示了性格的丰富性和流动性。仍以"故国忠义"为例，"死国者"、"抗节不仕者"和"坚苦持气节"的遗民学者，虽有"尚忠义"的共性；可是，"死国者"与"抗节不仕者"的处境不同，经历不同，想法不同，结局不同，因此也各有各的独特个性。"坚苦持气节"的遗民学者，作为学者和思想家，他们与"死国者"和"抗节不仕者"的情况也不一样，故其性格和性格的发展，亦与前二者大异其趣。不止如此，即使同是"死国者"，其性格也千差万别。比如，钱肃乐与张煌言不一样，张煌言又与张名振不相同；王翊、华夏等人与张肯堂有区别，张肯堂又与施邦玠、魏耕迥异。同是"抗节不仕者"，也有不同的性格。比如，徐启睿、祁班孙、陆宇燝和汝应元，均属任侠者流，但仍然各有鲜明的个性；毛聚奎和周元初，皆为愤世嫉俗之士，亦各有其性格特点。不言而喻，遗民学者，亦复如此。比如，同为大儒，黄宗羲与顾炎武的性格就很不一样，而他们与北方的李颙和傅山的性格又有明显的差别；同为著名学者，又曾同事昆山徐氏，刘献廷和万斯同的性格又迥然不同。

法国大作家雨果在《九三年》中，曾这样指出："了解全面需要历史，了解细节需要传奇。”谢山可谓深谙此理。他的人物传记，恰到好处地运用了小说笔法，亦即雨果所说的“传奇”。故而在严肃的历史纪实中不乏传奇色彩；悲壮的斗争事迹，则更能激动人心。

小说刻画人物形象，常常注重肖像描写和细节描写。谢山的人物传记，在肖像描写和细节描写方面的成就，也不下于优秀的文言小说。请看他笔下的锦衣徐启睿：

> 公少负才任气，喜为侠烈之行。眉如梭，目如堑。尤嗜击剑，卧起常佩之；旁琴、书、篆刻、陆博诸技，而篆刻最精，然不肯以艺名。既补诸生，累试于布政司不售，时对酒当歌，辄叹曰：“天生徐公，胡乃老之草间，而使敌寇交讧也！”则拔剑起舞，漫骂座上贵人；以剑拟之，贵人皆膝席，莫敢忤视；或跳而去，于是遂相戒远之。然每规人之过，辄苦口泣下，其方正又如此。既久郁郁，一日忽埋故佩剑，椎酒床，裂琴衣，削发师事经山浮屠雪峤。则又闲静寡言，粥粥如真道者，释名洪节，字近公。闭关延庆寺中，锢其门，饮食俱自窦入，其孺人亦受佛事。甲申之难，哭七日夜，不绝声。既而曰：“江南半壁，我高皇帝龙兴地，建武之业犹可望也。”则又闭关如初。逾年，南都再陷，则破关出，掘故所埋剑，夹以双斧，冠鹖冠，衣绿锦衣，大声如雷，趋钱督师营。道出周太守元懋家，适元懋忌日，公横刀长揖曰：“介胄之士，不复为尊先人作拜，顾须饮我酒。”酒至，则连举三斗，迳去。督师故与公同社，

亟引见于监国。因问所需何官,方得称手?对曰:“臣请布衣居肃乐幕,入参帷幄,出捍军旅,不必官也!”监国奇之,授以锦衣卫指挥,不拜,自称白衣参军。……①

一个胸怀大志而报国无路的任侠志士的形象,通过前半段的描绘,便栩栩如生地站立在读者面前了。“甲申之难”,徐锦衣痛哭七夜,仍闭关当他的和尚。乙酉之难,他则破关而出,投军钱肃乐幕。精彩的细节描写,使这位只思杀敌报国,不思当官作宦的“白衣参军”形象,又历历如在目前。这些就是谢山在人物传记中常用而又擅长的小说笔法。

长兴知县鲍鈖,有一种赋诗之癖。谢山是这样来描写鲍鈖的赋诗癖好的:

每日升堂理讼狱毕,诸胥吏见其搓手注目,神采如有所得,辄私相语曰:“老子诗魔至矣。”须臾,取故牍尾题之殆遍,故其生平无日无诗。彭城(指督浙中的李敏达,系江苏徐州人)一日谓守曰:“长兴令日赋诗,吾且列之弹事矣。”胡守免冠,谢董率不谨,曰:“当令改过而恕之。”退而戒辛浦(鲍鈖之号)曰:“独不为百口计乎?”于是辛浦黾勉束笔度砚者三日,谓客曰:“下官忍不可忍矣,惟大吏之所以罪之。”赋诗如故。②

① 参见《鲒埼亭集》卷八《明锦衣徐公墓柱铭》。
② 参见《鲒埼亭集》卷十九《杭州海防草塘通判浦鲍君墓志铭》。

这里的细节描写，就有其典型性，足以刻画出人物的鲜明个性。因此，一位难以克制其赋诗癖的知县形象，通过这样的细节描写，便跃然纸上。需要指出的是，谢山所选择的细节，不仅具有典型性，还常常带有浓郁的传奇色彩。陆宇爀、江汉等人以奇计窃取王翊之首，且藏之于书柜的锦函达十二年之久，就是突出的一例。在《明故都督江公墓碑铭》①中，谢山这样描述说：

辛卯（1651 年），姚江王督师枭首城西门，陆副使宇爀谋窜取之，访于督师之故卒。其人曰："非得江都督，事不谐。"副使亟以情告，都督曰："请以中秋日待我城下。"时都督家居，幅巾深衣，不执弓矢。届期，忽红笠，披短后衣，缚袴，挟健儿数十，扬扬而出，家人骇之。而城禁方严，都督径登之。守者以为关东新将也，趋叩头惟谨。既见所枭者，忽怒目视曰："是吾仇也，亦有今日乎！"拔刀击之，首堕城下，遂循雉堞周行，纵览濠水，守者随之廪廪（即懔懔），而副使已拾首去。是日也，城外方竞渡，游人目炫无见者。都督之出奇应变，大略如此。

当日，陆宇爀拾了王翊之首，即藏于书柜的锦函中，其家人亦不知。康熙元年（1662 年），陆宇爀"以海上事牵连赴逮，其家被籍，有司见书柜中故纸断烂陈因，弃之而去。既去，观察（指陆宇爀）之女屏当书柜，得一锦函，发之则人

① 文载《鲒埼亭集外编》卷五。

头也。观察之弟宇爆哭曰：'此侍郎之首也，而得不为有司所录，其天意也夫！'时去公死之时盖十二年，乃束蒲为身，而葬之城北马公桥下。"[1]谢山的生花妙笔，把江汉的"出奇应变"，陆宇爆的保藏烈士之首，描绘得引人入胜，娓娓动听。这样，他们的胆略和勇气，以及对殉难烈士的崇敬，对入侵敌人的仇恨，也就自然地得到了充分的表现。

又如，清兵曾劫王江太夫人以招降，王江"乃尽剃其发，以浮屠服至杭。时大帅方议劳来故国遗巨，得公甚喜。盛为馆帐如幕府，而防闲之。未几，太夫人以天命终。公忽买一妾，昵之甚。于是夫人晨夜勃蹊诟谇。公乃控之吏而出之，夫人亦攘臂登车，历数公隐微之过而去，邻人骇焉。一日公游湖上，防守者以其妾在，不疑，而公竟不知所往。乃知向者以术脱其妻也。公既脱，携其夫人复入海，朝监国于金门，张名振请为监军"[2]。乙未(1665年)，在清兵进攻浙东四明山寨时，王江中流矢而死。谢山写王江计赚清兵，其生动性堪与小说媲美。又如，冯元飂，崇祯十五年(1642年)，"以顺天贡士，待试春闱"。其时，其长兄元飏为右佥都御史巡抚天津，次兄元飚任兵部尚书。崇祯皇帝怀疑冯元飂"未必能尽洁身，苞苴之外，思有以尝之"。于是，在谢山的笔下，便出现了这样精彩的特写镜头：

一日已晚，忽有人叩尚书邸求见。尚书以事

① 参见《鲒埼亭集外编》卷六《明故按察副使监宁赣庵陆公墓志碑铭》，卷四《明故兵部右侍郎兼都察院右佥都御史王公墓碑》。

② 参见《鲒埼亭集外编》卷五《明故都察院右副都御史东王公神道阙铭》。

冗，顾左右请三相公出见之，谓公也。公出，则其人以三千金求一边帅缺，公怒，标（当作摽，挥也。）而出之，以告尚书。尚书善曰："真吾弟也！"次晨，尚书入朝，思陵迎笑而语曰："卿家三相公真卿弟也！"尚书骇愕。乃知昨夜之以三千金来者，上所遣也。津抚闻之，亦大惊。于是三相公之名，继大小冯君起。是科，公以五经成进士。①

这个特写镜头，既表现了崇祯皇帝的"猿疑未化"，又刻画了冯元飏、冯元飂之清廉耿直，可谓一石两鸟！

碑版之文最易落入熟套，使人厌烦而难以卒读。可是，谢山运用碑版形式所撰的人物传记，却无公式化的弊病。这除了他重视性格的精细刻画，擅用小说笔法之外，善于结构，巧于布局，特别注意文章开头的多变化，也是一个不小的原因。

谢山的人物传记，其开头，或先写出骇人听闻的壮烈情景，或援引历史上的事例，或作典章制度上的考证，或作慧眼独具的评论，或先交代传主材料之来源，或回忆与已有关的往事，或介绍传主之家世，或自述作传之缘起，……可谓因人而异，千变万化。兹择其要者，略举数例，以见一斑。

华亭张肯堂的《神道碑铭》，劈头先写出了"张公阖门殉难"的惊心动魄的壮烈情景。这样便使读者急于观看张公生平的方方面面，特别是有关他的抗清斗争的动人事迹。

古今来节士遭逢人伦之变，进退俱难者，盖多

---

① 参见《鲒埼亭集外编》卷五《明故太仆寺少卿眉仙冯公神道阙铭》。

有之。赵苞势不能复顾其母，只应以一死自谢，终为恨事。[1] 徐庶之从魏，先儒不以为非，然夷考之，则庶竟仁魏，无乃违其初心，岂方寸卒不自主耶？姜维自负远志，长往不顾，亦未为得。独周九虎入秦，始终不可屈节，奔汉中，再徙朔方，可谓烈哉！[2] 至吾乡王都御史而益奇！

这是《明故都察院右副都御史东王公神道阙铭》的开头，它采用了评说历史上的人与事这种形式。这犹如话本小说的"入话"，由此便引出了传主的生平事迹。不仅极为自然，而且含有古今历代类似人物和事件的比较。与此形式有相似之处的是，先作典章制度的考证，再引出传主之事。例如，《明故兵部右侍郎兼都察院右佥都御史王公墓碑》是这样开头的：

　　呜呼！是为残明浙东督师大兰洞主王公之墓。予考古今历代官制，未有所谓洞主者；有之，自萧、梁之末所称新吴洞主余孝顷辈也。其时值侯景之乱，诸遗臣起兵者，倚山寨。居民因以洞主呼之，史臣亦因而书之。要之，非朝廷之称也。明之亡也，浙东山寨大起，于是复有洞主之称。其后或降，或窜，不能尽详。惟诸死节者姓氏彪炳人间，而王公之死为

---

① 汉赵苞迁辽西太守，迎母及妻到官所，为鲜卑所劫，挟以攻郡。苞不顾其母，击破之，苞母及妻被杀。苞葬母毕，呕血而死。参见《后汉书》本传。

② 晋周九虎，因母妻被获降秦，但始终不受官。见苻坚，箕踞而坐，呼之为"氐贼"，卒死太原。参见《晋书》本传。

尤烈!

先叙传主材料之来源,兼忆与己有关之往事,这能增加读者对传记的信任感,也是谢山常用的手法。比如,由于同时代人和后人对张名振颇多失实的非议,故谢山撰写《明故太师定西侯张公墓碑》,就采用了这样的开头:

予家先族母张孺人,为苍水尚书女,先族父以是避地居黄岩。康熙庚子(1720 年),先族母以展墓归,予时年十六,从之问旧事。族母曰:"吾父与定西侯同事久,每言其志节之可哀,而谤口之多屈。"且曰:"定西墓在芦花岙,汝他日可为之谋片石焉。"予曰"诺。"蹉跎二十余年,未之践也。乾隆戊午(1738 年),始先为之参稽诸野史之异同以成定论,使异日考翁洲遗事者,得有所折衷焉。

由于王缵爵于扬州陷落时正任淮扬临军道佥事,而他之死,与史可法之死,皆扑朔迷离,颇多传说。因而,谢山为王缵爵作传,便从史、王二公之死起,并对他们之死作了评论:

乙酉(1645 年),王师南下,破扬州。阁部史公之死也,或传其已渡江而东,故其后英、霍山寨犹冒其名;或曰突围出城,死于野寺,莫能明也。幕府监司王公之死,亦然。是时,仆从星散,或传其已缒城逃之淮北者,故是时家中犹望其还,见于其姻家董户部德偁之诗。阁部之死于城南也，以史德威之目见而后信之；王公之死也，以应参军廷吉自军中归寄其遗言而后信之。呜呼，士君子断头死国，而其事犹在明昧之间，令人疑信相参，良久而始得其真也，岂不悲夫！

谢山的人物传记，其"传"，一切从客观存在的事实出发，不虚美，不隐恶，并作了考证、辨伪工作，故而反映了历史的真面目；其"评"，则言简意赅，实事求是，发人深思，表现了一个真正历史家的勇气和才识。

谢山对传主生平事迹、诗文创作和学术成就等方面的评论，或开宗明义，或文末总评，而更多的则是夹叙夹议。从其内容和手法来看，大致有这样五种类型：

一是慧眼独具，剖析历史。

比如，对于抗清政权的腐败，及其内部纷争的评论（具体事例，参见前文关于钱肃乐、朱大典等人的评论，不赘）。对于遗民学者中的大儒的学术评论，亦属此类。

二是表面批评，实避触忤。

比如，谢山感叹杜懋俊等"管江三烈士"为国殉难说："秀才读书多矣，徒以庙社之感，顿忘其力之不足，而仗此辈以挥鲁阳戈，不亦愚乎！抑亦聊以一掷也？"[①]此评从表面上看来，是指责杜秀才等人的不自量力和不识事务之"愚"，实质上是表彰了他们对故国之忠。诸如此类的评说相当多，显而易见，这是谢山为避免文字触忤而采取的一种障眼法。

---

① 参见《明管江杜秀才窆石志》。

三是看似不经，实寓深意。

比如，谢山描述秀才娄文焕，因“江东之破”而殉难后的情景说：“兀立海滨之沙上，俄顷海潮大至，浮之而去，家人为具棺衾，议以《大招》之礼葬之。越数日，海滨渔者忽见一尸，随潮荡漾而来，视之即秀才也，颜色如生。相与奔告舁归殓之，莫不惊以为神。”对此带有传奇色彩（甚至迷信色彩）之事，谢山在《明娄秀才窆石志》中发表了这样的评论：

> 呜呼！忠孝者，天地之元气，旁魄而不朽者也。白马素车，杨波重水，盖千载如一日。其长德也，虽感之以女婴、宋玉之诚而不返；其未归也，则亦不可度思（思：语末助词），斯其所以为不测也。不然，渺然七尺之躯，天吴（水伯。八首、八面、八足、八尾，色青黄。参见《山海经·海外东经》）之呵护，未必如是其严也。

与对娄秀才之死一样，谢山此评，于荒诞不经之中，寓有深切哀悼之情，并表彰了为国殉难烈士常存之“元气”，亦即浩然之气也。

四是点面结合，概括评介。

如前文所述，在《明兵科都给事中前知慈溪县江都王公事略》中，谢山既为贤吏王玉藻立了传，又概括地评介了明末鄞县“死国者”中的九位贤吏。又如《陆雪樵传》，谢山劈头就评曰：

> 前代故家遗俗之盛，莫有过于吾乡者也。星移物换之际，其为乔木增重者，一姓之中，大率四五人不止，高曾规矩，可以想见。湖人陆氏所称四姓之一也，吾得殉国者二焉：大行文虎先生死于刺，观察周明先生死于逮；得殉父者一焉，则观察之弟春明先生也。呜呼，百六之厄，乃反为王、谢世谱之光，悲夫！[①]

比如，在《贞愍李先生传》[②]中，谢山在叙述李桐及诸子的抗清事迹之后，有这样一段评曰：

> 呜呼！桑海之际，吾乡号称节义之区。顾所称"六狂生"、"五君子"，多出自学校韦布之徒；其荐绅巨公出而同义者，钱、庄、沈、冯数人而已。年来文献脱落，虽有奇节，不能自振于忌讳沉沦之下，遂与亳社声灵，同归寂寞。予每为梓里前辈网罗散失，"六狂生"辈之行实，渐以表率，而溯厥前茅，先生（指李桐）为首。又况文袒兄弟（李桐长子文袒，次子文昱，先后从军抗清，后皆殉难）以忠作孝，文暹（李桐三子）屈节事亲，皆先生之教也，而叩之诸李，莫有知者，其亦可痛也夫！

---

① 文载《鲒埼亭集外编》卷十二。百六之厄：《易传》：凡四千六百十七岁为一元，初入元百六岁为阳九，有厄。百六之厄，常指国家的否运，亦可指旱灾。详见《汉书·律历志》及注。

② 文载《鲒埼亭集》卷二十七。

由于谢山的人物传记，在历史和文学，纪传和评论的结合方面，达到了极高的水平。因此，读者读后不仅能感受历史，还可以剖析历史和评判历史；不仅能在情绪上受到感染，增强为正义事业而斗争的信心和力量，还可以促进自己对历史和人生作深层的反思。这些正是谢山人物传记的艺术魅力之所在。

黄宗羲尝“选明三百年之文为《明文案》，其后广为《明文海》，共四百八十二首”[①]。梨洲选文强调“一往深情”。在《〈明文案〉序》(上)中，梨洲指出其选文标准是：“不名一辙，唯视其一往深情，从而捃摭之。巨家鸿笔，以浮浅受黜，稀名短句，以幽远见收。”因为，在梨洲看来，“凡情之至者，其文未有不至者也”；“文以理为主，然而情不至，则亦理之郛廓耳。”[②]必须指出的是，梨洲的所谓“情”，是与国破家亡之痛紧相联系在一起的。

谢山的诗论和文论，颇受梨洲的影响。而“一往深情”，则可说是谢山人物传记的又一特色。谢山由衷地敬仰“故国忠义”，为他们“尚忠义”的精神所感动。故其表彰“故国忠义”之文，皆“一往深情”，感人肺腑。谢山对待师友情真谊笃，故其纪述师友之文，亦“一往深情”，催人泪下。

谢山人物传记的“一往深情”，一表现于他的创作冲动和创作缘起；二表现于爱憎分明，褒贬得当，纪叙真实；三表现于他那既严肃公允，又激情洋溢的评论。前文所列举的许多事例，已足以说明这方面的特色，在这里，再略举数例，以

① 参见《梨洲先生神道碑铭》。

② 参见《南雷文定》三集卷三《论文管见》。

作补充。

谢山为双双殉难的华夏及其夫人陆氏立传，采用了“合状”的形式。“在昔文章家无合状之体，惟《叶水心集》尝为陈同甫、王道甫作合志，盖出于史之合传。予因援其例于状。但古人于夫妇之间，未有不以妇统于夫者，今双举之，何也？曰：‘华夫人之烈，非凡为妇者所可同也。’”①可见，谢山撰写《华氏忠烈合状》，不仅仅是形式上的创造，而且蕴含着他对这一对为国殉难夫妇的“一往深情”。

又如，杨氏“一门被歼，不可谓不惨，然而为故国增重矣！”为此，谢山怀着沉痛的心情，撰写了《杨氏四忠双烈合状》。其于“四忠双烈”之事，笔端无不饱含着“一往深情”。②

为自己的知交立传树碑，谢山笃于友谊的“一往深情”，更是溢于言表。其为鲍钤所撰的墓志铭，开头就令人鼻酸心痛：

> 乾隆十三年（1748年）闰七月十有八日，予在杭病甚，有急足以辛浦书至者。展视之，则弥留语也。其书曰：“日来一病，竟入膏肓，从此化为异物，长辞左右，可为叹息！一生偃蹇，毫无可录。只操履粗为自信，吟咏聊以自娱。而今已矣，寂寞身后，幸惟先生怜而念之。伏枕哀祈，泫然绝笔！”时予方进药，不禁失声哭，连日病为之剧。稍差，念友朋

① 参见《华氏忠烈合状》。

② 参见《杨氏四忠双烈合状》。

> 垂殁之托，不可以疾故，令其耿耿犹视于地下，乃稍取其大略而次之。[1]

这就是友朋对谢山的“一往深情”，谢山对友朋的“一往深情”。文章充分表达了这种彼此的“一往深情”，焉能不感人不动人！

谢山晚年为师友作碑版之文，有感于“交游凋谢，岁岁作哀挽，撰志铭，老泪为之枯竭”[2]。无论记叙师友之生平，回忆彼此往日的过从，评论师友之坎坷经历，以及述说其事功、学术上的成就，也更显得“一往深情”。

比如，《陆茶坞墓志铭》[3]，谢山记叙了他与陆锡畴的交往说：

> 予之交茶坞也，以祁门马嶰谷，一见即倾到。尝曰：“谢山无终老山林理。”不知其言之不验也。予游岭外，一病几死，病中梦过“水木明瑟园”（陆氏家园），与君坐紫藤花下，啖莼羹。君复以酒困予，予曰：“此伏波曳足壶头时[4]，不复与君抗也。”醒而异之，以为徼幸生还，一践此景，岂知茶坞已弃我而去乎！茶坞卒，其子尚少，吾惧“明瑟”之径有尘，而竹林之罏且圮也！

---

① 参见《鲒埼亭集》卷十九《杭州海防草塘通判辛浦鲍君墓志铭》。

② 参见《鲒埼亭集》卷二十《沈果堂墓版文》。

③ 文载《鲒埼亭集》卷二十。

④ 汉军援征五溪，营壶头。天热，士卒多疫死，马援亦病倒，因穿岸为室，以避炎热。敌升险鼓噪，援每曳足观之。参见《后汉书·马援传》。

谢山的人物传记，既“一往深情”于他所表彰的“故国忠义”和知心师友；其论人评事，又见解卓越，于史法又能别出心裁。难怪李慈铭“自十八、九岁时即读之忘倦”①，梁启超读古人文章，“举《鲒埼亭集》为第一部”②。

谢山的人物传记，当然亦非尽善尽美，在内容和形式上，也都存在着一些局限和缺陷。

谢山表彰“故国忠义”，主观上可谓殚精竭虑，呕心沥血；客观上则反响巨大，影响深远。不过，在谢山看来，甲申(1644年)为朱明王朝和崇祯皇帝殉节者，与乙酉、丙戌(1645年、1646年)及以后的抗清殉难者，同是“故国忠义”。他对“甲乙丙”及以后的“死国者”，是一视同仁的。谢山对那些甲申之前曾镇压农民起义军，后又积极投身抗清斗争的“故国忠义”，不仅歌颂他们的抗清业绩，也肯定他们的镇压农民起义军的功劳。在为张肯堂所撰的神道碑铭，为朱大典、李长祥等所撰的事状中，谢山皆怀着敬意记述了他们镇压农民起义军的事迹。在《明太常寺卿晋秩右副都御史茧庵林公逸事状》③中，谢山记载了林时对晚年的这样一则逸事：

> 一日，到湖上圣功寺巷中，公眼已花，不辨场上所演何曲，但见有冕旒而前者。或曰：“此流贼破京师也。”公即狂号，自蓝舆撞身下，踣地晕绝，流血满面。伶人亦共流涕，观者迸散，是日为之罢剧。

① 参见《越缦堂读书·诗文别集·鲒埼亭集外编》。

② 参见《中国近三百年学术史·清初史学之建设·全谢山》。

③ 文载《鲒埼亭集》卷二十五。

嗣后公不复出，掩关咄咄而已。

这则逸事，生动地表现了林时对这位坚持民族气节的抗清志士，对于推翻明朝，逼死崇祯皇帝的李自成农民起义军的刻骨仇恨。仇恨农民起义军，这是封建士大夫难以克服的历史和阶级的局限性，林时对是如此，谢山亦复如此。对此，我们理应指出，但不必苛求。作为封建时代的史学家、文学家和思想家，全祖望无法克服这种历史的和阶级的局限性。

另外，谢山承认"君父良难兼顾"，但认为，像徐启睿这样未受明代"国家恩命，而必弃其亲以从君，斯亦不无小过"；对更多的明代遗民，因抗节而不顾其亲，谢山同样认为，"揆之圣贤之处此，未必其然，斯论世者所当知也"。虽然，谢山确认"大节如诸公，要不可泯没"。① 可是，他的这种看法，亦可说"不无小过"。

至于谢山的文章，虽批评者不少，可是，对其表彰"故国忠义"的人物传记，还是褒多贬少。在这方面，谭献的评论颇有代表性，《复堂日记》卷一指出：

全于浙东文学，雍、乾间颇为职志，其实粗识藩篱而已。《鲒埼亭集外编》于明末诸忠节，虽叙述不中律度，亦为不废之作。辩证遗闻，以理势求之，多可信者。他文则芜矣！

说谢山表彰"故国忠义"之文，"叙述不中律度"，这并不允当。这是用传统的观点，来衡量谢山的别具一格的人物传记，

① 以上引文，均见《明锦衣徐公墓柱铭》。

不足为训。至于“芜”，倒道出了谢山的文章，包括人物传记在内的缺点所在。章学诚《乙卯札记》，亦曾批评谢山记胜国遗事，“文词不免冗蔓，语亦不甚选择，不免于复沓，不解文章互相详略之法。”所谓“芜”，笔者以为，一是指内容上颇有重复之处；二是指文词尚不简净，精炼不够。系列化的人物传记，虽难免有重复，亦难保篇篇上乘。但是，谢山有些文章，确给人以“芜”的感觉。严元照批评谢山撰文，“以轻心掉之者”[①]，个别文章不无此缺陷，但就总体而言，则大不然也。

① 参见严元照评校本《鲒埼亭内外编》。

第八章　全祖望的诗论和诗作

清人杨太瀞认为，读陆游的诗，必须了解其时代、生平和志向，不能把陆游仅仅作为一位诗人来看待。他在《〈剑南诗钞〉序》中这样说：

> 论其世，知其人，考其志，以放翁为诗人而已可乎？知放翁之不为诗人，乃可以论放翁诗。

此论良是。全祖望和陆游，处于不同的时代，其生平和志向亦迥异；在诗歌创作上，全祖望更不能与陆游相提并论。但是，“论其世，知其人，考其志”，我们也不可把全祖望仅仅作为诗人来看待。在这一点上，他与陆游却有共同之处。深为谢山所崇敬的李绂，在《藤花怀饨七叠前韵赠全谢山》诗中，早就指出：“其古学所富，其艳文可酬。不知文学外，更有吾所求。”[①]因此，我们不妨套用杨太瀓的话这样说：“知谢山之不为诗人，乃可以论谢山诗论及其诗作。”

谢山在评史学家万斯同的诗作时曾指出：

> 诗有诗人之诗，有文人之诗，有学人之诗。从安溪（李光地）所举三子而言，宁人（顾炎武）则学人之诗之工者也；百诗（阎若璩）则学人之诗之拙者也，先生则实系学人之诗而兼有诗人风格。[②]

谢山“诗为余事”，根据其诗作之实际，亦可归入“学人之诗而兼有诗人风格”这一类。谢山的诗学（诗论和诗作），在有清一代称不上是名家，但其诗作有极高的文献价值，诚如他自己所说的：“我诗虽不工，聊足补献征。”至于他的诗学观，与其经史研究密切相关，颇多相通之处。谢山对晚明和清初各家的诗学，既有批评，亦有吸收；对乾、嘉时代的诗学，则不无启迪和影响。在清代诗学的发展史上，谢山亦是个承前启后的诗人。

一、全祖望诗论述评

谢山并无诗歌理论与批评的专著，其诗论散见于他的诗

① 诗载《穆堂初稿》卷十七《紫藤轩草》。

② 参见《续甬上耆旧诗集》卷七十八万斯同小传。万斯同的诗，常有小序详细纪事，如《银蜡烛》、《欧罗巴》等等，这个特点对谢山借诗以存乡邦文献颇有启示和影响。

集和文集。

诚如李慈铭《越缦堂笔记》所指出的,谢山“诗为余事”。在谢山看来,经史之学高于词章之学,治经史之学是读书人的根本。谢山与欧阳修一样,希望“学者从事于有用之经济,而不徒汩汲于无益之词华”①。谢山赞赏张肯堂的“平生以用世为学,不以词章自见。”②谢山还曾批评“近日读书人”说:

> 近日读书人,东涂西抹技俩,穷老尽气,不过稍驾帖括,而上之至于词章之学而止。③

在这里,谢山对于“近日读书人”的批评,虽不无积极的现实意义。不过,他对“词章之学”的观点,源于宋代的理学家,显然是片面的。当然,作为一个专治经史的学者,谢山有这样的观点,也是可以理解的。何况,谢山并不反对读书人在潜心研究经史之余,从事词章之学,并有所成就。他自己走的就是这样一条经史研究和诗文创作相辅相成的道路。

如前文所说,谢山的经学研究,贵在“不专主一说”,力主“去短集长,和同受益”,没有“门户之见”,因而能批判继承诸家之说,发前人之所未发。在诗学上,谢山同样“不专主一说”,能转益多师,反对“门户纷纶”,所以独到之见颇多。④

---

① 参见《鲒埼亭集外编》卷二十六《〈受宜堂集〉序》。

② 参见《明太傅吏部尚书华亭张公神道碑铭》

③ 参见《鲒埼亭集外编》卷四十一。

④ 《鲒埼亭诗集》卷一《祥琴集·牧斋本与茶村相契,……》有这样的诗句:“门户纷纶祸未休,可怜文字亦戈矛。”

首先,谢山既赞同儒家传统的“诗言志”,“温柔敦厚”的“诗教”说,以及“兴观群怨”说;又强调“乐之以时而变者”,重视“诗之变”,“诗之真”和“魏晋以来神韵”。

在谢山看来,“诗皆意所寄”[①]。他尝指出纳兰常安之诗文,“渊源本乎忠孝,涵养底于和平,函雅故通古今。其真圣代之儒臣,可不谓之巨手欤!”[②]谢山称赞李文纯之诗,“冲和雅淡,绝无怨悱之音”[③]。谢山指出,董德偁“其诗称情而出,感慨身世,原本忠孝,顾不甚屑屑于声律间”[④]。在为老友赵谷林的《爱日堂吟稿》所撰的序文中,[⑤]谢山更明确地说:

> 昔日论诗者,梅圣俞主于勤,吕居仁主于悟,杨廷秀主于变。夫不勤何以能悟,不悟何以能变,其归一也。三家之言,可包举也?而予更有进于此者。诗固《三百篇》之遗也,苟无预于人伦之旨,则虽计求工,要不过世俗之诗。谷林之为人也,事亲以孝,待兄弟以友,御下以慈,接友朋姻亲以厚,可谓有得于温柔敦厚之教者矣!

在谢山看来,诗作之工,一需诗人有“儒者气象”,得力于“学道”;二原于遭际之坎坷,“其心歉然有所不足”。他评挚友陈竹町及其诗曰:

---

① 参见《鲒埼亭集外编》卷二十五《陆大行〈环堵集〉序》。

② 参见《〈受宜堂集〉序》。

③ 参见《鲒埼亭集外编》卷二十五《耕石老人诗集序》。

④ 参见《续甬上耆旧诗集》卷二十三董德偁小传。

⑤ 文载《鲒埼亭集》卷三十二。

> 竹町居士陈授衣，以诗名大江南北者，凡三十年而不遇。其遇益蹇，其诗愈工。顾竹町之诗愈工，而其心愈歉然有所不足。余谓其心之歉然有所不足者，此诗之所以工也。请言竹町之为人也，古心而笃行，方严醇雅，造次不苟，有儒者气象，故其诗亦绝无险陂之习，夸诞靡漫之音，狭隘僻陋之肠，破碎之句，而一出之以和平温厚。取材自汉、魏，以至宋、元无不到，而归宿于中唐。年愈五十，手不停披，含毫渺然，会心自远。吾疑其胸中所造，殆有得于学道者，故其诗工如此。而竹町逊谢曰："吾未能也。"……赋诗日工，去道日远，昔人所以箴后山(陈师道)者，谓其溺于诗也，非遂谓之有害于道也。竹町之诗既工，而胸中所造有近乎道，其欿然不自足也，殆将有更进而致精焉者！①

谢山于清初诗人，推重"北王南朱"。他说："虽然以国朝之诗，宿言之，百年以来，海内之所以共输心者，莫如新城(王士禛)。若吾浙中之所共敛衽者，莫如秀水(朱彝尊)。"②但相比较而言，谢山更心醉于宛陵施闰章，尝声称："我生瓣香愚山集，愿为执鞭惭惰窳。"③在《〈罂脰山房诗集〉序》④中，谢山对

---

① 参见《鲒埼亭集》卷三十二《〈宝甎集〉序》。

② 参见《鲒埼亭集外编》卷二十六《冯侍郎集序》。

③ 参见《鲒埼亭诗集》卷三《五甲集·姚江赠同年施明府蘖斋》(施为愚山先生曾孙，由广东新会来。)。

④ 文载《鲒埼亭集》卷三十二。

王、朱、施三家，更作了比较评论：

> 国朝诸老诗伯，阮亭（王士禛）以风调神韵擅场于北，竹垞（朱彝尊）以才藻魄力独步于南，同岑异苔，屹然双峙。而愚所心醉者，莫如宛陵（今安徽宣城）施侍讲（闰章）之诗。宛陵至性深情，化才藻于何有；而孤行一往，至风调之可寻，所谓酸咸之外别有领会。说者以莱阳宋观察（琬）同称，[①]非其论也。在昔都官手笔，实使欧、苏诸巨子低头下拜，岂地气所钟，世有之欤！迩来海内之言诗者，不为齐风，即为浙调，兼两专车，如相契约。而宛陵一唱三叹之音，庋阁已久。予虽大声言之，而世人莫之听也！

谢山推重“北王南宋”，但他更瓣香心醉于施愚山。究其原因，就在于愚山论诗主张“诗有本”，“言有物”，其诗作有强烈的现实意义，古风乐府则多反映民生疾苦。谢山论诗继承了儒家传统的诗学观，既有倡导“诗有本”，“言有物”，“诗不可无为而作”，诗要有“风人之遗”等积极方面，也有强调宣扬儒家之道的局限性。难能可贵的是，谢山在继承儒家传统的诗学观的同时，又充分注意到了“诗之变”，倡导“诗之真”，并追求“魏、晋以来神韵”。

---

① 王士禛论清初诗人，有“南施北宋”之说，认为“康熙以来诗人，无出其右”。

谢山考察了远古时代的歌舞，以及“后世之乐”，得出了“乐之以时而变者”的观点，认识到随着时代和作者的变迁，诗歌也必然会不断发生变化。① 谢山还充分肯定李白、杜甫之诗，“其神明魅力，足以尽诗之变”；并指出，“不善学者袭之，亦足以失诗之真。”②谢山还从宋诗所经历的四次变化中得出了这样的结论：

> 盖此三百五十年中，更番间出，如晋、楚狎主，齐盟风气，皆因作者而迁，而要莫能相掩也。③

谢山不仅强调“诗之变”，重视“诗之真”，欣赏“魏、晋以来神韵”。在他看来，这种“淡而弥永，清而能腴”的“神韵”，乃是“风人之遗”；而有“神韵”之诗，“春容骀宕，超然自得，绝不为境所束”。因此，谢山“言诗自盛唐而后推三家，柳子厚(宗元)不可尚矣；次之，则宛陵(梅尧臣)；次之，则南渡姜白石(夔)”④。

其次，谢山论诗，既推重“忧时为世之音”，“亹亹忠孝

① 参见《鲒埼亭集外编》卷二十六《〈迎銮新曲〉题词》。

② 参见《鲒埼亭集外编》卷二十六《〈春凫集〉序》。

③ 参见《鲒埼亭集外编》卷二十六《〈宋诗纪事〉序》。谢山所指宋诗四变是指：宋初，西昆体盛行，“庆历以后，欧、梅、苏、王数公出，而宋诗一变”；黄庭坚“以崛奇之调，力追草堂，所谓江西派者和之最盛，而宋诗又一变”；建炎以后，从陆游、杨万里、范成大、尤袤，“四壁并开，乃永嘉徐、赵诸公，以精虚便利之调行之，又赏于水心，则四灵派也，而宋诗又一变”；“及宋亡，而方、谢之徒，相率为急迫危苦之音，而宋诗又一变。”

④ 以上引文，均见《鲒埼亭集外编》卷二十六《〈春凫集〉序》。

之音”[1]；又强调“诗之为道，盖性灵之所在”。

谢山尝谓，“予之采诗，以人为重”[2]。他论诗，同样“以人为重”。之所以“以人为重”，原因就在于，谢山认为“人如其诗”[3]；“从来书画重以人”[4]；“大率诗如其画，画如其人”[5]。基于这样的认识，谢山采诗，编纂《续甬上耆旧诗集》，最有意于“故国忠义”；对“感怀国难，徧哭诸忠”之作，无不另眼相看。[6] 这与“杲堂(李邺嗣)录耆旧诗，最有意于布衣不遇之士”[7]，显然有所区别。谢山坚持“人如其诗”，论诗自然特别推重“忧时为世之音”[8]，“亹亹忠孝之音”[9]，而“雅不喜香奁体”[10]了。

谢山对张苍水的《奇零草》和《采薇吟》极为欣赏，他

---

① 谢山此论实源于梨洲。梨洲《万履安先生诗序》指出，“从亡之士”，或“章皇草泽之民”有感而发的诗篇，堪称“故国之鉴”，“不可不谓之史也”。

② 参见《续甬上耆旧诗集》卷四十五《思庙遗绅之五》前言。

③ 参见《鲒埼亭集》卷三十二《〈翾朖山房诗集〉序》。

④ 参见《鲒埼亭诗集》卷四《抄诗集·张靓渊示所藏李樛仙观察故扇，其阳为倪文正公书，其阴为张遗民画。文正书固足重，遗民画亦罕矣，靓渊索赋七古，灯下率笔应之》。

⑤ 参见《续甬上耆旧诗集》卷一百十一余濡小传。按：在谢山之前，徐增《徐而庵诗话》指出：“诗乃人之行略，人高则诗亦高，人俗则诗亦俗，一字不可掩饰，见其诗如见其人。”薛雪《一瓢诗话》亦曰：“诗文与书法同一理。具得胸襟，人品必高。人品既高，其一謦一欬，一挥一洒，必有过人之处，享不磨之名。”在谢山之后，刘熙载《艺概》更提出了“诗品出于人品”的诗学命题。

⑥ 参见《续甬上耆旧诗集》卷四十七李文缵小传。

⑦ 参见《续甬上耆旧诗集》卷九十一赵嗣贤小传。

⑧ 参见《续甬上耆旧诗集》卷十六李桐小传。

⑨ 参见《续甬上耆旧诗集》卷四十四王嗣奭小传。

⑩ 参见《续甬上耆旧诗集》卷十八管櫄小传。

不仅为之“诠次审定”，且曾作《诗话》二卷，“以详其集中赠答之人与其事”。谢山还感叹地说：

> 古来亡国之大夫，其音必凄楚郁结，以肖其身之所涉历，盖亦不自知其所以然者也。独尚书之著述，噌吰博大，含钟应吕，俨然承平庙堂巨手，一洗亡国之音。①

钱肃乐这位“一门六棺”的“故国忠义”，在谢山眼里，其“《和文山六歌》，[沁园春]、[唐多令]诸词，慷慨淋漓，风雷变色，如易水之滨，白衣冠而歌变徵；如鸿门之啖彘肩，目眥迸裂，可以想见其人矣！”②

与顾炎武并提，被时人称之为“归奇顾怪”的抗清志士归庄，有奇文曰《万古愁》，谢山评论曰：

> 世传《万古愁》曲子，瑰瑰恣肆，于古之圣贤君相无不诋诃，而独痛哭流涕于桑海之际。盖《离骚》、《天问》一种手笔。③

谢山编纂《续甬上耆旧诗集》，详录了邱子章《萍槎咏》和《过客吟》中的作品，个中原因就在于：

---

① 参见《鲒埼亭集外编》卷二十五《张尚书集序》。

② 参见《鲒埼亭集》卷三十《太保钱忠介公画像记》。

③ 参见《鲒埼亭集》卷三十一《题归恒轩〈万古愁〉曲子》。

> 先生不以沽名，然其耿耿故国之音，原本忠孝，天荒地老，此心不朽，别有所以工者，予故详录之。①

谢山为甬上诗人周容（鄮山先生）编辑诗集时，“去其十之五，而存其有关名节者数十首，次为二卷。”删去的皆属应酬之作。对于周容的那些“故国黍离麦秀之音”，谢山赞不绝口，认为“触目皆桑田之感”，“读之令人魂断”。②

董守渝，“其为诗歌遍哭所知之死国难者”，如《哭刘念台先生》、《江都谢氏一门五节》、《哭舟山死难诸贤》、《哭户部给事邵公思远》等等。谢山认为，这些诗篇，“淋漓悲怆，令人不能自胜”。董守渝尝自述其学诗经过曰：

> 予中年以前，喜为长吉（李贺），而学不逮。其后喜为惠休（南朝宋僧人，原名汤休），而机趣不逮。其后又思为康乐（谢灵运），而神韵不逮。近颇觉书卷凑泊，天机出于自然。

对此，谢山评论说：“予则谓《擘兰》一集，上拟屈骚，远祖变雅，区区谢康乐之诗法，何足言哉！”③由此可以清楚地看出，谢山看重的乃是“忧时为世之音”，“亹亹忠孝之音”；在他看来，“上拟屈骚，远祖变雅”的精神，尤重于“谢康乐之

① 参见《续甬上耆旧诗集》卷二十五邱子章小传。

② 参见《鲒埼亭集外编》卷二十五《〈春酒堂文集〉序》。

③ 以上引文，均见《续甬上耆旧诗集》卷二十董守渝小传。

诗法”。

对于明清易代之际的诗歌，谢山推重的是“忧时为世之音”，“亹亹忠孝之音”。他评论历代诗人，同样恪守“以人为重”的原则，推重富有现实意义的诗篇。其《范石湖羔羊斋》[①]诗曰：

石湖有故斋，羔羊忆五纵。三秋多佳气，长吟对芙蓉。吾读石湖诗，读罢进奏疏，贤者绰有大臣风，不独出使风节如郑公，况复风流在诗筒。阿侬年来诗思竭，乞灵愿得执鞭从。烹鸡祭斋下，魂魄倘相逢。

“平生论诗法，雅不喜竟陵。”[②]谢山不喜竟陵的原因，就在于“竟陵当承平之世，堕入鬼趣，是为无病而呻吟，所以为亡国之徵。”[③]谢山对竟陵派的批评亦源于梨洲，梨洲尝言：“弘治(1488—1504 年)以来，诗准盛唐，流于剽窃。公安解缚而失情，竟陵浚深而迷路。”[④]平心而论，谢山对竟陵的批评虽然尖锐，但也并不全盘否定竟陵；更不否定“从竟陵入手，然非竟陵之心城血路所可语”的诗人，如榆林四先生之辈。[⑤] 清初的毛先舒，曾抨击竟陵派的诗学，指责钟惺、谭元

---

① 诗载《勾馀土音》卷三。

② 参见《鲒埼亭诗集》卷四《百五春光集·宝岩看梅同靓渊》。

③ 参见《续甬上耆旧诗集》卷五《榆林四先生》前言。四先生指：周齐鲁、王玉书、陆宇爋和周元初。

④ 转引自《续甬上耆旧诗集》卷九十六董道权小传。

⑤ 参见《续甬上耆旧诗集》卷九十六董道权小传。

春“高谈性灵，嗤鄙追逐，各用我法，遑知古人”；还认为“标格声调，古人写性灵之具也。”[①]谢山的诗学观，比毛先舒高明，他一方面推重“笔底忠孝之思，随处呈露”[②]的诗歌；另一方面又强调“诗之为道，盖性灵所在。不必谓大家之落笔，皆可传也。即景即物，会心不远，脱口而出，或成名句，则非言门户者所能尽也”。[③] 谢山赞扬周齐曾“其文不循一切律度，独抒性灵”[④]。这一声赞词，岂不就是公安派鼓吹的“独抒性灵，不拘格套”的同义语。

第三，谢山积极鼓吹“作歌补史”，“抄诗裨国史”；他欣赏“实录”式的诗篇，推重“诗史”。但他又十分强调“有感但言情”，赞扬“称情而出”的诗篇。

作为一个毕生从事搜讨、整理和研究乡邦文献的史学家，谢山重视“实录”式的诗歌，这是非常自然的。谢山宣称：

> 我今作诗补史宬（宬：藏书室，后指皇室专藏帝王手笔、实录、秘典等之处，明代有“皇史宬”），高山长求溯精灵。[⑤]
>
> 我诗虽不工，聊足补献徵。[⑥]

---

① 以上引文，均见《诗辩坻》卷四。

② 参见《续甬上耆旧诗集》卷二十三董德偶小传。

③ 参见《鲒埼亭集外编》卷二十六《宋诗纪事序》。

④ 参见《续甬上耆旧诗集》卷二十五周齐曾小传。

⑤ 参见《勾馀土音》卷五《故昌国达鲁花赤高昌公祠堂迎神曲》。

⑥ 参见《鲒埼亭诗集》卷九《西笑集·太白山中吊二公子》。

陈皇士所编纂的《启祯诗选》，谢山赞之曰："抄诗裨国史。"①友人万西郭喜诵陈昌泗的诗作，以为"一片本色，毫无脂粉，亦实录也"。谢山对此亦深以为然。因为，谢山同样认为，"涂脂抹粉失真色，淡扫蛾眉赋冶春。"②

对于"故国忠义"的诗作，谢山更给予了极高的评价："遗民诗史在，莫罄吁天情。"③谢山认为董守渝之诗，"恣其胸中所欲言，是在古今亡国士大夫文字中独成一格"，"其《五哀诗》、《七哀诗》、《舟山九歌》、《六列传》，文笔最壮，余亦皆哀挽之作为多，可当江东小史也。"④李桐"搜罗枌社遗集，而后人不能存其集以报之"，谢山为此感叹不已。谢山"求先生之集几十年"，最后始得《寒香阁戊寅集》一卷，令他欣喜若狂。"尤可惜者，甲乙丙三年纪事之诗耳。"⑤

其实，谢山自己的诗作，"亦多关于旧史"，他那些追记、悼念"故国忠义"的篇什，论学和论诗之作，以及有关甬上人情风土之诗，无不有"补史宬"的创作意图，"补献徵"的文献价值。最能体现谢山"作歌补史宬"，"聊足补献徵"诗学观的诗集，当推《勾馀土音》。谢山自序其《勾馀土音》曰：

有感于先乡辈之遗事缺失，多标其节目以为题。虽未该备，然颇有补志乘之所未及者，其敢谓得与

① 参见《鲒埼亭诗集》卷五《吴船集·故太仆陈皇士木渎别业》。

② 参见《鲒埼亭诗集》卷七《漫兴二集·若耶溪竹枝词》。

③ 参见《鲒埼亭诗集》卷十《度岭集·天湖之称，不知所出，近从〈独漉诗〉方知以桂王得名也》。

④ 参见《鲒埼亭集外编》卷二十五《董户部〈擘兰集〉》题词。

⑤ 参见《续甬上耆旧诗集》卷十六李桐（贞愍）小传。

斯文，亦聊以志枌社之掌故。

刘承干《勾馀土音补注跋》则指出，谢山“欲藉诗以存乡邦文献”。这是谢山的创作意图，也是谢山诗歌的一大特点。《勾馀土音》中，有多达七十余首《拟薤露词》，皆为悼念和咏叹明清易代之际的甬上“故国忠义”之作。每诗一题一注，除了“藉诗以存乡邦文献”之外，都蕴含着作者深沉的历史反思，从中不难窥见谢山的深层思想。

谢山耿直不阿，喜臧否人物。但他忧国忧民，笃于友谊。“生民水旱大可念，故人出处尤关情。”[①]在“真率诗社”和“韩江诗社”，谢山与志同道合的友朋唱酬赓和，坦露出一片真情；他咏叹甬上的风土人情之作，则洋溢着对故乡真挚深厚的爱；他那悼念师友的诗篇，情真意切，感人肺腑。正由于此，谢山虽然十分强调诗歌的“补史宬”和“补献徵”的社会功能，但并不因此而忽视“真性情”在诗歌创作中的重要作用。谢山有首诗曰：

星霜催短鬓，未有一书成。惭愧不鸣鸟，空怜太瘦生。健忘将辍业，有感但言情。输尔觥觥响，重茵独擅名。[②]

谢山不但“有感但言情”，还深切地体味到，“乃知真性情，多

① 参见《鲒埼亭诗集》卷七《漫兴初集·月夜唐栖舟中和樊榭韵》。

② 参见《鲒埼亭诗集》卷五《吴船集·果堂问予近日所著何书，予无以答，乃索近所诗而去》。

得之忧患”①。在他看来，“杞人窃搔首，作诗志忧患”②。

谢山评诗，极为赞赏“称情而出”的作品。他评沈光文之诗曰：“称情而出，不屑屑求工于词句之间，而要之原本忠孝，其所重原不在诗。即以诗言，亦多关于旧史。”③他称许钱肃图之诗，“以情胜”，“寄意更远”，“缠绵沁人心脾”。④ 他肯定郑江“所作诗古文词称情而出，一任时风众势之上下，确然莫能溷其本色”⑤。他赞扬董永昌之诗，“不事修饰，称情而出。”⑥他认为董德偁“其为诗称情而出，感慨身世，原本忠孝，顾不甚屑屑于声律间”⑦。总而言之，谢山之所以推重“故国忠义”之诗歌，不仅因为他们“雅志在用世”，“其节重”，还由于他们的作品皆能“称情而出”，做到了“国事君仇，惓惓魂梦，邓林心事，颂言不讳”。⑧

第四，谢山认为有“学人之诗”、“文人之诗”和“诗人之诗”；他推重“学人之诗”，亦不薄“文人之诗”和“诗人之诗”。当然，他所向往的，乃是“学人之诗，而兼有诗人风格”。

谢山指出：“盖所谓学人之诗，自具读书种子，非雕虫家

---

① 参见《鲒埼亭诗集》卷八《望岁集·雪舫分司同年狱中有诗成集，其送万生幼杨还甬上寄怀甚殷，未及答也，到杭答以三首，即送之东行》。

② 参见《鲒埼亭诗集》卷五《韩江唱和第二集·感怀》。

③ 参见《明故太仆斯庵沈公诗集序》。

④ 参见《续甬上耆旧诗集》卷四十三钱肃图小传。

⑤ 参见《鲒埼亭集》卷十八《郑侍读筼谷先生墓志铭》。

⑥ 参见《鲒埼亭集》卷二十八《董永昌传》。

⑦ 参见《续甬上耆旧诗集》卷二十三董德偁小传。

⑧ 以上引文，均见《鲒埼亭集》卷十四《中条先生墓表》。

之音也。”[①]他评万言之诗则曰：

> 先生于诗非专门，然其魄力有可取者，所谓文人之诗也。[②]

可见，“文人之诗”不仅需讲才情，而且要有“魄力”。

谢山有一则“诗话”，很能概括“学人之诗”、“文人之诗”和“诗人之诗”的不同特点。《续甬上耆旧诗集》卷五十七董剑锷小传说：

> 林都御史茧庵（时对）尝云：“世谓吾甬上之诗，鄮山（周容）以才胜，其气雄；杲堂（李邺嗣）以学胜，其词赡。”而欲以巽子（董道权）参之，巽之虽工诗，然已踏省门，非可与遗世之人比者。予为更之曰：“晓山（董剑锷）以韵胜，其格超。”斯真三树珠[③]也。

“以才胜，其气雄”，这是“文人之诗”的特点；“以学胜，其词赡”，这是“学人之诗”的特点；而“以韵胜，其格超”，则是“诗人之诗”的特点。在谢山看来，尽管“学人之诗”、“文人之诗”和“诗人之诗”，各有各的特点。但是，

---

① 参见《续甬上耆旧诗集》卷九十五左岘小传。

② 参见《续甬上耆旧诗集》卷一百零一万言小传。

③ 唐初的王勃，与兄王勔、王勮三人，皆有才名，杜易简称他们为“三珠树”。参见《新唐书》卷二十一《王勃传》。

“学人”可以成为杰出的诗人;“诗人”也可成为有成就的学人。对于杭世骏等人所力主的“学人不入诗派,诗人不入学派”之说,谢山深不以为然。他举实例说,在宋代,既有“以诗人而入学派者”,如黄庭坚;又有“学人而入诗派者”,如陆游。当然,谢山认为最理想的,应该是“学人之诗,而兼有诗人风格”。他评友人王梅沜之诗曰:

> 梅沜之诗,其取材也精,其就律也细,清和温润,匠心独运,盖学人之长,而别有闲情逸气出于行墨之表,未尝屑屑描模之迹。震川(归有光)所谓得西子之神,而不徒以其颦者也。①

所谓“学人之长,而别有闲情逸气出于行墨之表”,亦即“学人之诗,而兼有诗人风格”之谓也。

在谢山之后,主张“诗必研诸肌理”②的翁方纲,亦认为“有才人之诗,有学人之诗,二者不能兼也”,而倡导“学人之诗”。翁方纲诗宗江西派,尤推重黄山谷。他赞同黄山谷“以古人为师,以质厚为本”的理论,欣赏其诗的“荟萃史事,巨细不遗的学问”③。翁方纲虽亦承认“由性情而合之学问,此事遂超逸古今”④。但他重“学问”,而轻“性情”。这与谢山“学问”和“性情”并重,以“学人之诗,而兼有诗人风格”

---

① 参见《鲒埼亭集》卷三十二《〈罨胐山房诗集〉序》。

② 参见翁方纲《〈延晖阁集〉序》。

③ 以上引文,均见翁方纲《谢蕴山咏史诗序》。

④ 参见翁方纲《徐昌谷诗论》。

为最高境界的诗学观，显然不可同日而语。

第五，谢山赞美有“雄气”的诗作，但又主张艺术风格的多样化。

在诗歌的艺术风格方面，谢山的看法，与清初的黄宗羲和贺贻孙等人的诗学观是相通的。梨洲主张诗写“孤愤绝人，徬徨痛苦”之情，认为诗由于“阳气在下，重阴锢之，则击而为雷”①；而于危难之世，诗情“拥勇郁遏，坌愤激讦，而后至文生焉”②。贺贻孙则标举“作诗当自写性灵”，赞扬宋遗民诗，强调“忠孝之诗，不必问工拙也”。为了更好地抒发特定时代所造成的“感愤不平之恨”，贺贻孙与梨洲一样，亦倡导豪放雄健之诗风。③ 贺贻孙说得好：“太平之世，不鸣条，不毁瓦，优柔而已矣，是乌睹所谓雄风也乎？”④

谢山肯定甬上诗派之学韩、学苏，“虽不能至，要自有雄健本色。”⑤他赞赏范锷“其诗有雄气”⑥。难能可贵还在于，谢山倡导具有“雄健本色”和“雄气”之作，亦即有“雄风”的诗歌，但他也欣赏其他风格的篇什。谢山推重“原本忠孝”的“耿耿故国之音”，也欣赏歌咏家乡风土的民歌竹枝词。谢山偏爱“荟萃史学，以学胜”之作，但也为“以韵胜，其格超”的“诗人之诗”所吸引。谢山不满竟陵派的那种“风骨萎弱”之诗，但也肯定从竟陵入手的诗人的佳作。谢山“雅

---

① 参见黄宗羲《〈缩斋文集〉序》。

② 参见黄宗羲《谢皋羽年谱游录注序》。

③ 以上引文，均见贺贻孙《诗筏》。

④ 参见《水田居文集》卷三《康上若诗序》。

⑤ 参见《续甬上耆旧诗集》卷八十三张灵宝小传。

⑥ 参见《续甬上耆旧诗集》卷一百二十范锷小传。

不喜香奁”，但并不排斥带有香奁色彩的上乘之作。谢山醉心于“慷慨淋漓，风雷变色”之作，但也喜好“冲和雅淡，绝无怨悱之音”。一言以蔽之，谢山主张诗歌艺术风格的多样化。

最后，谢山力主诗歌创作要摆脱不良的“时风众势”影响，却深信“俊得江山助”。

谢山论人评诗，反对“逐势”，欣赏“一任时风众势之上下，确然而莫能溷其本色”的诗作。他评黄宗羲兄弟之诗曰：

> 先生兄弟之诗，皆自成一格，不为庸耳俗耳所喜。即如门人阎百诗，且谓先生不在诗人之列。近日折扬皇华之说，尤妄訾嗷，皆不足辨。①

不言而喻，谢山是肯定黄氏兄弟“自成一格”之诗的。

在谢山看来，家乡之“醇风”，以及“忠义”和俊彦之诗古文词，皆得“山川灵气殖”。

谢山所说的“山川灵气殖”，亦即俗话所谓的“俊得江山助”。谢山认为，“文章之事，不特藉山川之助，亦赖一时人物以玉成之。”②文学创作“俊得江山助”，这是中国古代的一种唯物主义美学思想。刘勰《文心雕龙·物色》，从艺术欣赏的角度，首先提出了“江山助”这一命题；后来的论者，则从艺术创作者的角度，对“江山助”作了深入的论说。南宋的陆游，曾教导其子曰：“汝果欲学诗，功夫在诗外。”③杨万

---

① 参见《续甬上耆旧诗集》卷三十八黄宗羲小传。

② 参见《鲒埼亭集》卷三十一《梨洲先生〈思乡旧录〉序》。

③ 参见《示子诗》。

里则更说得形象:“山思江情不负伊,雨姿晴态总成奇。闭门觅句非诗法,只是征行自有诗。”[①]清初的王士禄,序其弟士禛诗时指出:“贻上顾岸然不屑犹昔也,高斋视事之暇,泼墨赋诗,出钵征句,数千言立就,风格之高逸,笔墨之曲折,盖若得江山之助。”与谢山同时代的沈德潜,在《盛庭坚〈蜀游诗集〉序》中,认为“是江山之助果足以激发人之性灵者也”,并指出,李重华“生平游历,入巴蜀,客山左,留秦关,经三楚,登临凭吊,发而为诗,嵚嵚历落,俱得江山之助,宜足继匠门而兴起也。”[②]谢山稍后的袁枚,同样认为:“必须山川关塞,离合悲欢,才足以发抒情性,动人观感。”[③]

综上所述,谢山的诗学观,看来似乎自相矛盾,其实颇有朴素的辩证思想。对古今的各家诗学,谢山能取长补短,而不绝对化。但他有自己的独到见解,其核心的美学思想,则是“作诗志忧患”,“作诗补史宬”。

二、全祖望诗作评议

严可均《全绍衣传》指出:“祖望经学、史学、诗文,雅擅众长。”舒位《乾嘉诗坛点将录》,比谢山为“急先锋”(一作“神行太保”)。徐世昌《晚晴移诗汇》,选录谢山诗八首,“诗话”则作了这样的评价:

---

① 参见《下衡山滩头望金华山》。
② 参见《清诗别裁》卷二十七。
③ 参见《答祝芷塘太史》。

> 谢山负气忤俗，有节慨，相传为钱忠介肃乐后身。年十四从董正国学，编读里中范氏、陈氏藏书；后从武林赵氏借所未见书，学渊博无涯涘。主蕺山、端溪书院，究心乡邦文献，表彰节义如不及，故集中阐幽发潜之作为多。

钱仲联主编《清诗纪事》，选录谢山诗四十一首，并辑录了清人评论谢山诗若干则。

对于谢山诗歌的渊源、价值和缺点，李慈铭的评论堪称允当。《越缦堂诗话》（三十一册）曰：

> 先生诗为余事，而当日与杭董浦、厉樊榭、赵谷林、意林、马懈谷等唱和极多。颇以此得名，亦颇以此自负。其诗学山谷，而不甚工。古诗音节未谐，尤多趁韵；然直据胸臆，语皆有物。其题词、小注，多关掌故。于南宋、残明事，搜寻幽佚，尤足以广见闻。五七律颇有老成之作。

“究心乡邦文献，表彰节义如不及，故集中阐幽发潜之作为多”，“于南宋、残明事，搜寻幽佚，尤足以广见闻”。谢山的创作思想，决定了他的诗歌富有强烈的时代感和现实性，这可说是谢山诗作的第一个特点。

“桑海之交”，甬上“死国者”多达六十余人，被誉为

“忠义之邦”[①]。“桑海纷多感，悲歌定不胜。”[②]在谢山看来，搜寻“忠义之邦”的“死国者”的文献，歌颂他们的可歌可泣的抗清事迹，有助于发扬家乡的“邹鲁之俗”。为此，他义无反顾，乐此不疲地从事此项工作。

谢山曾建议同人“合祭甲乙以后二十八忠，为之立祠”：“欲为瓣香力，遍为国殇拈。”[③]谢山自谓，他创作《勾馀土音》，乃“聊葺旧闻夸梓里”[④]，所谓“旧闻”，是指南宋和残明甬上那些大节可嘉的志士仁人、学者、诗人的美谈、佳话和遗闻逸事。最引人注目的是，在《勾馀土音》中，谢山创作了七十余首《拟薤露词》，咏叹、吊念和赞颂了桑海之交甬上的四十多位“死国者”，如《浮光杯》（冯侍郎乞师）、《泗水鼎》（华职方对簿）、《狱中好读书》（杨太公训子）、《詈降将》（沈侍御临刑）、《愿从明公死》（王扬州辞檄）、《逝将访三闾》（忍辱道人从亡）、《江天老》（林评事保孤）、《陷虎穴》（周徵士救发）、《暂且隐浮屠》（沈太仆削发）、《长蒙头》（薛高士杜门）、《白石杵》（华烈妇舂米）、《妾面惫》（杨烈妇写生）、《相公裾》（冯节妇拒剑）、《降贼者，汝耶》（慈湖林农锄逆）、《可怜故阁学》（张仆詈降）等等，不止一题一注，主旨鲜明，感情真挚，而且采用组诗的形式，多角度、多

---

① 参见《祭甲申三忠记》。

② 参见《鲒埼亭诗集》卷五《韩江唱和第二集·茶坞以酒馈嶰谷同人集赋》。

③ 参见《鲒埼亭诗集》卷九《双韭山房夏课·七夕钝轩同人祭苍翁于隐学山房》。

④ 参见《鲒埼亭诗集》卷二《虬骨集·同人以予今年四十生辰，共谋称祝。予谓古无庆年之礼，况荼苦余生乎，诗以谢之》。

侧面地反映时事，表彰忠烈，给人的印象特别深刻。

在众多的“故国忠义”中，谢山尤为景仰钱肃乐和张煌言，故而歌咏他们的诗篇，数量多，且激荡着时代的风雷，蕴含着作者的感慨。请看，《戊辰元夕，钱芍庭以世父忠介公诞辰，招集同人为张苍水先生祭，即用苍水过忠介琅琦宫韵二首》①：

浃旬春色碧于油，嵩岳神灵在上头。丞相尚传孤忠怒，中枢谁写蕨薇愁。冰槎客散重修祀，芍沚堂高续纪游。落落通家几子弟，只鸡犹得溯弓裘。

故国当年事未灰，五千甲遁傍江开。卧龙伏凤成群出，鳀室鲛宫以次陪。一自遗民沉绝岛，更无过客上西台。琅琦死别吞声后，重见南屏白马来。

由于谢山的族母，乃张煌言之女，她曾为谢山介绍张煌言的抗清事迹。谢山对这位抗清英烈的感情也就特别深厚，其《燕子矶兰若寻苍水翁题字》②云：

江东王气已全枯，岂有重兴赤伏符。半夜秋风出虚谷，千船军火窜焦湖。孤生逐日空三足，碧血沉渊尚一壶。此日弥甥辑遗事，可怜题字竟模糊。

---

① 诗载《勾馀土音》卷一。
② 诗载《鲒埼亭诗集》卷一《祥琴集》。

另有一首题为《长到日展苍公墓，同江声用离合格》[1]，颇有特点。诗曰：

> 九山仙去后，瓣香过者希。观察真多情，偕我踏山蹊。（谢山致江声）今日正南至，一阳气霏霏。太史多雅怀，来看朱鸟飞。（江声答谢山）墓前麒辟邪，亦是故国仪。一枝借孤忠，星火以为依。（谢山）承闻丰孤笔，已草黄绢碑。明年速上石，长作山中辉。（江声）

“有客妄附会，谓我具宿根。琅江老督相，于我乃前身。”谢山虽然“一笑妄应之”，但对钱肃乐这位首倡起兵抗清的志士，却极为神往和膜拜。《稚绅行为钱忠介公作》（原注：忠介公方起兵时，年三十八，里中降绅恶之，贻书定海降帅王之仁，呼忠介为“稚绅”，令以兵除之。降帅不用其言，反与忠介合），赞扬了“思挽天河”的“稚绅”，谴责了降敌的“老奸”。[2] 另一首《题钱忠介公像》，则通过这位忠烈的遗像，歌颂了他“只手抉堕天，星汉共炳烁”；“一旦奋孤忠，万夫群错愕”的英勇气概。[3] 相传钱肃乐尝梦以手障落日，卒不能支，日竟随手而陨。谢山为此特作《太人占》（钱太保纪梦）诗，深为“一臂终以折，急景终以殂”而惋惜不已。[4]

---

① 诗载《鲒埼亭诗集》卷九《帖经余事集》。

② 诗载《勾馀土音》卷一。

③ 诗载《勾馀土音》卷一。

④ 诗载《勾馀土音》卷五。

谢山不仅对明末清初的“故国忠义”，极尽表彰之能事，对南宋的甬上忠义，以及抗元殉国志士，同样歌颂备至。

张邵，字才彦，南宋初出使金国，被囚，全节而归。谢山对于这位故乡的先贤极为钦佩，其《过张待制墓》①诗曰：

> 白发归来三使臣（原注：谓洪皓、朱弁及公也），张星独自落吾鄞。一枝为恋荆花住，弈叶长看槚木春。倔强丹心宁藘谢，委蛇晚节定非真。应怜垂老和阳去，惆怅当年雪窖身。（原注：待制归朝，怵于权相之焰，有愧洪忠宣公，良可惜也。）

谢山赞颂文天祥说：“相公自具大光明，那须异人传慧灯。”《扬州石刻文信公画像歌》，其原注曰：“正德十年（1515年），寿光（今山东寿光县）刘侍御徵甫所勒。其序云：‘得之扬州文江公苗裔也。乾隆八年（1743年），扬人陆君钟辉乞予作歌。’”②

> 宋杨太后殉厓山之难，至明弘治中，而布政刘公大复始为之庙，陈先生献章始为之碑。

谢山“谒祠下搨其碑，而跋以诗曰：‘高曹向孟皆贤后，尚有芳魂殉落晖。一洗签名臣妾辱，虞渊双抱二王归。’”对于这

---

① 诗载《句馀土音》卷一。

② 诗载《鲒埼亭诗集》卷三《七峰草堂唱和集》。

首悼诗，谢山“窃自以为工，足附陈先生之碑以传也。”[①]这种自诩之词，似乎太不谦虚，但适足以表明谢山对厓山殉难者发自内心的敬崇。

谢山的诗歌，“其题目、小注，多关掌故”，具有极强的文献性，这是谢山诗作的第二个特点。这个特点，是谢山“补史宬”和“补献征”的诗学观的具体表现。值得指出的是，谢山对于自己诗作的这个特点，是相当自觉的，也颇为自负。《〈勾馀土音〉序》云：

> 予自京师归，连遭荼苦，未能为诗。除服而后，稍稍理旧业，与诸人有“真率”之约，杯盘随意，浃旬数举，而有感于乡先辈之遗事缺失，多标其节目以为题。虽未该备，然颇有补志剩之所未及者，其敢谓得与斯文，亦聊以志枌社之掌故，亦未必无助尔会（指“真率社”诗会）。

还须指出的是，谢山诗歌的这个特点，可说是继承了曾祖父全大程的诗风。作为明代遗老，全大程托于黄冠，他的《薄社吟》一卷，“固当长留天地间，自作空山千年哭声可也夫。”[②]全大程的诗作，其诗题，常纪事、评论兼而有之，故林时对认为“足备遗史”[③]。比如，全大程有首诗，题为《白下拥立，

① 以上参见《鲒埼亭诗集》卷三十八《慈元全节庙碑跋》。

② 参见《续甬上耆旧诗集》卷二十四全大程小传所引高宇泰《〈薄社吟〉序》。

③ 参见《续甬耆旧诗集》卷二十四附录《林丈茧庵书》。

事势岌岌。乃日闻翻三案，起大狱，如醉如狂。而欲为晋宋之偏安，不可得矣！追惟神庙以来，党祸之起，实由国本。岂知明祚终应覆于福邸之后，言之可为长恸。然近日吾友巢端明来鄞曰：赧王非福邸之后，更属异闻，高庙应不容矣》；又有一诗，其题则曰：《朱给事集之为予言：南都事急，太后遣人候马士英母房氏，盖欲命焉，恐其委而去之也。及士英奉太后至浙，浙之缙绅入朝，颇疑太后非真，或曰即士英母也。士英从杭入越，所谓太后者，不知作何安置，自来史册所未有也》。①

我们再来看看谢山的诗作，比如，《复壁篇》②，题后有原注曰："为刘乙然妻周氏因死其难，扬志、鄞志具不载，予从高公隐学集中得之而表之。"此诗从一个侧面，反映了"扬州十日"的惨绝人寰，对"此身可死不可辱"的烈妇周氏则作了热情的歌颂。

《漳浦黄忠烈公夫人蔡氏写生画寒诗》，是一首题画诗。但它前有序，后有跋，诗中又有夹注，而通过序、跋和注，对黄道周及其夫人蔡玉卿"家庭之风流"，以及书画艺术和忠烈精神作了淋漓尽致的赞颂，最能体现谢山诗歌的第二个特点。

又如，《瞿将军行》，题后原注曰："瞿天葵，应天人，起自卒伍，为都司，状貌甚伟，史阁部所拔也，乱后守阁部之阍，以终其身。"其诗曰：

扬州阁部死乏嗣，中权都督绍绝祀。苍颜黄发

---

① 以上两诗，皆载《续甬上耆旧诗集》卷二十四。

② 诗载《勾馀土音》卷五。

太夫人，秣陵侨寓邀廪赐。桓桓更有瞿将军，魁岸曾蒙持达恩。弯弓未殉沙场血，倚剑时伤国士魂。梅花岭下故人散，寒食年年浇麦饭。鹧鸪耻向别枝栖，依旧长刀守旧闬。吁嗟乎，庙社重门主管谁，蒿莱狐兔纷可悲。畴昔边关一老黑，今抛锁钥竟如遗。天为孤忠留户牖，幕府残年卫大母。虎头猿臂故依然，精神心期终不负。中权都督亦萧寥，相与击竹歌楚骚。孝陵松柏森森动，时有朱鸟门前巢。当年上将推刘乙，骈首不辞肝脑裂。死坐异迹宁异心，谁采旧闻裨史阙！（中权谓史德威也）①

在谢山的诗集中，诗题、小注（又有题后小注，诗后附注和诗中夹注三类）和小序，“多关掌故”，足可“补史宬”和“裨献征”之作，可谓比比皆是。大至历史事实和历史人物，小到民风习俗，以及个人的家世、经历和交游等，皆有一定的文献价值。比如，《碣石行》的小序，有关徐孚远和吴六奇的逸事，有纪实，有评论，还有考证。小序曰：

故都御史华亭徐公孚远，乘桴二十年，从亡道梗。由安南入觐，安南要以臣礼，不屈而归，所传《交行集》者也。归而同延平入台，延平亡，台军渐削，乃复入中土，栖遑无所就。至碣石依官保总戎吴君六奇，竟以完发终。其野死为可悲，其得保颠毛亦仅有之事也。吾独壮吴君之出自贱微，自草窃

① 诗载《鲒埼亭诗集》卷七《漫兴二集》。

而能为天下留贞臣之命，使得以无恙，威仪入地，是亦绝世之奇矣！世人但举查职方一事，以为佳话，岂足以尽之哉。宜其克享功名，殁邀顺恪之谥也。若田间先生谓徐公归自交趾，即留碣石，则误矣，抑国史吴君传中亦应大书者也。

端五之龙舟，八月十五为中秋，天下皆然。可是，甬上则以八月十六日为中秋，以中秋竞龙舟。相传史越王母夫人，以十六日生，故易是日为佳节，遂以龙舟娱其亲。关于甬上这个与众不同的习俗，谢山有《甬上中秋改日诗》，原注指出："甬上中秋独在望后一日。或云史直翁所谓，亦有谓魏王判府时。"在诗中，谢山不无自豪地歌道："吾乡佳话此所独，普天中秋无此豪。"①

谢山对钱谦益颇多指责，其《鸥波道人〈汉书〉叹》诗，就是一例。此诗原注云：

牧斋宋本《汉书》，有鸥波道人（赵孟頫）小影在其上，后兼金（价值倍于常金的好金）归吾鄞谢氏。鄮山徵士（周容）作记，谓道人不应以元装加之《汉书》，盖有所讽刺也。

诗曰：

绛云楼中十万卷，鸥波道人《汉书》最珍奇。晚

① 诗载《勾馀土音》卷一。

以兼金归甬上，拟之江南国主挥泪别故姬。（原注：即钱氏跋尾中语，见《有学集》）周郎展卷三嗟咨，《汉书》卷首何无汉官仪？周郎斯言岂独悼鸥波，身世百感盖纷披。一归海虞再甬上，名节递降难言之。平康故院争柳妓（钱与谢争柳妓，几乎操刃）。晚来卖国同符契。不独衣冠惭司隶，周郎掩卷刲羊祭，何不补写平陵之歌吊翟义。①

如前所说，谢山在诗学方面的美学追求，是“学人之诗，而兼有诗人风格”。因此，兼有“学胜词赡”和“韵胜格超”，是谢山诗作的第三个特点。

作为经史学家，谢山的论学诗和咏史诗，不止表现了作者卓越的史才和史识，亦充分显示了他所特有的“真色”和“雄气”。例如，《安晚郑忠定王集，世不可得。仁和赵氏近购其诗七卷，陈解元坊本也，喜而抄之》诗曰：

梦溪师相本清才，可惜端平晚节乖。纵使勋名惭涑水，肯教薪火坠迂斋（西山以司马文正推安晚，宜其为东发所诮。）梅花诗思犹余墨，槐木园林已伐柴（安晚墨字韵梅花诗，累叠最工，其先世称“槐木郑氏”。）便拟酿成安晚醁，借来还往一瓻皆（郑氏酒名“安晚醁）。②

① 诗载《勾馀土音》卷五。

② 诗载《鲒埼亭集》卷四《百五春光集》。

又如,《东潜论水心先生,多所不满。予谓是〈宋史〉之误也,当以其开禧上殿札子正》,[1]对于叶适之为人及其学说,作了公允的评论,对《宋史》则提出了批评。谢山在夹注中还特别指出:"水心说学多伟论。"

王应麟和黄东发,是谢山十分崇敬的两位学者。《勾馀土音》中的《王尚书汲古堂》和《黄文洁先生寓亭》,可谓学、情并茂的论学佳作。

谢山的论学诗,亦颇多伟论。从以上的例子,足以见其伟论之大概。另外,还须指出的是,谢山的论学诗,往往具有咏史的性质,而他的咏史诗,又富有论学的色彩。请欣赏《秦淮河房追怀复社诸公》[2]:

> 横议多怨世道衰,党人亦自蹈危菑。宾寮艳说四公子,芒角犹传三茂材(耕岩、次尾、昆铜也)。历诋太牢原过激,得沉白马有余哀。秦淮水畔行游地,呜咽寒潮带雨来。

此诗表明了谢山对明季复社诸公与阉党余孽斗争的看法,虽不一定正确,在当时,却颇有代表性。

又如,《夜读〈汉书〉》[3],对汉武帝作了评说:

> 英英汉武皇,强仁更慕义。六经置学舍,公车

① 诗载《鲒埼亭诗集》卷六《吴山肖夏集》。

② 诗载《鲒埼亭诗集》卷一《祥琴集》。

③ 诗载《鲒埼亭诗集》卷六《偷儿弃余集》。

招俊乂。其如内多欲，色取少真意。天门高岧嶤，浮云更迭蔽。将谓下界臣，窥伺良不易。谁知汲内史，一言洞肝肺。于赫田武安，淫威亦以仗。魏其且蔑如，宁复有伦辈。靡然争膝席，将以邀盼睐。盼睐亦难邀，聊以免罪戾。吁嗟羞恶心，于人岂不大。所以灌仲孺，裂脰更不悔。妩媚公孙子，曲学善阿世。及其诛郭解，居然持断制。直教大将军，俛首屈正议。同时奸宄徒，闻声群丧气。一事足表彰，未可言尸位。茫茫论世余，公孙尚难跂。粤若建武初，生材亦已多。乾纲正独运，十九遭坎坷。忽焉文武尽，是谁潜折磨。折磨固不恨，其如国脉何。爱老与爱少，志士耻揣摩。可惜冯郎中，白首竟蹉跎。

谢山的《题明太祖纪后》(是日阻风，因游孝陵，归而赋此。)[①]对明太祖的评论，已深入到了明代的政治。请看：

恩威转盼太无常，幸保功名仅六五。朝士空曹登堂案，书生环袂殉文章。薙垣杀气连天动，竺国慈云扫地亡。开国规模宁有此？泮宫亚圣亦仓皇。(太祖刑戮之惨，高洋不是过也。继以成祖，国脉耗甚矣！幸而济以仁、宣之宽大，故得永世耳！乃知寿国之功在嗣王也。)

曲台浪说重经师，手著宸奎录孝慈。并后已先陵冢嫡，奈宗何怪启骈枝。前星频震终沦落，岩塞

① 诗载《鲒埼亭诗集》卷六《偷儿弃余集》。

轻对半险危。始信睢麟精意失，不徒官礼致乘漓。（此论为前人所未发，然有至理存焉。）

漫传诚意撤胡床，草昧君臣未可忘。此事终应输汉祖，濠梁何处吊韩王？（太祖以事韩为讳，见刘辰《国初事迹》。后人谬言文成撤床，皆不考。然杀之无奈已甚，其实留之，亦不害也。）谁是条侯可授遗，满朝勋辅尽陵夷。天台学士真儒者，不救皇孙一炬危。

江东祇合供偏安，河北绵延控阨难。闻遣车徒卜函谷，悔教弓剑瘗长干。具官空拟神京旧，亡国重增青盖叹。盛世于今隆继绝，肯容樵牧妄摧残！

对于汉武帝和明太祖这两位中国历史上的杰出帝王，谢山的评论做到了一分为二，既有否定，亦有肯定，这在封建时代是很不容易的。

另外，值得一提的是，谢山为外国科学家汤若望所作之歌。在第一章中，我们已经提到的《明司空汤若望日晷歌》（得之南雷黄氏），亦是一首论学、咏史合而为一之作。

谢山的诗歌，形式和风格多样，内容亦极为丰富。当然无法用上述的三个特点来加以概括。下面，再择其主要方面，略作评介。

谢山虽喜雌黄人物，但对志同道合者，则敦厚古道，笃于友情。他“有感但言情”，每当知音仙逝，总落落寡欢。故其悼念师友之作，皆一片真情，催人泪下。例如，《哭惠学士丈半农》[①]云：

戊子三前辈，先生晚得从。（谓李阁学穆堂、谢副使石林及先生也。“戊子三解头”之名，闻于天下。）清谈真似鹤，重听有如龙。百粤怀文教，千秋重礼宗。（先生所著《礼说》最佳）怜予去国日，握手泪淙淙。

谢山对李绂有知遇之恩，两人又是忘年知交。谢山追悼李绂之诗，题为《穆堂先生下世，欲作挽章，不能尽所欲言，援笔辄泫然而止。冉冉一载，邗上寓中和三首，亦竟未足抒予痛也》。[②] 诗题已令人酸鼻，诗作更是情深谊长，扣人心弦。诗云：

坡、颖好兄弟，终身爵兖公。后来陈正字，没齿感南丰。薄植宁堪此，深恩实所同。重江素车隔，何日拜元宫。我有吁天语，苍苍远不闻。终难遣一老，殆欲丧斯文。大鸟临江介，妖星入楚分。最怜用世志，百折尚殷殷。淮上分襟后，长愁十载多。心期已孤负，音问亦蹉跎。绝学知难绍，雄文定不磨。墓门虽寂寂，正气表山河。

谢山的悼亡诗，在诗题、小序和夹注中，往往提供了不

① 诗载《鲒埼亭诗集卷三《七峰草堂唱和集》。

② 诗载《鲒埼亭诗集》卷九《帖经余事集》。

少掌故和逸事，不仅有助于了解谢山的交游，亦足“补献征”。比如，《望溪侍郎挽诗》、《老友董映泉挽诗》、《病中突接辛浦通守弥留之书，为之一恸》等等。兹举《追哭林晴江太常》[①]为例，以见其余。

> 晴江敦笃古道，不类吴淞间人。其官翰林，授经和硕怡亲王邸中，予不甚往还也。晴江对客遇情见许之词，有为予皇恐不敢受者，然予尚未之敢信。及陶四穉中使蜀，晴江送以诗，陈义慷慨，直指近来抚臣厉政，言之凛然，予始惊服。以为此今日馆阁中朝阳之凤，而同人无甚知之者。予去官，晴江谓穉中曰：“谢山竟出国门，令人不可为怀！”闻者感叹。日来，晴江渐致通显官之列卿，此足为槐棘间称庆，而遽以陨落，可悲也！予病中忽忽，期年后始哭之，负故人矣！
>
> 感君意气最真醇，不独交情泣鬼神。直道抗言当世弊，孤根耻傍要人津。谈禅王缙应挥麈，顾曲周瑜肯共茵。一出修门成死别，荒荒长恨竟谁陈。

谢山还有一些诗篇，或题画，或写景，或用民歌体，皆直抒性灵，清新可爱，耐人寻味，充分显示了其“学人之诗”的“诗人风格”。《半查索赋烘梅诗》[②]曰：

---

① 诗载《鲒埼亭诗集》卷四《百五春光集》。

② 诗载《鲒埼亭诗集》卷三《七峰草堂唱和集》。

> 山中方傲雪，日下已催春。我爱冰心冻，谁诗阳燧良。春应随腊转，人更较天忙。从此唐花墅，迎暄次第芳。

此诗深得李调元的赞赏，其《雨村诗话》还对“唐花”作注曰：“花有非其时而以火催开者，名曰唐花。唐者，房也，言花养于暖房而开也。”

谢山的题画诗，并不就画论画，常常见画生情，或感慨兴亡，或惋惜畸人。例如，《题赵松雪〈卖桑买山卷子〉后》[①]：

> 王国黍离且漫伤，宗臣家事在园桑。未知亳社输人价，孰与残山估值昂。

又如《题天池〈风雨归庄图〉》[②]则云：

> 浓云如墨暝归途，风雨漫天一老夫。青藤居士正沉醉，秃笔与之俱模糊。

在《明陈待诏老莲画》[③]中，谢山既赞扬了晚明的著名画家陈洪绶，又歌颂了异端畸人徐文长。在小序中，谢山首先介绍说：

---

① 诗载《鲒埼亭诗集》卷二《杪秋江行集》。

② 诗载《鲒埼亭诗集》卷六《偷儿弃余集》。

③ 诗载《鲒埼亭诗集》卷三《七峰草堂集》。

卷首题曰："丁君梅孙以酒资予致妓，乞画，予即令以资改葬文长先生，而画此贻之。"其画为枯木，附以水仙。呜呼！老莲好色之徒，然其实有大节，试观此卷古人哉！嶰谷乞予作歌。

白门待诏真綦兀，此头可断腕不屈。名王为唤美人来，一笑挥毫怪咄咄。酒阑午夜梦魂断，翩然而逝疑飞越。谁言此老空清狂，个中心事良勃牵。（见本传）故都已哭钟山陵，故乡重吊青藤碣。板桥花柳逐逝波，剡溪松楸伤野窟。萧疏为写岁寒姿，春花傍得冬株茁。招魂一曲万古愁，中有畸人不朽骨！

最后，尚须指出的是，李慈铭说谢山诗"学山谷而不甚工"，这种看法是否允当，似尚可商榷。如前所述，谢山所瓣香的诗人，当代首推施闰章，前代莫如柳宗元、梅尧臣和姜白石。显然，谢山心醉于深情孤诣一派。[①] 对于黄庭坚，谢山肯定他由诗派而入学派，可以说，谢山是把他看作为"学人之诗而兼有诗人风格"一类的诗人。在这一点上，谢山与山谷是相同的。或者说，在这方面，谢山亦曾受山谷的影响。

① 笔者同意黄云眉的看法。参见黄云眉《鲒埼亭文集选注·前言》。

结束语　关于全祖望的局限性

德国伟大诗人海涅曾在《莎士比亚的少女和妇人》一文中这样说：

> 当今为人乐道的所谓客观性，无非是一个乏味的谎言；描写过去，而不添加我们自己感觉的色彩，那是办不到的。是的，因为所谓客观的历史家到底是在向现代发言，他便无意间会用自己时代的精神写作。

作为一位杰出的史学家、文学家和思想家，全祖望同样“用自己时代的精神”从事经史研究和诗文创作。其伟大之处在这里，其局限性也在这里。

全祖望的历史的和阶级的局限性，是客观存在，但这种局限性并不能掩盖他作为一个史学家、文学家和思想家的光辉，以及他在中国文化思想史上的应有地位。我们的任务在于，实事求是地指出全祖望的局限性，既不苛求，亦不因个人的好恶而失之偏颇。

香港学者何冠彪先生，在《书全祖望〈答诸生问"思复堂集"帖〉后》[①]中，曾这样指出：

> 全祖望大概在乾隆十三年（1748 年）写《答帖》的，距离邵廷采逝世三十多年。邵氏虽不显赫，但当时学生既以《思复堂集》作问，他的生平和学术尚不致淹没无闻。可是在三十多年后，邵晋涵撰《族祖邵先生廷采行状》时，却感慨地说："嗟呼！先生去今六十年，乡里几不知其姓氏。"显见邵廷采的声名已告沉寂。推究它的原因，未尝不是全祖望非议的结果。自乾隆中叶以来，章学诚、李慈铭、徐友兰、谢国桢、张舜徽等学者虽已为邵廷采抱不平，指出全祖望的评骘偏颇，可惜他们都没有就《答帖》所列十四条，一一加以考订。本来，全祖望为人刻峭寡和，负气忤俗，喜欢雌黄人物，在清代已有公论。但近人论全祖望的史学，却称他的态度精神"缜密"和"公正"。而前辈学者李光璧竟据《答帖》而论定邵廷采的史学。全祖望在《周躄事辨诬》中说："郢书燕说，不幸而传，则文献之祝也已。"因此，撰写这篇文章为邵廷采辨诬，并希望能借此了结这件延续了二百多年的公案。

① 文载《清史论丛》第六辑。

对于邵廷采，无疑同样应作实事求是的评价。问题在于，邵廷采身后三十多年，其“声名已告沉寂”，一口咬定这是“全祖望非议的结果”，这就未免太武断了。“全祖望非议”能产生这样巨大的影响吗？全祖望评论了一下《思复堂文集》，且仅仅涉及到十四条材料，为何其作者邵廷采就不为人所关注和重视了呢？这岂不是抬高了全祖望，贬低了邵廷采！

那么，大抱不平的何冠彪先生为邵廷采辨诬，其结果又如何呢？请看：

> 全祖望指斥邵廷采的十四条，有些的确是邵氏记载的疏漏；有些是传闻异词，各有所据；但有些却是全氏本身的错误。

既然如此，又怎能说是“全祖望非议”了《思复堂文集》及其作者呢？人非圣贤，孰能无过。既允许邵廷采有“疏漏”，为什么不能原谅全祖望的“错误”呢？

全祖望对邵廷采的评价，很可能存在不当之处；其答诸生问《思复堂文集》，从材料到观点，亦非百分之百的正确，这原是不足为奇的。难道凭这些就可以对全祖望的思想、性格、学术水平和历史功过，作出科学的评价吗？非常令人遗憾的是，在何冠彪先生看来，《思复堂文集》中的错误，不过因“闻见有所出入”而造成，何况“于大体无妨”（这是章学诚的说法——引者），所以全祖望对《思复堂文集》进行评论就是非议。至于全祖望《鲒埼亭集》中的一些疏漏和错误，则非但“闻见有所出入”，且有伤“大体”。所以何先生带着讽刺的口吻说：

> 《鲒埼亭集》本已有杨凤苞、严元照、蒋学镛、李慈铭、平步青等不同的评校本，考订集中错误不少。此外，如张宗泰《跋〈鲒埼亭集〉》、《再跋〈鲒埼亭集〉》、《三跋〈鲒埼亭集〉》、《〈鲒埼亭集〉别字》、《书〈经史问答〉后》，严元照《寄戴刑部金溪书》，李慈铭《书〈鲒埼亭集外编·肖山毛检讨别集〉后》及《〈越缦堂日记〉数则》，平步青《〈霞外攟屑〉数则》，肖穆《跋严修能评阅〈鲒埼亭集〉》及《跋严修能评阅〈鲒埼亭集〉》等，皆能纠正全氏之失；近人如陈垣、柴德赓、王伯洪、谢国桢等亦曾先后为全氏辨误。全祖望自恃博学而轻诋前贤时彦，上述论著对他未尝不是一大讽刺。①

作为一个封建时代的史学家、文学家和思想家，全祖望不可能没有缺点和局限，其著述中的疏漏和舛误更在所难免。上述诸家对《鲒埼亭集》内外编的辨误和纠谬，对于后人研究全祖望提供了宝贵的资料，他们都可谓全祖望的功臣。全祖望也确实“负气忤俗，喜欢雌黄人物”，不过，对他的这种性格特点，也不能作空泛的评论，必须具体人事具体分析。全祖望也确实有“自恃博学而轻诋前贤时彦”的一面，但对他的这种心态和行动，同样必须作具体的分析，不可一概而论。比如，从人品到治学，毛奇龄固然有可以指责的缺点和局限，

① 以上有关何冠彪先生的引文，均见《浙东学派问题平议——兼辨正黄宗羲与邵廷采之学术渊源》，载《清史论丛》第七辑。

但他对于王学不能说一无心得，他对音律更有独到之处，他在文学方面亦有一定成就。而全祖望秉承其父的遗愿，对毛奇龄深恶痛绝，全盘否定，这并不实事求是。又如，吕留良与黄宗羲为何始而一见如故，继则分道扬镳，最后更反目相向？全祖望在分析时，明显地左袒黄宗羲，把责任全推之于吕留良，这同样不符合历史事实。这就是全祖望的局限性。

全祖望的局限性，无论是性格上和思想上的，还是历史的和阶级的，我们还可以举出不少。比如，他在《天妃庙说》[1]中这样说：

> 夫妇人之为德也，其言不出阃，其议不出于酒食之微，其步趋不出于屏厅之近，其不幸而嫠，所支持亦不出于门户之间，所保护亦不出于儿女之辈。若当其在室，则尤深自闳匿，而一无所预。

在这里，全祖望宣扬了基于“三从四德”的落后妇女观。正是从这种妇女观出发，全祖望曾痛斥武则天说：

> 则天称制，尊其母曰“无上孝明皇后”，令三思撰碑，而睿宗书之。呜呼！紫色蛙声之册，礼贼子之秽言，顾流传至今者，殆睿宗之书与。唯碑文虽不足取，而读《唐史·则天本纪》者，不可不取以资考证，故录之。[2]

---

① 文载《鲒埼亭集》卷三十五。

② 参见《鲒埼亭集》卷三十七《唐太原王夫人碑跋》。

全祖望对陆镜、陆微兄弟应童子试，大为不满。因为陆氏兄弟的大父陆驹，自鬻于里中范方伯和周给事家为奴。于是，全祖望“移诘宁守”，批评魏太守“混一良贱，鄞之世家子弟丧气失魄”。更耐人寻味的是，全祖望在书中还作了这样的表白：

> 某伏处菰芦，于世事一切不问，区区一童子之试，非所与知。然使君方挟盛怒以违清议，在陆驹或有结草之报，在甬上诸荐绅，则有蒙面之羞。某如不言。谁复为言之者，率自不既。[①]

可见，在全祖望看来，此事非同小可。他“移诘宁守”，是站在“甬上诸荐绅”的立场，为的是维护封建等级制度。全祖望的阶级局限性，在这里真可谓显而易见。

另外，全祖望尝建议“复旧律诏之天下，按旧律，在服内生子者，并合免所居一官；其无官者，徒一年”[②]；又建议“当改定旧礼，不问祖父在否，皆行三年之丧”[③]。甚而至于已有十年交情的朋友，因他“服内生子”，全祖望便与之绝交。[④] 这种妄图用儒家教条以“厚风俗”的复古思想和做法，也是全祖望局限性的一种表现。

在全祖望的著述中，既有反迷信的言论，也有迷信的言

---

① 参见《鲒埼亭集》卷三十三《移诘宁守魏某贴子》。

② 参见《鲒埼亭集》卷三十九《请复服内生子律议》。

③ 参见《鲒埼亭集》卷三十九《请考正承重服制议》。

④ 参见《鲒埼亭集》卷四十六《与友人绝交书》。

论。除了不佞佛,不信神仙之说外,全祖望与黄宗羲一样,既反对佛教的舍利,也反对世俗的“鬼阴说”。他曾撰《志阿育王寺舍利始末》[①],以补充黄宗羲的《阿育王寺舍利记》;又在《破惑论》[②]中,破除误认蜃市为观音现身之惑,并正确地指出,此种迷信之根源,就在于人们主观上的“神明之感足以造成一切光景”。全祖望的《宅经葬经先后论》,亦与黄宗羲的《读葬书问对》[③]一样,为辟“鬼荫”之说。但是,与黄宗羲一样,全祖望相信天人感应,相信忠义之士的灵魂不会消灭。他在《钱忠介公降神记》[④]中曾说:“生为明圣,没作明神,斯民爱敬之至,即成灵爽,则至理所融结而未可以愚夫愚妇之说也。”全祖望这样说,虽然意在表彰“故国忠义”精神长存,但不能不说仍然是一种封建迷信。

全祖望的局限性,表现在好多方面。但是,依笔者之浅见,作为一个在中国文化思想史上占有一席地位的思想家,全祖望最主要的局限性表现在两个方面:其一是,他私淑和崇拜黄宗羲,却未能继承黄氏的批判封建君主专制的民主思想;其二是,他生活于中国东南沿海资本主义经济因素萌芽最早、发展最快的地区,却对这种新的经济因素缺乏应有的认识。

作为一个杰出的思想家,黄宗羲在中国文化思想史上的贡献,对王学的继承和革新倒还在其次;具有划时代意义的,乃是他对封建专制主义及其象征——君主的有力批判。“今也

① 文载《鲒埼亭集外编》卷四十九。
② 文载《鲒埼亭集外编》卷三十八。
③ 文载《鲒埼亭集外编》卷三十八。
④ 文载《鲒埼亭集》卷三十。

天下之人怨恶其君，视之如寇仇，名之为独夫。”究其原因，在黄宗羲看来，就在于：

> 今也以君为主，天下为客，凡天下之天地而得安宁者，为君也。是以其未得之也，屠毒天下之肝脑，离散天下之子女，以博我一人之产业，曾不惨然！曰：“我固为子孙创业也。”其既得之也，敲剥天下之骨髓，离散天下之子女，以奉我一人之淫乐，视之当然曰：“此我产业之花息也。”然则，为天下之大害者，君而已矣。[①]

尽管黄宗羲对君主专制制度的批判，仍基于儒家的民本思想，旨在变君主极端专制为尧、舜这样的英明之主。可是，在清初，批判君主，就是批判封建专制主义；否定君主，就是否定封建专制主义，其现实意义和理论价值，是不言而喻的。黄宗羲作为一个杰出思想家的卓识和勇气，是难能可贵的。

全祖望的经史之学，特别是在留意当代文献，博采乡邦掌故以表彰“故国忠义”方面，不止继承了黄宗羲的传统，且有所发明创造。他对历史上的不少君主，亦颇有微词。前文已经提及，全祖望曾批评汉武帝“天门高岧嶤，浮云更迭蔽。将谓下界臣，窥伺良不易”。他还指责明太祖“虐民”和“刑戮之惨”。对于崇祯帝，全祖望则认为：“虽然庄烈之明察，济

① 参见《明夷待访录·原君》。类似的批判封建君主制的思想，明代“前七子”之一的徐桢卿亦已有了。徐氏在《剪胜影闻》中尝指出：“乾坤浩荡，非一主之独权。故天下者，天下人之天下，非一人之天下也。”

以忧勤，其不可以谓之亡国之君固也。而性愎而自，怙前一往，则亦有不能辞亡之咎者。凡庄烈之召祸，在内则退宦官而不终，在外吝于议和。”①诸如此类对于前代君主的评论和批评，亦从一个侧面表明了全祖望的难能可贵之处。不过，在全祖望的著述中，我们找不到他对封建专制主义及其象征——君主的批判文章。与此有着内在联系的是，全祖望虽在个人的问题上，能够做到“不伏命”；但在涉及到国家的命运和前途问题上，他却仍然信奉一切“皆命也”的命定论思想。其《原命》②论曰：

> 夫天亦岂有所厚，而圣贤之，而后王君公之，而康强之，而温饱之；亦岂有所薄，而不肖之，黎庶之，短折之，饥寒之。不特此也，方且若有老耄昏聩之颠倒，而圣贤；而黎庶之短折，之饥寒，之不肖；而后王君公之康强，之温饱，则皆命也，天之所无可如何也！夫以天之所无可如何者，而以是为其八柄，不亦误乎！曰：然则八柄安在？曰：天亦但能操其常，而不能操其变，故天亦有时而穷。然而其变也，究亦未尝不合乎常。

在全祖望看来，圣贤和后王君公之所以为圣贤和后王君公，他们的康强和温饱，乃是“命”所决定的；黎庶不肖之所以为黎庶和不肖，他们的短折和饥寒，同样也是“命”所决定的，

① 参见《鲒埼亭集》卷二十九《明庄烈帝论》。
② 文载《鲒埼亭集外编》卷四十八。

这是无可如何之事，这是规律。显而易见，这种一切“皆命也”的老调，与黄宗羲所鼓吹的抨击封建君主的新思想，正好背道而驰。全祖望多方面地继承和发展了梨洲之学，可是，他那一切“皆命也”的传统旧思想，使他没有也不可能继承梨洲思想中最可宝贵的东西：有力地批判封建专制主义，热情地宣扬初步民主主义。

全祖望有一首诗，很值得重视和研究。此诗撰于乾隆十三年(1748年)，题为《宁守杜君过扬来，询里社近况》[①]。下面我们就来分析一下这首诗。

> 勾余一片土，畴昔最清嘉。接叶诗书泽，连甍公相家。

这是全祖望对甬上往昔情景的歌颂。可是，好景不长，“到今无恙者，犹喜有山川。”家乡的文采风流已不复存在了：

> 宪敏遗编重，文元教术深。古窑宗正宅，困学尚书林。帖括抛天爵，科名锢道心。而今并萧索，憔悴几华簪。

为什么今不如昔，个中原因何在？全祖望的回答是这样的：

> 元气胡为耗，潜消市舶中。频年添客户，百货酿淫风。物以通商贵，民困逐末穷。更堪加税吏，悉

① 诗载《鲒埼亭诗集》卷七《漫兴二集》。

索茧丝空。甚矣衣冠蹇，长闻胥隶尊。虎狼多奥窟，
雀鼠有旁门。

全祖望认为，造成甬上风气大变的原因，就在于“市舶”和“通商”，其结果，一方面由于经济的畸形繁荣，出现了贪官污吏的横征暴敛；另一方面，经济的发展改变了传统的价值观念，出现了“通商贵”而“逐末穷”，“衣冠蹇”而“胥隶尊”的新情况。不言而喻，在全祖望看来，要想保持“元气”，不让它消耗，恢复“清嘉”的畴昔情景，只有改变甬上“市舶”和“通商”的现状，闭关锁国，自给自足。

众所周知，自明代中叶随着资本主义生产关系的萌芽和成长，在意识形态领域就出现了与传统思想针锋相对的崭新的观念。面对这种亘古未有的变化，站在时代前列的思想家，无不呼吸和领略，并为之欢呼和呐喊。李贽崇拜“童心”，抨击伪道学；徐渭声称“裙钗伴，立地撑天，说什么男儿汉”！汤显祖鼓吹“为情作使”，冯梦龙倡导“情教”，公安三袁则追求“性灵”，顾亭林主张“工商皆本”……无不从一个侧面表现了他们对新时代、新思想和新观念的向往。相比之下，全祖望在这方面的局限性就表现得相当突出了。当然，全祖望看不到资本主义经济因素的积极作用，仍想用闭关锁国的自然经济来抵挡“市舶”和“通商”，并改变人心不古的世风，这与清廷抑制资本主义经济因素的发展，实行海禁等措施也有一定的关系。

附　录

一、重要参考书目

《宋史》　　中华书局 1977 年版
《金史》　　中华书局 1975 年版
《元史》　　中华书局 1976 年版
《明史》　　中华书局 1974 年版
《清史列传》　　中华书局 1974 年版
《清史稿》　　中华书局 1974 年版
《续资治通鉴》　　清·毕沅　中华书局 1964 年影印本
《清实录》　　中华书局 1985 年影印本
《东华录》　　清·蒋良骥辑　中华书局 1980 年版
《十一朝东华录》　　清·王先谦辑　存古斋 1911 年本
《清一统志》　　中华书局 1986 年影印本
《清文字狱档》　　故宫博物院编　上海书店 1986 年复印本

《清文汇》 沈粹芬、黄人、王文濡等编 上海国学扶轮社 1909 年石印本
《皇朝经世文编及索引八种汇刊》 台湾文海出版社 1972 年影印本
《国朝文献征存录》 清·钱林辑 咸丰八年南通王氏嘉树轩刻本
《国朝耆献类征初编》 清·李桓编 光绪十年李氏初刻本
《读史方舆纪要》 清·顾祖禹撰 商务印书馆 1937 年版
《畴人集》 清·阮元撰 商务印书馆国学基本丛书本
《四库全书总目提要》 清·纪昀总纂 中华书局 1965 年版
《宋元明清四朝学案》 世界书局 1936 年版
《清儒学案》 徐世昌撰 1938 年徐氏自刊本，中国书局 1985 年重印
《四明丛书》 张寿镛辑 广陵古籍刻印社 1980 年据京版重印本
《乾隆鄞县志》 清·钱大昕等纂，钱惟乔修 乾隆十三年刻本
《咸丰鄞县志》 清·黄道尊等纂，张铣修 咸丰六年刻本
《道光宁波志》 清·万经等纂，曹秉仁修 道光二十六年刻本
《甬上望族表》 嘉庆九年刻本
《甬上耆旧诗集》 清·李邺嗣纂
《周子全书》 宋·周惇颐撰 万有文库本
《张载集》 宋·张载撰 中华书局 1981 年版
《二程集》 宋·程颢、程颐撰 中华书局 1981 年版
《邵子全书》 宋·邵雍撰，徐必达编 明万历刊本
《横浦集》 宋·张九成撰 四库全书本
《南轩文集》 宋·张栻撰 丛书集成本
《东莱集》 宋·吕祖谦撰 金华丛书本
《晦庵先生朱文公文集》 宋·朱熹 四部丛刊本

《水心先生文集》	宋·叶适撰	中华书局 1961 年版
《陈亮集》	宋·陈亮撰	中华书局 1981 年版
《陆九渊集》	宋·陆九渊撰	中华书局 1980 年版
《慈湖遗书》	宋·杨简撰	四明丛书本
《絜斋集》	宋·袁燮撰	四明丛书本
《广平类稿》	宋·舒璘撰	四明丛书本
《定川遗书》	宋·沈焕撰	四明丛书本
《黄氏日钞》	宋·黄震撰	清乾隆刊本
《深宁先生文钞》	宋·王应麟	清钞本
《王文成公全集》	明·王守成撰	四部备要本
《明儒王心斋先生遗集》	明·王艮撰	1972 年排印本
《刘子全书》	明·刘宗周撰	清道光刊本
《圣学宗传》	明·周汝登撰	明万历刊本
《夏峰先生集》	清·孙奇逢撰	清刊本
《理学宗传》	清·孙奇逢撰	清刊本
《黄梨洲文集》	清·黄宗羲撰	中华书局 1959 年版
《亭林诗文集》	清·顾炎武撰	中华书局 1959 年版
《日知录》	清·顾炎武撰	上海古籍出版社 1985 年影印本
《船山遗书》	清·王夫之撰	上海太平洋书局 1933 年排印本
《关中李二曲先生全集》	清·李颙	清陕西刊本
《霜红龛集》	清·傅山撰	清宣统山阴丁氏刊本
《三鱼堂文集》	清·陆陇其撰	西京清凉丛书本
《广阳杂记》	清·刘继庄撰	清末刊本
《万季野先生遗稿》	清·万斯同撰	百爵丛书本
《潜邱札记》	清·阎若璩撰	四库全书本
《愚山全集》	清·施闰章撰	清康熙至乾隆间刊本

《带经堂全集》 清·王士禛撰 七略书堂校刊本
《西河文集》 清·毛奇龄撰 清康熙刻本
《曝书亭集》 清·朱彝尊撰 四部丛刊本
《敬业堂集》 清·查慎行撰 上海古籍出版社 1980 年版
《穆堂初稿》 清·李绂撰 清无怒轩家刻本
《穆堂文钞》 清·李绂撰 国朝二十四家文钞本
《方望溪先生文集》 清·方苞撰 四部丛刊本
《道古堂全集》 清·杭世骏撰 振奇堂补刻乾隆本
《樊榭山房集》 清·厉鹗撰 四部丛刊本
《宋诗纪事》 清·厉鹗辑撰 上海古籍出版社 1983 年版
《越缦堂读书记》 清·李慈铭撰 商务印书馆 1959 年版
《水经注》 陈桥驿点校 上海古籍出版社 1993 年版
《清代禁毁书目·清代禁书知见录》 清·姚觐之、近人孙殿起辑 商务印书馆 1957 年版
《明清进士题名碑录索引》 朱保炯、谢沛霖编 上海古籍出版社 1980 年版
《室名别号索引》 陈乃乾编 中华书局 1982 年增订本
《清人别名字号索引》王德毅编 台湾文海出版社 1985 年版
《中国地名大辞典》 北平研究院出版社 1930 年版
《梁启超论清史学二种》 朱维铮校注 复旦大学出版社 1985 年版
《中国三百年学术史》钱穆撰 商务印书馆 1937 年版
《宋明理学史》 侯外庐等主编 人民出版社 1984 年版
《汪辟疆文集》 汪辟疆撰 上海古籍出版社 1988 年版
《陈垣史学论著选》 陈垣撰 上海人民出版社 1981 年版
《中国史学史》 张孟伦撰 甘肃人民出版社 1982 年版
《增订晚明史籍考》 谢国桢编撰 上海古籍出版社 1981 年版
《鲒埼亭文集选注》 黄云眉选注 齐鲁出版社 1982 年版

二、人名索引

一、本索引分传主先人、亲友和同时代人物；历史人物（包括外国的历史人物）；现、当代人物三类。凡本书中有姓名可稽的主要人物，均分别收入此三类人名索引。

二、各类人物均以在本书中出现先后为序加以排列。

三、各类人物在本书中同时出现其字、号者，均在其姓名之后，注出其字、号。

一　传主先人、亲友和同时代人物

二 历史人物

三 现、当代人物

后　记

三十多年来，我一直从事于元明清文学的教学和研究，主治明清戏曲和小说。对中国历史并无研究，对中国思想文化史更是一知半解。因此，撰著《全祖望评传》，实在是班门弄斧，不自量力。诚然，对全祖望我并不陌生，早在小学念书时，就已经读过他的《梅花岭记》。从此，对这位表彰明清易代之际抗清志士不遗余力的史学家和文学家，我一直怀着深深的敬意。

1988 年初冬，我去南京开会，承蒙同门学长吴新雷教授的鼓励和推荐，我鼓足勇气，接受了《全祖望评传》的撰著任务。从 1989 年起，我开始通读全祖望的全部著述，并参阅有关的资料，作了分类和摘要。1990 年夏，此项读书任务告一段落。为了更好地搜集资料，并亲身感受甬上的人文和自然景观，是年桂子飘香季节，我作了一次宁波之行。短短的几天，我拜谒了城南祖关山的全祖望墓；探寻了月湖西岸白坛里的谢山故居旧地；到天一阁查阅了谢山的遗著；去博物馆赏玩了谢山的手迹；还走马看花地参观了奉化江南面的鄞县新区;走访了鄞县方志办公室。宁波之行,来去匆匆,可是感受颇多,收获不小。

谢山有两副楹联赞美天一阁曰:

> 十万卷戴题,缃帙班班,笑绿竹、绛云之未博;
> 三百年清秘,祥光晒晒,接东楼、碧沚以非遥。

> 南望蜜岩,为道石质储藏,都归杰阁;
> 西瞻祁市,应怅淡生沦落,早逊高门。

当我在天一阁赏鉴这两副楹联之时,二百多年前,谢山"力挟笔砚来阁中",专心致志地查阅秘籍,钞录碑刻的情景,顿时便出现在我的眼前。漫步于天一阁的小园之中,我又想起了谢山在《天一阁藏书记》中的这样一段话:

> 然则读书而不善反,不如专己守陋之徒,尚可贴然相安于无事。吾每登是阁,披览之余,不禁重有感也。

谢山之所以"风骚驱使古人书",能取得杰出的成就,与他"善反"的读书法显然大有关系。今天,我们要为谢山撰著评传,首先必须"驱使谢山书","善反"古人(包括谢山)之见。

宁波之行,增强了我为谢山撰著评传的信心。1990年初冬,我开始动笔。利用教学之余和寒暑假日,经过了一年多的笔耕,1991年秋,终于写出了初稿。以后又花了一年多时间进行修改,然后誊清文稿。1993年的五月和八月,按照审稿人的意见和建议,又作了局部的删改和润色。虽然再三修改,但限于水平,拙作存在的问题和谬误,肯定在所难免。我诚恳地请求海内外专家和读者不吝赐教,指正。

必须提及的是,1988年,我曾向钱仲联先生请教有关全祖望的若干问题。承蒙仲联先生拨冗函复,详加指点。仲联先生还特别指出:"古典戏曲的学术研究,快成绝学,为传统文化计,阁下宜力任其难,继续从此,不要舍此另作打算。但兼搞其他学术研究,扩展课题,是另一问题。专而更求其博,自属至要,与本业不相悖也。"仲联先生的教诲和指导,坚定了我撰著《全祖望评传》的决心;在一些具体问题上,更深受启迪。在此,我要向仲联先生致以诚挚的谢忱。

德高望重的吴泽先生,在百忙中审正了拙稿,并约我畅谈达三小时之久,提出了许多宝贵的意见。根据吴泽先生的意见,我对全稿又作了修改。吴夫人高家莺女士对拙搞也颇多赐教和鼓励。在此,我要向吴泽先生和家莺女士致以深深的谢意。

天一阁文物研究所和苏州大学图书馆,慨然提供谢山的肖像和手迹;宁波市博物馆丁友甫先生特地为本书拍摄了谢山之墓;学长宋文林教授精心地将内容简介和目录译成为英文,我也要深表谢意。

拙稿的撰著,当然更不能离开新雷学长的关心,南京大学"中国思想家研究中心"的支持,以及"中国思想家评传丛书"的主编、副主编,南京大学出版社的领导、编辑的指导,在此一并表示由衷的感谢。

1993年8月于吴门葑溪轩

图书在版编目(CIP)数据

全祖望评传 / 王永健著. —南京：南京大学出版社，1996.1(2010.4 重印)

(中国思想家评传丛书/匡亚明主编)

ISBN 978-7-305-02633-1

Ⅰ.全… Ⅱ.王… Ⅲ.全祖望(1705～1755)—评传 Ⅳ.K825.8

中国版本图书馆 CIP 数据核字(2006)第 044735 号

中国思想家评传丛书

全祖望评传

王永健 著

南京大学出版社出版发行

社址：南京市汉口路 22 号 邮编：210093

电话：025-83596923 025-83592317 传真：025-83328362

网址：http://www.NjupCo.com

电子邮箱：Press@NjupCo.com

Sales@NjupCo.com(市场部)

南京爱德印刷有限公司

开本 850×1168 1/32 印张 16.75 字数 374 千

1996 年 1 月第 1 版 2010 年 4 月第 3 次印刷

印 数 4501—5500

ISBN 978-7-305-02633-1

定价：51.00 元